Hasta que se me acaben las palabras

Mis recuerdos de radio y vida

Pepe Domingo Castaño

Hasta que se me acaben las palabras

Mis recuerdos de radio y vida

AGUILAR

Papel certificado por el Forest Stewardship Council®

MIXTO
Papel procedente de fuentes responsables
FSC® C117695

Penguin Random House Grupo Editorial

Primera edición: enero de 2022
Segunda reimpresión: enero de 2022

Printed in Spain - Impreso en España

ISBN: 978-84-03-52271-8
Depósito legal: B-15245-2021

Compuesto por Fernando de Santiago

Impreso en Black Print CPI Ibérica
Sant Andreu de la Barca (Barcelona)

AG 2 2 7 1 8

Para Tere, mi novia eterna, por todo.
Y para todos los que durante estos años me ayudaron a buscar la felicidad, que consiste en tener buena salud y mala memoria.

Índice

PRÓLOGO

Conocí a Pepe Domingo Castaño en los comienzos de los años setenta. Los dos empezábamos nuestra aventura, él en la radio y yo en la música. Creo recordar que hacía un estupendo programa musical, *Discoparada,* en Radio Centro, emisora que estaba en el edificio del diario *Pueblo,* por aquellos tiempos el periódico más vendido de España. Ya empezaba a sonar su nombre en el mundillo de la música. Luego, lo fichó la SER y se hizo cargo de *El gran musical* en la mañana de los domingos, un programa en el que había que cantar en directo y al que fui invitado varias veces.

Recuerdo a una persona inteligente, muy rápida y siempre alerta a los acontecimientos de nuestra vida cotidiana. Ahora, en estas circunstancias tan cambiantes de los últimos años, parece como si se hubiera hecho amigo del tiempo. Yo llamo «amigos del tiempo» a aquellas gentes que intentan que la vida no pase tan rápido.

A Pepe Domingo no le he conocido edad; es generoso, gran contador de historias y gran amigo de sus amigos. Yo tengo una pequeña gran historia que me pasó en los comienzos de los años setenta cuando escribí *Un canto a Galicia.* Estuvo conmigo en el estudio donde estaba grabando la canción y me echó una mano en algunos detalles de la letra que no tenía muy claros, porque había muchas palabras en gallego, idioma paterno que yo no dominaba del todo.

Al poco tiempo, me llama y me dice: «Julio, en gallego la palabra "lejos" no es "*leixos*", en gallego es "*lonxe*"»; me quedé muy preocupado y traté de cantar en los conciertos siempre con *«lonxe»*, pero la gente cantaba *«leixos»* y me volvía loco. Así que acabé cantando *«leixos»*, tal como estaba en el disco, aunque sabía perfectamente que lo estaba haciendo mal, tal como me había advertido mi amigo Pepe Domingo.

Hoy han pasado ya muchos años, pero parece como si la vida siguiera igual. Este libro es mucho la vida, las aventuras, las anécdotas de un personaje con una voz y un estilo inconfundible. Pepe Domingo Castaño es una institución que se ha mantenido viva y llena de emociones ayer, hoy y siempre. Él continúa trabajando a tope, ahora

convirtiendo en número uno de audiencia en España el programa deportivo *Tiempo de juego* en la Cadena COPE. Y, según él mismo me ha comentado, tiene cuerda para rato. Todos nos preguntamos hasta cuándo. Como dice el título del libro: «Hasta que se me acaben las palabras».

Son los recuerdos de un gallego que se enamoró perdidamente de la radio, un libro que justamente nos enseña a todos que el ejercicio de la voluntad y el talento se quedan para siempre.

Querido Pepe, que este libro te llene de satisfacciones y que haga que todos los que van a leerlo te conozcan mucho más para que nunca se pare el tiempo y tu voz y tus palabras llenas de emociones se queden para siempre.

Con toda mi admiración, tu amigo

Julio Iglesias

PRIMERA PARTE

GOTAS DE LLUVIA Y MORRIÑA

1
Lluvia

A pesar de los años que han pasado por mi vida, a veces enturbiándola, haciéndole guiños de complicidad otras veces, y siempre jugando al escondite con ella; a pesar de todo, la lluvia sigue martilleando mis recuerdos cada vez que echo a andar por la nostalgia. Una lluvia que me llena los ojos, que me resbala por los labios, que me encharca el pelo, que me desmorona el alma.

La lluvia, cuando quiere, es capaz de cambiar los sentimientos, de encaramarse a lo alto del horizonte para demostrar que está ahí, aguardando lo que venga, dándole motivos mojados al futuro. La llevo en el alma desde que nací, cosida a mis andares vacilantes de mocoso por las calles de un pueblo pequeño donde aún se escuchaban las campanas y los grillos. Ella ha sido la que ha puesto mojones a mis largas caminatas inconscientes por los sueños. Cada vez que mi imaginación inventaba una galaxia nueva, donde no existía el dolor ni las nubes, ahí estaba ella apagando los colores, emborronando el cuaderno de la libertad de un soñador.

Más tarde, apagadas ya las primeras llamas del sentir infantil, iniciadas con fuerza por dentro de toda mi alma entera las electrizantes punzadas de la pubertad, tuve que llevarla conmigo a todas partes. En los recuerdos. En las vivencias. En los amores. En los sueños. Llena de ella —y mojada—, mi alma toda. He llegado a pensar que sin la lluvia nada de lo que ha pasado en mi historia habría podido ser realidad. Todo habría sido distinto. No tendría ahora esa imperiosa necesidad de sol, esa tremenda sed de azul, esa ansia descontrolada de claridad.

Cuando se me va cayendo la existencia en estas páginas que quieren contar algo de lo que viví, tengo que hacer verdaderos malabarismos para no dejarme influenciar por su martilleo constante y monótono sobre las calles, a través de los árboles de los viejos montes, sembrando de gris todo lo que siento, todo lo que sueño, todo lo que veo. Y mira que he leído historias. Novelas que han dejado su huella y por las que aún ando con deseo de cuando en cuando. Y si he de ser sincero, en ninguna de ellas está la lluvia tan presente como en mi esquizofrénica capacidad para tenerla cerca. Hable lo que hable. Diga lo que diga.

Tiene que haber algo de extraño en mí cuando se me abren los ojos con una sensación vital que me llena de esperanza al quedarme quieto, hipnotizado, ante un cuadro de Sorolla. Debe de ser por la luz. Debe de ser por el sol que brilla por todas partes. Debe de ser la claridad de los trajes de esas mujeres que componen, con sus posturas, con sus ojos, con sus cuerpos, un canto de luminosidad. La culpa de que ocurra eso debe de tenerla la lluvia. Sin duda.

Y lo mismo ocurre cuando, una de esas mañanas hechas a fuego en los pueblos del sur, abro la ventana para que entre el olor del mar, envuelto en el sol del despertar, sin nubes que manchen el azul. Es la aversión a la lluvia que ha ido haciéndose un hueco en cada jornada de las que me ha tocado vivir. Debe de ser eso.

Estoy tratando de ordenar mis recuerdos en una historia, donde las palabras puedan explicar todo lo que he ido sintiendo en cada etapa, en cada momento, en cada situación. Me impulsan los deseos de echar fuera de mí esas pequeñas cosas, para que otros, nunca sabré quiénes, lo lean y sepan que, detrás de una imagen más o menos estereotipada de gente vulgar, siempre estuvo un soñador. Y su único, su permanente, su gran sueño ha sido siempre descubrir por qué la lluvia es triste, por qué la lluvia pone los campos tristes, difumina los horizontes, le quita motivos a la imaginación.

Un día, si me muero del todo, alguien podrá explicarme los motivos, pero hoy, aquí, mientras saboreo otra vez la miel y la hiel de lo que he sido y ya no podré nunca volver a ser, tengo que conformarme con dar rienda suelta a mi inconformismo ante la lluvia que me persigue.

Cuando era pequeño, me decían que gracias a la lluvia en mi tierra habían existido grandes poetas románticos. Nadie como ellos, nacidos muy cerca de donde yo nací, para expresar —decían— el sentir de las almas atormentadas, la soledad, la lejanía, la injusticia y, sobre todo, la morriña, esa añoranza gallega que nos acerca a la tierra cuando estamos lejos de ella. Rosalía de Castro, Macías O Namorado, Juan Rodríguez Padrón, nombres todos ellos unidos por la poesía. Y decían que la lluvia y los cielos grises habían sido los generadores de todo su caudal poético. Ahora que ya me crecen las primeras canas en la barba, creo que siempre he tenido algo de ellos. Porque también escribo versos. Y todos son tristes, despiadados. También ahí, en mis quimeras de escritor primerizo, estuvo la lluvia. No es extraño, pues, que mis primeras palabras sean para ella.

A veces, vuelvo a mi tierra, regreso a mis orígenes. Y me quedo allí, extasiado, oyendo el repiqueteo de la lluvia en los cristales, viendo cómo se va quedando roma la cresta del monte de siempre, sintiendo su caricia en la cara, cerca de mí, como lamiéndome. Me voy por los caminos embarrados, chapoteando como un niño, saltando los grandes charcos. Es como si le estuviese pidiendo perdón por tantos años de odio. Y la lluvia y yo sabemos que del odio al amor no hay más que un paso. Es el vicio imposible de superar. Como el fumar. O el beber como un loco. Sabemos que nos está minando, que nos está matando, y no dejamos de fumar, y no dejamos de beber, empeñados en una lenta y consciente autoeliminación. Por eso, de cuando en cuando, busco la lluvia de mi tierra, porque, aún teniendo la seguridad de que me hace daño, siento por ella la atracción de lo prohibido. Si hasta estoy seguro de que el día que me toque el turno, cuando se me acaben los

Con Alberto Núñez Feijóo en la entrega de la Medalla Castelao, reconocimiento que la Xunta otorga desde 1984 a figuras destacadas de la sociedad gallega.

suspiros y se me vayan adelgazando las ganas de vivir, en el umbral de lo que todavía nadie ha podido ver y contar, lloverá, lloverá torrencialmente. Creo que así está escrito no sé dónde. Si no lloviese en ese momento, aunque a mí de poco me servirá, esta historia quedaría incompleta, igual que esas sinfonías que nunca tienen final, porque el autor así lo quiso.

No me quejo de nada. La vida me ha dado más, mucho más, infinitamente más de lo que yo le he dado a ella. Me ha permitido asomarme al mundo, al demonio, a la carne, para que me diera cuenta por mí mismo de que los pecados capitales no lo eran tanto. Me he ido dejando la piel en cada envite, pero consciente de que era necesario dejar algo en el camino para marchar hacia adelante. Y he amado. Y me han sabido amar. He odiado poco. Es más fácil amar. Y el odio es cobarde. Si algo hay de importante en esa vida a la que me he arrimado como un Miura, debe de andar por ahí, por cualquier página, en cualquiera de las gotas de lluvia que salpican la pequeña historia de un hombre que rompió muchos platos en su vida.

2
Primeros balbuceos. La búsqueda

Seguro que aquel 8 de octubre de 1942 llovía a cántaros sobre Lestrove, un pueblo pequeño y humilde que vivía acurrucado en la hermosa vega de Padrón y al que los versos de Rosalía de Castro habían convertido en paisaje eterno de leyenda.

¡Padrón!... ¡Padrón!...
Santa María..., Lestrove...
¡Adiós! ¡Adiós!

Desde el Pazo da Hermida, sobre los primeros suspiros de la ría de Arosa, la gran cantora del Sar empujaba su tristeza y su *saudade* río abajo al encuentro del mar. Y precisamente allí, acunado por versos y cantares, en una casa oscura y quejumbrosa, vino al mundo un bebé rubio y gordinflón, hijo de Antonio y de Rosa, al que le correspondieron los nombres de José y Domingo para perpetuar el santoral de sus abuelos. Si yo hubiera sabido que aquellos eran los años del hambre, los años del odio, los años de los ajustes de cuentas que siempre llegan después de una guerra, sin duda habría elegido otra fecha para nacer, pero el calendario es inflexible y no acostumbra a hacer excepciones. Era el segundo hijo de aquel matrimonio nacido del amor entre un padre que se movía como pez en el agua en el zafarrancho diario de los negocios, y una madre que servía en una casa muy seria de la mal llamada aristocracia padronesa, la de don Ernesto, uno de los médicos de la villa, al que todo el mundo adoraba por su cariñosa manera de atender a los enfermos. Allí estaba yo, ajeno al ajetreo que traen consigo los recién nacidos, con el primer llanto de los muchos que habrían de venir después.

A los pocos días, el vaivén de los negocios paternos me llevó a Padrón y mi vida, a partir de ese momento, fue creciendo según el pueblo se iba olvidando de los disparos y las venganzas. La calle Herreros era una calle llena de luz y de ruidos, la chiquillería estaba siempre a lo suyo, los juegos, entrando y saliendo de aquel callejón de dos salidas que forma parte de la primera gran etapa de mis sueños infantiles. En las noches de calor, cuando el verano secaba los campos masacrados por la lluvia, Octavito Cabanas, el gracioso del barrio, montaba sus comedias en la pequeña plaza que dormitaba frente a mi casa. Imitaba a una gallina, contaba chistes, hacía el tonto con su gracia innata de pueblo y se convirtió en el primer ídolo de aquella pandilla de rapaces que con él aprendimos a reír en un tiempo en el que casi todo estaba prohibido.

Mi padre, Antonio Castaño Otero, era un hombre muy especial, no hablaba demasiado, físicamente normal, con el pelo tirando a pelirrojo, una nariz enorme que le venía de familia y que heredamos todos sus hijos, un carácter muy abierto y un celoso en grado superlativo. Las trifulcas con mi madre por este motivo eran el lío nuestro de cada día. Cuando pienso en el trabajo de mi padre, siento una gran admiración por su capacidad para diversificar sus ocupaciones y hacer un poco de todo. Su trabajo principal era el de ordenanza en la empresa Papelera Española, S. A. y consistía en vigilar, muy de cuando en cuando, unos terrenos que habían adquirido en Puentecesures, al lado del río Ulla, para la futura construcción de una fábrica de celulosa. El papeleo institucional, las alegaciones de los ecologistas de entonces, que ya empezaban a poner palos en las ruedas al progreso, y las dificultades del proyecto fueron retrasando su construcción y aún hoy es el día en el que esos terrenos siguen estando ahí, sin fábrica y sin futuro. Otra de las funciones de mi padre era atender, como un auténtico criado para todo, a don Gonzalo Gayoso, el gran jefe que la empresa papelera había destinado a Padrón para poner en marcha la fábrica, y, por supuesto, a su mujer, doña Carmen, una mujer pizpireta y mandona, que había asumido su destino gallego como una penitencia. Y por si este trabajo fuera poco, mi padre aún tenía arrestos para practicar lo que entonces, en los años de hambre y de necesidades básicas, se llamaba estraperlo a pequeña escala. Siempre llevaba consigo una buena colección de piedras de mechero para reponerlas en aquellos primeros mecheros que venían a sustituir a los viejos artilugios. Y no faltaban en su chaqueta multiusos medallas y cadenas de lo que en aquel tiempo se llamaba oro alemán, que parecía oro de verdad y podía dar el pego, pero era una lograda y aparente imitación. Lo vendía todo como rosquillas y, espoleado por ese éxito inicial, fue ampliando el arsenal y aparecieron las máquinas de escribir, el aceite de oliva —que en los años cuarenta era uno de los bienes más preciados—, los zapatos de señora, el tabaco rubio americano y todo un muestrario de productos que entraban y salían de la calle Herreros de Padrón, dejando en las arcas familiares dinero suficiente para mantener con dignidad una prole que seguía creciendo al ritmo de hijo por año. Ese hombre múltiple y vertiginoso era mi padre, al que, a veces, por indicaciones de nuestra madre, íbamos a buscar por las tabernas del pueblo. Algunas de estas catedrales del chiquito y el tapeo tenían unos nombres muy religiosos, La Gloria, El Infierno, El Paraíso, el Purgatorio, el Cielo... A mi padre le encantaba el vino y esa ronda diaria de taza en taza —entonces el vino se tomaba en tazas blancas— era su único momento mágico entre tanto vaivén de ocupaciones y milagros diarios. Se lo merecía aquel hombre íntegro y despierto, entregado por completo a su familia y al que la vida no le dio demasiadas oportunidades de conquistar el futuro. Una trombosis cerebral en el año 1962 lo sepultó para siempre en una silla de ruedas, con la mente rota y los sueños a medio soñar. Se fue para siempre seis años después y dejó ese vacío que dejan los padres cuando son el principio y el fin de la vida de una familia numerosa que se quedó huérfana a mitad de camino.

Mi madre, Rosa Solar Boga, era una mujer de armas tomar, una belleza gallega, sonrosada y lozana, de la que se enamoró mi padre en cuanto la vio. Podía ser, al mismo tiempo, la más tierna y cariñosa, y cambiar de repente para sacar a relucir su genio de mujer íntegra y poderosa. Desde pequeña, se acostumbró a servir a los demás, entró a trabajar en la casa de uno de los médicos de pueblo, don Ernesto de la Riva, y fue allí, en contacto con una de las familias más queridas de Padrón, donde se formó para el futuro difícil que le esperaba. Todo el mundo la quería y su nombre se pronunciaba con admiración y respeto en los mentideros locales. Mi madre tenía una risa grande, enorme, que te contagiaba, y le gustaba cantar en cuanto tenía la mínima oportunidad. Nunca olvidaré aquel *Cuando se quiere de veras* que cantábamos toda la familia al completo cuando estábamos a gusto, que era casi siempre, con ella llevando la voz cantante con su dulzura inolvidable. Pocas mujeres han pasado lo que ha pasado ella, madre de doce hijos y con un marido que se muere cuando más lo necesita. Esas madres como la mía, entregadas a los demás hasta la muerte, han sido un ejemplo de genio y figura para las generaciones venideras. Se fue sonriendo con la misma sonrisa que presidió su larga vida. Su recuerdo me huele a casa feliz, a familia unida, a beso caliente de mañana gallega, a cariño total, a fiestas de pueblo, a carne asada, a besugo al horno, a calamares rellenos, a churrasco asado con patatas, a filloas, a orejas de carnaval, a todos los sonidos que se llevó con ella...

Foto de familia.

La vida de un niño en un pueblo pequeño es una vida feliz. A la hora de poner en pie los recuerdos, solo me viene lo bueno a la memoria. Eran años de hambre, sí, el país venía de una guerra entre hermanos y ese tipo de conflictos siempre dejan un rastro de dolor y muerte más difícil de olvidar que el de las guerras normales. Los niños de entonces aprendimos a conformarnos con poco y aquellas papas hechas con agua y harina —y unas gotas escasas de leche— sabían a gloria. La vida se nos iba de juego en juego, de sueño en sueño. Una tarde de baño en el río era una fiesta apasionante. Aquellas guerras infantiles entre mi pandilla del Guerrero del Antifaz, que capitaneaba Manolito Fraga, el hijo del médico, y nuestra banda rival, la del Capitán Trueno de Suso Peja, el hijo del conserje del casino padronés, eran auténticas batallas campales de flechas y espadas que nunca tuvieron un vencedor claro.

Los primeros cigarrillos Chesterfield sin filtro en el paseo del Espolón, siempre a escondidas, nos convertían en hombres de verdad antes de tiempo, pero eso nosotros todavía no lo sabíamos. En aquellas escaramuzas de cariño y amistad no había ricos ni pobres, pero yo siempre he pensado que alguno, y sobre todo alguna, de aquellas amistades infantiles me miraban por encima del hombro porque no era ni de su clase ni de su bolsillo. Ser pobre era estar un peldaño por debajo de unos pretendidos niños ricos a los que sus padres habían convertido en resabiados. Seguramente aquellos primeros contactos amistosos de la infancia me han ido haciendo un hombre desconfiado, que ha tardado muchos años en quitarse de encima ese complejo de inferioridad que te metieron en el alma aquellos niños de entonces que jugaban contigo como haciéndote un favor. Esos prejuicios con los que enfilas la parte seria de la vida los vas olvidando y solo te quedan en la memoria las caras que marcaron tu infancia y todo lo que tu pueblo te regaló cuando más lo necesitabas, aquellas calles por las que caminas otra vez cuando te sientes solo, aquellas plazas abiertas a los juegos y al fútbol, aquel paseo largo y verde por donde las bicicletas hacían diabluras, aquel río de los chapuzones valientes para impresionar a tus primeros amores inútiles, aquellas cerezas robadas en la finca del padre de Cholas Rey que sabían a gloria por la emoción de lo prohibido, aquellos caballitos de Evilasio en los que daba vueltas hasta la vida, aquel jardín espléndido en el que espiábamos a los enamorados en sus besos furtivos, aquel campo del Flavia en el que fuiste portero de goles

De monaguillo con mi hermano Antonio, en la primera comunión de mis hermanos Fernando y Chicha.

imposibles, aquellas escaleras del convento de los dominicos, por las que subía el monaguillo Pepe con vocación de santo, aquella calle Herreros de la que solo queda el nombre porque así lo quiso el futuro, aquella esquina de los vagos, en el centro del pueblo, al lado de la caja de ahorros, en la que se reunía lo más granado de la verdulería padronesa, aquellas procesiones de los Caladiños en Semana Santa con el mundo entero en silencio, aquellas veladas del Frente de Juventudes cuando creías que la vida era una 'centuria' y unas 'montañas nevadas', aquellas noches de Reyes de caballos de cartón y pistolas de vaquero y siempre esperando la bicicleta azul que no llegaba nunca, aquellas Nochebuenas cantando villancicos con tus hermanos por las casas del pueblo al grito de «¿Cantamos?», aquellas «Caravanas del amor al humilde» viajando de pueblo en pueblo para recaudar fondos para la Cabalgata de Reyes, con un teatrillo de variedades en el que tú hacías de todo y Cholas Rey siempre hacía de Cantinflas... Todo eso, metido a golpes de nostalgia en esa coctelera gigante que es el tiempo, es lo que ha hecho de mí un enamorado de ese Padrón recoleto y hermoso, y de una Galicia que se irá conmigo a donde me lleve la vida y a donde me encuentre la muerte.

Y, de pronto, mientras el calendario avanza por un mundo de plena fantasía, llega ese instante trágico que suele romper en pedazos la placidez de la infancia: el comienzo de la escuela primaria. En la misma calle Herreros, doña Castora, mi primera maestra, era la encargada de ir abriéndole nuevos caminos a los pequeñajos de entonces, entre golpes de regla en la yema de los dedos y tirones de oreja. Eran otros tiempos y los años difíciles como los que estábamos viviendo predisponían a los maestros al empleo de la mano dura para que nuestras almas no se torcieran antes de tiempo. Las primeras letras de mi vida se grabaron, con una mezcla de dolor y resignación, en el álbum de mis recuerdos negativos para siempre, pero el paso del tiempo ha demostrado que ha valido la pena.

El paso de la primaria a los estudios serios fue todavía peor. La escuela pública estaba cerca del río Sar, que cruza el pueblo con parsimonia de afluente de otro río más grande, el Ulla. Al lado de la iglesia, el grupo escolar se levanta, destartalado y descolorido, en el mismo lugar donde dice la historia que, hace no sé cuántos misterios, estaba el puerto de Murgadán, al que llegó la barca con el cuerpo del apóstol Santiago a las tierras de Iria Flavia, el actual Padrón. Dos profesores antagónicos, don Jesús Santiso y don Eduardo Paz, se encargaban de guiar por el buen camino de la enseñanza a los aprendices de estudiantes que entonces solo sabíamos soñar. El uno, don Jesús Santiso, era defensor de «la letra con sangre entra» y lo demostraba cada día, sacudiendo unos mandobles de campeonato a quienes nos equivocábamos al dividir o calculábamos mal una raíz cuadrada. Llegar a casa con moraduras en alguna parte del cuerpo era el pan nuestro de cada día. Y nuestros padres parecían estar de acuerdo con el método de don Jesús porque nunca sintieron deseos de decirle cuatro cosas a aquel maestro iracundo. Por el contrario, don Eduardo era la paz personificada, un buen hombre que nos trataba con respeto, bondad y paciencia, y siempre estábamos deseando entrar en su clase, porque era un remanso de paz en aquel grupo escolar que nos estaba convirtiendo en hombres.

Pasaron varios años hasta que, ya curtidos en los primeros escarceos del saber, entramos en la parte más seria de los estudios. Dejamos la escuela pública y empezó nuestra andadura en la privada. Comenzaba nuestra preparación para el ingreso en el bachillerato. Como en Padrón no había instituto, nos preparábamos por libre y luego teníamos que ir al instituto de Santiago de Compostela para hacer los exámenes de ingreso. Eran ya otro tipo de profesores los que se encargaban de prepararnos para el primer examen serio de nuestro periplo estudiantil. Estaba don Manuel, un hombre afable y paciente que nunca levantaba la voz; y doña Elenita Baleirón, una profesora de armas tomar, que había demostrado que se puede triunfar como mujer en un mundo entonces dominado por los hombres. Y dejo para el final a don Tiberio, aquel hombre calvo de genio endiablado, al que con el devenir de los años he aprendido a respetar y a admirar, porque no era fácil el trato directo con aquellos locos que todavía no creíamos en el futuro y cuyo presente se limitaba a las cuatro esquinas de un pueblo que solo sabía mirar hacia atrás.

Cuando llegaron a la conclusión de que estábamos preparados para pasar con aprobado el examen de ingreso en Santiago, se iniciaron los preparativos del viaje. Para casi todos nosotros era la primera vez que salíamos del pueblo para ir a la gran ciudad. Estábamos eufóricos y contábamos con emoción los días que faltaban para aquel gran viaje. Y llegó el gran día. Mi padre nos llevó a mi hermano mayor Antonio y a mí hasta la estación de Padrón. Subimos al tren temblando de felicidad y mientras se alejaba del pueblo, sentíamos, por primera vez, esa sensación extraña que se siente cuando dejas atrás algo que quieres. Santiago apareció en todo su esplendor cuando subíamos por la calle del Hórreo hacia el Instituto de Enseñanza Media donde se celebraban los exámenes.

—Cuando terminéis el examen de la mañana, iremos a comer a Arufe y luego volveremos para el examen de la tarde.

Era la voz de mi padre, que sonaba a comida buena mientras nos preparábamos para la primera prueba de fuego. Salimos como pudimos de la primera encerrona y nos fuimos a comer fuera, algo que era para nosotros una experiencia inolvidable. Casa Arufe era una casa de comidas de mucho nombre en Santiago y disfrutamos como nunca de un menú estupendo, en el que la carne asada era el plato estrella. Comer fuera era un lujo para nosotros y siempre recordaré aquel bautismo gastronómico en la gran ciudad. Comer allí se convirtió en agradable costumbre cuando teníamos que ir a examinarnos y Casa Arufe, aunque ya no existe, seguirá oliendo a padre bueno y a cocina rica en la vieja calle del Hórreo de mi Santiago querido.

Mi madre era muy religiosa. Y una de sus obsesiones era que nosotros siguiéramos su camino de devoción y santidad. Y en cuanto estuvimos en edad de ejercer de monaguillos, nos llevó al convento de los dominicos, que destacaba como un castillo con dos torres en lo alto del pueblo, para certificar su apuesta por nuestro futuro. Y monaguillos fuimos durante algunos años, con los consiguientes madrugones para asistir a la primera misa de la mañana. Íbamos como autómatas, con el cuerpo a medio dormir y los ojos llenos todavía de sueño, subíamos las escaleras que llevan al convento y hacíamos lo que podíamos con la campanilla y el hisopo para no desentonar demasiado. De tanto estar con los frailes, me fue creciendo por dentro el deseo de ser un fraile más y así fue como, al cabo de algunos años, me convencieron para entrar en un colegio apostólico que estaba en Corias, en Asturias, donde durante cinco años, en lo mejor de mi vida juvenil, compaginaría estudios y rezos camino de lo que yo creía que era el destino más hermoso de mi incipiente existencia.

Tenía nueve años cuando se me rompieron todos los esquemas de juego y diversión con mis amigos de siempre y emprendí un viaje a lo desconocido empujado por mis padres y por aquellos dominicos buenos y cariñosos con los que había compartido misas y procesiones. En la casita coqueta y bulliciosa de la calle Herreros la máquina de procrear no se detenía y habían venido al mundo cuatro bocas más. Alimentarlas, vestirlas, cuidarlas se hacía cada vez más cuesta arriba para unos padres que se multiplicaban para que en la humilde morada de los Castaño no faltase nunca de nada. Supongo que para ellos dos bocas menos era un alivio doble en su lucha por el mantenimiento de una prole que seguía creciendo de año en año. Pero para mi hermano Antonio y para mí estar internos en un convento de frailes era renunciar a parte de nuestra juventud, tener que aparcar de golpe el cariño de nuestros amigos, los agradables días de juego y camaradería por los entrañables rincones del pueblo; era zambullirnos en un mar de dudas y de miedos, cambiar risas por rezos, dejar atrás la protección de nuestros padres, perder de vista los paisajes infantiles, meternos en una imparable vorágine de estudios, oraciones y silencios, demasiadas curvas de pronto para un chaval que estaba empezando a ser alguien. Fueron cinco años eternos que curtieron mi cuerpo y mi alma, pero que a cambio me dejaron un poso de tristeza y desesperanza que me ha acompañado toda mi vida.

Me costó alejarme de todo lo que quería. Cuando llegué a Corias, un pueblecito minúsculo perdido en las montañas de Asturias, cerca de Cangas del Narcea, se me vinieron abajo todos los buenos deseos con los que había salido de Padrón. Fue un cambio terrible pasar de la algarabía jubilosa de la infancia a la estricta realidad de un internado en el que eras un número más entre todos aquellos muchachos a los que el destino había elegido para pasar cinco años dedicados a estudiar y a rezar. Era una vida tan distinta que, cuando llegaba la noche, y en aquel dormitorio alargado y oscuro solo mandaba el silencio, yo me encogía entre las sábanas duras y frías y pensaba en que mis hermanos estarían a esa misma hora compartiendo bromas de una cama a otra, tirándose almohadas y recitando luego las cuatro esquinitas antes de ponerse a soñar. Y me imaginaba a mis padres quejándose al alimón de lo dura que era la vida y quizás pensando en aquel niño al que dejaron marchar a una tierra extraña con la ilusión de que algún día fuera algo más que un humilde niño de pueblo.

Nos pasábamos el día de clase en clase y de rezo en rezo. Nos levantábamos muy temprano, con el frío comiéndonos el sueño. Ducharse a esa hora de la mañana era un suplicio difícil de olvidar. Bajábamos al refectorio, que así se llama el lugar en el que comen los frailes y, mientras desayunábamos, nos leían pasajes de la Biblia y de las historias ejemplares de los santos dominicos. Las clases se iban sucediendo bajo un horario inflexible, y entre clase y clase, algún recreo para dar unas patadas al balón y sesiones de estudio vigiladas por un fraile para que te centrases en los libros y no dejases que tu mente se fuera por libre a inventar aventuras. Y así un día y otro, una monotonía perniciosa que se iba metiendo dentro de ti y te estrujaba la vida. En este instante en que me voy al encuentro de aquellas vivencias de internado, creo que todo lo que ahora pongo en cuarentena le vino bien a aquel chaval que estaba sin hacer y al que los frailes, con un régimen estricto de estudio y meditación, fueron cincelando por dentro y por fuera en todos los aspectos de la enseñanza y la educación. Compañero de aquellas fatigas fue el gran escritor Jesús Torbado, premio Alfaguara de novela con *Las corrupciones,* un libro de recuerdos de sus años de internado en el mismo colegio que yo. Lo que él cuenta no tiene nada que ver con lo que yo viví con él durante cinco años. Supongo que para escribir una novela con carnaza suficiente para excitar el morbo del lector hay que darle un giro a la realidad de la historia, pero creo que Jesús se pasó de frenada al contar nuestra vida frailuna. Se lo dije cuando me encontré con él en la presentación de su libro y se limitó a escabullirse con una sonrisa, dando a entender que los recuerdos están ahí para que cada uno haga con ellos lo que le apetezca. Pero que quede claro que Torbado y yo hemos vivido lo mismo. Y lo que a él le sirvió para ganar un premio y poco más, para mí fue la oportunidad de convertirme en una persona que ha aprendido a vivir en paz consigo mismo, a respetar a los que te rodean y a creer que ha valido la pena ser buena persona por encima de todo.

De aquellos cinco largos años recuerdo con especial cariño al padre Felipe Lanz, siempre sonriente en su gordura, que puntuaba con notas altas mis primeros poemas y mis primeras incursiones en la literatura. Llegó a confesarme que tenía un futuro espléndido en eso de juntar palabras. La imagen autoritaria del padre Emeterio Casquero, el de las matemáticas, me persigue por los terrenos de mi memoria entre suspensos inevitables y ecuaciones imposibles. Y el padre Ricardo, siempre sudoroso y enrojecido por la timidez, que nos confesaba con el aliento y las avemarías, después de habernos obligado a vaciar nuestra alma de tocamientos y tentaciones. Allí montamos con el padre Iparraguirre nuestra primera emisora de radio, Radio Cauriense de Corias, en la que empecé a encariñarme con los micrófonos y las palabras. Lo único que detesto, todavía, de aquellos años de internado es el asqueroso café con leche que nos servían cada mañana en el refectorio y que los frailes nos obligaban a beber, so pena de un suspenso en conducta. Era un líquido oscuro con pedacitos de nata bailando en la superficie que me producían arcadas en cuanto intentaba beberlo. Los continuados suspensos en conducta testifican mi negativa constante a ingerir aquella pócima detestable. Lo del café con leche fue el único lunar negativo de mi historial apostólico. Mis notas eran altas en casi todas las materias, excepto matemáticas, y mi vida, dentro de lo que se podía esperar de un internado, discurría plácidamente, aunque con repetidos ataques de morriña.

Los cinco años de Corias no los quiero borrar de mi cuaderno porque me ayudaron a encarar el futuro con los bolsillos llenos de verdad. Solo les reprocho que durante

Día de mi toma de hábito dominico en Palencia, con mis hermanos Antonio y Susé, mis padres y unos amigos.

ese tiempo no pude ser todo lo niño que podía haber sido. Y aún quedaba el noviciado en Palencia, ese tiempo que te da tu vocación para que decidas, durante un año de prueba, si sigues adelante en tu intento de santidad o tiras la toalla definitivamente para incorporarte de nuevo a tu trabajo de hombre de la calle. Es el momento en que te ponen el hábito de la orden, en una ceremonia en la que llora todo el mundo, tus padres incluidos, y te miras al espejo el día después, vestido de dominico, y te entran ganas de salir corriendo hacia no sabes dónde, asustado por el paso que acabas de dar. Corría el año 1958 por los claustros de aquel convento de San Pablo de Palencia, en donde un muchacho de Padrón, vestido de fraile por unos meses, le preguntaba a un espejo si eso de estudiar para santo valía realmente la pena.

3
Campos de Castilla. El regreso

Aquella era una de esas mañanas pasadas por agua y viento que no abundan en Castilla. Corría 1958 y todos los elementos se habían confabulado para acompañar mi estado de ánimo. La ciudad se despertaba casi, casi en silencio. Una de esas ciudades donde la vida pasa, simplemente. La niebla le ponía al paisaje urbano un filtro impenetrable. El invierno había llegado para poner de mal humor a los árboles, a los ríos, a las gentes. Y cuando llegaba el invierno, es como si todos se pusieran de acuerdo para fruncir el ceño, para borrar de sus labios la sonrisa, para perderse en una tristeza insondable, perenne, desesperadamente triste.

Allí estaba yo, mirando de reojo los muros del convento que se quedaban detrás de mi vista y de mi vida, acaso para siempre. Mientras avanzaba el automóvil hacia la estación, notaba por dentro que se me rompía el alma. Pasaban por mi mente todas las filmaciones de la imaginación durante aquellos años. Detrás de aquellos muros que la niebla desdibujaba, se quedaban muchas de mis cosas de joven inquieto. Se quedaban los sueños maravillosos de santidad. Se quedaban los primeros pinchazos del sexo. Se quedaban las dudas y vacilaciones de quien todavía está buscando los caminos. Se quedaban los poemas ampulosos que me dieron matrícula de honor en literatura. Se quedaban los compañeros de curso, para quienes yo comenzaba mi andadura de fracasado. Todo encerrado allí, dentro de la piedra de un convento triste y desangelado, como todos los conventos.

El padre maestro estará pensando en mí —pensaba— y en mi futuro. Lo intentó todo conmigo, no sé si porque me quería de verdad o porque le interesaba para la orden. Me habló de lo hermoso que era el sacerdocio, de las satisfacciones que me daría entregarme a Dios. Y a punto estuve de hacerle caso en el último momento. Pero en mi interior algo me decía que aquello no era para mí, que fuera de esos muros había un mundo donde también era posible soñar. Miraba al padre maestro y me daba pena. Sus cabellos blancos, blancos de tanto darse a los demás y sufrir por ellos, le daban un aspecto de santo. Seguramente lo era. Acaso más santo que muchos que están en los altares. Me daba pena tener que dejarle. Me daba pena tener que dejar todo aquello.

—Piénsalo bien, hijo. La decisión que tienes que tomar es muy importante. No tengas prisa. Puedes arrepentirte en el futuro. Aquí ya sabes que se te quiere y se te va a echar de menos. A mí me gustaría que te quedaras...

—No sé, padre. Tengo la sensación de que hago bien. Hace tiempo que no siento nada de lo que hago, que no me gustan los rezos, que no soporto las misas, que no me importan los hábitos... Creo que tengo que marcharme.

—A todos nos ha pasado eso, hijo mío. A todos, incluso a mí. El sacerdocio es sacrificio y vocación. Y también es alegría. No te derrumbes con la primera tentación. Lucha, lucha contigo mismo para encontrar la verdad. No trato de convencerte. Solo tú puedes decidir. Pero recuerda que todos, incluso yo, te repito, hemos tenido las mismas vacilaciones que tú.

Y al decir esto, me daba unas palmadas cariñosas en el pelo y me miraba con ese aire beatífico con que solo saben mirar las buenas personas. En el fondo, él quería que me quedara. Era uno de sus favoritos, de sus protegidos. Lo sabía todo el convento. Desde que habíamos llegado, había volcado en mí todo su paternalismo y me distinguía con una familiaridad muy peculiar.

Aquella noche, tras la charla que mantuve con él, la pasé en blanco, revolviéndome inquieto entre las sábanas duras que habían sido mis compañeras de sueños y secretos durante tantos meses. Me martilleaban por todas partes sus palabras, sus dudas, sus consejos. Si el cariño hubiera decidido, me habría quedado. Pero pudo más mi decisión, mi inquebrantable deseo de conocer el terrible mundo que se habían encargado de describirme tantas veces. Y a pesar de que no tenía la más mínima duda respecto a la autenticidad de mi decisión, mi pena aumentaba, y aumentaba, y aumentaba conforme aumentaba la luz de la mañana y me iba quedando menos ciudad por recorrer. Me sentía culpable, no sabía por qué, pero me sentía culpable. Pensaba en aquella pena que me tenía en un estado de absoluta tristeza. Era el castigo de Dios por abandonar su servicio, por no haber sido capaz de superar la tentación. Dios. Siempre me había gustado imaginármelo como una persona buena. Sería como el padre maestro. Tendría el pelo blanco, la sonrisa beatífica del que no ha hecho daño a nadie en su vida, la mirada dispuesta a perdonar a todo el mundo... En el éxtasis que nos entraba a todos los internos cuando terminaban los larguísimos ejercicios espirituales, hasta hablaba con Él, y me emocionaba decirle que iba a ser bueno, que iba a ser un estupendo sacerdote y que salvaría muchas almas del pecado. Y me parecía oír a lo lejos una respuesta, una voz que me empujaba y me daba ánimos.

Todo había cambiado. Ahora, en un viejo automóvil desvencijado, atravesaba la ciudad para tomar el tren hacia mi tierra. Allí, me esperaba una enorme interrogante. Y mientras Dios seguía dando vueltas por mis pensamientos y el padre maestro me recordaba sus últimas palabras, mientras mis compañeros me miraban como un fracasado y la ciudad se me metía para siempre en mi álbum de recuerdos, llegamos a la estación.

—Bueno, hijo, que tengas mucha suerte. Y no te olvides de todo lo que has aprendido aquí. El mundo es muy traidor y tiene muchas tentaciones. Tienes que ser bueno siempre. Y pedirle a Dios que te ayude en la vida que te espera. —Era la voz del padre procurador, que me había acompañado a la estación.

Mi primera comunión.

—Sí, padre. Lo intentaré. Yo también quiero desearle suerte. Y darle las gracias por todo. Y no se olvide de darle un abrazo al padre maestro.

—No, hijo, no me olvidaré. Anda, apúrate, no sea que vayas a perder el tren. Y recuerda que en Venta de Baños tienes que cambiar de tren. Y tienes que coger el que va a Galicia, pasando por Redondela. Díselo al revisor, por si te quedas dormido.

—No se preocupe, padre. No lo olvidaré.

—Adiós, hijo. Pediremos todos a Dios por ti. Que tengas un buen viaje y que todo te vaya bien. Escríbenos de cuando en cuando.

—Sí, padre. Les escribiré. Adiós...

Me habría gustado pedirle que rezaran por mí, pero no sé por qué no me atreví. Desde la ventanilla del viejo tren de madera que me llevaría otra vez a mi tierra, sentí que dejaba en aquella ciudad, en aquella estación, en el rostro del padre procurador, un pedazo vivo de mí mismo. Notaba que me arrancaban algo de mi vida cuando el tren comenzó a andar. La imagen del padre procurador se perdía poco a poco y se fundía el blanco de su hábito con la niebla, que cada vez era más espesa. Fuera de la ventanilla, sintiendo cómo me golpeaba el frío de la mañana castellana, movía mis manos diciendo adiós, adiós... hasta que dejé de verle.

De pronto me encontré solo en un vagón lleno de gente a la que no le importaba para nada la historia de un muchacho barbilampiño que empezaba a vivir una nueva experiencia. Me encontré solo, muy solo, como si en el mundo no existiera nadie más que yo. Miraba mi traje y me daba pena. Me lo habían facilitado en el convento y, aunque no me quedaba ni medianamente bien, era lo único que tenían para mí. Acostumbrado a vivir tantos meses con el hábito blanco de la orden, me encontraba extraño. Y pensaba que la gente se me quedaba mirando. No era así. Cada cual estaba a lo suyo. Había un señor mayor, con gafas y barba, que leía, sin levantar los ojos del libro. Y un matrimonio joven, que discutía acaloradamente sobre no sé qué de un billete de ida y vuelta. Y yo. Me acurruqué junto a la ventanilla pensativo y malhumorado conmigo mismo. El vagón de tercera se movía de derecha a izquierda, como si quisiera salirse de los raíles. Quería dormir y olvidarme de todo, despertar en algún lugar desconocido y no tener que dar explicaciones a nadie. El paisaje pasaba velozmente por mis ojos, sin darme tiempo a descubrir cómo era esa Castilla que comenzaba a abandonar. Me habían dado un paquete de cigarrillos de mi marca preferida, Chesterfield. Encendí uno. Los cigarrillos me han dado siempre una gran seguridad en mis acciones. A golpes de humo, se me fue acercando el futuro que me aguardaba. El encuentro con mis padres. La regañina de mi madre. La pobreza de mi casa. Las miradas de conmiseración de mis hermanos, la gente del pueblo haciéndome preguntas, mis amigos de antes, las chicas. Sensaciones nuevas que tendría que pasar y que me asustaban, sobre todo la de enfrentarme a mis padres, que habían soñado siempre con tener un hijo sacerdote.

La llegada del revisor me arrancó de mis pensamientos. Me miró de arriba abajo y hasta creo que se rio por dentro de mi aspecto, con aquel traje que me venía corto y aquella corbata pasada de moda que aún no sabía llevar.

—Le avisaré cuando lleguemos a Venta de Baños. Allí tiene que enlazar con el tren que va a Galicia.

—Gracias, muchas gracias...

Y luego, me dormí profundamente. Me despertaron unos gritos por el pasillo que se acercaban cada vez más.

—¡Venta de Baños, próxima estación! ¡Venta de Baños, próxima estación!

Había cubierto la primera parte de mi largo viaje hacia Galicia. Allí, en Venta de Baños, me esperaban una estación triste como todas las estaciones y muchas personas que, como yo, buscaban el mismo tren. En el bolsillo llevaba unas pesetillas que me había dado el padre maestro para tomar algo por el camino. No era mucho, pero menos da una piedra. Me tomaría un bocadillo y a esperar que llegase el otro tren.

La estación era un hervidero. Entre los que subían y los que bajaban del tren que nos había traído, armaban un escándalo monumental. Era el mundo, parte del loco mundo que me habían pintado los frailes. Se me iban los ojos hacia las jovencitas quinceañeras que dejaban entrever sus encantos bajo apretados jerséis de lana para combatir el frío y supongo que las tentaciones. Mi maleta era pequeña, muy pequeña, y con ella como compañera inseparable, me acomodé en una esquina del andén, en un banco mojado por la niebla. Volví a sentirme solo. Solo dentro de un ruido ensordecedor de trenes y gentes que iban de un lado a otro. Y sentí miedo, miedo a aquel mundo que iba a recibirme, miedo a aquellas chicas a las que no sabría qué decirles, miedo a un futuro que no era precisamente brillante para mí, miedo a que Dios me castigara por abandonarle, miedo a todas aquellas personas que habían confiado en mí y a las que había decepcionado, miedo a quedarme dormido y perder el tren. Era un manojo de miedo y de frustración.

—Y tú, ¿a dónde vas? —Era la voz de un soldado muy joven para la guerra todavía, creía yo.

—Voy a Pontevedra. Bueno, a Redondela, que es donde tengo que enlazar con el tren que me llevará a mi pueblo.

—Yo también voy para allá. Estoy en la mili, ¿sabes? Y me han dado un mes de permiso. Nos queda todavía un buen rato de viaje, ¿fumas?

—Sí, gracias. Yo estoy estudiando —le dije, mintiendo descaradamente— en un colegio de Palencia. También me han dado vacaciones.

—Estupendo. Pues vamos a tomar algo, que falta bastante para que llegue nuestro tren. ¡Ah!, yo me llamo Manolo, ¿y tú?

No sabía qué decirle. Por una parte, me entraron deseos de mentirle, de darle un nombre equivocado. Ya le había mentido una vez al decirle que era estudiante. Me había dado miedo contarle la verdad, que era un novicio que había dejado los hábitos. Al final, preferí decirle mi verdadero nombre.

—Yo me llamo Pepe. Vamos a la cantina. Aunque no sé si me dará para invitarte. —Ya me estaba curando en salud.

—No te preocupes. Pagamos a medias, a pachas, como en la mili. Así que estudiante, ¿eh…?

—Pues sí…

—Pero ¿estudiante de qué? Porque tienes una cara de cura…

Me había descubierto. Si ya lo sabía yo…, lo llevaba escrito en la cara. Me delataba mi traje. Me delataba mi nerviosismo. Me delataba mi extraña manera de comportarme en aquel mundo que desconocía casi por completo. Ya no valía la pena fingir. En la cara llevaba escrito que había estado estudiando para sacerdote, o «para cura», como decía Manolo.

—Es que estudio para cura, mejor dicho, para fraile. Bueno, realmente, estudiaba, porque he dejado el convento.

—Has hecho bien, chaval. Los curas no sirven para nada. Además, que se vive mejor en la calle. ¡Vaya, hombre, vaya! Conque estudiando para cura... ¡Vaya liberación estar fuera del convento!, ¿eh...? Porque en esos sitios se debe de pasar muy mal, desde luego peor que en la mili.

Hablaba y hablaba Manolo sin que yo le preguntara nada, sin que me diera ni siquiera una oportunidad para responderle. Pero era un tipo con atractivo, alegre, dicharachero, que emanaba amistad y cariño. Además, no le había dado demasiada importancia a mis años de aprendizaje sacerdotal. Durante unas horas, en animada charla, llegué a olvidarme de todo cuanto me estaba bullendo dentro. Manolo fue la primera persona del mundo que conocí y sirvió para demostrarme que no todos eran tan malos como decían los padres dominicos. Nos tomamos un bocadillo. Él pidió cerveza. Yo pedí agua, era lo único que bebíamos en el convento. Insistió tanto que al final probé aquella maldita cerveza, que me supo a rayos y me revolvió el estómago. No dije nada. Aguanté estoicamente los malos momentos y pronto me recuperé. Brindamos por nuestras respectivas vidas y nos deseamos suerte. Me dio una fuerte palmada en el hombro.

Y me contó historias de novias y de fiestas. Y me dijo que sus padres eran médicos, pero que a él no le gustaba estudiar. Y que estaba harto del uniforme y de la mili. Y que estaba enamorado de una niña que se llamaba Mari Luz y era vecina suya. Yo hable poco. Me limitaba a escuchar. Estaba aprendiendo, poco a poco, a enfrentarme con lo que me esperaba.

Sonó un fuerte pitido. La estación recuperó en unos segundos todo el bullicio y ese estruendo con que me había recibido. Manolo no me dejó pagar, al enterarse de que era un estudiante y de que los curas, como él decía, no habían sido espléndidos conmigo. Subimos al tren como pudimos. Nunca había visto tanta gente junta. Entraban por todas las puertas, con sus bultos y sus maletas, tropezando aquí y allá, haciendo inútiles nuestros esfuerzos para encontrar asiento. Al final lo logramos. Tuvimos que subir por encima de cestas, maletas, bolsas que se amontonaban en los pasillos. En el departamento, otros amigos de Manolo, una mujer con cara de santa, que sonreía a todo el mundo, un matrimonio entrado en años que miraban inquisidores a todas partes y a todo el que entraba por la puerta, una chica que debía de ser su hija, Manolo y yo. O sea, al completo. El tren se detuvo muy poco tiempo. Cuando aún andaban algunos viajeros tratando de encontrar sitio en aquel maremágnum de gentes y maletas, comenzó a andar.

Manolo me presentó a sus dos amigos, compañeros de la mili. También eran gallegos, aunque de otro pueblo. Sacaron una botella de vino y se bebieron un buen trago, no recuerdo a salud de quién. El matrimonio miraba por el rabillo del ojo a los soldados y su mirada no era precisamente de aprobación. La viejecita seguía sonriendo beatíficamente. La niña, que debía de ser la hija del matrimonio, leía un tebeo, ajena a cuanto pasaba a su alrededor. Y yo, sin saber qué hacer, comencé a darme cuenta de nuevo de que ya no estaba en el convento, de que había dejado algo, de que me esperaba un futuro ante mí, de que tenía muchas cosas que aprender del mundo que representaba Manolo, de que era uno más de aquel cuadro viviente del ferrocarril, de que nadie se fijaba en mí, de que a nadie le importaba todo cuanto dejaba atrás. Era mejor así. La realidad llega siempre. Lo mejor es no adelantarnos a ella.

Y cuando las primeras canciones salían de las gargantas de los soldados, me fui quedando dormido, profundamente dormido. El ruido acompasado del tren sobre los raíles ha actuado siempre sobre mí como un somnífero total. El sueño nos hace evadirnos. El sueño deja libres los caminos de la fantasía y hace que la realidad se quede un poco más lejos.

Y así, soñando, pasé mi primer día en el mundo. En un viejo tren que iba a Galicia. Con el alma herida y el cuerpo cansado. Con una montaña de miedos agazapada en mi corazón. Con la sensación de haber hecho añicos mi vida. Aunque todas esas cosas, soñando, se quedaban con el paisaje que se marchaba por la ventanilla del viejo tren de tercera que se comía árboles y campos en una lucha desesperada contra el reloj.

4
Lágrimas

—Pero, bueno, ¿tú qué te crees? ¿Cómo te atreves a venir a casa? Acabas de echar por tierra una carrera, acabas de echar por tierra todo el esfuerzo que tu madre y yo hemos hecho por ti. ¿Qué quieres que hagamos ahora? Otra boca más para comer. Pues estamos apañados. Si ya lo decía yo… A estos les das todo lo que tienes y ¿con qué te pagan? Con esto. Pues vaya disgusto que le vas a dar a tu madre, que está enferma, en la cama. Desde luego…, maldita sea, no me faltaba más que esto…

Eran las palabras de mi padre, al recibirme en la puerta de la recordada casa de mi pueblo, de mi pequeño pueblo de Galicia. Estaba furioso, furioso conmigo y con el mundo, conmigo y con su suerte, conmigo y con su destino. Era un hombre no demasiado alto, de pelo castaño, ojos descoloridos, de esos que se encuentran a millares. Gritaba y gritaba… Sus palabras martilleaban mis oídos y no sabía qué hacer. Allí estaba en el umbral de la puerta, sin atreverme a entrar en la que era mi casa, en la que había sido mi casa de siempre. Creo que hasta me dio miedo pronunciar una sola palabra. El mundo, ese tremendo mundo que se había convertido en la pesadilla que se pegaba a mí como una lapa desde mi salida del convento, me estallaba en el alma con toda su crudeza. Lo esperaba. Y mi padre seguía diciendo cosas...

—Pues a ver qué hago ahora contigo. Mira que dejarlo... Con eso me pagas todos los esfuerzos que hice por ti todos estos años. Ya quisieran muchos haber tenido la suerte que has tenido tú. Pues ya me contarás qué vas a hacer. Aquí las cosas andan muy mal. Y una boca más se tiene que notar. Parece mentira. Vaya ejemplo para tus hermanos.

Allí estaban ellos. Al igual que yo, sin saber qué hacer o qué decir. El susto se reflejaba en sus ojos abiertos, muy abiertos, como si quisieran ver más allá, mucho más allá de las palabras de mi padre. Estaban delgados. Me dieron un poco de pena. Verlos allí, en aquel cuadro de pobreza solemne, mirándome como a un bicho raro al que un día habían conocido haciéndose pis por el pantalón. Nunca llegué a entender por qué mis padres traían cada año un hijo al mundo. Para sufrir, quizás, para no sufrir solos, tal vez. No conseguía entenderlo. Aquella casa, a la que había regresado, era una página clarísima de la injusticia humana. Yo no quería que mis hermanos oyeran gritar a mi padre. Ellos no tenían culpa. A ellos los quería, casi siempre desde la lejanía, pero los quería, los recordaba, los añoraba. Pero eran tantos... Es tan difícil amar a tantos a la vez...

—Eso. Vaya ejemplo para tus hermanos. Pues ya lo sabes. Si quieres hacer algo, tendrás que trabajar, porque aquí no hay dinero para más estudios. Si no has querido ser fraile, tendrás que ser desgraciado. Tú te lo has buscado.

—Pero, papá… Si es que no podía aguantar más. Si es que aquello no estaba hecho para mí. Yo no quiero ser fraile. ¿Lo entiendes? Yo no quiero ser fraile.

—Yo no quiero ser fraile, yo no quiero ser fraile… Ahora me vienes con esas. Haberlo pensado antes. Qué le digo yo ahora a tu madre. Qué van a decir en el pueblo. Un fracasado más en la familia. Yo no quería ser fraile… Yo no quería ser fraile… Qué sabrás tú de eso…

Y bien que lo sabía. Estaba seguro. Por dentro, me cosquilleaba la seguridad de saber que había hecho bien. Aunque me doliesen los gritos de mi padre. Aunque no tuviera más porvenir que aprender a ser un desgraciado. Un desgraciado digno, pero desgraciado, al fin, que parecía lo más adecuado para un fracasado como yo. Mis hermanos se acercaron. Me besaron. Alguna que otra lágrima se mezcló con mis lágrimas, formando una hermandad de sentimiento y temores. Uno a uno me dieron la bienvenida con el silencio más espeso con que se puede dar. Esas son las bienvenidas que mejor se entienden, las que no pasan por los labios, las que salen directamente del alma. Mis hermanos. Ellos me entenderían. Ellos me ayudarían a levantar cabeza. Claro que sí.

—Trabajaré, papá, trabajaré en lo que quieras. Pero yo no quiero ser fraile. Por eso lo he dejado. Y si quieres, me voy por el mundo, ya encontraré algo. Pero yo no quiero ser fraile.

—Es muy fácil decirlo ahora. Te vas por el mundo. ¿A dónde vas a ir tú? ¿Qué te crees? ¿Que lo sabes todo? Ya te darás cuenta de lo que es el mundo, ya te darás cuenta... Anda... Pasa a ver a tu madre, que vaya disgusto le vas a dar, la pobre está soñando con tener un hijo sacerdote. Y lo bien que nos venía que siguieras estudiando...

Se iba reblandeciendo. En el fondo, mi padre se alegraba de que hubiera tomado una decisión tan rotunda. Tenía que enfadarse, tenía que justificarse, tenía que demostrar su autoridad, pero el tiempo me demostraría luego que a él le importaba un bledo tener un hijo sacerdote. Lo que él quería —y bien sabe Dios que le comprendo— era no tener una boca más en casa.

Allí estaba mi madre, arrebujada en la cama, tosiendo y estornudando sin parar. Las madres tienen una intuición especial para saber lo que va a pasar. Ella sabía que lo mío iba a ocurrir. Se lo había dicho ese sexto sentido de las madres cuando piensan en sus hijos. No me dijo nada. Solo lloró, en silencio, pero lloró.

Y aquellas lágrimas aún las tengo navegando en mis recuerdos. Eran lágrimas de frustración. Eran las lágrimas que echan abajo las ilusiones almacenadas tantos años en un corazón tan grande como el suyo. La besé cariñosamente. Ya tenía ganas de verla. Ella me apretó contra su pecho y se me contagió el calor de su fiebre y el sonido de su tos. Yo también lloré. Hay días en la vida que están hechos para el llanto. Y hay que llorar, porque a los hombres les dignifica ser capaces de demostrar lo que anda picando por la sangre.

—¡Ay, Pepiño! ¡Qué pena! Con las ganas que tenía yo de tener un sacerdote en la familia. Pero ¿qué te pasó, hombriño, qué te pasó? Con lo bien que estabas allí. Con el porvenir que te esperaba. ¡Qué pena, Dios mío, qué pena más grande...!

Me lo había imaginado así. No me pilló de sorpresa, pero las palabras de mi madre, atravesadas por suspiros largos y por llantos entrecortados, me descompusieron totalmente.

No sé cuánto lloré. Solo recuerdo que sus manos pasaban y repasaban mis cabellos de colegial, intentando poner en aquellas caricias todo el amor que era capaz de dar.

—A ver qué vamos a hacer ahora. Vamos a tener otro hermano. Tu padre ya no sabe qué hacer para conseguir dinero. Los tiempos están muy mal. Y ahora tú... ¡Ay, Pepiño, con la ilusión que me hacía...! Pero, en fin, son cosas de Dios y así hay que tomarlas...

Siempre es Dios el medio de todo; es fácil, demasiado fácil hacer de Dios el responsable de lo bueno y de lo malo que nos ocurre. Seguramente era Dios —pensaba yo— el que quería que mis padres se llenasen de hijos. De otro modo, no lo entendía.

—Mamá, no te preocupes. Trabajaré de lo que sea. Ya se lo dije a papá. Ya verás como todo se arregla. Es que no quería ser fraile, ¿sabes? No podía más. Bastante estoy sufriendo yo... No te preocupes. Trabajaré en lo que sea. Te lo prometo.

José Domingo Castaño, tercero por la izquierda, con unos amigos en el paseo del Espolón.

Era de noche en mi pueblo. Por las calles, solo la lluvia haciendo ruido contra las piedras. Solo la lluvia. Al ir despejando todas las incógnitas de mi vida, siempre encuentro la lluvia atravesada en mi recuerdo. Aquella noche llovía con rabia contra los cristales de la ventana. Me gustaría poder explicar cómo llueve en Galicia cuando llueve. Se viste el cielo de gris, de un gris oscuro y amenazador. Se cubre de niebla el Monte de Meda, se oye el ronquido lejano de los árboles del Souto. Y entonces, llueve, siempre llueve. Me acerqué a la ventana del cuarto de mi madre, la que daba a la calle donde la lluvia jugaba con mis juegos de niño. Allí estaba el patín, donde mi amigo el carpintero me fabricó mi primer avión de madera. Allí estaba el caserón del almacén de vinos, en el que se alineaban los borrachos metiéndose cada mañana entre pecho y espalda un cuartillo del más barato. Allí estaba la plazuela, brillante por el agua de la lluvia, en la que nadaban escondites y combas, gallinitas ciegas y carreras de sacos. Todo estaba allí, en una calle antigua, en una casa antigua, en una vida antigua...

Mi madre dejó de llorar. Seguía tosiendo y estornudando, pero ya más de cuando en cuando. Mi padre, creo que, emocionado como yo, se acercó y me dio una palmada en la espalda. Era la señal que yo esperaba para darme cuenta de que en aquella casa se me quería, se me seguía queriendo a pesar de todo. Y si no podía ser fraile, si no quería, eso era cosa mía, era mi futuro el que estaba en juego, no el de ellos. Así tenían que entenderlo, porque así era, simple y llanamente. Me preguntaron sobre el viaje, sobre el convento de Palencia. El calorcillo que despedía mi casa, con la que tanto había soñado, me animó. Y hablé, hablé por los codos. Y hasta mi madre llegó a recostarse en la cama y me pareció que se le había ido el catarro. Mi padre movía la cabeza, con ese típico movimiento paternal que nos quiere dar a entender que se compadecen de nosotros. Los niños, mis hermanos, me miraban como al héroe de una de sus aventuras infantiles, que había sido capaz de cambiar dos veces de tren por esos mundos para llegar a casa. Los tuve emocionados durante bastante tiempo. Les enseñé fotos vestido de fraile. Se las pasaban de mano en mano con admiración.

—Bueno, Antonio. Mañana tendremos que hablar con Maruja, a ver qué le encuentra, porque Pepiño tiene que ponerse a trabajar.

—Sí, Rosa, sí. Pero ya verás cuando se entere. A ellas siempre les hizo ilusión tener un sobrino sacerdote. Tú bien lo sabes. Ya veremos si encuentra algo. A lo mejor en Picusa. El director come todos los días allí.

Ya estaban haciendo proyectos, ya estaban vendiendo mi piel otra vez. Y es que los padres son así. Para ellos un hijo es algo suyo y todo cuanto a él se refiera es de su total responsabilidad. No sabía qué me esperaba tras aquellas palabras, pero fueron capaces de remansar mi espíritu y hasta noté que en el alma me dio un pinchazo la ilusión.

Mañana será otro día. Cuando todo se hubo calmado, me fui a la habitación de arriba. Volví a caminar por los ruidos de la escalera desvencijada; eran los mismos ruidos de siempre, los que me asustaban cuando todavía era niño. En la habitación, varias camas. Y un olor especial a cosa de uno, a la cosa vivida. Los mismos cuadros en las paredes. Los mismos armarios que amenazaban con venirse abajo cualquier día. Los mismos desconchones en el techo. Pero me gustaba. Abrí el viejo fayado. Hecha pedazos, en un rincón, la bicicleta azul que me habían traído los Reyes y que habían envejecido mis hermanos más pequeños, hasta dejarla a la pobre sin resuello. Las muñecas de mi hermana, con las cuencas vacías, como todas las muñecas que han servido para algo. La leña de la cocina, que subíamos entre todos porque sabíamos que al final nos darían dos reales para alardear de ricos alguna vez. Y las goteras, las mismas de siempre, y algunas más. Me recorrió un escalofrío especial, el de las emociones fuertes, al comprobar que el tiempo no había sido capaz de borrarme nada. Era como si de pronto hubieran pasado miles de años, como si no hubiese existido ningún tren en mi vida, como si siempre hubiera estado allí.

Mientras la noche se cerraba más y más sobre mi cansancio, mientras la lluvia convertía en río de verdad al aprendiz de río de mi pueblo, me puse de rodillas en la cama, mirando al cielo. Ya volvía a encontrarme con Dios. Y recé. Mi cama, afortunadamente, seguía teniendo cuatro esquinitas y cuatro angelitos. Creo que en el cielo aún recordarán todas las cosas que prometí esa noche. Al menos, las recordará Dios. Bueno, Dios y yo. Ya era bastante.

5
El pueblo

El paseo del Espolón es una larga avenida de tierra que comienza en la plaza de abastos y termina en la estatua de Rosalía de Castro. Es la espina dorsal de mi pueblo. Es el paseo donde los enamorados se cuentan sus primeras tonterías. Donde los viejos, los que ya anduvieron el largo camino de la duda continua que es la vida, siguen soñando con que su mundo era otra cosa, mejor, claro. Donde los encopetados aristócratas venidos a menos, de los que mi pueblo está lleno, ponen más cara de asco que nunca al comprobar que la gente los saluda normalmente y no inclina la cabeza como antaño. Sí. El paseo del Espolón es el lugar, largo lugar, donde la vida de un pueblo pequeño como el mío se hace cotidianidad, monotonía. A ambos lados, los viejos plátanos, árboles centenarios que de tanto verse unos frente a otros han unido sus ramas por arriba, tapando el sol cuando llega la primavera. Un banco aquí y otro allá, alguno que se han llevado los gamberros de siempre, y el río, que pasa silenciosamente abrazado al paseo. Un río que lo único que tiene de importante es que anda por los versos de la poetisa de aquí, Rosalía, convertida en piedra y en recuerdo por los gallegos emigrantes del Uruguay, como reza la placa descolorida y musgosa de la estatua.

El río Sar —que así se llama el tal río— viene de no se sabe dónde, como todos los ríos que se precien, y termina su vida en el gran Ulla a su paso por Puentecesures.

Poco le queda ya al río de su viejo esplendor. Los tiempos modernos, los que acaban con los vestigios del pasado, se han propuesto acabar con los ríos. Y al nuestro, al pobre río nuestro, le han salido islotes enormes en su curso, y los hierbajos que crecen sin orden ni concierto apenas dejan pasar el agua. Solo se llena de verdad en esos crudos inviernos grises de vendaval y aguaceros, que lo hacen desbordarse e inundar el pueblo.

Ahí está el río Sar, mi querido río Sar, que se ha llevado en su curso los mejores momentos de mi infancia. Junto a él, escondí mis primeras escaramuzas del sexo en solitario. ¡Tantos pecados mortales, Señor...! Nunca le hice demasiado caso al confesor. Esa es la verdad. Junto al río, también, me hizo toser mi primer cigarrillo. Era negro. Sabía mal, muy mal. No sé cómo después de aquello pude convertirme en un fumador empedernido.

Y junto al río, adiviné cientos de veces cómo serían los pechos de aquella niña que me volvía loco y que aún estaba por hacer. Tantas cosas pasan siempre junto a los ríos. Luego, la corriente se va llevando esos recuerdos y los deja mansamente en un lugar donde, de cuando en cuando, los llamas insistentemente, vienen y te llenan de una mansedumbre curiosa.

Y allí estaba yo otra vez, junto al viejo río, en el paseo del Espolón. Apenas había cambiado. Los árboles seguían igual de viejos. Los bancos sabían más cosas. Y la gente, bueno, la gente pasaba, como si no hubieran transcurrido tantos años. Es lo malo de los pueblos. Se quedan estancados, se les acaban las ilusiones, se les pudren por dentro las inquietudes. las casas se caen de viejas, lo mismo que las gentes, para quienes la vida es pasear por el Espolón hasta que un día se les atragante el aire en los pulmones de tanto respirar monotonía.

Mi pueblo no es distinto a los demás. Eso pensaba yo, asomándome al río, ubicando aquí y allá los lugares donde Pepe Postema —uno de mis héroes infantiles— había conseguido pescar sus mejores truchas. Era un tipo raro el tal Pepe Postema. Las orillas se llenaban de pescadores cuando abrían la veda. Nadie pescaba nada. Llegaba él, elegía un lugar apropiado, lanzaba el anzuelo y a los pocos segundos, la primera trucha. Y así, tantas y tantas veces. Me estaban volviendo las cosas que el tiempo me había quitado, mis sensaciones infantiles.

Frente a mí, al otro lado del río, el convento de los dominicos. Sobre un pequeño montículo. Aquel convento del Carmen era como la postal de mi pueblo. Lo que primero se veía cuando uno entraba en él.

En aquel convento aprendí a creer en algo. Mientras hacía de monaguillo, porque todos en los pueblos, un día u otro, tenemos que ser monaguillos, me fui haciendo amigo de los santos. Y les pedía cosas, demasiadas quizás, pero no me iba mal el sistema. Y en aquel convento empezó mi gran sueño de ser sacerdote. Y me lo tomé tan a pecho que le prometí a Dios hacer todo lo posible para servirle toda la vida. Luego, los propios frailes que habitaban el convento se encargaron de inyectarme proselitismo sacerdotal, hasta convencerme de que ese y no otro era mi camino. Y me sentía muy feliz conmigo mismo pensando que era un enviado de Dios, un elegido del destino.

Lo que cambian las cosas. Ahora estaba allí, subiendo la cuesta que lleva al convento, con mi felicidad hecha jirones, con el alma un poco rota y el corazón descosido aquí y allá. Pronto había acabado mi fiebre sacerdotal. Pensaba que los frailes tenían que saberlo, sobre todo el padre Jaime, que tanto sabía de mis pecados y de mis confusiones. Cuando tiré de la cuerda que mueve la campana de la entrada, noté un ligero temblor en la garganta. Y a mí, cuando me tiembla la garganta, es que le tengo miedo a lo que va a venir. Me abrió fray Clemente, un lego paternal y misterioso, al que noté que le faltaba pelo, mucho pelo.

—Pepito, cómo te va, hombre. Ya has vuelto. Qué me cuentas...

—Nada, Fray Clemente. Que he dejado los hábitos.

—¿Que has dejado los hábitos? ¿Cómo ha sido eso?

—Yo qué sé. Que no tenía vocación. Digo yo que será que no tengo vocación; y antes de estar allí a la fuerza, mejor era dejarlo.

—¡Qué pena, Pepiño! ¡Con el buen fraile que ibas a hacer...! ¡Y con la ilusión que tenían tus padres...! Vaya, hombre, vaya, conque te ha vencido la tentación...

—No, no es eso. Es que..., bueno, es que creo que yo no nací para fraile.

Yo sabía que aquel fray Clemente, aquel humilde siervo de Dios, que se pasaba la vida limpiando los claustros, encendiendo las velas de la Virgen y recogiendo la fruta cuando venía el buen tiempo, deseaba que hubiera sido sacerdote. Y que le daba pena encontrarme allí, derrotado por dentro y por fuera. Quién mejor que él podía saber lo que es una tentación, lo que cuesta cruzar un día con la vocación a cuestas. Juntos caminábamos por aquel claustro, que siempre estaba frío, muy frío incluso en verano. Aquella mañana de otoño el sol, que entraba por los ventanales, no había logrado mitigar la frialdad de la piedra.

De pronto, a lo lejos, una figura alta, rectilínea, estrecha. Una figura que podía reconocer a distancia. Allí estaba, con el breviario en la mano, paseando de aquí para allá, el padre Jaime, mi buen profesor. Me estaba inventando las palabras para explicarle todo cuanto me había ocurrido. No me dio tiempo a ello.

—Pepito —allí, en el convento de mi pueblo, todos me llamaban Pepito—, qué alegría verte. ¿Qué haces tú por aquí, bribonzuelo?

—Pues... Que me he salido, padre...

—¿Qué? ¿Que has dejado el noviciado? Pero ¿cómo es eso? Pero ¿qué te ha pasado?

—Ya se lo estaba diciendo a fray Clemente, padre, que no tenía vocación.

—¡Ay, Dios mío, con lo que he rezado yo por ti, con la ilusión que me hacía que un día vistieras el hábito de la orden...! Y ¿cómo ha sido, hombre, cómo ha sido?

—No sé cómo explicarlo, padre. Es que no podía más. Que tenía que marcharme. Que no sentía vocación.

—¡Qué disgusto para tus padres! ¡Y para mí...! Con lo bien que estabas allí, con la cantidad de cosas que podrías aprender... ¿Estás totalmente decidido, Pepito?, ¿decidido de verdad, a dejarlo?

—Lo he dejado, padre, lo he dejado. Venía a decírselo.

—Bueno, hombre, bueno. Si no tenías vocación, ha sido mejor así. Pero no debes olvidar nunca lo que allí te enseñaron, tienes que seguir confiando en Dios, tienes que continuar unido a la Iglesia. En la vida, en el mundo, también se puede hacer una gran labor. No todos los santos han sido sacerdotes. Y tú eres muy buena persona. Y estoy seguro de que vas a seguir siendo bueno. ¿Verdad, Pepito?

—Claro que sí, padre.

—Está bien, está bien. Espero verte mucho por aquí. Hay tantas cosas que hacer. Y cuando quieras confesarte, ya sabes que yo sigo siendo el mismo, seas sacerdote o no. El destino de cada uno está escrito, y estará escrito seguramente que tú no serías sacerdote. Qué se le va a hacer...

Estuvimos hablando durante mucho tiempo. Hablamos del padre maestro, de mis dudas, de mis vacilaciones. Me refugié en él en aquellos momentos en que tanto necesitaba de comprensión y de cariño. Me vino bien la charla. Cuando salí al atrio del convento y respiré de nuevo la libertad de la mañana crecida, parecía otro hombre. Las palabras del padre Jaime, aquellas palabras que tanto temía, habían actuado como un bálsamo eficaz para mis jóvenes heridas.

Miré el pueblo desde lo alto. Allí estaba la iglesia parroquial, donde bautizan a los niños y se casan los mayores. Una iglesia vulgar, como todas las iglesias, si no fuera porque debajo del altar mayor está el Pedrón, una piedra grande a la que, según la tradición, ataron la barca que trajo a Galicia al apóstol Santiago. Era uno de los monumentos de mi pueblo, del que todos presumíamos cuando venía un forastero. El Espolón, totalmente verde desde arriba, preparado ya para que lo desnudara el invierno que estaba por llegar. El río brillante y doliente por la escasez de agua. Más lejos, la estación de ferrocarril, una de esas estaciones donde parece que se han detenido todos los trenes de la tristeza. En mi vida he visto algo tan triste como las estaciones de los pueblos, donde nunca pasa nada más que un tren y eso muy de cuando en cuando. Dentro del cogollo del pueblo, la torre del ayuntamiento, con un reloj que no funcionaba nunca más que cuando lo movía el viento. Y el palacio. Lo llamábamos así porque en otros tiempos había sido residencia de gentes con títulos y cosas de esas. Las oficinas y los dentistas habían acabado con el romanticismo de aquellas piedras milenarias. Y el jardín. Otro de los orgullos del pueblo. Un jardín muy cuidado que, al decir de los entendidos, guardaba ejemplares únicos en el mundo. Un jardín que tenía dos fuentes de las que casi nunca manaba agua.

Desde lo alto del convento, me imaginé el árbol de los enamorados, porque lo llamábamos así, el árbol de los enamorados. Junto a él, las parejas casaderas del pueblo consumían su sed de amor. Y desde lejos, acurrucados y en silencio, los chavales de entonces, tras contemplar embobados el largo beso y la mano nerviosa de él buscando terrenos desconocidos en el cuerpo de ella, nos divertíamos sorprendiéndolos. «¡Marujita y Salvador, en el árbol del amor! ¡Marujita y Salvador, en el árbol del amor!». Y corríamos sin parar hasta llegar a la plaza del pueblo, por si al novio se le ocurría averiguar quién los había espiado impunemente.

La plaza de Macías, el ombligo del pueblo. Lo mismo servía para jugar un partido de baloncesto que para una verbena en las fiestas o para el montaje de las recortadas comedias. Así denominábamos —comedias— a aquellas compañías que instalaban sus bártulos en la plaza de cuando en cuando y se anunciaban con una desafinada trompeta. Por las noches, todas las familias llevaban sus sillas de casa y se sentaban en la plaza para ver las comedias. No sé si seguirán las comedias por los pueblos de mi tierra. A mí, desde luego, me encantaban.

Me estaba dejando llevar por los recuerdos, desde lo alto del atrio del convento, en una mañana soleada de otoño. Me llegaban a la mente en oleadas, pugnando por salir a flote, peleándose por ser los primeros. A mí siempre me ha parecido bueno recordar. Es un punto de apoyo para buscar el futuro. En aquellos momentos, lo único que me apetecía era sacar de aquel paisaje tan conocido y tan querido todo cuanto de mí estaba escondido en su geografía. No tenía ganas de ver a nadie aquella mañana. Solo al padre Jaime. Los demás quizás no comprendiesen lo que me había ocurrido. Qué iban a comprender. Si en el fondo, en los pueblos, lo único que realmente vive a sus anchas es la envidia. Me bastaba con recordar, con mirar, con llenar mis pulmones de un aire que ya echaba de menos en las largas llanuras castellanas. Aquella era mi tierra. Aquel era mi pueblo. Aquellos eran los lugares donde se habían quedado mis primeros sueños de mayor. ¿Por qué será que cuando somos niños queremos ser mayores, y cuando somos mayores, nos gustaría volver a ser niños? Es cierto que el hombre nunca está contento de su suerte ni de su edad.

A lo lejos, el Monte de Meda, que ni era tan alto ni tan majestuoso como yo creía cuando era niño. Y la fábrica Picusa, la que daba de comer a todo un pueblo. Y los aserraderos junto a la estación, donde hacían las traviesas para las vías del ferrocarril. Y el monte del Santiaguiño, al que se subía por unas escaleras interminables en las mañanas del Día del Apóstol Santiago, mientras las gaitas y la banda de música mezclaban su sonido con el de los cohetes de Paco el Fogueteiro, que eran los mejores de la comarca.

Mientras bajaba del convento hacia el pueblo, me detuve un momento en la fuente del Carmen, donde nos contaba mi abuela que el agua había hecho cientos de milagros. Bebí un agua fría, muy fría, tanto que no parecía agua santa. Miré a la Virgen de piedra de soslayo, como temiendo que me reconociera por lo que había hecho, y enfilé el camino del pueblo, mirando al suelo. Hacía una mañana deliciosa. La tormenta con que me había recibido mi tierra había dejado paso a un día esplendoroso; es lo bueno de las tormentas: que luego viene la calma. Lo que pasa es que, para las tormentas del alma como la que yo tenía en aquellos momentos, la calma no llegaba con el sol.

6
Socastro: la aldea en el corazón

Los días hacían más larga mi nueva vida. De pronto, tenía tiempo para todo, no sabía qué hacer con él. Vagaba como alma en pena por las calles del pueblo, esquivando a la gente, haciendo oídos sordos a mi necesidad de compañía. Era como un bicho raro en aquella vida cuadriculada, de horarios fijos, donde todos sabían qué hacer a cada hora del día.

Cuando llegaba a casa, solo encontraba en ella el mismo olor a comida de siempre y el rostro de mi madre, que destilaba compasión y amor por todos sus poros. Subía a mi habitación, a la vieja buhardilla de mis años de niño, y allí me pasaba horas y horas, mirando al cielo unas veces, imaginando el futuro muchas otras, y siempre llenando de versos cuartillas blancas. Unos versos desangelados, tristes, melancólicos, donde Dios y yo jugábamos al escondite con la vida. Era una necesidad que sentía por dentro, martilleándome insistentemente, como si en cada verso que me salía del alma se me escapara parte de mi soledad, de mi terrible y pesada soledad.

De cuando en cuando, mis hermanos venían a preguntarme cosas y a mirarme durante largo rato, como si todavía no se creyeran que estaba con ellos. Cuando llegaba mi padre, todo aquello cambiaba. Traía mal humor como resultado de un día de trabajo y siempre era mi madre la que pagaba los platos rotos. No podía soportar las discusiones, los gritos, las amenazas encubiertas, las acusaciones sin sentido. Y es que mi padre tenía que ingeniárselas de mil maneras para que cada día en mi casa no faltara de nada. Y eran muchas bocas que alimentar. Y muchos cuerpos que vestir. Y muchas facturas que pagar.

Cuando la distancia ha ido amasando los rencores, me he dado cuenta de que tenía sus razones, de que era imposible seguir en pie después de inventarse mil maneras para sacar dinero. Pero entonces, en aquel momento, en aquellos momentos, me entraban deseos de decirle que no tenía razón, que mi madre era una santa y que todo lo que él se inventaba de ella era mentira. Las discusiones que mantenían me han perseguido siempre como un recuerdo que no he podido apartar de mí. Y allí estaba yo, otro motivo más de disputa, otro garbanzo negro que había venido, en el momento más inoportuno, a enturbiar el resultado del cocido familiar. Y lo tremendo de la situación es que no sabía qué hacer, ni qué decir. Me refugiaba en mi cuarto y en mis versos. Ni siquiera tenía amigos para echar fuera las cosas que me quemaban por dentro.

Lo malo de vivir mal es que te acostumbras, que te atas a ello inevitablemente, que no sabes dar el bandazo a tiempo para alejarte, que te regocijas en tu desgracia y en el recurso más fácil que tienen los hombres de poca voluntad: la autocompasión. Pero aquel día mi padre llegó con una sonrisa distinta. Daba gusto contemplar la cara beatífica de mi madre cuando veía sonreír a mi padre.

—Bueno, Rosa. Mañana nos vamos a las fiestas de la aldea, que me ha llamado Carnota y me ha dicho que nos esperan a todos. Así que ya puedes ir preparándolo todo para mañana.

—Pero, Antonio, ¿cómo vamos a ir todos a una casa? Somos muchos.

—Que no te preocupes, mujer, que tienen sitio de sobra, ya sabes que han terminado la obra nueva y no es como antes. Nos iremos todos mañana en el coche de Noya.

—Habrá que comprarles algo. No vamos a ir con las manos vacías.

—Bueno, me ha dicho que tú te encargues de la ensaladilla, que la haces muy bien. Compra todo lo que necesites y la hacemos allí. Servirá como primer plato. Luego, como ellos matan un cerdo y tienen los callos todos los años, la comida ya está solucionada.

—Sí, comprar, comprar. ¿Tú sabes cuánto debemos en la tienda, Antonio?

—Pues que esperen. Que a mí tampoco me pagan cuando yo quiero.

Y yo sabía perfectamente qué significaba esto para mi madre. Ir a la tienda como quien va al holocausto. Entrar como de puntillas, temiendo que en cualquier momento el dependiente dijese en voz alta lo que debíamos, que no era poco. Recuerdo la cartilla, manoseada, con manchas de aceite, de tanto usarla. En ella, cuando íbamos a la tienda a comprar algo, iban anotando producto a producto el importe de la compra. Cuando las cosas venían bien, entregábamos una cantidad a cuenta. Y eso eran tan pocas veces... De cuando en cuando, el dueño hablaba a solas con mi madre y le decía que la cifra era demasiado abultada y que no podíamos seguir así, pero siempre llegaba alguna cantidad extra con la que podíamos aguantar una semana más.

—Le diré a los de Cabo que pronto les pagaremos. Ellos se portan muy bien con nosotros.

—Eso. Dentro de unos días, tengo que cobrar unas cosillas y lo arreglaremos. Mañana a las once nos vamos. Ellos nos vendrán a esperar a Pereira, para ayudarnos a llevar los bultos. Díselo a los niños, que se llevarán una alegría. A ellos les encanta ir a la aldea.

Y mi madre nos lo decía alborozada. Íbamos a la aldea, que para nosotros, entonces, era como ir a la libertad absoluta. La aldea, la pequeña aldea de Socastro, era un remanso de paz que rompíamos nosotros y la fiesta, una vez al año. Esa noche, cuando supimos que al día siguiente tomaríamos el coche de línea para escapar del pueblo durante unos días,

Antonio Castaño y Rosa Solar con sus doce hijos.

hasta yo descansé mejor que nunca. Era una aventura, una aventura maravillosa, volver a aquellos campos floridos, a aquellas inmensas praderas, escuchar de nuevo el mugido de las vacas, jugar al escondite entre el maíz altísimo, volver a oír las viejas historias que nos contaba el señor Carnota al lado de la lumbre. Y se nos cerraban los ojos, poco a poco, a la espera del mañana, a la espera de la fiesta.

El viejo autobús de línea subía, dando boqueadas, la cuesta de Rois, camino de Noya. Apretujados unos contra otros iba nuestra familia, engalanada para la fiesta, llena de paquetes por aquí y por allá. Era un recorrido corto, pero precioso. Rompíamos la soledad del monte en la mañana y desde las casas que se alineaban en la carretera nos decían adiós una y otra vez. Siempre me ha emocionado este gesto, el de las gentes que dicen adiós sin conocerte, solo porque ellos se quedan, porque ellos no pueden viajar contigo en el mismo autobús, como una pequeña mueca de envidia bien entendida. Nosotros respondíamos, moviendo las manos y riéndonos a mandíbula batiente, como locos.

El monte era un extenso paraíso amarillo. Las mimosas se habían comido el verde y le daban a la mañana una luminosidad intensísima. Dejábamos atrás los carros del país, con el eterno chirrido cosido al paisaje como la banda sonora de una película mil veces repetida, pero no por ello menos hermosa. Contábamos los baches, uno a uno, gritos, entre el jolgorio de todos los viajeros. Baches profundos, hechos por la lluvia y por los años, que nadie arreglaba. A veces, el autobús se paraba, siempre en una taberna del camino, para coger nuevos pasajeros y quién sabe si para que el conductor y el revisor brindasen por no sé qué con el mejor caldo de la tierra, el que sale de las vides. Cada parada era como una fiesta más, volvía a producirse el maremágnum de subidas y bajadas, de paquetes, de maletas, de animales vivos que se mezclaban con nuestra juerga particular en una barahúnda de mil demonios. Así eran entonces los viajes, menos cómodos, sí, pero sin duda mucho más sorpresivos que los de hoy.

Por fin, llegamos a la aldea. Estaba igual que siempre. Unas cuantas casas hacinadas en una pequeña hondonada del valle. Y el silencio. Silencio hasta ese momento, porque con la llegada de nuestra familia, aquello dejaba de ser un lugar tranquilo. Lo primero que hacíamos era ir a ver a las vacas y comprobar si seguían siendo las mismas. Todas tenían un nombre, eran viejas amigas nuestras, formaban parte de nuestros sueños. Y luego, a la bodega, donde olía a chorizo casero y a vino crudo. Y más tarde, a la huerta para experimentar una de las mayores emociones que la vida podía darnos: coger la fruta del árbol y comerla directamente hasta que nos dolía la barriga y no podíamos más.

Se nos pasaba el tiempo sin que nos diésemos cuenta en aquel remanso, donde todos nos miraban de frente, donde nadie te acusaba, donde la gente se daba a los demás enteramente, sin pedir nada a cambio. Mientras tanto, mi padre empezaba una nueva partida de cartas con el señor Carnota, y mi madre, junto a las señoras de la casa, comenzaba los largos preparativos de la que iba a ser la gran comida del día de la fiesta. Corría el vino alegremente y la charla era cada vez más ruidosa, mientras entraban y salían los habitantes del lugar, que querían ver a los que veníamos del pueblo.

He intentado muchas veces repasar aquella página de mi vida y no he encontrado nunca, por más que lo he intentado, ni una ligera nube que empañase la felicidad de la aldea.

Cuando llegaba la noche, víspera de la fiesta grande en el pueblo, dormíamos todos juntos en colchones desparramados por el suelo del cuarto de arriba, hombres y mujeres mezclados, inventando mil juegos hasta que caíamos rendidos. Aquella noche mis hermanos y las niñas de la casa inventaron un juego que parecía hacerles muy felices. Uno de ellos se desnudaba totalmente y los demás iban auscultándole como si se tratara de médicos y pacientes. Cuando le llegaba el turno a ellas, me daba la impresión de que se le encendían los ojos, mientras que las mejillas de las niñas se tornaban de color manzana. Aquello era nuevo para mí y no me atreví a participar, pero me quedó la sensación de que aquello era algo más, mucho más, que un juego de niños.

Cuando se apagó la luz, las respiraciones se oían más aceleradas y no sé si fue un sueño o realmente estaba sucediendo, pero noté que una mano de mujer me acariciaba el pecho en la oscuridad. Se me rompieron por dentro mis viejos esquemas de tranquilidad. Y me dejé llevar, en aquella calentura que propiciaban la noche y el sueño. Todos callaban o todos hacían lo mismo. Nunca llegué a saberlo. Pero aquella noche sentí que la intimidad de mi pijama se había roto por primera vez y que una mano extraña, caliente, húmeda y silenciosa se adueñaba de mi timidez. Se amplificaban los latidos de mi corazón y me daba la impresión de que todo el mundo sabía lo que estaba pasando. De pronto, algo se rompió dentro de mí y aquella mano se volvió más húmeda, más lánguida, más tierna. Sin saber cómo, mis manos estaban recorriendo el camino desconocido, de una larga suavidad. Temblaba otra carne bajo mi carne. Pasó por encima de dos pechos a medio hacer. Alguien detuvo allí mi mano y la apretó fuertemente contra las montañitas de carne temblorosa. Y sin que me diera tiempo a preguntar nada, alguien puso sus labios sobre los míos. Mi boca se abrió frente a otra boca, jugosa, suave, silenciosa. El choque de la piel contra la piel me explotó en la cabeza, como si se me fuera la vida. No supe más. No recuerdo más. Solo sé que aquella noche en la aldea se me hizo pequeño el placer y grande, muy grande, la vida.

Espléndida mañana aquella. El sol se había hecho dueño de la aldea. Resplandecían los verdes del monte, como si hubieran sido hechos de nuevo. Bajaba el río cantando más alegremente, un río de aguas limpias y atractivas. Hasta los pajarillos se habían puesto de acuerdo aquella mañana para trinar con sus mejores cantos de fiesta. La aldea era un bullicio por todas partes. En el aire, estallaban los cohetes precursores de un día distinto y feliz.

Por las empedradas *corredoiras* de la aldea, unos viejos *gaiteiros,* los de siempre —un poco más cansados, un poco más canosos, un poco más distantes—, entonaban el pasacalles inventado del patrón de las tierras y las gentes de aquel valle. Los niños, vestidos de domingo, abríamos la marcha, soñando con dirigir el mundo en ese instante. Entre canción y canción, mis amigos los *gaiteiros* «afinaban la *palleta»,* como ellos decían, entre las risas de los lugareños, en las casas del pueblo. «Afinar la *palleta»* era sencillamente trasegar unos vasos de vino fresco, recién salido de la bodega. Al final del día se les podía ver, con la gaita a cuestas, intentando mantener el equilibrio.

Repicaban las campanas de la iglesia lejana, llamando a misa, llamando a fiesta, llamando a fe. Iban apareciendo familias enteras, empingorotadas, desconocidas, camino de la ermita.

Ellas, con sus vestidos estampados que brillaban al sol y dejaban entrever la rotundez de sus cuerpos aldeanos. Ellos, con una corbata que no tenía dónde asirse, caminaban envanecidos dentro de un traje recién salido del sastre. Y las mocitas casaderas abrían mucho los ojos para encontrar al forastero que calmase sus sedes de amor. Y en medio de todo, la gaita y los cohetes, que no cesaban nunca. Y las campanas de la iglesia. Y las risas de los niños. Y los saludos de siempre. Era la fiesta. Y el pueblo entero se engalanaba con el sol y la luz.

De pronto, la vi. Morena. Más morena que la mujer más morena del mundo. Su traje blanco, muy blanco, acentuaba el color negro de un pelo largo, que le caía por la frente y la espalda. Pude ver sus ojos, enormes, abiertos a la vida, cómplices del sol de aquella mañana. Pareció mirarme durante un buen rato. A mí me caía el mundo encima cuando encontraba sus ojos frente a los míos. La seguí con la mirada mientras bajábamos camino de la iglesia, todos en grupo, cantando alegremente las típicas canciones de la tierra. Ellas iban delante. Y me di cuenta de que, a veces, volvía la cara para encontrarme. Mi timidez se me subió a la cara. Me temblaban las manos. Me daba miedo aquello, una mujer, una hermosa mujer, y el deseo, y la calentura de la noche anterior. Era muy bella. Por un momento pensé que me habría gustado que hubiera sido ella mi enamorada nocturna. Me pareció ver en el día los primeros motivos de mi nueva vida para ser feliz, para intentarlo todo. No dejé de verla. No oía nada, ni las campanas, ni los cohetes, ni las gaitas. Se me hizo por dentro un gran silencio, mis amigos y mis hermanos se dieron cuenta rápidamente.

—Vaya con Pepito, el tímido. La tienes loca. ¡Vaya monada...!

—Si estos mosquitos muertos son los que tienen más peligro...

—Además, picas bien alto. Es la hija del médico, nada menos. Vaya con el curita, hombre.

—Dile algo, hombre, dile algo. Vamos, anímate, ¿no ves que te come con los ojos?

No sabía qué hacer ni qué decir. Era la primera vez que se ponía en marcha el hombre dentro de mí mirando a una mujer. La primera vez. Me gustaba. Eso sí. Me gustaba con locura, no acertaba a decirlo, pero me había vuelto completamente loco. Notaba que ella se había dado cuenta de mi timidez. Hablaba con las amigas y se reían mirando hacia donde estaba yo.

Así, en este juego, llegamos a la iglesia. Nos sentamos, cada uno en su sitio. Las mujeres a un lado. Los hombres, al otro. Mientras el cura nos hablaba de la paz, de la fe, de las cosechas, de Dios, del Dios que me bullía dentro, nuestra persecución continuaba. Ella, sin ningún reparo, directamente, me enviaba una sonrisa enmarcada en el rostro más hermoso que había conocido nunca. Yo bajaba la vista y sentía sobre mi cara el calor de la suya, aún estando lejos. Los amigos me pegaban codazos de complicidad, sonriendo y tosiendo. Sus amigas cuchicheaban, y sabía que, nuevamente, estaban hablando de mí. Me dio la impresión de que hasta el cura se había dado cuenta, cuando me dirigió una mirada desde lejos. No me di cuenta de que lo que quería era que cantase en la misa. Todos sabían mi aventura religiosa y a todos les hacía ilusión oír mi voz, entonando las canciones de misa. Tuvieron que ser mis padres quienes, con un gesto, me indicaron que debía subir al altar. Una vez allí, y siempre imaginándola a ella mirándome libremente, comencé a cantar. Nunca lo hice tan bien como aquella mañana, porque estaba ella. Veía las sonrisas de aprobación de mis padres. Pude entender las palabras de los aldeanos, para quienes el forastero les había hecho el favor de cantarles su misa. Y hasta la pude oír a ella, con la respiración entrecortada y felicitándome por mi éxito. Cuando terminó, la miré descaradamente esta vez.

Y sus ojos volvieron a encontrarse con los míos y algo querían decirme. Solo supo entreabrirlos. Fue suficiente.

Las fiestas de las aldeas tienen un significado muy especial. Es el premio para el trabajo de todo el año. Es el remanso tras las lluvias y los vientos, las heladas y el pedrisco, las largas noches de *lareira,* las eternas mañanas en el campo. La fiesta es la explosión de la vida, de la libertad, de la fe, del amor. Y en mi aldea, en el humilde Socastro, cada año los habitantes pugnaban por ser los encargados de llevarlas a cabo. Y pagaban mucho dinero para lograrlo. Y al final de la misa, se celebraba una subasta extraña, en la que la gente pagaba cantidades exorbitantes por sencillos ramos de flores, porque lo que importaba era llevarse el ramo. Lo de menos era el dinero.

Luego, terminada la subasta, en un ambiente de juerga y de risas, y de bullicio, comenzaba el baile, la sesión vermut de la orquesta invitada cada año.

Allí estaba el palco levantado en una de las eras del pueblo, sobre el que cuatro chavales afinaban los instrumentos y el sonido, para comenzar su sesión matinal. A una orden del alcalde, el primer pasodoble rompió la mañana. Viejos y viejas, recordando sus años mozos, iniciaron el desfile de parejas. Luego los matrimonios, y más tarde los jóvenes. Y, cosa curiosa, ellas bailaban por parejas, para que fuéramos los chicos quienes nos acercásemos, también de dos en dos, a invitarlas a bailar.

—Vamos, Pepe. Que la tienes loca, hombre, sácala a bailar.

—Esta es la ocasión. No sea que te la enganche otro y te quedes sin ella.

—Anda, hombre, que luego por la noche vienen muchos forasteros a la verbena y la puedes perder. Baila con ella. Atrévete.

Y mi problema era un problema serio. Sencillamente, no sabía bailar. Acababa de llegar de un mundo donde el baile no existía, donde el amor no existía, donde no existían muchas de las cosas que poco a poco iba conociendo. Y me daba miedo intentarlo. Qué le iba a decir, si nunca había hablado con ninguna chica. No me saldrían las palabras. Me quedaría con la boca cerrada y ella se reiría de mí. Todo esto pasaba por mi mente, mientras mis amigos me animaban. Todos estaban bailando, menos yo. En una esquina de la era, intentaba pasar desapercibido, esquivaba las miradas, le tenía un miedo espantoso al ridículo. Desde luego, algo tenía que hacer. Lo estaba deseando, esa es la verdad, pero ni sabía bailar, ni sabía qué decirle a esa chica...

Y cuando más ensimismado estaba en mis pensamientos, aislado de la música y la fiesta, me lo dijo mi hermana.

—Pepe, que dice Josefa que si quieres bailar con ella.

—Si es que no sé bailar. No tengo ni idea. Además, no sabría qué decirle.

—Pues no le digas nada. Que hable ella. Pero baila, inténtalo, alguna vez tiene que ser la primera.

—Que no puedo, que no puedo.

—Pues tú te lo pierdes, porque los tiene a todos loquitos por ella...

La vi venir, cuando se fue mi hermana. La vi acercarse, sonriendo, bailando con una amiga. Se acercaban a donde yo estaba y comenzó a dar vueltas, al son de la música, frente a mí, incitándome, buscándome, llamándome. No sabía dónde meter las manos ni qué hacer con los ojos. Me parecía que todo el mundo estaba mirándome. Y no era verdad.

Cada uno estaba a lo suyo. La orquesta seguía y seguía. La gente bailaba y bailaba... Todos, menos yo.

Tuvo que ser una amiga, la que bailaba con ella, la que me obligase a dar el paso definitivo.

—Ahí la tienes. Yo estoy cansada. Baila un poco con ella. No seas tímido, hombre.

Bailando con una novia en una fiesta.

Y sin darme cuenta, la tenía agarrada a mí, dando vueltas. Se me trababan los pies, la pisaba, me hacía un lío con los compases, pero ella no decía nada. Solo estaba a mi lado, bailando. Mis manos recorrían su espalda casi desnuda y me quemaba la piel. Olía a fruta fresca, de aldea limpia, a cielo claro. Escondió su cara junto a mi hombro, como si temiera mirarme de frente. No sabía qué hacer. No me salía ni una sola palabra. Con la cantidad de cosas que podría contarle… La música me martilleaba las sienes. La tenía allí, junto a mí, apretujándome suavemente al compás de la canción. Yo bajaba la vista para que nadie me viera, para que nadie supiera de mi temblor de primerizo. Una de mis manos, la izquierda, estaba entre su mano caliente y suave. Cuando la pisaba, me apretaba tiernamente, como perdonándome. Así estuvimos durante largo rato. Me fui acostumbrando al hueco, al abrazo, a su perfume, a su latido. Cuando acabó la sesión vermut de la orquesta, se me fue, se me escapó, dejándome un vacío en las manos, en el cuello, en el pecho, en el alma. Y no le dije nada. Ni una sola palabra. Y estaba loco por ella.

Nunca olvidaré aquel momento. ¡Menuda frustración! Ni bailé bien. Ni le dije nada. Ni me despedí de ella. Ni le di las gracias. Nada. Pero, eso sí, me había enamorado, me había enamorado locamente. De eso sí estaba seguro. Ya tenía otra razón para soñar y un motivo para vivir.

7
Lamprea y tabaco rubio americano

Pasaban los días, como suelen pasar los días en los pueblos pequeños, despacio, muy despacio, era como si los relojes fuesen más lentos marcando las horas y los minutos. Tenía 17 años y mi única ocupación en aquellos momentos era esperar, solo eso. Esperar un milagro, porque milagro sería encontrar acomodo en una sociedad que no estaba hecha para mí, que no contaba conmigo. Pese a mis intentos de entrar en el mundo cerrado de aquel pueblo, me daba cuenta de que tardaría en lograrlo. Por las mañanas, ayudaba a mi padre con las cuentas de las facturas de las lampreas. Él se marchaba muy temprano, todavía de noche, en su vieja bicicleta hacia el pueblo de Herbón, que estaba a un tiro de piedra del mío. Allí, durante la noche, los pescadores recogían de las *pesqueiras* las lampreas que regresaban al mar y tenían, indefectiblemente, que pasar río arriba y luego río abajo. Mi padre entendía de aquello y sus dotes de comerciante incorregible le sirvieron para surtir de lampreas a los más afamados restaurantes de Madrid. Las enviábamos cada mañana en el tren que salía de Santiago. Y debía de ser un pez muy solicitado en las mesas de la gran capital, porque cada año, con las ganancias del pequeño negocio de las lampreas, en casa olía a ropa nueva y recién estrenada, nacía alguna que otra sonrisa, se acababan las peleas y durante algún tiempo no faltaba de nada. Cada mañana, cuando mi padre llegaba, unas veces aterido de frío, otras empapado hasta los huesos por la lluvia que, día sí día no, caía sobre aquella parte de la Galicia del interior, empaquetábamos las lampreas en sus cajas respectivas, escribíamos a mano unas grandes etiquetas con la dirección del restaurante y anotábamos en un viejo libro diario —de esos que llevan el «DEBE» y el «HABER» y que nunca entendí muy bien para qué servían— las operaciones de venta. Era un trabajo sencillo, aunque el a veces mal carácter de mi padre lo hacía más difícil. Había que entenderlo. Aparte de su trabajo normal, salir cada mañana, tempranito, desafiando vientos, nieves, lluvias, tempestades, y pedalear en aquel armatoste de bicicleta para ganar unas pesetas extras tenía su mérito. Hoy, desde la distancia del recuerdo, pienso que todos fuimos injustos con él. Aunque para este tipo de cosas, para rectificar injusticias, siempre es tarde.

No me desagradaba aquel trabajo. Además, gracias a él y a mis garabatos en el libro diario, conseguía unas pesetas que me venían muy bien para poder pagar mis primeros excesos festivos, que ya comenzaban a ser la comidilla de todo el pueblo. A veces, muy pocas veces, mi padre elegía alguna de las lampreas pequeñas que no admitirían en ningún restaurante, y se la daba a mi madre, para que la guisara. Y en eso, tengo que reconocerlo, nadie le ganaba a mi madre.

—A ver, Rosa, prepara esta lamprea, que hay que regalársela a don Manuel, el médico del seguro, que hace tiempo que no le regalamos nada.

—Pero, Antonio —contestaba mi madre—, hay que mandarle una también al practicante. Y a los de la tienda, que se están portando muy bien con nosotros.

—Ahora no puedo. Ahora no puedo porque tengo muchos pedidos de Madrid. En cuanto bajen un poco de precio, se las enviamos.

Y es que en los pueblos pequeños como el mío todavía seguía siendo costumbre —y me da la impresión de que dicha costumbre ha permanecido vigente hasta hoy mismo— pagar los favores con algún regalo que nada tuviera que ver con el dinero contante y sonante. La lamprea era siempre muy bien recibida en los hogares padroneses, donde era considerada un auténtico manjar. Recuerdo perfectamente la operación de mi madre. Primero le quitaba la hiel, para que no estropeara el sabor del guiso. Luego hacía una salsa espesa, con la misma sangre del bicho y colocaba este en espirales en el fondo de una tartera hasta que estaba a punto. Había que reconocer que la lamprea era un pez horrible, de feroz aspecto y que a mucha gente le producía asco solo contemplarlo. La tradición de su preparación se había ido manteniendo de padres a hijos y era mi padre quien le había enseñado a mi madre el secreto.

Sus amigos decían que Antonio, mi padre, era un gran cocinero, aunque no tuviera muchas oportunidades de demostrarlo. Y que preparaba la lamprea como nadie. Lo cierto es que, cuando se guisaba en mi casa, un olorcillo maravilloso se colaba por todas las rendijas. Sin venir a cuento, nos íbamos acercando todos a la cocina, solo para que ella nos diera un trocito de pan mojado en la salsa, a ver si estaba bien de sal. Luego envolvíamos la tartera en un mantel y se la llevábamos a su destinatario, que recibía jubiloso el regalo, como si de una joya preciada se tratara.

Aquella mañana, cuando mi padre regresó de las *pesqueiras,* le noté raro, nervioso, un tanto desencajado. Lo atribuí al mal tiempo de aquel invierno gallego. No tenía con él la confianza suficiente para preguntarle qué le pasaba. El hecho de haber sido tantos hermanos había cambiado el cariño por el respeto, un respeto excesivo, que mató en flor las efusiones entre padre e hijo. Aquel nerviosismo aumentó cuando llegó a casa un señor al que no conocíamos, con una cara muy seria, muy bien vestido y con apariencia de tener mucho dinero, que hizo un aparte con mi padre.

—Las cosas van mal, Antonio. Hay que sacar la mercancía cuanto antes, porque ha habido un chivatazo y nos pueden coger en cualquier momento. No me extrañaría nada que la Guardia Civil estuviera ya sobre la pista del asunto.

—Pero, bueno —y mi padre gesticulaba y bramaba—, ¿y qué hago yo ahora con todo lo que tengo? No, no me da tiempo a cambiarlo de sitio. Y voy a pagar yo el pato.

Tenemos que hacer algo. ¿Y dices que ha sido un chivatazo? ¿De quién?

—No lo sé, Antonio. —El señor de cara seria ni se inmutaba—. Solo sé que la Guardia Civil lo sabe y que no me extrañaría nada que sospechasen también de ti.

Cuando uno es niño aprende a reaccionar rápido y a atar cabos a una velocidad pasmosa. La conversación que estaba escuchando detrás de la puerta me hizo pensar. Alguna noche, en pleno sueño, llegué a oír voces en la calle, pasos de gente apresurada que hablaba en voz baja, como con miedo. Luego, escaleras arriba una y otra vez, camino del viejo fayado, una especie de trastero de las casas modernas, donde se almacenaba la leña de todo el año y las cosas que no servían para nada. Al principio, no le presté atención, el sueño podía más que mi curiosidad. Pero, poco a poco, se hicieron más regulares las visitas, los pasos, las voces, las subidas al fayado. Y de cuando en cuando, mi madre, con frase de doble sentido en plena comida, le reprochaba lo que estaba haciendo.

—No sé, Antonio, no sé. Me parece a mí que esas compañías que frecuentas te van a meter en un lío. Como se entere quien yo sé, te van a hacer a ti responsable de todo. Tengo mucho miedo.

—No digas tonterías, mujer. Quién se va a enterar. Además, dentro de unos días todo estará fuera de aquí y no habrá nada que temer. Pagan muy bien, ¿sabes?, y nos hace mucha falta el dinero.

No les entendí a las primeras de cambio, pero mis sueños y la realidad comenzaban a parecerse, a unirse, a formarse. Una noche, con las luces apagadas, temblando como un pajarillo helado, me propuse descubrir algo de aquel misterio que me venía persiguiendo en los últimos días. Cuando llegó la hora aproximada en que comenzaba aquel ir y venir de la calle al fayado, me escondí como buenamente pude en uno de los huecos que siempre tienen las casas viejas. Me latía el corazón a toda velocidad. Me daba miedo la oscuridad. Pasaban los minutos con una lentitud aplastante y allí no ocurría nada. Estuve a punto de regresar a mi cuarto, dejando para otra ocasión mi posible descubrimiento. Pero podía más el interés por lo desconocido que el temor a que me descubrieran y me atizaran una soberana paliza, a las que ya estaba demasiado acostumbrado.

De pronto, se detuvo un vehículo en la calle. Sentí bajar a mi padre por las escaleras al encuentro de los recién llegados. Procuraba no hacer ruido para que no nos despertáramos. Pero allí estaba yo, despierto, aunque me moría de sueño, tratando de averiguar lo que para mí era un insondable misterio. Pensaba en qué estaría haciendo mi padre de malo para que hasta mi madre se lo reprochase tantas veces. Y aquella conversación con el señor de cara seria...

Al poco rato, alguien comenzó a subir pesadamente las escaleras de madera que llevaban al fayado. Por el paso lento daba la impresión de que venía muy cargado. Pasaron junto a mí, que casi no respiraba. Entre las sombras pude ver la cara de aquel hombre de cara seria, luego otro hombre más joven a quien había visto alguna vez por un pueblo cercano en tiempos de fiesta, y mi padre. Todos cargados con unos paquetes enormes, cuyas letras no podía entender por falta de luz. Subieron una y otra vez, cargados siempre con sus inevitables cajones, hasta que uno de ellos dio por terminada la operación. Nunca se me olvidarán sus palabras.

—Bueno, ya está todo. Nadie podrá imaginarse que lo tenemos aquí. Cuando la Guardia Civil coja el barco, lo encontrarán vacío. Vaya chasco que se van a llevar.

—De todas maneras —decía asustado mi padre—, yo tengo un poco de miedo, tú mismo has dicho que están sobre la pista y que nos pueden coger.

—Que no, hombre, que no. Que aquí no sospecharán nunca. En estos momentos, andan como locos buscando por las *leiras* de Laíño lo que arrojamos del barco a tierra.

Así, charlando sin levantar demasiado la voz, se fueron alejando hacia la calle. Era la primera vez que mi padre se marchaba con ellos, ya que siempre, cuando acababa la operación, ellos se iban y mi padre entraba en la habitación, donde mi madre, temblando como yo aquella noche, le rezaba a la Virgen del Perpetuo Socorro para que la Guardia Civil no se enterase de nada. Como si los santos protegiesen a los que vulneraban la ley. Cuando se fueron, cuando el ruido de los motores del coche se perdió en la noche ventosa, hice el mismo camino que ellos. Subí despacio las escaleras que daban al fayado. En mi fuero interno, soñaba con que se hubiesen dejado la puerta abierta o hubiera quedado fuera alguna pista que me pudiera acercar a la verdad. Chirriaba la madera desvencijada de algún peldaño. En cada chirrido, el temor a que mi madre se despertara y me sorprendiera en plena operación detectivesca. Llegué al fayado. La puerta parecía estar cerrada. Me acerqué un poco más, sin encender la luz. Cuando llegué a la puerta, la empujé suavemente y cedió mansamente ante mi presión. El fayado estaba abierto. Se habían olvidado de cerrarlo con llave como hacían todas las noches. No se veía nada. Con cuidado, cerré la puerta por dentro y encendí la luz. Aquello, lo que vi aquella noche, fue todo un espectáculo. Qué era aquello, Dios mío. Por todas partes, máquinas de escribir, máquinas de coser, zapatos, medias de mujer, y aquellos enormes paquetes que habían subido la misma noche, en los que solo se leía CRAVEN A - VIRGINIA. Luego, acercándome más, pude ver que se trataba de cigarrillos americanos. Habría como veinte cajas, más o menos. Y máquinas de escribir, ocho o diez. Y máquinas de coser, pude distinguir dos, al menos. Y muchos zapatos de mujer. Y muchas más cosas que con el miedo que sentía no pude comprobar.

Ellos habían hablado de un barco y de que habían arrojado la carga a las *leiras.* Y de que la Guardia Civil estaba sobre la pista. Me di cuenta de que mi padre podía estar en un lío. Aquello era contrabando. Y todo aquel tabaco rubio había entrado en mi casa procedente de uno de esos barcos que con tanta frecuencia surcan la ría de Arosa, siempre por idéntico camino, cargados de contrabando. O sea, que todas aquellas visitas nocturnas, todo aquel sube y baja de mis noches de insomnio obedecían a un solo objetivo, esconder en nuestra casa todo cuanto podía resultar peligroso. El descubrimiento me llenó de terror. Por mi imaginación pasó la imagen de la Guardia Civil llevándose a mi padre, lo que iban a decir en el pueblo, quién sabe si la cárcel. Qué sería de nosotros, pensaba para mis adentros. Mejor habría sido no haberlo descubierto. Y dónde estaría ahora mi padre, a dónde se habría ido con aquella gente. Y cómo habría aceptado él dejar la casa para que escondieran todo aquello.

Se sucedían los pensamientos en mi mente a punto de explotar, mientras miraba una y otra vez aquella exposición que por un lado me parecía maravillosa y por otro me infundía pavor. Todo estaba nuevo. Todo estaba escrupulosamente limpio. Sin precios. Sin etiquetas. Solo el tabaco tenía aquellas letras enormes fuera de cada caja. Estuve allí un buen rato. Luego, tras apagar la luz, cerré la puerta suavemente. Volví a mi habitación. Mis hermanos no se habían enterado de nada. Solo yo sabía el secreto. Cuando me acosté, intentando conciliar el sueño, la película de todo cuanto me había ocurrido aquella noche volvió a pasar ante mí, con todos los detalles corregidos y aumentados. De esa manera, debí de quedarme dormido. A la mañana siguiente, pensé que todo había sido un sueño. Para cerciorarme de que era así, subí, ya sin miedo, seguro de mí mismo, amparado por la luz de un nuevo día que entraba por todas partes, al fayado. La puerta estaba cerrada. La empujé suavemente, pero no cedió. El secreto estaba bien guardado. Solo yo lo sabía, aparte de mi padre y supongo que de mi madre. Eso me hizo sentirme importante. Bajé las escaleras. En la cocina ya estaba mi padre, con la operación diaria del embalaje de las lampreas, como si la noche anterior no hubiera pasado nada. Al escribir las primeras cantidades en el libro diario, me temblaba la mano y me salió un garabato ininteligible. Miré a mi padre. Me dio miedo que le pasara algo, que le descubrieran. En aquel momento, me habría cambiado por él, con tal de que nadie se enterara de lo que estaba pasando. No sé si él notó algo extraño en mi forma de comportarme, nunca lo sabré.

Estuve a punto de decirle que no se preocupase, que no iba a pasar nada, pero me contuve, me daba miedo decirle que lo sabía todo y que la noche anterior también yo estaba allí. No sé a ciencia cierta por qué se me ocurrió pensar que sus palabras podían ser una premonición.

—Bueno, Pepiño, ya sabes cómo se hace esto. Tienes que ir aprendiendo porque algún día te va a tocar hacerlo a ti. Yo no voy a durar toda la vida. Y me gustaría que siguieras con esto de las lampreas, que ya ves que dan dinero.

No respondí nada. Ni siquiera había pasado por mi imaginación dedicarme a ello. Mi padre seguramente lo había dicho en serio, pero era la primera vez que lo decía. La primera vez en muchos años. Tenía que haber algún motivo. En el fondo, yo creo que él daba por hecho que yo sabía algo. Nunca se lo pregunté.

—¡Han descubierto un barco de contrabando en Laíño! ¡Han descubierto un barco de contrabando en Laíño!

Se comentaba por todas partes con admiración la noticia. A falta de periódicos, que solo leían entonces los señoritos y algún aprendiz de escritor como yo, la forma de propagar las noticias era el boca a boca. Y esta corrió como un reguero de pólvora de uno a otro lado del pueblo. En las peluquerías, en las que el *ABC* se nos antojaba entonces como un enorme mamotreto de palabras, no se hablaba de otra cosa. Puerta con puerta, las señoras que todavía guardaban luto de un marido olvidado que se había ido para siempre, por aquello de las apariencias, no hacían otra cosa que comentar lo sucedido.

—Me han dicho que la Guardia Civil ya ha cogido a los contrabandistas. Y que se les va a caer el pelo. Y que traían tabaco rubio y muchas cosas más. Y que hay un pájaro muy gordo detrás de todo. Todos sabemos muy bien quién es.

Por lo oído, aquellas viejas cotorras, que se pasaban la vida hablando mal hasta de ellas mismas —que ya es hablar mal por hablar—, sabían más que las autoridades. En la plaza de abastos, a donde llega cada mañana todo el fruto de los mares del cercano Rianxo, las pescaderas y sus clientes, entre los que estaba mi madre, hablaban de lo mismo.

Todo el pueblo era un clamor. Y entre la chiquillería se hacían apuestas sobre cuánto tiempo se tardaría en descubrir a los culpables. Poco a poco se iban conociendo detalles de la aventura. El barco había entrado por la ría de Arosa y, al ser descubierto, sus tripulantes tuvieron tiempo de desembarcar parte de la mercancía en un lugar secreto. Otra parte la arrojaron a las *leiras* que bordean la ría y por allí debe de andar. Luego se dieron a la fuga y con sus potentes motores le dieron el esquinazo a la Guardia Civil, volviendo a mar abierto. Esa era la historia que se contaba en el pueblo. Alguno se atrevía a especificar de qué tipo de mercancía se trataba.

—Sé de buena fuente, decía Baleirón el peluquero, que el barco venía cargado de cigarrillos Chesterfield y que aún debe de haber paquetes por todas las *leiras* de los alrededores, aunque la mayor parte de la mercancía pudieron ponerla a salvo.

Me entraron deseos de gritar a los cuatro vientos que yo sabía la verdad, que sabía también dónde estaba aquella mercancía que lograron poner a salvo. Me contuve porque mi padre estaba por medio y me hacía el interesado, procurando sacar más detalles de la noticia que había convulsionado mi pueblo.

En Padrón casi nunca pasa nada. Y, cuando pasa, la noticia sigue siéndolo durante días y días, sometida a múltiples versiones, desvirtuadas casi todas ellas. Que un barco de contrabando llegase a aquellas latitudes no era nada extraño. Cada día, muchos de ellos descargaban impunemente su mercancía en algún muelle de la ría, sin que la Guardia Civil hiciera nada por sorprenderlos. Todos pensábamos, no sin razón, que ellos también estaban metidos hasta el cuello en la operación.

Lo que resultaba sorprendente era que el barco hubiera sido descubierto y tuvieran tiempo para librarse de la mercancía y arrojar por la borda las pruebas que podían llevarlos a la cárcel. Y pensar que todo aquello estaba escondido en mi casa. Una palabra mía, un desliz y podía echar por tierra la reputación de mi familia, aunque a mí —tengo que reconocer— no me parecía tan grave aquello de vender el tabaco rubio más barato viniera de donde viniera.

—¡La Guardia Civil está pidiendo voluntarios para rastrear las *leiras!* ¡Y regalan tabaco a quien encuentre algo! ¿Por qué no vamos a Laíño, a ver si encontramos lo que han tirado y sacamos algo en limpio?

El que lo decía era un chavalín de la pandilla más destacada del pueblo, pandilla a la que miraba siempre con respeto enorme por temor a que me hiciesen daño. Yo acababa de llegar al pueblo y no se me aceptaba demasiado todavía. Hacía falta tiempo. Los de la pandilla hicieron un corro alrededor del que hablaba.

—¿Que regalan tabaco rubio? ¡Vamos ya! ¡Si es de contrabando! ¿Cómo lo van a regalar?

—Que sí —repetía el primero—, que es cierto. Que acaba de decirlo el cabo de la Guardia Civil, que quieren voluntarios para rastrear por las *leiras.* Que es verdad.

—Como no sea cierto, te vas a acordar, ¿eh...?

Y así, entre frase y frase, se fueron reuniendo todos y optaron por probar fortuna. Unos se fueron andando —Laíño está muy cerca de mi pueblo—, otros en bicicleta, pero todos marcharon al encuentro con lo desconocido.

—Tú también puedes venir, si quieres, curita —me dijo el que parecía ser el jefe.

Hablaban de mí. Me llamaban «curita». Era natural, teniendo en cuenta que acababa de llegar al pueblo de un convento. No creo que lo hiciesen con mala intención.

Dudé a la hora de decidirme. Pensé que si no iba podrían sospechar algo. Y me uní a ellos. Allá nos fuimos corriendo, atravesando campos, buscando atajos para llegar cuanto antes al lugar de destino. Se nos unió mucha gente, toda la juventud del pueblo se puso en marcha, como si de pronto se hubiera declarado una batalla y todo el pueblo se uniera por una misma causa.

Cuando llegamos al lugar había guardias civiles por todas partes. El cabo mandaba las operaciones, pero sus números no eran suficientes. Cuando nos vio llegar nos fue indicando los lugares que teníamos que rastrear a la búsqueda de cajas de tabaco o alguna otra cosa que los contrabandistas pudieran haber arrojado en su huida. Era una zona amplia, de altas hierbas donde se podía esconder de todo.

Estuve a punto de decir que no era Chesterfield el tabaco que traía aquel barco, pero en el último segundo me contuve. Todos estaban alborozados. Era como una fiesta, un día distinto que había roto la tremenda y pesada monotonía de aquel pueblo medio muerto de pesadumbre y de vejez. Por aquí y por allá, pandillas de chavales rastreaban las orillas de la ría *leira* arriba, *leira* abajo, buscando la preciada mercancía que debía de andar por allí. Y andaba, vaya que si andaba por allí. A los pocos minutos el rastreo empezó a dar resultados.

Entre varios chavales habían encontrado dos cajas de tabaco rubio, dos cajas igualitas a las que estaban escondidas en el fayado de mi casa. Luego vinieron más, y más, y más, llegaban por todas partes, entre las risas de los chavales y los rostros impenetrables de la Guardia Civil, cuya labor parecía ser dirigir la operación y estar siempre serios y con cara de mala uva. Nosotros también encontramos varias cajas en la orilla de la ría, escondidas entre unos pequeños arbustos. No se habían mojado. Las fuimos apilando todas junto a la furgoneta oficial de la Guardia Civil, para hacer el recuento. Alguno se topó con una máquina de escribir que se había roto con el golpe de la caída. Había varias más, algunas en perfecto estado. Pero, sobre todo, tabaco, tabaco en grandes cantidades, todo ello sellado con las mismas letras rojas que ya conocía, CRAVEN A - VIRGINIA.

Una vez que el cabo dio por terminada la operación, que comprendía una larga franja de terreno que calcularon desde que el barco fue visto hasta que se perdió quizás para siempre, nos ordenaron que les ayudáramos a subir las cajas a la furgoneta. Así lo hicimos. Luego, cuando ya estaba todo cargado, el cabo metió la mano en uno de los cajones que se habían abierto con la fuerza del golpe y nos dio dos cartones a cada uno. Dos cartones de un tabaco americano, de envoltorio rojo, que eran como un preciado botín para nosotros después de la aventura.

Durante varios días todo el pueblo fumó tabaco americano. Quienes habíamos ido a Laíño a participar en la operación, nos pavoneábamos ante los demás, con los bolsillos llenos de cajetillas relucientes, que sabían a gloria. Solo recuerdo una cosa que me amargó aquel día. Al llegar a casa, mi padre me sorprendió regalándole una cajetilla de tabaco a mi hermano. Cuando vio el color rojo de aquel tabaco, se puso como una fiera, me cogió fuertemente del brazo, hizo un aparte conmigo y a punto estuvo de fulminarme con la mirada.

Lo expliqué con todo detalle, entre suspiros y lágrimas de miedo. Pareció entenderlo. Subió apresuradamente las escaleras del fayado. Volvió a bajar al poco rato. Me lanzó una mirada tremenda. Todavía la tengo clavada en el alma, después de tantos años.

8
José El Corinero

Aquel tipo, verdaderamente, tenía su aquel. Decían quienes le conocían a fondo que había sido un hombre duro durante la guerra. Otros, que en otro tiempo le había sonreído la fortuna, y que por culpa de la bebida se había arruinado. Y hasta había quien aseguraba que, como era de los que habían perdido, le quitaron todo y le dejaron sin nada. A mí aquello de la guerra me ponía la carne de gallina. Por eso miraba con atención a José El Corinero. Así llamaban a aquel hombre, no demasiado alto, de pelo revuelto y siempre sucio, que le caía en largas guedejas sobre la frente, con un bigote poblado, negro, muy negro y ojos turbios. Él contaba una historia a todos los chavales que hacíamos corro cuando llegaba al viejo local del Frente de Juventudes, donde tenía su guarida durante el día. Hablaba de soldados, de muertes, de castigos ejemplares, de lo malos que eran los curas y los frailes, de que el país entero estaba perdido para siempre. No era fácil de entender.

—Hay que acabar con la Iglesia. Ellos son los que provocaron la guerra. Y los políticos, que viven del cuento. Hay que armar una revolución para acabar con la dictadura para siempre. Nos tienen dominados. A mí me lo quitaron todo, y solo porque me ganaron la guerra. No hay derecho. Que me metan en la cárcel si quieren, pero me cago en el Gobierno y en todo bicho viviente.

Y se atizaba, entre frase y frase, un lingotazo de una botella de vino blanco que escondía detrás de la puerta de aquel oscuro portal del Frente de Juventudes. Era su cuartel general. A veces, los guardias municipales se lo llevaban al calabozo por armar alboroto en plena calle y por decir cosas contra el Gobierno, pero pronto volvía a salir, y repetía nuevamente las mismas frases, entre trago y trago de aquella botella que siempre iba con él, en el bolsillo derecho de una chaqueta que se había acostumbrado al peso y a la forma.

A mí pareció tomarme cariño José El Corinero. Lo notaba en su mirada cada vez que le veía. Quizás porque yo le respetaba más que los otros y tenía más tiempo para escuchar lo que quería contarme. Cuando me enteré de que algunos gamberros le habían meado en la botella que escondía detrás de la puerta, me entraron ganas de romperles la cara. Hacerle aquello a un hombre que no se metía con nadie, que era una buenísima persona, que se desvivía por los niños, que iba de casa en casa, haciendo un recado aquí, una chapuza allá... Me daba pena que, por ser pobre y no tener donde caerse muerto, se le perdiera el respeto hasta ese punto. Cuando se enfadaba era temible, decía unas palabrotas tremendas que nos dejaban muy impresionados. Pese a todo y a sus salidas de tono, a mí me caía bien.

Desde mi ventana, a escondidas, contemplaba cómo salía del almacén de vinos con la botella llena, cómo la guardaba en el bolsillo tras echarle un buen trago... Me gustaba preguntarle por su familia, por su hija —porque José tenía una hija— y cuando lo hacía, al pobre hombre se le encogía el alma y hablaba y hablaba. Siempre la guerra de por medio. Decía que en el pueblo había muchos traidores, muchos asesinos que habían sacado a las gentes de sus casas al rayar el alba para matarlos. Y que él se había salvado de milagro, pero que los conocía a todos. Sin embargo, no le creía nadie. Porque no tenía dónde caerse muerto.

—El día que ganen los míos me oirán. Podré con todos ellos, asesinos de mierda, que presumen de buenas personas. Este pueblo está lleno de asesinos. Y yo puedo decirlo, porque conmigo no pudieron. Y el alcalde es un cabrón que nos está robando a todos. El día que yo hable se va a armar la de Dios es Cristo.

Echaba espumarajos por la boca cuando se enfadaba, cuando iniciaba una de sus diatribas reivindicativas. Algo de verdad debía de haber en todo aquello para que se mantuviera como una constante en su vida, machacada por el alcohol y el hambre. Nadie le hacía caso. Decían que estaba loco, pero como no hacía daño a nadie, le dejaban ir libremente por las calles del pueblo. No podía entrar en las tabernas, se lo habían prohibido, por armar alguna que otra gresca con quien no entendía bien lo que decía o no estaba de acuerdo con sus planteamientos. Por eso bebía en solitario, de su solitaria botella, en cualquier rincón.

Dicen que el alcalde lo quiso echar del pueblo. Todavía hoy no me lo creo. Un día, cuando fuimos al Frente de Juventudes a nuestra reunión diaria, no estaba José El Corinero. Según nos contaron, le había dado un ataque y se lo habían llevado a Santiago, lo habían internado en un manicomio. Me dio mucha pena, sobre todo porque yo sabía que aquel hombre no estaba loco, sino bastante más cuerdo que muchos de nosotros, pero en aquellos momentos nadie podía decir la verdad de lo que pensaba, sobre todo si no pensaba de la misma forma que quienes nos gobernaban. Y él estaba en su derecho al pataleo, porque le habían quitado los motivos de vivir. ¿Loco El Corinero? Nada más lejos de la realidad. Les interesaba quitarle de en medio porque estorbaba. Seguro que era por eso. Allí se quedó su vieja botella escondida detrás de la puerta, con el vino rancio y descolorido, lleno de moho y de suciedad como único recuerdo de José, uno de los que más impacto me causaban en el pueblo.

Pasaron los años. Y una tarde volvimos a encontrarlo. Estaba muy cambiado. Le habían cortado el pelo casi al cero, habían desaparecido aquellas melenas que le daban tanta personalidad, tenía los ojos rojos, muy rojos, y unas arrugas enormes surcaban su cara. De su poblado bigote, solo quedaban unas matas de pelo ralo. Había envejecido de pronto. Ya no le respondía la voz al pobre José. Dejó de contar historias. Y si a un pobre se le quitan las historias, ya no puede vivir. Deambulaba por el pueblo como un

Antonio y Rosa con nueve de sus hijos, los mayores ya habían «volado».

sonámbulo, completamente borracho, hecho un guiñapo, entre las risas de los niños —que nunca han sabido entender la pobreza—, las bromas de los mayores y las gamberradas de los salvajes de siempre, que le seguían meando en la botella. Seguro que más de una vez se lo bebió pensando que era vino. Y aún se reían los muy salvajes.

Me acuerdo de que me escapaba de casa con algún trozo de pan, o de aquellas empanadas de bacalao con pasas que hacía mi madre y que a él tanto le gustaban, y se la ofrecía. Él casi no me miraba. Miraba siempre al cielo y le salían de los ojos dos lagrimones que parecían estar perennes resbalando por sus mejillas. Ya no le gustaba la empanada de mi madre. Solo quería beber, quizás para olvidar lo que nunca se olvida. Se fue quedando flaco, muy flaco, esquelético. Arrastraba su muerte prematura por las calles de un pueblo injusto que nunca se ocupó de él. Para un poeta incipiente como yo, un bicho raro en aquella selva de aristócratas venidos a menos, de nuevos ricos y de gente pobre —que éramos los más—, la imagen de aquel hombre me ha acompañado siempre que vuelvo con el recuerdo a mis años de juventud. La figura de El Corinero nos debería haber servido para reflexionar. Para empezar, sobre una guerra absurda en la que nunca tuvo que haber vencedores y vencidos. Luego, sobre la sociedad, que sonríe cuando se emborracha un rico y tuerce el gesto cuando quien lo hace es un pobre, como si los pobres no tuvieran derecho a ahogar sus penas en vino. Y algo de culpa también la tuvo él, por dejarse llevar, por no tener la valentía de levantarse una mañana con ganas de ser y de vivir. Ahí queda la historia verídica de uno de los personajes que jalonaron la vida de mi pueblo de entonces.

José El Corinero. Un día desapareció para siempre, apareció muerto en su chabola del Bordel, se había suicidado. El final más insospechado para un tipo como él. Durante algunos meses, me asomaba a la ventana, queriendo encontrarme con José echando un trago a la mugrienta botella. No volvió a aparecer. Traerlo hoy a la historia de unos años es lo menos que se puede hacer por un hombre que, cuando me miraba, lo hacía con amor. Acaso pensando en su interior en el hijo que nunca pudo tener. Lo recuerdo muy bien. Y eso, recordarle ahora, es el mejor homenaje que le puedo rendir. A mí me caía bien José El Corinero. Y decía unas verdades como puños. Eso, seguro.

9
De verbenas y recuerdos

Me persigue el recuerdo de las fiestas de mi pueblo. Anda cosido a mi alma el estallido popular de las verbenas. Noto que dentro de mí se encabrita el deseo de revivir todos los pequeños momentos de gloria que entraban por mi alma cuando se acercaba la Pascua de Resurrección. Los mayores, o aquellos que hemos dejado de ser y de sentir como niños —que suena mejor—, hemos ido dejando en el camino la capacidad de asombro ante los pequeños detalles. Nada nos sorprende. Nada nos emociona. Cuando queremos sentir por dentro el aleteo de ese ángel dormido, para que despierte y vuelva a andar otra vez por el recuerdo, necesitamos entornar los ojos y regresar a aquel tiempo. Las fiestas están prendidas en el rosario de emociones de la vida como algo intenso, distinto, subyugante. Seguro que las fiestas de mi pueblo ni son tan emocionantes como yo las veo, ni tienen tantos alicientes como le encuentro desde la distancia, ni siquiera podrían presumir de ocupar un lugar destacado en el calendario festivo más humilde, pero —eso sí— por encima de todo han sido mis fiestas y me gusta volver a vivirlas en esta pantalla siempre dispuesta que es la distancia.

Unos días antes de la Pascua, la Semana Santa nos hacía cristianos de verdad. En el fondo del alma, renacían las viejas promesas del convento, el cariño a Dios y a su presencia en el mundo, tantas veces cuestionado según avanzan los tiempos. Llegábamos molidos a casa tras visitar lo que llamaban «monumentos» y que solo eran exposiciones del Santísimo en las distintas iglesias del pueblo, como una especie de lucha contra reloj con el oropel y las luminarias en forma de vela. Las cosas, en los pueblos, acaban convirtiéndose en costumbre. Y mi madre, que un poco beatilla sí era por aquel entonces, como buena mujer de pueblo, había establecido a rajatabla el mismo itinerario con la llegada del Jueves Santo. Padrón era una fiesta. Gentes endomingadas, de sonrisa abierta, pantalones planchados con la vieja plancha de carbón que marcaba las líneas, niños revoloteando entre los cirios que se vendían a precio de oro, mujeres enlutadas que aprovechaban la ocasión para acordarse —sin que, por supuesto, sirviera de precedente— de los que se habían ido para siempre. Y allá nos íbamos mi madre y la larga retahíla de hermanos de iglesia en iglesia, rezando un padrenuestro aquí, una salve allá, un credo en el otro lugar. Todo dependía de la advocación de la iglesia. Maldita la gracia que nos hacía a nosotros aguantar impertérritos las largas colas que se formaban para inclinarse ante el Santísimo, una custodia brillante, dorada, donde nos decían que estaba el Señor mirándonos con el rabillo del ojo. Era una jornada agotadora, que sobrellevábamos lo mejor que podíamos. Casi siempre, mal.

A mí, además, se me clavaban en el corazón los recuerdos y las promesas de mi salida del noviciado y me daba perfecta cuenta de que todo aquello se lo había llevado el viento de mi tierra, que siempre se llevaba algo por delante de lo divino y de lo humano. Me veía en una iglesia y me temblaba el alma de miedo, como si temiera que mi falta de fe y de práctica de la misma me hubiera convertido en un ser alejado de Dios y de la vida. Aún me quedaban navegando el tiempo las palabras del padre maestro, que de vez en cuando martilleaban los sueños: «Tienes que ser bueno, Castaño, aquí no se termina todo. Aquí empieza para ti una nueva vida y en ella Dios te va a exigir mucho más de lo que tú crees. Debes estar dispuesto a servirle entre los peligros del mundo».

Y allí estaba yo, arrodillado en una de las iglesias del viacrucis del Jueves Santo, hecho un guiñapo de nervios alterados, sin atreverme a mirar al Dios que me aseguraban que estaba en aquella custodia brillante. No me duraban mucho las vacilaciones, esa es la pura verdad. Cuando había terminado el largo peregrinaje de iglesia en iglesia, una buena merienda en casa, que para algo era fiesta patronal en el pueblo, y otra vez a la calle, pero esta vez al campo del Souto, donde ululaban en las noches de furor meteorológico —que eran muchas por aquellos lugares— los altos eucaliptos y las viejas encinas, que tenían cara de vieja desdentada y carcomida por los años. El Souto se acicalaba, con la llegada de la fiesta, con atracciones de todo tipo. Aquí, una tómbola ruidosa, donde un señor de voz gangosa repetía siempre las mismas frases:

—Compre una rifa. La suerte es suya. La tómbola de Manolo asegura el premio. Compre una rifa, buen hombre. Compre una rifa, bella mujer. Con Manolo siempre se gana.

Por cierto, Manolo, el tal Manolo, era un señor gordo, muy gordo, con una cara de bueno que te conquistaba y que siempre estaba riéndose. Creo que se reía de todo el mundo, de su mujer, de sus hijos, de la tómbola, y hasta de sí mismo. Se había convertido en tradición. Y se llegó a asegurar que mi padre y él tenían cierta connivencia amistosa, porque todos los años el premio especial, unas veces un aparato de radio, otras una máquina de coser, le tocaban siempre a él. Todo era cuestión de suerte, pero quién le explicaba eso a los habitantes de mi pueblo, que veían fantasmas por todas partes y más tratándose de nosotros.

—Y a mí me parece que Antonio El Costilleta tiene algo que ver con Manolo. Ya me dirás cómo es posible que siempre le toque a él —decían a mis espaldas.

—Pues a mí me han dicho que, como tiene tantos hijos, Manolo quiere que le toque a él y le da el número del premio —aseguraba un segundo.

Por supuesto, nada de aquello era verdad. Mi padre tenía suerte y nada más. Como si la pobreza o la abundancia de familia tuviera algo que ver con un numerito de la tómbola.

José Domingo Castaño con su familia y unos amigos en el Santiaguiño do Monte.

Cerca de la tómbola de Manolo, que se forraba cada año con la Pascua, estaban las barracas de tiro al blanco, donde pasábamos las horas intentando acertar a unos palillos con unos rifles que tenían el punto de mira desencajado, para que nos resultase siempre una tarea difícil. A fuerza de disparar con el mismo rifle, sabíamos ya de memoria las variaciones del proyectil y llegamos a convertirnos en buenos acaparadores de regalos. Muy cerca de las barracas de tiro, los coches de choque, que colmaban las apetencias juveniles de todo el pueblo. El año que no venían los coches de choque, era como si a la fiesta le faltase uno de sus puntos de apoyo. A pesar de que se había convertido en la diversión más cara de la Pascua, nos volvíamos locos mirando las evoluciones de los mayores, que, con sus novias al lado, hacían diabluras por aquella pista de la que de cuando en cuando salían chispas del tendido eléctrico que las hacía funcionar. Cuando lográbamos alguna buena propina, el destino era indefectiblemente la pista de coches, soñando con vehículos a toda velocidad en una época en que tener coche era solo un lejano sueño en el futuro.

Todavía me acuerdo del vino de Cariñena. Un monigote alto y desgarbado que llevaba al hombro un pellejo de vino oscuro, que caía hasta el vaso y que te daban acompañado siempre de una galleta. Nuestras primeras cogorzas juveniles comenzaban siempre con la visita obligatoria al vino de Cariñena, otro de los inevitables en las fiestas del pueblo.

Lo que más me atraía, después de los coches de choque, era el sonido de una sirena, con la que comenzaba y terminaba el viaje en los caballitos de Evilasio. Porque caballitos habían venido muchos a las fiestas de Padrón, pero los de Evilasio se habían convertido en parte del pueblo. No sé si era su simpatía. No sé si era su cariño hacia los niños. No sé si simplemente era que le gustaba lo que hacía, pero aquel señor tenía un encanto especial para nosotros. Y le ayudábamos a montar su carrusel de caballos de madera, a cambio de vales que usábamos una y otra vez. Aquel carrusel, aquellos caballitos los siento galopar ahora mismo en mi mente, agigantando los sueños y la juventud perdida. En sus lomos, aún andan cayendo palabras de amor, gritos desaforados, sietes de pantalones recién estrenados con regañina incluida, escenas íntimas de unos años que, como los caballos de madera, nunca podrán volver. Hoy Evilasio, enamorado de una chica de mi pueblo, se ha casado y se ha quedado para siempre con nosotros. Cuando le veo, con el pelo blanco y su eterna sonrisa palentina, echo a andar por sus mismos caminos sobre un vaso de vino de la tierra dándole gracias, sin decírselo, por haberme hecho vivir plenamente un tiempo inolvidable.

Por el campo del Souto nos perdíamos durante largas horas de las jornadas previas a las fiestas de Pascua, imaginando las grandes jornadas que nos esperaban. El Jueves Santo nos teníamos que acostar temprano, porque a la mañana siguiente, con la llegada del Viernes Santo, había una procesión muy especial y que gozaba de renombre en el pueblo, la del Encuentro. La llamaban así, porque dos imágenes, la de la Dolorosa, envuelta en lágrimas de cera, y la del Cristo con la cruz a cuestas se encontraban, justo al amanecer en la plaza de Baltar, al lado de la caja de ahorros. Allí, las procesiones se juntaban y se hacía el silencio espectacular de la religión, ese silencio espeso que salía de los ojos de la gente y que nos hacía callar a los más pequeños. La procesión del Encuentro era la jornada de fervor y de penitencia ante un Viernes Santo que nos recordaban por todas partes y a todas horas que era el día en que mataron al Señor. Ese día dejaban de sonar los caballitos, se callaban las sirenas y la música, la radio emitía únicamente música sacra, cerraban todos los comercios y andábamos todos un poco acomplejados, con miedo a reírnos, afectados por un montaje tan repetido, año tras año. El pueblo en un nudo de calles desiertas, con alguna viejecita que venía de la iglesia, automóviles que pasaban con destino al otro mundo que tan lejano nos quedaba, campanas de todas las iglesias repicando a muerte y un aburrimiento absoluto para nosotros que nunca sabíamos qué hacer. Claro que el sábado por la noche, al sonar las doce, por las calles del pueblo despertaba de nuevo la alegría. Cristo había resucitado y todo el mundo debía celebrarlo con alegría. Se aprovechaba siempre esa hora, las doce, el paso de un día a otro, para inaugurar los actos festivos.

Quedaban atrás las largas jornadas de recogimiento obligado, sonaban las campanas a gloria y los grupos de gaitas iniciaban su recorrido de taberna en taberna para ponerle música a la primera borrachera de la fiesta.

Los niños, esa noche, teníamos libertad de acción. Asistíamos a la misa cantada en la iglesia o en el viejo convento del Carmen, una misa larguísima, inacabable, para luego dar vueltas por un Padrón despierto con luces de colores que cruzaban las calles más importantes, el sonido de las orquestas que llamaba a verbena y las lejanas sirenas del campo del Souto donde los caballitos volvían a resoplar llenos de ilusiones infantiles y los coches de choque se llevaban en cada golpetazo el despertar de la adolescencia.

Era la víspera del día soñado. En la silla de la habitación estaba el traje nuevo. Bueno, sí, el traje al que un sastre con buena vista le había dado la vuelta y que tenía el bolsillo en el lado contrario a los trajes normales. Pero, eso sí, brillaba y relucía como nuevo. Y la camisa. Y la corbata. Y los zapatos hechos a mano por Moncho El Cortador, un vecino que hacía diabluras con la piel y con el dinero. Allí estaba todo, en la silla, esperando el gran día. Nos quedaba toda una larga noche para soñar.

10
Bombones y raticida

Todos los niños, en algún momento de nuestra vida, hemos sentido el deseo de robar. De hacernos con algo, fuese lo que fuese, que no estaba a nuestro alcance por procedimientos normales. Sin malicia, todo hay que decirlo. Sin maldad, podríamos añadir. Pero niños ladrones de poca monta los ha habido, los hay y los habrá siempre. Y es que el deseo de algo que tienen los demás es superior a la moral incipiente de un niño. Es fácil decirlo ahora, cuando aquellas aventuras traviesas las estamos sintiendo pasadas por el tamiz del tiempo. Pero entonces, si somos capaces de colocarnos de nuevo en situación, se convirtieron en pasajes oscuros de la vida que nos duele recordar.

Todos los domingos mi padre nos llevaba a casa de los tíos. Estaba solo a dos kilómetros del pueblo. Eran dueños de un restaurante que había adquirido fama en toda la región. Por aquella casa habían pasado —lo contaba la gente con la boca abierta— personajes de gran altura. Hasta Francisco

Franco, que había venido al pueblo en cierta ocasión para inaugurar una fábrica de curtidos. Y Cesáreo González, un productor de cine nacido en Vigo, que llegó acompañado por unas mujeres guapísimas que fueron la comidilla de las tertulias del viejo casino. Y cada temporada, cuando el Celta y el Deportivo, el uno de Vigo y el otro de La Coruña, debían enfrentarse entre sí, unas veces en primera, otras en segunda —los llamaban equipos ascensores— se detenían allí, en la mitad del camino entre estas dos grandes ciudades. Era un restaurante con mucha fama, ganada a pulso por mis tíos, y sobre todo por mi tía, una mujer autoritaria y gritona, que no dejaba vivir en paz a nadie.

Nunca me gustaron demasiado aquellos domingos en el restaurante. Notaba que allí se nos miraba por encima del hombro. Me parecían los parientes ricos de una familia como la nuestra que necesitaba de todo. Me regalaban trajes usados de mis primos cuando a ellos no les servían para nada. Nos enviaban a casa los restos de comida que quedaban en las mesas. Nos obligaban a trabajar, sirviendo las mesas, haciendo recados. Y se sentían con el derecho de los ricos a ordenarle al pobre lo que tiene que hacer. Ahora no pienso lo mismo, pero en aquellos momentos de mi vida, los domingos en el restaurante de mis tíos eran un infierno. No podía aguantar las salidas de tono de mi tía, las peleas de mis primos y la incontinencia verbal de mi tío. Le gritaban mucho a mi padre. Y a un niño tiene que dolerle que, delante de él, se sientan con derecho a reprocharle algo a una persona a la que quieres. Y mi padre callaba, porque él era así, humilde, sempiternamente humilde. Y más pobre. Y peor vestido. La vida se había encargado, hijo a hijo, golpe a golpe, de ir quitándole agallas. Cuando yo intentaba salir en su ayuda, las voces se convertían en gritos que hoy el eco me trae, corregidos y aumentados por la distancia.

—¿Qué se cree este mocoso? Lo que una tiene que oír... Deberías estar agradecido por lo que estamos haciendo por tu padre y por vosotros. Ya quisieran muchos estar donde vosotros estáis. Desagradecido, que eres un desagradecido.

Me subían los colores a la cara y guardaba dentro de mí un tropel de palabras que habrían causado, de pronunciarlas, una hecatombe familiar. Y mi padre callaba. Sus motivos tendría para hacerlo. Luego, las aguas volvían a su cauce y hasta me invitaban a probar unas croquetas de marisco, especialidad de la casa, que fueron a lo largo de mis años, una constante insuperable de calidad. Me las comía a pares cuando llegaban las fuentes de las mesas con alguna croqueta reluciente que había sobrado. Nadie hacía las croquetas como ellos, todo hay que decirlo. Y cuando no me veían, metía la mano en la fuente donde estaba preparado el cabello de ángel para adornar tartas y lo engullía en un santiamén sin que nadie se enterase.

Era muy goloso en aquellos tiempos, todo lo contrario que ahora. Y en la lista de mis preferencias estaban los bombones, con mucha ventaja sobre las demás golosinas. Y fueron precisamente los bombones los que motivaron mi primer robo juvenil. Y fueron mis tíos los que prepararon una trampa en la que caí por goloso.

Encima del restaurante estaba la vivienda de mis tíos. Unas habitaciones preciosas, muy distintas a las que teníamos en nuestra pobre casa del pueblo. A mí me gustaba que me enviaran arriba, a algún recado, para verlas, para recorrerlas, para admirarlas. Me quedaba embobado frente a un piano lleno de vida, junto al cual inventaba hermosas historias de sueños entonces imposibles. Hurgaba en todos los cajones esperando encontrar alguna fotografía antigua de la familia de mi padre. Y es que desde niño he sentido una atracción salvaje por las fotografías antiguas, por las postales amarillentas, por los periódicos atrasados...

Fue en uno de aquellos cajones que abría con frecuencia donde encontré una caja llena de bombones. No pude resistir la tentación. Pensé que nadie notaría la falta de alguno de ellos. Allí, en aquella caja, había tantos... Y debían de estar tan ricos... Aquellos pequeños hurtos se fueron convirtiendo en costumbre. Cada vez que subía a las habitaciones, después de acariciar las teclas del piano, o de quedarme unos minutos traspuesto ante una fotografía de mi padre vestido de militar, abría aquel cajón sigilosamente, descolocaba los bombones y los saboreaba con la ferocidad con que se paladea lo prohibido. Y lo cierto es que no sentía ningún remordimiento. Me parecía natural quitarles algún bombón a mis tíos. Además, nadie había dicho nada. No se habían dado cuenta, lo cual me animaba todavía más. Eso creía yo, infeliz de mí, ladrón de poca monta.

—¿Alguno de vosotros ha cogido bombones de la caja de nuestra habitación? No sé, me parece que alguien los está cogiendo desde hace algunos días. ¿Fuisteis vosotros? —preguntaba, tajante y drástica, mi tía a mis primos.

—No, mamá. Nosotros no hemos sido. Ni siquiera sabíamos que teníais bombones en vuestra habitación.

—Entonces, habrá sido alguna de las muchachas.

En aquel restaurante llamaban muchachas a las chicas que trabajaban allí, en la cocina y en el comedor. Vivían en casa, en un cuarto preparado para ellas, donde en muchas ocasiones había tenido que dormir yo.

Y mi tía miraba con rostro de sargento con malas pulgas a todas las muchachas, tratando de encontrar en alguna de ellas un signo de nerviosismo que delatara a la culpable. Nada. Ninguna pestañeó.

—Bueno, pues alguien tiene que ser. Que se ande con ojo, no vaya a llevarse una sorpresa. Porque no creo que sean los ratones. A ver cómo puede un ratón abrir un cajón y llevarse los bombones.

Nunca temblé tanto como aquella mañana al escuchar los gritos de mi tía. No quería ni pensar lo que habría pasado si me hubiese lanzado una de sus terroríficas miradas. Me habría puesto rojo de vergüenza y me delataría en el acto. Pero no sospechó de mí. Solo faltaba que se enterasen de que yo era el ladrón para que quedara confirmado lo que ya pensaban de mí, que era un irresponsable anárquico y sin mucho sentido.

Estuve varios días sin acercarme a los bombones. Me conformaba con el piano y las viejas fotos descoloridas de aquella habitación. Los humanos —y más con pocos años—

somos así. Nos encanta lo difícil, nos enloquece lo prohibido, nos gusta asomarnos a los precipicios. Yo no era una excepción. Y lo que tenía que pasar, pasó.

Cuando aquella mañana me acerqué otra vez a la habitación y abrí la caja de bombones, no noté nada raro. Todo estaba igual que siempre. Estuve mirando los bombones durante un buen rato, sopesando sin mucho convencimiento los pros y los contras de mi acción. No lo pude resistir. Cogí un bombón, solo uno, y salí corriendo de la habitación. Noté que tenía un sabor distinto, raro. Cuando lo terminé me entraron muchas ganas de vomitar. Empecé a sentirme mal, el estómago me daba vueltas, sentí unas náuseas horribles. Y en aquel momento, cuando me debatía entre aquellos vómitos, la voz de mi tía resonó en mis oídos como un trueno.

—¡Vaya, hombre! Mira quién ha sido el de los bombones. Y nosotros pensando que habían sido los ratones. Conque eras tú…, ¿eh, mosquita muerta? El que nunca ha roto un plato, el que siempre está callado… Mira quién era el ladrón.

Se me cayó el mundo encima. Entre náuseas y vómitos aparecía la figura de mi tía, amenazadora, feliz de haber descubierto a un ladrón en su propia casa. Llegaron mis primos. Creo que ellos no le dieron demasiada importancia. Mi estado era tan malo que llegaron a preocuparse.

—No os preocupéis. Es un raticida. Lo he puesto para los ratones. Y mira quién era el ratón. Si no llega a ser por el raticida, nunca lo habríamos descubierto. Estarás contento, ¿no? Te está bien empleado por coger sin permiso lo que no es tuyo. Cuando se enteren tus padres, ya verás la tunda que te van a dar...

Eso era lo peor, que lo supieran mis padres. Para ellos, yo era, dentro de lo que cabe, una buena persona. Lo iban a sentir. Robar en casa de los tíos, con lo bien que se portaban con nosotros —eso decían ellos...—. Y la culpa la habían tenido los bombones, mi glotonería. Durante muchos años dejé de comer bombones...

Mi padre no dijo casi nada. Solo torció el gesto, movió la cabeza como quien está acostumbrado a sufrir y musitó unas palabras que no entendí del todo. Con mi madre fue distinto. Fue la mayor paliza de mi vida. La llevo aún en el alma y en el cuerpo. Una paliza a conciencia. Quizás la merecía. Pero pienso que unos bombones, aunque fueran robados, no merecían la crudeza del castigo que recibí. Me pegó fuerte, rabiosa, sobre todo, por la vergüenza que tuvo que pasar ante los parientes ricos que tanto la ayudaban. Lo de los bombones era lo de menos. A mi madre se lo he perdonado.

El paso de los años quita importancia a los castigos, a las palizas, a las incomprensiones. Fue la primera y única vez que robé. Aprendí que uno debe contentarse con lo que tiene. Hasta el más detestable de los mortales esconde algo de bueno escondido en las junturas de su maldad. Me pusieron raticida en los bombones. Será por eso por lo que odio tanto a los ratones. Será por eso.

11
La inundación

No se puede ser niño si no se tienen aventuras que contar. Y hasta es posible que el paso del tiempo las engrandezca, quitándoles verosimilitud y convirtiéndolas en descabelladas. Y también es posible que lo que entonces nos parecía una aventura increíble, la veamos hoy como una historia sencilla, igual a tantas y tantas que han ocurrido y ocurrirán mientras haya niños en el mundo.

Los pueblos suelen ser aburridos por regla general. Las hojas del calendario van cayendo a velocidad de vértigo, quitándole mofletes a nuestras mejillas y colocando ojeras a unos ojos que aún no han aprendido a mirar de frente las cosas. Por eso, no es extraño que acontecimientos o hechos que salpican nuestra vida en esos momentos se eleven a la categoría de aventura, rompiendo la monotonía de un pueblo en el que no ocurre casi nada. Los niños son los mejores cronistas de la actualidad en el devenir de los pueblos, porque solo ellos son capaces de darle categoría de verdad a las pequeñas cosas que pasan a su alrededor. Y sin maldad. Y sin inclinarse ni a un lado ni a otro. Y sin justificar. Y sin excluir. Y sin filosofar. Nadie como ellos para situar a las personas. Nadie como ellos para ahondar en los sentimientos. Nadie —en fin— como ellos para devolverle a la historia de cada día su carácter de vida total. Supongo que a todos los niños les habrían asombrado las mismas cosas que, por aquel entonces, me asombraban a mí. Si las cuento ahora es, sencillamente, porque algo me lo está pidiendo por dentro. Y porque no es malo, ni mucho menos, que los niños escriban su propia historia. A la de los mayores le falta siempre emoción y le sobran batallitas personales en las que no siempre triunfa el equilibrio.

Recuerdo una noche de invierno. El sonido de cientos de árboles cercanos amplificando el griterío del viento. Los intentos vanos de los cristales de mi habitación por parar aquella avalancha de naturaleza desatada. Los tejados se desconchaban a golpes de huracán. La casa entera parecía temblar de miedo, con todos nosotros dentro rezándole a santa Bárbara —que era costumbre de mi madre—. En noches como aquella el río, a su paso por mi pueblo, se encabritaba, se salía de su cauce habitual y amenazaba con tragarse todo cuanto encontraba a su paso. Lo veíamos, a lo lejos, crecer y crecer, subir y subir, bramar y bramar contra el puente de piedra por el que se llegaba a la fuente del Carmen. Se bamboleaban los faroles de la calle, dibujando vistas fantasmagóricas en nuestra imaginación calenturienta. Toda la furia del cielo se había puesto de acuerdo para desencadenarse sobre el pueblo precisamente aquella noche. Una negrura intensa se dibujaba en un horizonte sin luna, de nubes bajas, que se comían el paisaje del monte cercano, amenazantes...

Era tanto el ruido, era tanta la algarabía de la tormenta que no se podía ni soñar. Por los resquicios del vendaval comenzaron a oírse unas voces de la calle, voces que se acercaban, que se mezclaban con el ulular del viento en los árboles del Espolón.

—Atención, aviso urgente. Hay peligro de inundación. Tomen precauciones. El río se va a desbordar. Aviso urgente. Hay peligro de inundación. Tomen precauciones...

Y lo que era una negrura infernal, se fue haciendo más luminosa. Se encendieron las luces de todas las casas del pueblo. Un año más, amanecía demasiado pronto en plena noche para la gente que dormía. Aquel río no podía más. De un momento a otro, como era habitual en cada invierno, sus aguas convertirían las calles y plazas de mi pueblo en navegables. Y lo que para los niños era una fiesta esperada con ansiedad contenida, para los mayores era el comienzo de un trajín imparable, de un ir y venir para retirar todos los enseres y pertenencias de la furia de las aguas.

—Vamos, niños —era mi madre, en plena noche—. Que va a haber llena. Hay que sacar a los animales de la cuadra. Hay que subir al fayado las bicicletas. Hay que quitar todo del portal. Vamos, niños, levantaos todos, que viene la llena.

Así se llamaba aquella inundación anual, la «llena». El desastre anunciado de un río que, inevitablemente, una vez al año, se cansaba de ser manso y demostraba que no solo era un río de poetas. En la espesa niebla de la noche, el pueblo volvía a la vida, apresuradamente.

Unos, para liberar del agua los alimentos que llenaban las estanterías de la planta baja, donde estaba el ultramarinos. Otros, guardando los géneros de punto que quedarían inservibles si el agua se hacía con ellos. Nosotros, para rescatar al cerdo que dormitaba en la parte baja de la casa, sin el cual se nos haría más dura la vida en los próximos meses, tras la matanza de noviembre. Con el sueño pegado a los ojos, íbamos como locos, emocionados por la peligrosidad del momento, de arriba abajo, saltando las escaleras de dos en dos. Subimos las bicicletas al fayado, al cerdo lo colocamos provisionalmente en la vieja cocina con *lareira* que estaba en la parte alta de aquella casa desvencijada. Mi madre miraba al cielo, como si allí se encontrara el remedio de sus males.

—Ay, santa Bárbara bendita, que en el cielo estás escrita, ayúdanos en este trance…

Siempre decía las mismas palabras al menor atisbo de trueno o relámpago, por muy lejano que este se encontrara. Aún con el miedo a que aquello acabase en tragedia por la fuerza del vendaval y la intensidad de la lluvia que caía sobre la noche, mirábamos por la ventana del comedor —desde la que se veía perfectamente la silueta del río— a ver si las aguas llegaban al pueblo. En el fondo, era lo que deseábamos todos, porque la llena significaba no ir a la escuela, quedarnos en casa, ver las barcas navegando por las calles inundadas hasta la mitad de la

José Domingo Castaño con Carlos «el Indio» y Jorge Cortiñas en Padrón.

puerta de la calle. Si aquella noche el río no se hubiera desbordado, habría quemado en flor nuestra ilusión. Por eso mirábamos, apretujados unos contra otros, su silueta lejana.

—Ya le falta poco. Ya va a salir el agua por el pueblo...

—Bien. Bien. Va a haber llena. Mañana no vamos a la escuela...

Si veíamos que decrecía la intensidad de la lluvia, deseábamos por dentro que no fuera verdad. Queríamos que lloviera, que no parara de caer agua, que no decreciese la fuerza del vendaval, porque era la única manera de que el espectáculo de la llena se hiciese realidad. Nos alegraba comprobar que el río crecía más y más, minuto a minuto. El pueblo entero estaba despierto. Y de balcón a balcón nos hacíamos señas de complicidad, de niño a niño, conscientes de lo que para nosotros significaba aquel acontecimiento. No pensábamos en las familias que se quedaban sin hogar, las que vivían en la parte baja del pueblo, un lugar llamado La Trabanca, pegaditas al río. Ni pensábamos en las pérdidas que sufrirían los establecimientos comerciales, anegados en su totalidad si esto llegaba a ocurrir. Mi madre seguía rezando a santa Bárbara en su habitación y le ponía una velita más. Por fin, se confirmó nuestra esperanza. El río comenzó a bajar hacia el pueblo, primero suavemente, luego con mayor fuerza. Inundó el paseo del Espolón, llegó a la carretera. Algunos de los coches que pasaban en ese momento —los del pescado, que venían de Ribeira y La Puebla hacia Santiago— se quedaron atrapados por la avalancha y no pudieron continuar. Y tras inundar la carretera, el río se fue acercando al pueblo, calle por calle. Hasta que, en solo unos minutos, oímos el rumor de un riachuelo bajo la ventana. El pueblo se había convertido en una Venecia improvisada. Y seguía lloviendo. Y seguían gritando los árboles al contacto con el fuerte viento. Y la luz de los faroles, ahora, le hacía guiños al agua que se había enseñoreado de las calles.

Estábamos felices. A los niños nos volvía locos la llena, sobre todo cuando llegaba el día. Un lejano sonar de cláxones nos confirmaba que por la parte alta del pueblo, en la carretera general, estaba pasando lo mismo. Se cortarían las comunicaciones entre La Coruña y Vigo a su paso por allí. Y sería larguísima la fila de vehículos atrapados por el agua, que no podrían seguir. Ocurría todos los años, más o menos por las mismas fechas, pero no por esperado dejaba de ser emocionante, al menos para nosotros.

—Vamos, abrid las ventanas, a ver si vienen las barcas.

—Antonio —decía mi madre—. Ponte las botas de agua, por si alguien necesita algo ahí abajo.

—Mira, mira, allí viene una barca.

Era todo un espectáculo. En medio de la noche, con la tormenta descargando su mal humor sobre los tejados, la imagen de una barca navegando por las calles en pleno diluvio nos enloquecía de placer. Poco importaba que la lluvia nos pegase materialmente con fuerza en la cara; en los balcones de todas las casas, abiertos, estábamos los niños saludando a las gentes que venían en barca hacia nosotros.

—Tranquilos todos. Dentro de un momento, el ayuntamiento repartirá comida a todas las casas. Permanezcan en sus hogares. No salgan para nada. Permanezcan tranquilos.

Y por las esquinas, comenzaban a aparecer los de siempre, los previsores, los que en cuanto vieron que el cielo descargaba con fuerza el agua de las nubes habían comprado botas muy altas de goma para poder caminar por aquellos ríos circunstanciales. Les aplaudíamos rabiosamente y en el fondo deseábamos estar allí, junto a ellos, chapoteando sobre el agua y disfrutando del momento. Las calles se poblaron de gentes de bota larga que estaban dispuestas a ayudar a quien lo necesitase. Desde nuestro balcón veíamos los esfuerzos de los dueños del ultramarinos para colocar en lo alto su mercancía. Y la pequeña tienda de al lado, que estaba a ras de suelo, quedó anegada sin que hubiera tiempo de retirar los alimentos. Nadie pudo dormir aquella noche, y menos nosotros. En las tabernas, que estaban cerradas cuando llegó la noche, se encendieron las luces y creo que era la única fecha del año en que se permitía barra libre a cuantos podían llegar con botas altas hacia ellas. Corría el vino en la fiesta improvisada, se abrían las puertas y de cuando en cuando, calle abajo, venía un barril completamente lleno, que desaparecía misteriosamente en cualquier portal y no volvía a aparecer jamás. Era la llena. Era la furia del agua convertida en fiesta por unos cuantos y en catástrofe por los más.

Cuando amaneció del todo, la imagen era muy hermosa. Había dejado de llover. El viento se iba amansando. La calle era un griterío ensordecedor. Por el pueblo inundado, las barcas repartían alimentos, pan y leche, a quienes los necesitasen. O se llevaban un animal hacia otros lugares más altos, o acercaban al practicante a alguno de los hogares donde se precisara su ayuda… Pasaban las barcas por delante de nosotros y a más de uno se le notaba que la noche había sido de barra libre en las tabernas sin dueño. Gente que chapoteaba, sin saber qué hacer, pero siempre dispuesta a ayudar. Y nosotros —que no nos habíamos separado de los balcones, disfrutando como niños que éramos de aquel pueblo, al que las aguas, una vez más, habían llegado— mirábamos en la puerta de la calle si el agua subía o bajaba. Y nuestro deseo era que aquella llena no terminara nunca. El río se confundía con la carretera y con el paseo, y se prolongaba por las calles y plazas, con un agua de color de barro que lo llenaba todo. Nos gustaba pellizcar el pan caliente, recién hecho, que nos regalaban desde las barcas, como si fuera una fruta prohibida. Las conversaciones se volvían cada vez más animadas de balcón a balcón, y se hacían cábalas sobre cuánto podría durar aquello. La llena estaba en su pleno apogeo. Y era hermoso, quizás preocupante para muchas familias, pero, desde nuestro punto de vista, hermoso, muy hermoso.

Al dejar de llover, el río comenzó a bajar de caudal y, poco a poco, las aguas volvieron a su cauce. El pueblo, al marcharse las aguas, quedó convertido en un barrizal. Animales domésticos muertos aquí y allá, enseres, árboles, zapatos, alimentos, barriles de vino —vacíos, casi todos—, semejando un enorme cementerio podrido. El ayuntamiento lo había dispuesto todo, con enormes mangueras, para adecentar el pueblo y todos teníamos que colaborar. Había que limpiar la parte baja de la casa. Y volver a la normalidad.

Atrás quedaba el recuerdo de algo espectacular, recuerdo que nunca ha podido abandonarnos. Y aún de mayores, cuando volvemos al mismo pueblo, en las mismas fechas, hemos tenido oportunidad de volver a vivir, aunque no con la intensidad emotiva de entonces, idénticos momentos. Porque las llenas siguen siendo costumbre. Costumbre e historia al mismo tiempo. Pedacito insignificante para muchos —pero intenso para nosotros— de aquel momento en que hasta una inundación era una inesperada y regocijante aventura.

12
Profesor de latín y aprendiz de todo

Ni siquiera el hecho de haber tenido que dar clases de latín para salir adelante me hizo arrepentirme de mi vida, lejana ya, en el convento. Tenía mucho tiempo para pensar en aquellos años —demasiado, pienso yo, porque a los hombres no les va bien eso de pensar—. Y entre clase y clase, daba gracias al cielo por haberme dejado aprender todo cuanto llenaba en ese momento mi mente. A fuerza de leer confesiones de personas que vivieron lo mismo que yo, he estado a punto de pensar, como ellos, que pasar la juventud en un convento es enfrentarse a la vida con unos traumas que pueden convertirse en invencibles. Y llegué a creerme todo cuanto decían, aunque tergiversasen la historia para el consumo de los demás. Compañeros míos del convento, hoy grandes novelistas, hicieron pedazos la ilusión de aquellos años y en las páginas de sus confesiones no he encontrado nada de lo que pasó en realidad. Es la mentira como camino para el éxito. Perdonable, por supuesto, pero mentira al fin.

No me gusta ser redentor de ningún tipo de causas, perdidas o ganadas. Eso puede y debe quedar para quienes se sientan líderes de alma, cosa que yo estoy muy lejos de ser. Pero no puedo quedarme callado ante la injusticia de un pensamiento, ante el invento de mil traumas inconcebibles para justificar la falta de voluntad. Es cierto que en la soledad de un convento se siente uno engañado, porque las cosas no son nunca como te las pintan los frailes. Es cierto que la vida que nace alrededor de lo que uno vive —creyendo que es la verdad— difiere mucho de lo que tratan de hacerte creer. Y es cierto también que cuando te enfrentas con la realidad, tras el paso por la enseñanza religiosa, sufres una conmoción tremenda y directa, al comprobar lo que es el mundo, lejano y distinto a lo que te habían inventado. Pero ahí está el hombre y sus posibilidades para saber nadar contra corriente. Ahí está el conocimiento de las cosas importantes, para que no te coma la vida a dentelladas. Y tu propia moral. Y tu propio espíritu. Y tu propia fuerza. Y, sobre todo, tu capacidad de adecuarte a unos esquemas distintos. Es muy fácil echarle la culpa a los demás, es demasiado cobarde escudarse en los frailes para taponar un desagüe de sentimientos en el alma. Mientras daba clases de latín, miraba a mis alumnas y sabía positivamente que ellas tenían toda su confianza puesta en mí. Y esto me daba fuerzas para seguir, para luchar, para acomodarme en un mundo que no contaba conmigo. Y fue entonces cuando comencé a darme cuenta de que los ingenuos frailes que habían intentado modelar mi espíritu lo habían logrado, me habían hecho duro, rocoso ante la adversidad.

Y aquella sensación de pecado permanente que me acompañaba desde mi salida del convento iba desapareciendo poco a poco, gracias a aquella fuerza interior que lograron trasmitirme. Y esas cosas que entran en tu alma cuando está formándose no te abandonan nunca, afortunadamente. Los hombres tenemos demasiados huecos sin llenar dentro de nosotros y es fácil equivocarse a la hora de llenarlos. Porque si llegan a llenarse mal, nos costará muchísimo trabajo vaciarlos del todo y siempre se irá, con lo que se vacía, algo de nosotros mismos.

Lo pienso mientras mis alumnas traducen a Tito Livio como pueden. Parece que el destino de quienes hemos pasado por un convento es, en principio, dar clases de latín para sobrevivir un tiempo, a la espera de otros mejores.

Allí estaban ellas, mirándome por el rabillo del ojo, tratando de descifrar los jeroglíficos sintácticos de un Tito Livio que fue en mis tiempos una auténtica tortura diaria. Una de ellas era todavía una niña, pequeñita, sonriente siempre, una muñequita que quizás no creciera nunca. Había suspendido el latín porque no era capaz de traducir ni una frase. Lo demás lo llevaba bastante bien, pero a aquella minúscula mujer a medio hacer le costaba sudor y lágrimas poner en pie una oración.

La segunda, fea y desgarbada, tenía sin embargo esa simpatía natural de las almas que nacieron para hacer felices a los demás. Era la amiga que se quedaba sin piropos masculinos y el paño de lágrimas de los problemas sentimentales de sus amigos. Estaba conforme con su suerte. Y estudiaba por si algún día conseguía ser maestra de escuela, refugio en muchas ocasiones de las jovencitas que nacieron para la soltería.

Dejo para el final a la tercera, porque era una mujer ya muy formada para sus pocos años, que siempre me hacía pensar. Sus ojos me taladraban al mirarme con cara de niña inocente, algo que no era en realidad. Morena, no demasiado, de facciones muy bien formadas, con un hoyuelo en el mentón que la hacía diferente. Por aquel entonces mi desconocimiento de las mujeres y de sus trucos a la hora de hacerse notar era total. Y la mínima insinuación, el mínimo encuentro de miradas suponía que mi nerviosismo aumentase, que me temblase todo, que me subieran todos los colores a la cara. Y ella lo sabía, claro que lo sabía. Y las demás también. Si no, a qué venían los cuchicheos solapados a mi espalda cuando notaban que ella me miraba a propósito para ponerme nervioso. Tenía algo aquella mujer en ciernes, una influencia total sobre mí y mis pensamientos. Y ni con Tito Livio o Virgilio, o la traducción de la *Guerra de las Galias,* conseguía escabullirme de aquella atracción.

Una tarde, vino ella sola a la clase diaria. La espera se hizo interminable, tratando de dar tiempo a las demás para que se incorporasen a una de las traducciones más difíciles del temario. No llegó nadie. Descaradamente, me miraba de arriba abajo, como desnudándome, iniciando una sonrisa de complicidad ensayada. Tenía dos opciones, o suspender la clase o continuarla a solas con ella, con el peligro que sabía que podía tener aquel frente a frente con una mujer turbadora. Lo sabía. Al final, me incliné por continuar la clase, aparentando una tranquilidad que estaba lejos de sentir. Todo fue bien durante un rato, hasta que el silencio de aquella habitación, con vistas a la montaña cercana, se rompió.

—Profesor, ¿me podría decir dónde está el sujeto de esta oración? No lo encuentro. Está muy complicado.

Y se acercó a mí. Me llegó primero su perfume, sensual, embriagador, atrayente. Luego, su calor de juventud a medio formar. Se sentó a mi lado, con el libro abierto por la página de la duda. En efecto, no era fácil encontrar el sujeto en aquella selva, una de tantas en las que se metía Tito Livio. Al fin, lo encontramos.

—Gracias, profesor. Es que este Tito Livio complica muchísimo el texto. ¿No le parece?

Contesté afirmativamente con la cabeza, porque estaba sin aliento. La culpa la tenía ella. Y lo peor del caso es que lo sabía y hacía todo lo posible para conseguirlo. Aunque fingía no mirarla, se me escapaban los ojos distraídamente hacia el lugar donde estaba y siempre encontraba los suyos fijos en mí. Me tenía atrapado. Miré el reloj y comprobé que había pasado el tiempo de clase. Nos despedimos, como siempre, con un hasta mañana que en esta ocasión tenía otro matiz de peligro que me ponía nervioso.

Al día siguiente, vinieron todas. No pasó nada. Y así, día tras día. Solo de cuando en cuando, al sentir su cercanía, me daba cuenta de que algo se encabritaba dentro de mí y me recorría un escalofrío extraño. Solo eso. Intentaba comportarme como un profesor consciente de que su obligación es enseñar a los demás. Poco a poco, fueron aprendiendo el secreto del latín y ya estaban preparadas para la gran prueba. Habíamos hecho un buen trabajo y se demostró cumplidamente cuando llegaron los exámenes, con un aprobado cada una de ellas que me llenó de orgullo a mí y que supuso una alegría enorme para sus padres, que dieron por bien empleado el dinero que pagaban mensualmente para sacarlas adelante.

Pero no quedó ahí la cosa. Dentro de mí, algo me decía que algún día iba a ocurrir algo. Aquello no era normal. Cuando nos cruzábamos por la calle, sus cuchicheos iban en aumento, con la misma intensidad con que lo hacían los escalofríos. Por las noches algunos de mis sueños locos de fantasía se llenaban de ella, de su imagen de niña hermosa y deseable. Me faltaban conocimientos del amor. Era lo único que no habían sabido enseñarme los frailes. Estaba a medio hacer mi capacidad de asombro ante la vida y ese sentimiento que se iba apoderando de mí sonaba a amor, a cariño, a manos entrelazadas, a besos robados, a oscuridad compartida, a todas esas cosas que piensa uno que debe de tener el amor de verdad, cuando no lo conoce.

En el viejo casino del pueblo, aquella noche era fiesta grande. La fiesta anual de disfraces, con la que se soñaba todo el año. Las chicas en edad de merecer y las que andaban todavía en pañales en materia de amatoria tenían permiso de sus padres para romper los duros esquemas de a las diez en casa. No faltaba nadie. Para mí, era encontrarme de pronto con una alegría que no conocía y con unas circunstancias con las que no había contado. Pero allí estaba disfrazado de fantasma, que era lo más a mano que teníamos. Solo hacía falta una sábana. Ella debía de saberlo, aunque éramos muchos los fantasmas improvisados que saltaban al ritmo de la música en aquella pista pequeña del casino. Noté que alguien me tocaba la espalda.

—Mascarita, ¿quieres bailar conmigo? Mascarita, ¿quieres bailar conmigo?

En esta ocasión, no se me adelantó su perfume. Pero tras el antifaz pude ver sus ojos. Era ella. Dudé un instante. No sabía qué hacer en un momento como el que se me presentaba. Me dejé llevar. Nos fuimos al centro de la pista y nos perdimos en aquella fantasía de disfraces, donde todos se sentían a salvo detrás de un antifaz, inventando sus propias locuras.

La volví a notar cerca, muy cerca, demasiado cerca. La piel me quemaba por debajo de mi disfraz de fantasma. Estaba rojo, como un tomate, temblando ante su cercanía. Ella no lo notó. Bailaba y bailaba, dando vueltas y dejando entrever, por el brillo cada vez más intenso de sus ojos, que estaba en la gloria. Comenzó a entrarme el escalofrío otra vez. Más fuerte. Más largo. No sabía qué hacer en un momento trascendental como aquel. Mi cabeza daba vueltas al compás de la música y me dejé engullir por el ambiente, enlazando sus manos con las mías y sintiendo el calor de su cintura en la yema de mis dedos como una quemadura de aceite hirviendo. Me acerqué más. Y más. Y ella se acercó más. Y más. Y nos encontramos, rostro con rostro, comunicándonos el calor de nuestras mejillas a través del disfraz. De pronto, ella me tomó la cabeza con sus manos suave, tiernamente. Se apretó contra mí, noté la cercanía de sus labios. Y su aliento. Y su temblor, que se unía al terremoto que se había desencadenado en mi piel. Y sin darme tiempo a reaccionar, levantó su disfraz para dejar al descubierto su boca y no tuve más remedio que besarla apasionadamente durante un buen rato. Era como si de pronto se hubiera marchado todo el mundo y estuviéramos ella y yo, completamente solos, bailando y besándonos, en un interminable vals que no acababa nunca. No podía despegarme de aquella boca, la deseaba desde hacía mucho tiempo. Y ella me trasmitió su calentura de mujer en flor en una noche que se había vuelto mágica.

Fue solo el comienzo. Nadie supo quién era aquel fantasma huidizo que se pasó media fiesta besando a una mujer. Me llevé el secreto a mi casa por aquella noche. Y el sabor de su boca, el fuego de su piel y el temblor de su cuerpo pegado a mí, como un sueño que no se acaba nunca.

Vinieron, de nuevo, las clases. Volvió ella. Y la vida nos dio oportunidades de volver a vivir aquel momento del baile muchas veces más. Tito Livio se quedó en sus jeroglíficos sintácticos. Y aquel amor, a medio nacer, se hizo locura, endiablada locura.

Nos faltaban momentos para vernos después de la clase, siempre a escondidas. Nadie dijo nada. Nunca se supo, pero en la carne de aquel muchacho que era yo entonces, estuvo durante muchos años inventando sensaciones nuevas la piel de una mujer inolvidable, la primera que arrancó de mí un beso de amor, una sensación de felicidad y un escalofrío.

13
Primer sueño de Radio Nostalgia

Todas las épocas están marcadas por unos sonidos determinados. Y de la misma manera, son los inventos, los descubrimientos, las grandes noticias, lo que enmarcan las distintas épocas. Así ha sido, así es y así seguirá siendo, hasta que no quede nada por inventar y se haya terminado la capacidad de asombro de los humanos. Mirando hacia atrás, buscando las claves de aquella época —no sé si dorada o simplemente inolvidable—, evoco con intensidad el sonido permanente de la radio. No podía ser de otra forma. Tenía que estar ahí, agazapada entre mis recuerdos. Porque la radio ha sido —sigue siendo— uno de los cimientos de mi vida.

Era una radio de la que ahora se dice que estaba en pañales y que era un vigoroso antídoto contra el aburrimiento. Y cómo me gustaban a mí aquellos aparatos de radio enormes, gracias a los que me imaginaba viajero impenitente por mundos de ensueño, viendo cómo la aguja del dial volaba de París a Montecarlo y de Andorra a Pontevedra, siempre a lomos de músicas y palabras.

«Trasmite Radio Galicia en Santiago de Compostela, de la Sociedad Española de Radiodifusión».

Aquellas palabras me hechizaban. Estaban bien dichas, con un tono cantarín, como de quien acostumbra a decirlo muchas veces y quiere decirlo cada vez mejor. Años después, con el correr de los años, supe que aquel locutor que hizo nacer en mí los primeros sueños de radio se llamaba Arturo Rey. Se fue para siempre un día, creo que en Portugal, pero aún tengo su recuerdo escondido en lo mejor de mi pasado.

«Van a escuchar ustedes, en primer lugar, *Radiodiario* y a continuación los discos dedicados. Muy buenas tardes».

Y otra vez el larguísimo indicativo —así se llama esa retahíla de palabras que pregonan el nombre de la emisora— que se repetía incansablemente a lo largo de todo el día.

Y, pequeño yo todavía, chavalillo de pelo encabritado a lo rubio y castaño, cogía una cuchara, me aferraba a ella cual micrófono improvisado y recitaba, como una letanía de principiante, los mismos mensajes publicitarios que salpicaban la programación, aquí un serial, aquí un disco, aquí una necrológica, que de todo había en la radio aquella.

«Contra la tos, Tosiletas. Al pan, pan. Y al vino, Bopoman. Pastillas Koki, de mentol penicilina...».

Aquellos mastodónticos aparatos de radio —qué pena no haberme quedado con el más grande, aquel de madera brillante y clara que inundaba de alegría el comedor— estaban siempre funcionando. Por allí salía Antonio Molina haciendo gorgoritos impresionantes que volvían loca a mi madre. O estallaba en un temblor de los suyos Juanita Reina, dejando su *Madrina* en la mitad de la mañana. Y había una canción —creo recordar que se llamaba *Corazón de acero,* o algo así— que no he logrado olvidar nunca, que ha seguido conmigo pisándome recuerdos y nostalgias, inolvidable siempre:

Corazón de acero, tengo yo
Porque tu amor me engañó...

Nunca he entendido por qué ha sido esa, precisamente —y no otra— la copla que más se me ha metido dentro. Porque había muchas, pero Antonio Molina era el rey, el rompedor de todos los corazones de las hoy abuelas de temple blanco y entonces madres ajetreadas con poco tiempo para soñar.

—Y que nadie me moleste ahora, que van a poner *Ama Rosa* —decía mi madre.

Ama Rosa. Las lágrimas saliendo a borbotones de la radio, llenando toda la casa. Eran las voces que hicieron el primer balcón teatral de la radiodifusión. Estaba Pedro Pablo Ayuso, Matilde Conesa, Matilde Vilariño, Joaquín Peláez y Luis Durán. Y qué sé yo cuántos nombres más, que se repetían día tras día, hasta que los chavales nos los aprendíamos de memoria, tal que si fueran otros reyes godos.

«La Sociedad Española de Radiodifusión presenta: *Ama Rosa.* Por el cuadro de actores de Radio Madrid dirigido por...».

Inolvidable. Irrepetible. Será difícil que algo como aquello vuelva a hacer tambalearse la vida de ciudades y pueblos como lo consiguiera aquella *Ama Rosa,* con Doroteo Martí fingiendo penalidades sin cuento. Qué tendría aquello que ver con el adocenamiento del que luego se habló, echándole la culpa —porque siempre hay que echarle la culpa a alguien— a la política y a aquellos políticos de entonces, tan gustosos de vivir la buena vida y las prebendas como los de hoy.

Solo que hoy ya no hay Amas Rosas para llorar, sino la propia realidad que se encarga de decirnos que está prohibido soñar.

«Vamos, vamos, que empiezan los Sainetes...».

«Matilde, Perico y Periquín. Con Matilde Conesa, Pedro Pablo Ayuso y Matilde Vilariño...».

Qué sé yo cuántos títulos. Y no me olvido de Diego Valor, de la intrepidez de aquel primer capitán espacial que le daba sopas con honda a Superman y a Batman, y además era español por los cuatro costados. Y *Dos hombres buenos,* y el *Teatro del Aire...* A mi madre le encantaba aquello y pienso, desde la distancia, que fue ella quien me metió en el alma mi deseo de zambullirme un día dentro de aquel armatoste donde una simple aguja buscaba sonidos de izquierda a derecha, y de derecha a izquierda. Allí me sentaba yo, muy cerquita del calor del comedor, con un buen brasero esparciendo verano por las maderas y las paredes encaladas, ensimismado en lo mismo que hacía retorcerse de nervios a mi madre.

Y pensaba en aquellos seres cuya voz escuchaba como en un mundo de fantasía. Eran unos personajes de cuento de hadas que vivían en majestuosos palacios, que tenían dinero, poder y belleza, que estaban por encima del bien y el mal. Y es que, cuando uno es niño, lo bueno de las historias es que, por muy difíciles que sean, te las crees. Y las vives y las sientes como si te estuvieran ocurriendo a ti. No he llorado yo nada con las penas de aquella Ama Rosa…, y los nervios que me invadían cuando a Diego Valor le descubría el enemigo… Bendita radio aquella, que fue engendrando, con el paso de los años, esta radio de hoy, quizás más técnica pero sin tanto amor, menos entrañable, más distante, más de mentira. Y que no me hablen de política al enjuiciar aquella etapa, porque la radio —aquella que nos volvía locos a mi madre y a mí, sobre todo— estaba por encima de no sé cuántos años de paz y no entendía de vencedores ni vencidos. Yo, al menos, nunca lo supe.

«Para Mari Carmen, en el día de su santo, de quien ella sabe».

«Atención, Padrón, para Carmiña de su novio que la quiere mucho…».

Los discos dedicados. El gran negocio —decían— de la radio de mis tiempos de niño mayor y crecidito, sobre todo por fuera. Antes, lo de dentro crecía bastante más despacio que ahora. Era una lista interminable de pueblos, nombres, dedicatorias estereotipadas que se acumulaban delante de un disco. Hasta que sonaba la música, lo que había que esperar… Pero a mí me encantaba oír a aquellas espléndidas voces repetir nombres y lugares, porque me imaginaba que era yo quien estaba frente al micrófono. Es la ventaja de saber soñar a tiempo de escaparse de la monotonía de una realidad no demasiado halagüeña. Siempre que podía, aguantaba al lado de la radio, acurrucado en la silla de madera, las largas sesiones de discos dedicados en los días de fiesta.

Y el día que todos los hermanos le dimos la sorpresa a nuestra madre. Sabíamos que ella no se perdía ni una sola emisión de aquella Radio Galicia sonora y parlanchina. Y cuando menos se lo esperaba, el día de Santa Rosa, que entonces era el 30 de agosto, aquella radio de madera fue el eco de nuestro amor materno. Y se nos hizo un nudo en la garganta al escuchar a Arturo Rey decir como solo él sabía decirlo:

«Atención, Padrón. Para Rosa Solar, de sus hijos Antonio, José, Carlos, Chicha, Jesús Javier... que la quieren mucho, en el día de su santo. *Soy minero,* de Antonio Molina».

Y mi madre llorando de emoción. Y el pueblo entero que lo había oído, la comidilla de las cotorras del barrio, que en eso los tiempos no han cambiado. Cotorras las ha habido, las hay y las habrá siempre, mientras exista un patio de vecindad. Y los pequeños nos guiñábamos un ojo, en señal de complicidad. No había sido fácil, pero lo habíamos logrado. Y mi padre también estaba en el ajo. Fue toda una sorpresa. Antonio Molina repetía su estribillo:

Soy minero
Y templé mi corazón con pico y barrena
Soy minero
Y con caña, vino y ron me quito las penas...

Y la canción se iba de paseo por los prados, por las calles, por el sol de agosto, pregonando el cariño de los hijos en algo tan pequeño, tan sencillo, pero al mismo tiempo tan entrañable como un disco dedicado.

Será por eso por lo que, según fueron pasando los años, la voz de Antonio Molina se fue haciendo mía y aún es hoy el día en que, cuando suena la hora de juerga, soy el primero en intentar la imitación de aquel inventor del gorgorito, echando pecho y sacando de mi garganta de fumador de negro emboquillado las notas carraspeadas del *Soy minero* de entonces. Será por eso.

La radio era el cordón umbilical que nos unía a la vida. Por ella sabíamos quién se había muerto. Aquellas necrológicas de Radio Galicia eran de una candorosa e irrepetible sinceridad. Las llenaban de notas tristes. Y tan tristes. Y siempre iban a la misma hora, antes de las noticias. Mi madre se las bebía de un sorbo. Se lo sabía todo. Quién había muerto. Quién había tenido un niño… Todas esas pequeñas cosas que van haciendo la vida de una comunidad de gentes salían de aquel viejo aparato, del que perdí la pista para siempre. Estará olvidado en algún hogar de cualquier aldea, como pieza de museo de un tiempo que, si no era bueno, tampoco era tan malo como hoy nos cuenta la historia.

Un hogar sin radio era como perder el sonido de la vida. Era como aislarse del mundo. Hasta que llegó la televisión, que esa fue otra. Pero primero fue la radio, y fue Radio Galicia, sobre todo. Y los seriales interminables de Guillermo Sautier Casaseca y Rafael Barón. A la misma

José Domingo Castaño dirigiendo al coro de amigos en el Santiaguiño.

hora cientos de aparatos repetían las mismas historias de buenos y malos, y en el pueblo las calles se quedaban vacías, se oían los pájaros buscando los balcones. Y las golondrinas, mis pájaros favoritos, iban nerviosas de hueco en hueco, sin saber qué pasaba.

Y cuando mi madre lloraba escuchando las historias, todos nosotros sentíamos en los ojos un picor extraño y desconocido que nos hacía derramar sus mismas lágrimas. Me ha pasado al regresar al pueblo. Al caminar por la misma calle en que vine al mundo, donde las viejas casas han dado paso a construcciones modernas que quieren mirar al cielo más de cerca, ya no inundan la mañana los sonidos de la radio, ya no se escapan de las ventanas las canciones que acompañaban el hervor del caldo en la pota grande, o el picante sabor de los callos con garbanzos que se mezclaban con unas pizquitas de comino en la cocina económica. Y me he quedado parado delante del número 3 de la calle Herreros, esperando que en cualquier momento se me aparezca Ama Rosa, o sienta la sintonía de Diego Valor, o navegue por entre mis recuerdos el *Soy minero* de Antonio Molina, a caballo de un disco dedicado. Se ha ido para siempre aquella radio, aquel encanto, aquel latido vital para nuestras existencias. Pero valió la pena. En ella se quedaron prendidas nuestras primeras esperanzas, por ella comprendimos el porqué de muchas cosas, junto a ella le dimos categoría de verdad a los sueños infantiles. La radio. Una hermosa palabra con sabor a misterio, sin la cual aquellos tiempos, estos tiempos, todos los tiempos de mi vida perderían motivos. Pensándolo bien, creo que estoy vivo gracias a ella.

«Radio Galicia, en Santiago de Compostela, de la Sociedad Española de Radiodifusión».

Se llama indicativo. Y en él echó a andar un hombre de gafas, que un día no muy lejano iba a encontrarse con la radio, en una unión para toda la vida, para lo bueno y para lo malo. Afortunadamente.

14
Benditos juegos de niños

Los psicólogos aseguran que los niños de ahora van dejando de jugar poco a poco. Y como no es fácil, nada fácil, buscar motivos para esta huida de los más pequeños de lo que siempre ha sido privativo de su edad, dicen que si los mayores no hemos sabido educarlos, que si el sistema de vida actual no ayuda al movimiento lúdico de los chavales, que si la normativa de los colegios modernos —con tantos deberes para casa— impide que exista un tiempo prudencial para que los niños jueguen, que es lo suyo. A mí me parece que si los niños no juegan es porque no quieren, porque no les da la gana. En estos tiempos de locura colectiva que corren tan aprisa, el ordenador se ha tragado aquellos juegos infantiles que llenaron nuestros primeros años. El ordenador y el cambio estructural en el sistema de enseñanza y de vida. Hoy, queremos hacer auténticos números uno, sin pararnos a pensar que solo son niños, que necesitan vivir a tope las distintas etapas de su existencia. Cuando echo un vistazo a aquella parte de la infancia, donde los juegos eran toda nuestra vida, me doy cuenta de lo difícil que resulta adaptarse, en forma de pensar y de entender, a los cambios generacionales que se van produciendo a nuestro alrededor.

—¡Vamos, vamos a jugar al pañuelo, vamos al Espolón...!

Y allá nos íbamos, enclenques por una alimentación muy alejada de esta ola de vida *light* que nos invade, pero con los ojos abiertos de par en par a la vida y al viento fresco de las tardes gallegas de mi pueblo. Casi siempre éramos los mismos. La pandilla. Curiosa mezcolanza de aprendices de hombre, para quienes el futuro solo se tocaba con las manos del mañana, del día siguiente, sin pensar en nada más. Por eso, jugar era estrujar los minutos hasta sacarle todo el jugo que llevan dentro. Y jugábamos, como locos, hasta que no podíamos más.

Era una buena pandilla. Ruidosa, como tienen que ser las pandillas especiales. Y valiente, sobre todo, valiente. Y, cuando había que echarse hacia adelante, hasta agresiva. Y nadie en el pueblo había logrado un conjunto de chavales más unido, más amigo, más fuerte que el nuestro.

—¿Contra quién jugamos hoy? ¿Contra los de siempre? Es muy aburrido jugar así al pañuelo.

Ese del pañuelo era un juego muy divertido. Me vino a la memoria al contemplar, en una serie de televisión, cómo unos chavales —no recuerdo ni dónde ni cuándo— jugaban a lo que había sido uno de los grandes momentos de diversión de mis años de mocito.

Nos dividíamos en dos equipos. O luchábamos los elegidos contra otro de los equipos del pueblo. En medio de ambos, se colocaba uno de nosotros con un pañuelo colgado de dos dedos. Cada uno tenía un número. Eso lo recuerdo perfectamente. El que tenía el pañuelo colgado de su mano, gritaba un número determinado. Y allá salíamos, de un bando y de otro, los que teníamos ese número. El que primero lograse llevar el pañuelo a su lugar había ganado un punto. Y aunque parece demasiado fácil, la cosa tenía su aquel. Había que llegar al pañuelo, quedarse quieto, esperar a que el otro intentase engañarte o engañarle tú antes, para hacerte dueño de aquel pedazo de tela blanca. Se nos pasaba el tiempo maravillosamente. Y cuando más nos gustaba jugar era en otoño, cuando el Espolón, el paseo más importante de mi pueblo, se desnudaba descaradamente, de árbol en árbol, dejando pasar la luz de la tarde, que se iba haciendo noche poco a poco. Horas y horas jugando al pañuelo. He intentado, en pueblos y ciudades, buscador impenitente de restos del naufragio de mi vida de ayer, encontrar pandillas de niños jugando al pañuelo. Ha sido imposible. De no haber sido por la imagen de aquella película de la tele, el juego se me habría perdido para siempre, como tantas otras cosas…

—¿Quién juega al Tres marinos a la mar? ¿Quién juega?

Recuerdo poco de ese juego. Solo sé que teníamos que ir por entre las calles y callejones del barrio, casi a oscuras, durante la noche siempre, y que uno gritaba «Tres marinos a la mar» y otro, a los lejos, respondía: «Y otros tres a navegar». Y se corría mucho. Y sudábamos a mares. Y yo no debía de ser un experto en dicho juego, porque a la hora de desenterrarlo de mi archivo particular y colocarlo por escrito, me llega desdibujado, nebuloso, perdido casi. Tampoco lo he vuelto a oír. En ninguna calle de pueblo. Ni de ciudad. Los niños de ahora, los que forman pandilla con los míos, se reirían de nosotros si supieran que a su edad nos pasábamos las horas muertas gritando esas tonterías que en aquel momento nos parecían las cosas más serias del mundo. Cómo iban a imaginarse ellos, los niños de este futuro que vamos encontrando hombre a hombre —ese futuro que es lo único que no se nos va a acabar nunca— que alguien podía divertirse sin ordenadores, sin maquinitas de marcianos y sin coches teledirigidos...

—¿Nos dejáis jugar a la comba? Anda, dejadnos jugar con vosotras...

Ocurría muchas veces. Aunque los niños teníamos nuestros propios juegos, mirábamos por el rabillo del ojo los que se inventaban nuestras amigas, las novias imaginarias, de trencitas a medio hacer y cuerpo delgaducho, liso y llano. Y es que entre ellas —casi siempre con curiosas coincidencias— estaban las madrinas de nuestros primeros sueños eróticos, de una extraordinaria simpleza. Y quien más, quien menos no le hacía ascos a compartir con ellas el salto a la comba, aun perdiendo parte de nuestra hombría mal entendida. Ellas eran unas cándidas palomitas, inocentes como nosotros, que todavía jugaban «a fulanito le gusta fulanita...». Siempre nos decían que sí, salvo que hubiera tempestad amorosa en la costa, cosa que ocurría bastante a menudo por las dichosas coincidencias de gustos entre nosotros. Algún día llegaré a saber por qué cuando hay varios hombres y varias mujeres, nos gusta a todos la misma chica. ¿Les pasará a ellas lo mismo?

Yo procuraba, cuando saltábamos a la comba con ellas, que me tocase con María Elena, que era una chicarrona, la más fuerte de todas, que me daba una enorme sensación de seguridad y de alegría. Ella me agarraba con sus manos redondas, llenas de carne caliente, y los dos saltábamos a la comba hasta que terminábamos extenuados. Notaba —tengo que decir la verdad— que, cuando estaba cerca de ella, un prurito especial me navegaba por la parte del estómago, como cuando en carretera hay un badén muy pronunciado. Nunca le había tirado los tejos a la tal María Elena, pero ella sabía que andaba loco por sus huesos, a la manera en que a esos años se puede estar enamorado de una chiquilla.

Cuando saltábamos, yo le miraba el pecho, por donde asomaban dos promontorios pequeñitos que subían y bajaban al compás del salto. Y ella se ponía roja de vergüenza cuando me sorprendía en mis descubrimientos lujuriosos sin maldad. Y deseaba fervientemente que, en uno de esos saltos, resbalara y se cayera al suelo —sin hacerse ningún daño, por supuesto— y aparecieran ante mí aquellos dos montecillos de mujer a medio hacer que me trastornaban vivamente. Sí. Me gustaba María Elena. Me gustaba mucho. Por eso, saltar a la comba con las niñas era mi ejercicio casi diario de conquista silenciosa. Se me iban arremolinando en el centro de mis deseos más vigorosos las ganas incontenibles de descubrir el gran secreto de María Elena.

—A ver, niños, ¿quién se apunta a jugar a los médicos? Jugaremos en el portal de Pepe, que es el más grande. ¿Quién se apunta?

Nos apuntábamos todos. Pero, cuando la cosa estaba en lo más emocionante, se encendía la luz del portal y se rompía en pedazos nuestro aprendizaje corporal. Habíamos empezado a jugar a los médicos hacía muy poco tiempo. Nos faltaba experiencia, aunque todos sabíamos de qué se trataba. Pero unas veces el miedo a que la luz se encendiese de pronto y otras ese falso pudor que teníamos los niños de entonces, nos impedía llegar a más de ese maravilloso aprendizaje.

El que más y el que menos, rompiendo la oscuridad con el deseo, se acercaba a la chica de sus amores e intentaba, con la suave inocencia de un aprendiz, acercarse con las manos a las zonas más recónditas y escondidas de aquellos cuerpos sin terminar. Mi objetivo era siempre María Elena. La luz tuvo la culpa de que nunca lo hubiese logrado, lo que aumentaba mis ansias hasta límites increíbles. Por eso, aquella tarde noche de otoño, cuando dejamos el paseo, hartos de jugar a la comba, y al pañuelo, y a otras muchas cosas, y nos dirigimos hacia el portal de mi casa para jugar a los médicos, supe que, por fin, iba a encontrarme en la oscuridad con aquel secreto tan bien guardado y que me enloquecía sin conocerlo.

Jugamos a los médicos un buen rato. Tocábamos aquí y allá, sin saber a quién, movidos por el deseo de los grandes descubrimientos. Las risitas nerviosas de ellas se unían a los gritos que salían de nuestra garganta en un carnaval de actitudes encontradas. Con las luces apagadas parece como si lo que llevamos dentro pugnase con más fuerza por salir. No hay sensación de culpabilidad ni de pecado cuando se ha ido la luz. Y todo aquello nos parecía de lo más normal del mundo. Yo sabía que María Elena se había colocado en una esquina del portal, junto a unas bicicletas viejas que esperaban su jubilación anticipada desde hacía meses. Allí se acurrucaba siempre, creyéndose a salvo del médico explorador que éramos todos nosotros. Y cuando, en otras sesiones de terapia infantil contra el tedio, estaba cerca de mi paciente, se encendía la luz. Aquella tarde no fue así. Las risitas eran cada vez más cómplices de nosotros mismos. Mientras los demás gritaban desaforadamente por miedo al encuentro, yo me acerqué sigilosamente, conteniendo el aliento, a donde sabía que debía de estar María Elena. Creo que ella lo sabía. Quizás por eso nunca se movió de allí, como preparando el encuentro de dos cuerpos que aún no sabían lo que sentían el uno por el otro, aunque algo adivinaban en aquel temblor incipiente de las carnes jóvenes. Cuando estaba cerca de ella, noté que respiraba muy profundamente, con ruido, apretujada en el rincón pegadita a la oscuridad del portal de mi casa. Me fue guiando su olor, porque las niñas tenían un olor característico que nunca logré definir del todo. De pronto, la noté al alcance de mis manos. Los dedos, milagrosamente temblones, tocaron su cabeza, su cabello castaño, su trenza deshilachada por los saltos de la comba, luego su nariz, y sus mejillas ardientes, y sus labios, que se entreabrían como si realmente supiera los secretos del deseo. Llegué a su cuello. Ella no pronunció ni una sola palabra, era un encuentro en silencio, temerosos ambos de que la luz nos rompiera el encanto de aquel momento crucial.

Me detuve un instante, con los dedos calientes, jugueteando con la cadena que pendía de su cuello, como preparando el ataque final. No se movía. Estaba totalmente quieta, dejándome hacer. Muy despacio, con el temor a lo desconocido, fueron bajando mis manos, me dejé llevar del tacto suave de una blusa de lunares mojada de sudor. Hubo un momento de duda en el recorrido de mis dedos por aquella sensación de aventura. Una duda que se disipó rápidamente. Entre los gritos, las risitas, los suspiros, las protestas, las sorpresas de aquella noche de médicos, llegué a mi objetivo. Las toqué por encima. Eran suaves, tiernas, como si no tuvieran peso, casi de aire. Y lo que sí recuerdo es que estaban hirviendo. Lo había conseguido. Y ella, acurrucada en la esquina, solo dio un respingo al llegar al lugar de mi objetivo, solo eso. No intentó alejarse, no me dijo nada. Fue solo un momento, pero me pareció toda una vida. Mis dedos, inexpertos, sin saber a ciencia cierta lo que estaban haciendo, se separaron pronto del hallazgo. Pero habían estado allí, en pleno secreto, acariciando —sin saber lo que hacía— la parte más inaccesible de la mujer. Se me amontonaron distintos pensamientos en aquel instante, pasó por delante de mí en la oscuridad el fantasma del pecado, sentí miedo, terror al atrevimiento. Con rapidez, me escapé del rincón, donde se quedó una María

Elena a medio llanto, que no sabía qué había pasado. Solo que, dentro de ella y de mí, algo se encabritó en un respingo de placer inacabado. Pasé al lado de las risas y los gritos, esquivé las bicicletas, me tropecé con varios cuerpos que iban de aquí para allá y me detuve casi a la entrada de la casa hasta que se encendió la luz. Cuando la vi, María Elena lloraba muy despacio, como con miedo. Nunca dijo nada. A mí se me quedó grabada la imagen de aquella niña grandota y desproporcionada, con las mejillas encendidas, mirando al suelo, sin atreverse a cruzar la mirada conmigo. Todo había sido un juego, un juego de niños. El juego de los médicos, pero de todos los logros que con el paso de los años uno va anotando en la agenda del corazón y que tienen por medio una mujer, aquel fue el más hermoso, acaso porque fue el primero.

Descubrir el gran secreto, poner mis dedos encima de aquellas redondeces de carne temblorosa y caliente, con la complicidad de la oscuridad, en el portal de mi casa, fue una de las más increíbles aventuras de mis primeros años.

Creo que María Elena, pese a su aparente llanto y a las mejillas rojas en la esquina del portal, pensará lo mismo.

Por supuesto, seguimos jugando a los médicos durante algunos años. Y las viejas bicicletas saben la verdad. Solo ellas, desvencijadas y silenciosas, saben lo que ocurrió en la oscuridad de aquel portal.

15
PRIMER EMPLEO EN LA FÁBRICA DE CURTIDOS

El día estaba sin hacer. Estábamos en 1960 y yo acababa de cumplir 18 años. La mañana venía desde los montes cercanos envuelta en brumas y en una lluvia dura y traicionera. Por la carretera, una larga caravana de bicicletas que se estiraba al encuentro del trabajo de cada día. Y sobre las bicicletas, sobre el amanecer mayorcito ya de aquel día, la lluvia que repiqueteaba, como una música aprendida de memoria, sobre los impermeables oscuros. Éramos como cucarachas de una civilización que había nacido, irremisiblemente, para trabajar, para ganar el pan con el sudor de la frente. En los ojos, mojados por el agua que caía con generosidad de un cielo color plomo, restos de una noche mal dormida, o mal soñada, o mal amada, o mal bebida —que de todo había en aquel mar humano—. Algunos favorecidos por la suerte no tenían que dar pedales, nos adelantaban a los sacrificados ciclistas dejando tras de ellos las salpicaduras de la lluvia atravesada. Los mirábamos con ojos de envidia, soñando con que algún día disfrutaríamos también de aquellas máquinas que andaban solas y con las que el camino hacia la fábrica se hacía más corto, más llevadero, menos trágico en los días largos y monótonos del invierno.

Entre aquellos ciclistas que desafiaban una mañana de perros estaba yo, subido a una vieja bicicleta que lloraba a cada pedalada, crujiendo como una persona a la que le duelen los huesos. La noche anterior, como siempre, había aterrizado con mi borrachera cuando el reloj ya se había escapado de las cuatro. Tras un sueño de cuatro horas, un sueño dominado por los retortijones de una fiesta mal terminada, un sueño interrumpido por los ronquidos de una garganta borracha, iniciaba el mismo viaje de todos los días, hacia el mismo lugar, en la misma bicicleta, con el mismo asco, con la misma lluvia, con los mismos pensamientos de rebelión pugnando por salir al encuentro del invierno.

De mi casa a la fábrica había varios kilómetros, que se me hacían cada vez más largos, cada vez más inútiles, cada vez más infames. Allí estaba yo en aquella carretera llena de baches, uno más entre cientos de ciclistas que, bajo la lluvia atropellada del amanecer, creían haber logrado ya su gran objetivo en la vida: trabajar. Y desde unos meses atrás, eso hacía yo en una fábrica de pieles y curtidos, la misma en la que trabajaba casi todo el pueblo. Y, encima, no me podía quejar, porque no era nada fácil conseguir un puesto de trabajo en aquel lugar, que significaba la solución absoluta de la vida de una familia.

Eran unos kilómetros en los que te daba tiempo a todo, como si la bicicleta supiera el camino y los pies hicieran fuerza en los pedales sin darse cuenta. Te daba tiempo hasta a pensar en un silencio extraño, un silencio con ruidos, una especie de silencio que no he encontrado nunca más en la vida. Un camión, un coche pequeño, una motocicleta, poco más.

El resto, lluvia, niebla, bruma, montes borrosos, casas grises y silencio, con ruidos —repito—, pero silencio al fin. Y a mí me gustaba pensar, acaso para alejarme de aquel hacer siempre lo mismo, para no oír el crujido de la bicicleta, para diferenciarme en algo de aquella gente cuya única meta era madrugar para hacer lo único que sabían hacer en la vida: trabajar. Y yo me rebelaba contra el destino, contra quien guía los pasos de la vida de un hombre, porque mi dirección estaba equivocada. Y no podía pensar que toda mi vida, día a día, mañana a mañana, tarde a tarde, iba a consistir en hacer siempre lo mismo. Luchaba desesperadamente contra mi corazón, y mis pensamientos se estrellaban siempre con la realidad que se encargaba de recordarme dónde estaba. Llegué a odiar con toda mi alma el paisaje, cerraba los ojos para no ver siempre lo mismo, metía la cabeza entre el manillar para no mirar hacia delante, para ignorar los kilómetros, para no ver a nadie.

Aquellas mañanas de lluvia intensa, de un invierno atroz, desconsiderado, aún andan por mis recuerdos. Y por más que me empeñaba en alargar las noches, en pintarlas con el colorido del alcohol y la fiesta, el despertar llegaba indefectiblemente. Y con él, la sensación de no ser nada, de no ser nadie, de estar allí porque alguien había marcado mi destino de esa manera. Tenía que rebelarme, tenía motivos para hacerlo. Pero me dejaba ir, incapaz de alentar dentro de mí el ansia de acabar con todo de una vez por todas. Me sentía un cobarde, un cobarde que iba subiendo de grado cada mañana que pasaba. Ahora entiendo por qué hay gente que odia, es muy fácil odiar. Simplemente hay que dejarse llevar por un deseo de libertad e independencia. Solo eso. Y así ya se odia, se odia todo cuanto impide que erupciones tu propio volcán, ese que dentro de ti tiene encendida la lava de la rebelión. Sin embargo, yo no podía rebelarme. Lo imaginaba, pero no podía. Me autocompadecía, pero no podía. Y es que mis padres habían luchado mucho para que me dieran aquel trabajo, un empleo por el que otros se habrían peleado.

—Bueno, Pepiño, pórtate bien. Ya sabes que este puede ser el trabajo de tu vida. Y que, si obedeces y tienes deseos de mejorar, puedes llegar muy alto en esta fábrica. —Y mi padre lo decía convencido.

—Ya verás cómo te van a tratar muy bien. Tu tía te ha recomendado a don Ignacio y seguro que te van a dar un buen puesto —decía feliz mi madre.

—Es que no sé si valdré para este trabajo. Yo no sé nada de contabilidad, ni de matemáticas.

—Y qué importa eso. Ya aprenderás. Lo que tienes que hacer es fijarte cómo lo hacen los demás. Y ser servicial.

Y no contestarle a los jefes —razonaba la experiencia de mi padre.

—Papá, yo nunca he trabajado en una fábrica, yo solo sé dar clases de latín. Y tengo mucho miedo a que no me entiendan. ¿No podríamos mirar otra cosa?

—¿Otra cosa, dices? Pues sí que está bien el pueblo para encontrar un empleo. Seguro que cualquier familia se volvería loca si le dieran un empleo como el que te van a ofrecer a ti. Tu tía Maruja ha dicho que don Ignacio quiere conocerte. Ya sabes que es el jefe de la empresa y que tiene mucha amistad con tus tíos.

—No sé. No sé. Y encima tan lejos...

—Te dejaré mi bicicleta. No te preocupes. Cuando ganes algo de dinero, podrás comprarte una moto pequeña. Ya verás como todo saldrá bien. Lo que tienes que hacer es trabajar.

Así empezó todo. Mis tíos —aquellos a los que yo imaginaba bañados en un mar de abundancia, que luego el tiempo demostró que no era tal— habían hablado con don Ignacio Zaragoza, un catalán avispado que había construido una gran empresa en lo alto de La Matanza, al lado de la casa de Rosalía, frente a la estación del tren, en la que trabajaban más de trescientos obreros. Hubo sus más y sus menos, porque mis tíos no las tenían todas consigo respecto a la fiabilidad de mi persona. Y no me extraña. Mis odiseas nocturnas habían corrido de boca en boca, como las grandes leyendas de otros tiempos, corregidas y aumentadas. Mi pasión por el alcohol era otra de las grandes dudas que tenían respecto a mis posibilidades

José Domingo Castaño, primero por la izquierda, con un grupo de amigos de Padrón.

laborales. Y las mujeres. Y los bailes. Y la música, que ya comenzaba a gustarme. Todo eso sembraba dudas sobre lo que ellos llamaban mi porvenir para toda la vida. Su recomendación —todo hay que decirlo— sirvió para que en pocos días pasara de ser un vago contagioso a convertirme en un trabajador de ocho horas diarias.

Un cambio demasiado brusco, un enfrentamiento durísimo con la realidad de una vida que no se me prometía muy feliz a pesar de los buenos augurios de mis padres.

—¿Es usted el señor Castaño?

—Sí, soy yo. José Domingo Castaño Solar.

Me habían enseñado a dar mi nombre con los dos apellidos, decían que era de buena educación. Y así lo solté, no sin cierto rubor, a un señor de pelo rizado negro, con cara de borrachín, pero amable y distendido, que me saludó cuando llegué por primera vez a la fábrica.

—Ya me han dicho que has estado estudiando en un convento algunos años. Eso te vendrá bien para lo que hemos pensado para ti.

—Sí, señor. He estudiado seis años en Asturias y en León. Y también en Palencia. En los dominicos.

—¡Hombre! —Y aquel señor de pelo negro rizado sonrió abiertamente, como dándome confianza—. ¡Los dominicos! Yo conozco mucho al padre Jaime, el del convento de aquí. Son muy buena gente. Bueno, Castaño, bueno. Creo que vas a hacerlo muy bien.

Yo estaba esperando el gran momento, la gran decisión, el destino que me habían reservado en aquella oficina iluminada por una blanca luz de neón, con las ventanas apagadas por la niebla de la mañana y un ruido persistente que nunca dejó de sonar mientras estuve allí. Temía por mi destino. No sabía nada de aquello. Y echaba una ojeada temerosa a los grandes libros de contabilidad, junto a los cuales casi ni se veía la cabeza de algunos oficinistas que escribían en silencio no sé qué palabras.

—Bueno, ¿qué te parece la oficina?

—Muy bien. Me parece muy bien.

—Yo soy Carril. Y soy el jefe de esta oficina en la que vas a trabajar. Creo que nos vamos a llevar muy bien. ¿Has trabajado antes en algo de esto?

—No, no, señor.

—¡Ah! Si me dijo tu tía la otra mañana en el restaurante que dabas clases de latín; es cierto, ¿no?

—Sí, daba clases de latín a un grupo de chicos y chicas.

—Pues esto, Castaño, no tiene nada que ver con el latín, pero lo puedes hacer muy bien. He pensado que, como todos los que habéis estado en el convento tenéis muy buena letra, podías dedicarte a la contabilidad. Y no creo que te sea muy difícil. ¿Qué te parece la idea?

—Me parece bien, me parece muy bien. Claro que tendré que aprender...

—Pues claro, hombre, claro que tienes que aprender, pero no es difícil, ya lo verás.

Mientras aquel hombre me hablaba con una campechanía que no esperaba, yo miraba al resto de los que trabajaban en aquella amplia oficina. Uno era gordo, sonreía siempre, le conocía de alguna que otra aventura padronesa, se llamaba Luis. Recuerdo que en sus tiempos había sido un gran extremo izquierdo en el equipo de fútbol del pueblo. Me guiñaba el ojo con simpatía, como dándome a entender que todo iría bien. A su lado, un hombre joven, de cejas espesas, muy espesas. No me gustó nada su aspecto. Por la forma en que cruzó su mirada conmigo, pareció que estaba viendo en mí a un competidor. Después el tiempo demostró que no se había equivocado. No me dio tiempo a fijarme mucho en los demás, seguramente porque eran normales, sin rasgos especiales, como cientos y cientos de hombres más que pasan por la vida sin molestar y sin ser molestados.

—Bueno, chicos, os presento a Castaño. Ya le conoceréis, supongo. A partir de hoy va a trabajar con vosotros. Espero que le ayudéis y que seáis buenos amigos.

Aquel hombre, el señor Carril, me cayó muy bien. Supuse que conocía mi fama de juerguista y, desde aquel momento, se inició entre nosotros una corriente de simpatía que fue creciendo a lo largo de los años. Uno no se explica cómo dos personas que no se conocen de nada, que pueden tener incluso caracteres totalmente opuestos, comulgan de pronto en una serie de cosas, surgiendo una confianza que se va agrandando con el paso del tiempo. Le llegué a apreciar mucho. Y hace ya unos años, cuando ya la empresa era historia, sentí mucho enterarme de que se había ido para siempre. Dejó en mí un buen recuerdo. Y creo que unas líneas mal escritas pero muy sentidas y sinceras son un buen homenaje para aquel jefe de oficina apellidado Carril que supo darme confianza nada más cruzar el umbral de aquella sala.

—Bueno, este es Luis Paz, que lleva los asuntos de personal. Ya le conoces.

Saludé cariñosamente al hombre gordo que había sido extremo izquierdo en el Flavia, el de los guiños de ánimo. Creo que se alegró de que yo estuviera allí.

—Y aquí tienes a quien va a ser tu compañero y tu maestro, José Luis. Es quien se encarga de la contabilidad, donde tú vas a trabajar.

El de las cejas se llamaba José Luis. Me había nacido un enemigo. Lo sabía. No miraba a la cara, eso era una señal inequívoca de que la traición y la puñalada por la espalda eran constantes en su vida. No me equivoqué. Aquella mañana ambos supimos que nuestra convivencia sería una guerra a muerte el uno contra el otro. Iba a ser mi maestro, lo había dicho el jefe. Entre todos los que estaban trabajando allí, tenía que tocarme él. No se puede hacer nada contra el destino. Le saludé cortésmente y por la forma de mirarme, aunque nunca de frente, pensé que el aprendizaje iba a costarme sangre.

—Trabajarás aquí, en esta mesa, al lado de José Luis, querido Castaño. Él te pondrá al corriente de los libros de contabilidad y te dirá cómo hay que hacer las cosas.

No estaba mal la mesa. Pequeña, pero acogedora, sin demasiados papeles encima. Solo unos enormes libros de color oscuro, con tapas brillantes y listas rojas en el canto, en los que pude leer «MAYOR» y «DIARIO». Eran mis libros, serían mis libros a partir de aquel momento. Tenía que hacerme con ellos.

La mañana se pasó rápidamente, mi primera mañana de trabajo. La ilusión del primer día, la emoción al ver cosas nuevas, algunas desconocidas para mí, el haber encontrado un jefe tan estupendo, la presencia de Luis Paz, todo eso me fue dando confianza.

Al final de la mañana, cuando estábamos a punto de salir, apareció el gran jefe. Un señor alto, de pelo blanco, con un acento catalán fortísimo, que caminaba encogido, no sé si por algún dolor de columna o porque los años llegan a pesar hasta que la espalda se dobla poco a poco. Entró en la oficina y todo el mundo simuló un enorme respeto hacia aquel hombre. Hasta el señor Carril se levantó como impulsado por un resorte, acercándose a él en la mitad de la sala.

—Don Ignacio, ha venido el nuevo empleado: Castaño.

José Domingo Castaño en una romería.

—¡Ah! El sobrino de Maruja. Muy bien. ¿Qué tal, muchacho? ¿Qué tal tu primer día de trabajo?

—Muy bien, don Ignacio, muy bien —respondí temblando de miedo.

—Creo que vas a estar muy bien aquí. Ya sé que vas a trabajar en contabilidad. Espero que sepas aprovechar esta gran oportunidad de tu vida. Me alegro mucho de tenerte entre nosotros.

—Muchas gracias.

Y se fue. Me quedó grabada su imagen de anciano venerable, aún joven dentro de sus muchos años, con enorme vitalidad y unos ojillos que denotaban ganas de agradar, necesidad de creer. Como el gran padre blanco de aquella empresa. Cuando estrechó mi mano, sentí calor humano del bueno, del que traspasa la piel para meterse dentro de uno. Inspiraba una gran confianza y el trato que tenía con su gente demostraba el porqué de su éxito en la vida. Me iba a llevar muy bien con él. Fue una profecía que creció aquella mañana en mi mente y que, con el paso del tiempo, se hizo realidad. Llegué a quererle, a respetarle como no he respetado a nadie en mi vida. No era fácil entenderme en aquellos tiempos, pero él, a primera vista, sin esforzarse, creo que supo que era un muchacho muy tímido, con sueños de gloria, que había elegido aquel trabajo solo como un paso breve hacia otros destinos.

Don Ignacio Zaragoza, que así se llamaba aquel hombre, tiene sitio de honor entre mis favoritos de siempre.

Al sonar la sirena salimos del trabajo. Nos quitamos el guardapolvo azul, nuestro uniforme mientras permanecíamos allí, y salimos al exterior. Me despedí del señor Carril hasta la tarde y él respondió cariñoso a mi saludo, como si ya me conociera de toda la vida.

—¿Quieres que tomemos unas chiquitas en el pueblo, Pepe?

Era Luis Paz, el eterno sonriente, el buenazo de personal que me hacía sentirme como en casa. Nos fuimos juntos al pueblo en bicicleta y, mientras bebíamos unos vasos de vino, me fue explicando la historia de la empresa y de sus gentes. Hizo hincapié en don Ignacio, de quien dijo que era un hombre muy exigente pero muy bueno. De Carril me hablo maravillas. Y de todos los demás, todos eran buena gente, salvo uno. Me avisó del tal José Luis. No hacía falta el aviso, pero me demostró, previniéndome, que debía tener cuidado con aquel hombre que iba a ser mi maestro en contabilidad.

Era mi primer día de trabajo. Me gustó. Era más llevadero de lo que pensaba. Pero, poco a poco, las mañanas se fueron haciendo más largas, las noches más cortas, los sueños más lejanos. Aquella oficina que me había recibido con la luz de la esperanza fue haciéndose cárcel. A pesar de las atenciones de todo el mundo, del cariño de don Ignacio, de la amistad de Carril, del encanto personal de Luis Paz, a pesar de todo, el hombre que llevaba dentro buscaba otro porvenir. Seguir allí, día a día, haciendo lo mismo que el día anterior y que el día siguiente, fue un martirio que duró varios años.

Y es que algo en mi interior me decía que fuera de allí había, esperándome, un mundo nuevo. Un mundo en el que trabajar era una felicidad y donde los minutos pasaban rápido, las horas se hacían cortas y el corazón vibraba de emoción. Gracias a esa esperanza pude seguir, pude luchar, pude sobrevivir. Aún me sabe a alcohol la boca cuando me despierto a medianoche envuelto en nostalgia. Pero he de reconocer que, gracias a aquello, gracias a aquella gente y a aquella fábrica, y a aquellas mañanas de lluvia y bicicleta, de viento y de monotonía, germinó una semilla que nunca sabré quién plantó en mi sangre y que cambió por completo mi destino. Y es que el destino —me lo ha demostrado mi propia vida— lo escribimos también nosotros.

16
Una juerga en Gijón que acabó mal

No pasaba el tiempo. Los días se hacían largos, interminables, monótonos, como si alguien se empeñara en repetirlos con idénticas cadencias, uno tras otro. El mismo camino hacia la fábrica, a la misma hora, con las mismas sombras de un amanecer sin terminar... Me sabía de memoria las caras pálidas y ojerosas de la gente que, como yo, necesitaba poner en marcha la vida a esas horas tempranas para sobrevivir. Llega uno a acostumbrarse a lo malo de tal manera que, pasado el tiempo, los recuerdos se difuminan, desaparecen lentamente. Es como si ese tiempo no se hubiera vivido, como si hubiera desaparecido de nuestra historia vital. Se me han ido marchando así, aquellos años tremendos, pesados, incomprensibles en un corazón abierto siempre a los sueños, como el mío. Ahora, con el convencimiento de la necesidad de sufrimiento para apreciar en lo que vale lo que se nos regala con la existencia, he comprendido todo. En la vida de los hombres, en la vida de cada uno de nosotros hay páginas que no se han escrito nunca porque, sencillamente, no había nada que escribir. Lo siento al recordarlo, como si me doliera haber dejado allí, en el pueblo, en el trabajo, en la monotonía, en las idas y venidas a la fábrica, una juventud que me estalla dentro. Es posible —pienso ahora— que todas aquellas circunstancias, unidas, hayan ido haciendo poco a poco al hombre de hoy. Es posible. Pero nadie me podrá quitar de la cabeza ni la soledad, ni la lluvia que manchaba mis ideas, ni la envidia de mis compañeros, ni las ridículas anotaciones de los libros de contabilidad, ni las espectaculares borracheras cuyo único fin era el olvido, ni los llantos de mi madre, ni la pobreza que me rodeaba por todas partes. Nadie me lo podrá quitar nunca. Esos años los he vivido. También los he olvidado, pero así son las cosas que nos rodean. Unas se quedan para siempre cosidas a tu memoria y otras se diluyen despacio, sin querer, en un mundo de sombras. Mejor es así.

De cuando en cuando, la monotonía se rompía en pedazos porque nos lo pedía la vida. Aquella noche toda la pandilla se volvió loca en una discoteca antigua, donde no había luces multicolores, ni música de altos decibelios. Era una sala grande, luminosa, llena de gente que no pensaba más que en luchar contra el tedio, bailando incansablemente y metiéndose en el cuerpo ingentes cantidades de alcohol barato. Allí estábamos todos. En La Estrada, pequeña villa entonces y hoy enorme pueblo comercial, celebrando la libertad de una noche. Era la víspera de Todos los Santos. Dos días sin trabajo era en aquella situación como un manjar maravilloso que devorábamos glotonamente.

En esos bailes aprendíamos, a una velocidad de vértigo, a ser como los mayores, a contarle las mismas mentiras a las niñas casaderas, a decir palabrotas que sonaban falsas en nuestras gargantas aún débiles, a presumir de bebedores empedernidos. Aprendíamos detalles que para nosotros significaban saltar de la niñez a ser adultos.

—Claro que te quiero, mujer. ¿No ves que he venido solo a verte a ti?

—Bueno, tú tendrás una novia en cada pueblo. Me vas a engañar a mí.

—Que no, *mujeriña,* que no, que solo me gustas tú. Te dije que vendría y he venido. ¿No es eso suficiente prueba de que te quiero?

Y al decirle estas palabras me acercaba más a ella, la apretaba más, en un abrazo que movía los resortes más escondidos del deseo de una mujer en ciernes. Ella me miraba con la candidez de una virgen que sabe poco de la vida. Y se lo creía.

—Y mañana voy a volver a verte. Nos encontraremos en el bar de siempre. Y tráete algunas amigas para mis dos amigos, ¿vale?

—Pero es que a Lucho no le gusta Carmiña. Y ella no lo sabe. ¿Cómo le voy a decir que no venga?

—Pues que venga otra en lugar de Carmiña.

Era a lo máximo que llegaban nuestras conversaciones entre baile y baile, entre copa y copa. Maruxa era una preciosa mujer morena con un cuerpo impresionante que me daba miedo. Siempre me han dado miedo las mujeres exuberantes. Era mi novia de La Estrada. Tenía otras, muchas, una en cada pueblo, como decía ella. Pero aquella noche en aquella sala de baile inmensa, los de Padrón habíamos llegado a tomar por asalto el corazón de las mujeres estradenses. Y la cosa iba saliendo bien.

—Pepe, nos tenemos que ir, que el taxi no puede esperar más —me gritaba desde la barra mi amigo Lucho.

—Espera un poco, hombre, que mañana es fiesta. Dile al taxista que media hora más.

—Oye, que tiene razón Lucho, que quedamos en volver a las once y son las once y media, hombre. Vámonos ya —era la voz de José Antonio, el más bala perdida de todos.

—Bueno, bueno, ya voy.

Y me despedía de Maruxa con un beso que había preparado a conciencia, de esos que me parecían irresistibles para cualquier mujer. Ella me temblaba en los brazos, como esperando algo más, pero siempre quedaban las puertas abiertas para el día siguiente.

Me llevaba en los labios la calentura de un beso apasionado y en el cuerpo una inquietud insana que llegaba a convertirse en dolor en el centro de mis deseos más impuros. Ella se marchaba con sus amigas, a esperar ese mañana ilusionado. Y nosotros, en el taxi que nos había traído, regresábamos al pueblo, cantando y riendo, aunque la procesión fuera por dentro, por haber dejado para un mañana imprevisible lo que podíamos haber hecho hoy. Éramos muy niños y nos daba miedo la verdad de una mujer entregada. Cosas de los años y de las monsergas de los mayores.

El taxi arrancó con cuatro jóvenes completamente borrachos de alcohol y libertad, que seguían pensando en inventarse una nueva juerga en otro lugar.

—¿Y por qué no nos vamos a algún sitio? Total, mañana es fiesta. Oye, Parracho, si tienes prisa, nada, pero si quieres nos vamos de juerga por ahí. Luego te pagamos y en paz.

El Parracho era el apodo —inevitable en los pueblos pequeños— que tenía aquel hombre no demasiado mayor, que casi pensaba como nosotros y que se había arriesgado a llevarnos a La Estrada por la cantidad estipulada. Éramos buena gente, ruidosos, alborotadores, pero buena gente. A él, en el fondo, creo que le gustaba venir con nosotros cuando se lo pedíamos.

—Por mí no hay inconveniente. Solo tengo que avisar al dueño del taxi de que me voy a otro sitio. En Padrón lo aviso y listo, vamos a donde queráis —gritaba el Parracho para hacerse entender en aquel coche repleto de barullo.

Al oírlos me entró por la sangre un gran deseo de aventura. Pensé que al día siguiente no tendría que soportar la monotonía de siempre. Se me abrieron las puertas de la locura que todos llevamos dentro. Soñé con hacer algo distinto, algo que nos marcara a todos tras aquella maravillosa noche de amor inacabado. Siempre me había gustado llevar a cabo las mayores excentricidades, acaso porque había llegado tarde a todas esas cosas aparentemente bellas que tiene la vida. La Coruña me parecía un destino demasiado cercano. Llegaríamos en una hora y regresaríamos más borrachos todavía a altas horas de la madrugada, quizás de día, como otra de tantas noches. Teníamos que inventarnos algo que rompiera los esquemas, que se recordara siempre, que el pueblo contase con admiración por un lado y con repulsa por otro. Marcharnos lejos, muy lejos, de juerga permanente, hasta el día en que hubiera que trabajar. Estábamos empeñados en demostrar con hechos que la vida es corta y hay que vivirla plenamente. Logré hacerme oír en aquel ir y venir de voces y me atreví a proponerlo.

—Hay que hacer algo más gordo. Mañana es fiesta. Propongo que nos vayamos de juerga hasta pasado mañana y que volvamos para el trabajo directamente. ¿Quién se apunta?

No se apuntaron todos. Los había que debían rendir cuentas en casa y para aquellas familias nuestra compañía, la de José Antonio, la de Josechu y la mía, no eran precisamente las más recomendables.

—¿Y a dónde podemos ir que no sea La Coruña? —preguntó Josechu.

—Pues yo qué sé… —y pensé muy poco rato—. Podemos ir a Gijón.

—¿A Gijón? —Y abrieron los ojos todos a un tiempo—. ¿Y qué pintamos nosotros en Gijón?

—Y yo qué sé. Es el primer nombre que se me ha venido a la cabeza. Como a mí me gusta tanto Asturias y está tan cerca, pues pensé que sería una buena idea ir a Gijón. Tenemos tiempo de sobra. Tú, Parracho, ¿podrías venir?

—Hombre, por mi parte no tengo inconveniente. Solo tengo que avisar y concertar el precio del viaje.

—Eso no es problema, tenemos dinerito fresco.

—Bueno, pues por mí encantado, aunque alguno de vosotros tendrá que coger el volante un rato, para que pueda dormir un poco.

—De acuerdo. ¿Quién viene? —Y fui observando la reacción de todos—. Tú, José Antonio. Tú, Josechu, también. Y tú, Lucho, ¿no?, ¿Tú tampoco, Manolo? Bueno, pues somos tres. ¿Nos vamos a Gijón?

Ir a Gijón significaba recorrer no sé cuántos kilómetros durante la noche, para poder estar en Gijón ya metida la mañana en sol. Estar allí durante el día y por la noche emprender el camino de regreso. Nos pareció una aventura que correría de boca en boca y aumentaría aún más, si cabe, nuestra fama de juerguistas empedernidos. Nos gustaba ese sabor picante de lo desconocido, nos volvía locos hacer algo que nadie hubiera hecho antes.

—Pues decidido, nosotros tres y el Parracho nos vamos a tomar un chiquito a Gijón.

—¿A tomar un chiquito a Gijón? Vosotros estáis locos. —Y Lucho se reía al decirlo, como si no se creyese que íbamos en serio.

—Que sí, que está totalmente decidido. En cuanto lleguemos a Padrón que Parracho hable con su jefe y nos vamos a tomar un chiquito a Gijón.

Todavía ahora no sé cómo se me ocurrió el nombre de la bonita ciudad asturiana. Seguro que el recuerdo de mis años de colegial en Cangas del Narcea me hizo soñar con los mismos paisajes maravillosamente verdes que acompañaron mis años de estudio en serio.

El caso es que en cuanto llegamos al pueblo y el taxista hablo con su jefe, emprendimos un larguísimo viaje que nos llevaría a La Coruña, desde allí a Ribadeo, pasando luego por Castropol, Navia y una larga sucesión de pueblos hasta llegar a Gijón. La suerte, una vez más, estaba echada.

No recuerdo nada del viaje de ida. Al salir de La Coruña, me quedé completamente dormido. Y cuando uno se duerme con el cuerpo lleno de alcohol y el alma llena de sueños de aventura, los sueños son más pesados. De cuando en cuando, despertaba tímidamente y solo veía la oscuridad de la carretera y unas veces al Parracho y otras a Josechu, conduciendo camino de la ciudad asturiana. Sí tengo grabado el paso por Luarca, pueblo que siempre me ha impresionado por su belleza y su blancura y su alto puente desde el que se divisa el mar. Y Castropol, abierto al Cantábrico, como un pedazo de vida.

Pasábamos de noche, a no demasiada velocidad y sin saber todavía lo que estábamos haciendo. A nadie se le había ocurrido nunca decidir ir a tomar un chiquito a más de 400 kilómetros de distancia, solo por el afán de notoriedad, de aventura y de locura. Cuando me desperté definitivamente, estábamos llegando a Gijón. Era media mañana. Estaba sobre el mar un hermoso día de noviembre.

—Ya hemos llegado, ¿qué tal? Lo hemos conseguido. Nadie se lo va a creer. Estamos en Gijón.

De golpe, cuando te encuentras al final de lo que solo era un sueño, te entra miedo, un ligero escalofrío, un temor a lo que pueda pasar, como si creyeras a los agüeros que decían que estas cosas nunca terminan bien. Te pellizcas varias veces, miras a tu alrededor con incredulidad y no te convences hasta que compruebas que es cierto, que estás a cuatrocientos kilómetros de tu pueblo, solo para tomar un chiquito y volver. Y te lo vas creyendo poco a poco y te vas haciendo a la idea de que estás allí, con otros amigos tan locos como tú, que no supieron decirte que no en el momento de la decisión. Los has arrastrado contigo a tu búsqueda de sensaciones fuertes. Pasaba por delante de nosotros el colorido amarillento de la playa, que va pegada a la carretera.

Gente de fiesta por las calles, mucha luz, el sonido bravo del mar cercano. Un olor penetrante a pescado frito estaba por todas partes. Allí estaba Gijón, con todas sus tabernas abiertas para cuatro locos de Padrón que habían venido solo a tomar un chiquito.

—Sigue por ahí, hacia aquella esquina de allá adelante. Aquello es el puerto. Y allí es donde deben de estar las tascas. Huele a sardinas fritas. Me está entrando un hambre... Vamos a comer algo. Vamos, muchachos, que ya estamos en Gijón. —Y esto lo decía Josechu, al que le importaba un bledo estar en un sitio o en otro, con tal de reír, comer, beber y jugar.

No sé cuántas sidrerías visitamos. La sidra corría en cantidades industriales, a golpe de sardinas asadas, sin que nos diéramos cuenta de que el tiempo iba pasando. Nos hacíamos amigos de todo el mundo, seguía junto a nosotros esa placidez que suele dar el alcohol después de una noche de juerga que no ha terminado. Estábamos todavía en la nube. Y lo único que nos apetecía era brindar, apurar los minutos, cantar *Asturias, patria querida* en todas partes, y olvidarnos de que había que volver. A más de uno se le ocurrió fingir una enfermedad transitoria y quedarnos allí un día más, para no tener que desandar, sin haber dormido, los mismos cuatrocientos kilómetros que nos habían traído allí. La idea fue rechazada por mayoría aplastante.

—No, no, eso no. Quedamos en venir y marcharnos hoy por la tarde, para llegar mañana a primera hora de la madrugada. En eso quedamos. Yo tengo que devolver el taxi a esa hora y hacer las cuentas con el Torrete —se explicaba el inefable Parracho, a quien habíamos conseguido contagiar nuestra locura juvenil.

—Que sí, Parracho, que sí. Que nos vamos. A las ocho nos marcharemos, para tener tiempo de cambiarnos al llegar y poder ir a trabajar. ¿Vale por todos?

Y cuando hubimos cargado en el maletero del coche varias cajas de sidra para regalar y demostrar que habíamos cumplido nuestro objetivo, cuando nuestro cuerpo no pudo con más sidra y con más sardinas, cuando nos volvía a explotar la cabeza y se venía la noche por el mar, decidimos regresar. Quedaba la segunda parte de la aventura y ninguno de nosotros estaba muy seguro de que fuera a terminar bien.

En la última sidrería nos ligamos a unas chavalas asturianas de muy buen ver que, de no ser por las prisas del regreso, nos hubieran hecho pasar bellísimos momentos de amor. Nos dio pena dejarlas, pero no podíamos retrasarnos más. Nos fuimos sin quererlo de aquel Gijón en el que solo estuvimos un rato, pero que se quedó grabado para siempre en las mentes fáciles de entonces.

Al principio del regreso todo eran risas, canciones y frases admirativas sobre nuestra pequeña proeza.

—No se lo va a creer nadie. Que hayamos venido a Gijón a tomar un chiquito. A ver quién lo mejora.

—Somos la leche, los mejores. ¡Viva la sidra! ¡Viva Gijón! ¡Vivan los tíos cojonudos de Padrón! —gritaba, completamente borracho, José Antonio.

—Cuando me entre el sueño alguien tiene que coger el volante. Y el que sea, que vaya durmiendo algo ahora —ordenaba Parracho.

—Yo, yo lo cogeré —prometía Josechu—, pero ahora no tengo sueño. Yo aguanto bien. Cuando sientas sueño, paras un ratito y me pongo yo al volante. No hay problema.

Y lo mismo que me ocurrió a la ida, me ocurrió a la vuelta. En cuanto dejamos las luces de la ciudad, me fui quedando dormido mientras mis labios repetían por enésima vez *Asturias, patria querida* y *El vino que tiene Asunción,* que eran las canciones más coreadas. Oía cómo Josechu y José Antonio seguían cantando a garganta borracha según se me iban cerrando los ojos y me entraba un desasosiego de inquietud en el alma. Los abrí varias veces, para cerciorarme de que no estaba soñando, para darme cuenta de que en verdad habíamos ido a tomar un chiquito a Gijón y estábamos de vuelta. Todos dormían, excepto el taxista, que parecía despierto y que circulaba a buena velocidad por unas carreteras sin tráfico. Me tranquilizaba unos minutos y, al poco rato, volvía a despertar. En uno de esos vaivenes del sueño, vi a Josechu al volante. El que dormía era Parracho, cansado sin duda de la sidra y de la falta de descanso de toda una noche casi en vela. Miré a Josechu varias veces para comprobar si le respondían sus condiciones físicas.

—¿Qué tal vas, Josechu?

—Bien, Pepe, voy muy bien. Ya sabes que yo aguanto mucho al volante.

—Si yo lo sé, pero en cuanto te entre el muermo te paras y echas un sueñecito, vamos muy bien de tiempo y no hay prisa. ¿Me lo prometes?

—Te lo prometo —dijo de mala gana Josechu, a quien no le gustó nada que dudase de su capacidad al volante.

De pronto, sentí un golpe tremendo, como un estallido, como un fogonazo de luz. El cuerpo de José Antonio se me echó encima al mismo tiempo. Miré hacia delante con el terror del sueño interrumpido bruscamente, y solo me dio tiempo a ver cómo el coche se fue a un lado de la carretera, se empotró contra uno de los árboles que enmarcaban el asfalto, haciendo un ruido tremendo, y quedando inclinado peligrosamente hacia un lado. Se apagaron todas las luces. Un olor a gasolina derramada llenó todo el habitáculo. Toqué a José Antonio. Respiraba con los ojos abiertos, enloquecido de miedo, sin pronunciar palabra. Intenté acercarme al asiento delantero. No era fácil por la inclinación del coche.

Josechu estaba todavía al volante, inconsciente y el Parracho lloraba en silencio.

Una fiesta de fin de año.

—Si no tenía que haber venido… Si ya lo decía yo… Si esto era una locura y no podía terminar bien… Ahora ¿qué le digo yo a mi jefe? ¡Ay, Dios mío, Dios mío…!

Como pudimos, abrimos una de las puertas y salimos al frío de la noche. Era muy negra. No sabíamos dónde estábamos. Josechu fue recobrando lentamente la consciencia y no se creía lo que había pasado. Él tampoco podía articular palabra. Las cajas de sidra que iban en el maletero estaban sobre la carretera, propagando por el aire de la noche un pesado olor a manzana fermentada. Aquello era un caos. No sabíamos qué hacer. Todavía no nos creíamos que estuviéramos allí, desamparados en una carretera sin tráfico, con un coche estrellado, con las consecuencias de una resaca monumental y con la necesidad perentoria de regresar a tiempo para llegar al trabajo. Con paciencia fuimos saliendo del coche, echamos un vistazo general a ver qué daños había sufrido y solo la parte delantera tenía problemas serios. Nos sentamos al borde del camino, para que la belleza de una maravillosa noche estrellada nos devolviese a la realidad. La aventura había terminado mal. Y lo que prometía ser un regreso feliz, después de una locura juvenil, se convirtió en una tragedia.

Nos fuimos animando unos a otros, quitándole importancia al accidente. Por dentro seguro que todos sentían lo mismo que yo, una sensación de asco, de náusea, en la que se mezclaban la sidra ingerida, el frío de la noche y la soledad del lugar.

Tuvimos suerte, porque al poco tiempo pasó un camión que transportaba leche a hora temprana desde las fábricas a los pueblos. Cuando nos vio el conductor detuvo el vehículo. Le mentimos, que si un fallo del coche, que si no pudimos hacer nada. El hombre nos atendió como pudo y se comprometió a llevarnos a dos de nosotros —no cabían más en su estrecha cabina— hasta el pueblo más cercano para pedir ayuda.

Todo se solucionó. Magullados, cariacontecidos, con las ojeras de casi dos noches en vela y con la sensación de derrota en el cuerpo, llegamos al trabajo. El aspecto no era el más adecuado para una jornada laboral. El mismo traje, de pata de gallo, manchado por todas partes, sin afeitar, con el pelo revuelto y cara de pocos amigos... Los compañeros de la oficina nos miraban con ojos entre admirados y asombrados. Lo sabían todo. Las malas noticias vuelan. Sabían que habíamos ido a Gijón a tomar un chiquito, que habíamos tenido un accidente a la vuelta y eso les hacía pensar, con suficientes motivos, que estábamos completamente locos.

Así terminó aquel episodio, uno de los pocos que recuerdo con facilidad de todos aquellos años en blanco de mi memoria. Para siempre, en el pueblo, nos quedó el sambenito de «los de Gijón» y aún hoy, cuando regreso, entre taza y taza de ribeiro, vuelve a recordarse aquel viaje de locos al que nos llevó nuestra ansia incontenible de escapar.

Años más tarde, volví a Gijón. Desde el aire y a bordo de uno de esos aviones que cruzan el cielo sin darte tiempo a ver el paisaje, la ciudad me pareció igual de hermosa, tanto como aquella mañana en que salí del sueño, encontrándome de pronto con todo el mar asturiano en mis ojos y metido hasta el cuello en una aventura que aún me huele a sidra, gasolina y verdad.

17

Radio Galicia de Santiago

se cruza en mi vida

Una noche cerrada del año 1964, bajo una luna grande rompiendo la negrura, rodaba aquel taxi blanco en el que los Blue Sky regresábamos de una de los miles de fiestas que jalonan la geografía gallega. Casi todos dormían. Nadie podría pensar que aquellos mozalbetes que dormitaban en posturas inverosímiles en los asientos de un viejo Seat eran en el escenario un estallido de fuerza, de música, de saltos, de espectáculo, en una palabra. El batería se llamaba Pío. Un tipo estupendo, con sonrisa eterna, aun durmiendo en el silencio de aquella noche de luna, que solo rompía el ruido machacón de un motor con poca prisa. Seguro que, ahora mismo, seguirá dándole a la batería en cualquier club de copas de mi querida tierra, porque los músicos nacen, crecen y mueren haciendo música, si son de verdad. Y Pío era de verdad.

A su lado estaba Vilas, el malabarista de la guitarra. Gracias a él, aprendí que en la vida no sirven los malabarismos para triunfar. Debía de ser por eso que él era quien menos ligaba del grupo.

Josechu era otra cosa. Compañeros de pueblo y de trabajo, unidos por el viaje a Gijón, «a tomar un chiquito», que ninguno de los dos —ni el pueblo, por supuesto— ha olvidado todavía.

Yo era el jefe del grupo, el que mandaba, el que elegía las canciones, el que le daba vida a aquellos instrumentos a los que hay que saber encontrarle el alma para que rindan al máximo. Debo decir, en honor a la verdad, que en muchas ocasiones, cuando llegaba la depresión a hacerse compañía, quería ser como Josechu, a quien todo parecía importarle un bledo. Había nacido para la juerga permanente y nos arrastraba a todos con su personalidad dominante. Le quería. Vaya si le quería a Josechu. Y aún le quiero en el recuerdo.

Y Alberto. La voz cantante del grupo. Nos fastidiaba a todos que fuera el más guapo. Ser guapo y cantante a la vez propiciaba que se las llevara a todas de calle. En el fondo, le envidiábamos todos, pero era una envidia sana, de amigos, de compañeros, la envidia que no molesta y no hace daño y a la que todos tenemos derecho.

Y Arturo Pardal. Un taxista padronés de pelo blanco, que a fuerza de kilómetros y de vida en común se había convertido en el padre de todos nosotros. Siempre he pensado en la tremenda capacidad de aquel viejo para integrarse en un mundo juvenil que tan lejano le quedaba. Bailaba cuando había que bailar. Cuando había que cantar, cantaba. Bebía más que todos nosotros juntos. Y aguantaba, cosa de la que nosotros no podíamos presumir precisamente.

Quiero detenerme en Arturo Pardal. Quiero poner en mis palabras todo cuanto de admirable se recuerda. Noches de incertidumbre, de dudas, de vacilaciones, que se resolvían con una palabra de aquel buen hombre, que no paraba de sonreír. Puede que muchas de las cosas que me ocurrieron luego tuvieran como punto de partida la fuerza mental del bueno de Arturo. Era el chófer, el padre, el amigo, el salvador de deudas, el escondite para nuestras correrías femeninas. Lo era todo aquel buen hombre, cuyo taxi blanco —un viejo y desvencijado Seat, del que se sentía y nos sentíamos orgullosísimos— acompañó nuestras aventuras musicales. Sirva este homenaje de unas cuantas palabras en este pedacito de historia para que quede bien claro que, en un lugar muy importante de mi vida más intensa, está y estará él, y su taxi blanco, y su pelo cano, y su pequeña estatura de gran hombre, y su sonora risa de persona que está de vuelta de todo.

Y allí estaba yo. En el asiento trasero, al lado de la ventanilla, mirando como un tonto la luna, que parecía correr a la misma velocidad que el coche. No puedo sustraerme al encanto de la luna llena. No puedo. Tengo que quedarme ante ella, con toda mi alma desnuda y mi cuerpo en un maravilloso relax, viendo cómo las nubes la cubren, y la destapan, y la ocultan, y vuelve a aparecer como dominadora de la noche.

Ahí es nada, ser el punto más claro de una noche negra. Es como si aquella noche la luna fuera de viaje conmigo. Estábamos cansados. Yo no pintaba nada en aquel grupo musical, los Blue Sky, pero formaba parte de ellos. Y cuando se presentaba la ocasión, subía al escenario y me salía un *Oh, Señor* enfebrecido, que volvía locas a las masas populares. Era algo así como el número de circo dentro de la normalidad de una actuación. El que rompía la monotonía.

Estaba tan harto de mi trabajo, de mi pueblo, de mi gente, de mi vida, de todo lo que me rodeaba, que viajar con aquel grupo y aquellos amigos significaba mucho para mí. Y el tiempo me ha demostrado que, de no ser por ellos y por su música, hoy seguiría haciendo balances inútiles en una fábrica cualquiera de las muchas que echaban humo encima del cielo de mi tierra. Fui poniendo mi vista sobre cada uno de mis amigos de música. Eran muy buena gente. Yo era para ellos como ese amigo que siempre se espera que diga los mejores elogios tras una actuación, compinche de copas interminables y admirable organizador de escarceos amorosos.

Arturo, al volante, con la vista fija en una carretera demencial, donde había que adivinar las curvas, no decía nada. El día había sido duro. La actuación, como casi siempre. Y él disfrutaba más que nosotros de los éxitos que suponían nuestras apariciones en los palcos de los pueblos que recorríamos cada año, cuando llegaba la explosión festiva de la tierra gallega.

Sonaba la radio, machaconamente. Una voz que se me antojaba lejana y como metida en una habitación con eco, llenaba la desgana del taxi. Cuando llegaba una canción conocida, el bueno de Arturo la tarareaba con aquella voz profunda y aguardentosa que tanto impacto nos causó la primera vez que le vimos. Faltaba poco para llegar a Padrón. La madrugada había crecido sobre nuestros sueños. Era tarde, muy tarde, para unas personas que a la mañana siguiente, tan solo unas horas después, tendríamos que poner los sueños en lo más profundo del alma, para colocarnos ante una mesa de escritorio, en una oficina que olía y creo que seguirá oliendo todavía a monotonía. Nos compensaba aquel ir y venir, de fiesta en fiesta, llegando casi cuando lo hacía la mañana al monte de Padrón, de todas nuestras penalidades diarias a vueltas con el debe y el haber, y con aquellos números que se nos iban atragantando cada día más. Nos levantaríamos, tras un corto sueño, una ducha rápida y a la carretera, sobre la bicicleta, a cumplir nuestro horario de trabajo. Pero dentro de nosotros, una voz nos repetía que el que algo quiere algo le cuesta. Y eso nos daba ánimos para soñar con que detrás de aquello había algo más, mucho más hermoso que lo que estábamos haciendo.

«Atención, queridos oyentes de Radio Galicia, de la Sociedad Española de Radiodifusión. Esta emisora convoca a través de este comunicado un concurso para elegir nuevas voces para nuestra emisora. Todos aquellos que quieran presentarse al concurso, deben ponerse en contacto personal con Radio Galicia en Santiago de Compostela, plaza de la Universidad, número 5, primero».

Y siguió la música. Entre sueños, en ese estado en que parecemos encontrarnos entre la vida y la muerte por unos instantes, oí perfectamente lo que acababa de decir la radio. Arturo también. Y él sabía, como el resto de aquella formidable pandilla de inconstantes, que les tenía comida la moral con mis continuos sueños de grandeza. En cuanto se presentaba la oportunidad, les hablaba de lo que iba a conseguir cuando me dieran ocasión para ello. Ya todos se sabían de memoria mis ilusiones por tener algún día un micrófono delante, y hablar, hablar...

Uno se cree a pies juntillas que desde la cuna, desde el mismo momento en que venimos al mundo, estamos predestinados a ser algo. Y yo sabía, lo sabía con certeza, que terminaría siendo locutor de radio. Aprovechaba cualquier momento para demostrarlo, una carrera ciclista —de las muchas y hermosas que se organizaban en Padrón—, un festival benéfico, una actuación del grupo, un acto del Frente de Juventudes. Allí estaba yo, siempre dispuesto a hacer de maestro de ceremonias. Un micrófono delante era el más increíble regalo que podían darme. Sabía que había nacido para ser locutor, aunque bien sabe Dios que tuve que luchar mucho para lograrlo. Pero lo importante es andar un camino, por muy tortuoso que este sea, sabiendo que al final de él nos espera la culminación de un sueño que los demás no pueden comprender.

Arturo hizo un gesto nervioso cuando oyó aquella noticia que la radio dejó caer en la modorra de la noche tan dormida como nosotros. En un principio no le prestó demasiada importancia, quizás pensando que en el asiento trasero, aquellos cabezas locas que hacía tan solo unas horas habían puesto en pie de baile a todo un pueblo estaban completamente dormidos. No me atrevía a decir nada. Me dio un pequeño vuelco el corazón al escucharlo. Me vino a la boca un sabor salado, una sensación de nervios y de excitación. Me despertó del todo. Los demás, seguían a lo suyo, soñando quizás con un gran plató de televisión donde les entregaban el premio al mejor conjunto joven de España.

«Repetimos la noticia que les dábamos hace un instante. Trasmite Radio Galicia en Santiago de Compostela. Todas aquellas personas que quieran participar en nuestro concurso para elegir voces nuevas para la radio deben presentarse lo antes posible en nuestros estudios de plaza de la Universidad, número 5, primero».

La mirada de Arturo se encontró con la mía, ambas se buscaron entre la oscuridad de la noche y no hay negrura que pueda interponerse entre dos miradas que destilan amistad.

—Pero ¿estás despierto, Pepe?

—Bueno, no demasiado, Arturiño. Estoy entre que si me duermo y no me duermo.

—¿Has oído lo que acaba de decir la radio?

—Sí. Es la segunda vez que lo oigo.

—¿Y qué, no tienes nada que decir? ¿No llevas toda la vida dándonos la lata con que quieres ser el mejor locutor de España?

—Bah, tonterías. Como que no va a haber gente mejor que yo en esas pruebas...

—¿Y tú qué sabes? Si no lo intentas de verdad, nunca lo vas a conseguir.

—Eso también es verdad. ¿Tú crees que yo sirvo para esto de verdad, que no es todo uno de esos miles de sueños que me calientan la cabeza?

—Qué quieres que te diga, Pepiño. Yo no entiendo mucho de esto, pero yo siempre digo que, por probar, nada se pierde.

—Anda que si voy y me aprueban... ¿Te imaginas que iban a pensar los de la Picusa?

La Picusa era la fábrica donde fueron creciendo mis sueños de grandeza, a golpe de asientos comerciales y olor a pieles frescas por todas partes. Todos sabían que mi presencia en su nómina de trabajadores era solo una etapa de un viaje, la estación de un tren que tenía que seguir comiendo raíles, siempre, siempre. Ellos lo sabían, casi tan bien como yo. Y aquellas miradas de conmiseración que me dirigían en algunas ocasiones no hacían sino que el deseo de dejarlos creciera por mi mente a mayor velocidad.

—Yo que tú me iría mañana mismo a la emisora. Y a ver qué pasa.

—Sí, pero qué digo en la fábrica. Ya los tengo hartos con los permisos. No puedo decirles que voy a hacer una prueba para la radio.

—Pues no se lo digas. Pides permiso para ir al médico, por ejemplo, y mañana nos vamos tú y yo a Santiago, y que sea lo que Dios quiera.

—Tienes razón. Si no lo intento, no sabré nunca si valgo para ello. Puede que sea una única oportunidad y no tenga otra.

José Domingo Castaño en Radio Galicia de Santiago.

—Claro, hombre, y si tienes la suerte de gustar, pues dejas la fábrica y ya está. En el fondo es lo que estás deseando. ¿O no?

—Sí, Arturo, sí. Eso es lo que me gustaría. Pero y la familia, y mis tíos que me han buscado empleo, y mis hermanos... Joder, qué nervios me están entrando...

—Calla, *carallo*, calla. No se hable más. Bajo mi responsabilidad, mañana pides ese permiso y a las doce nos vamos a Santiago, a ver qué pasa. Las cosas hay que hacerlas en caliente.

—No sé, no sé. En fin, y si no valgo, tampoco pasa nada. Sigo trabajando y en paz.

—Así me gusta, Pepiño, que tengas moral de victoria. ¿Y qué sabes tú? A lo mejor, resulta que te los comes a todos y te ofrecen el puesto. Tú siempre andas diciendo que serías un estupendo locutor de radio. Pues, ale, a demostrarlo.

—Pero no se lo digas a nadie, ni a estos. ¿Entendido? Que quede como un secreto entre tú y yo. Y si sale bien, nos pegamos una mariscada que va a arder Troya.

—Vale, vale, yo no diré nada. Mañana, a las doce, te espero a la salida de la fábrica, y nos vamos a Santiago, a ver qué pasa.

—De acuerdo, allá tú. Anda que si todo saliera bien... ¡Locutor de radio...! Y que me oigan en Padrón todos los días. No me lo puedo creer.

Se me hizo más corto el viaje. Recuerdo casi cada una de las palabras que hablé con Arturo aquella noche inolvidable camino de Padrón, con una luna llena que si hubiera podido hablar, también me habría dicho que sí. No se despertó nadie. El secreto quedaba entre Arturo y aquel loco enamorado de la vida al que comenzaron a temblarle las piernas. Me pareció más clara la noche, me parecieron más hermosos los pinos que pasaban por la ventanilla en un cambiante paisaje de carretera. Miré a todos aquellos compañeros míos, casi logré meterme con mi ilusión por sus sueños, y seguro que todos en un momento dado de la aventura soñadora de aquella noche me encontraron ante un micrófono, inventando las mejores palabras de mi vida. Arturo me comentaba detalles de cuando en cuando, que estuviera tranquilo, que no me pusiera nervioso, que no dijera nada a nadie... Me pasaron cosas muy extrañas el resto del viaje. Me venía agua a la boca, como cuando se queda uno mirando fijamente un limón recién cortado, o cuando estamos a punto de comer un pastel delicioso. A veces, me sumía en un sueño no demasiado profundo, y se me aparecía don Ignacio Zaragoza, mi buen y querido jefe de la empresa, reconviniéndome cariñosamente para que fuera sensato y no jugara con mi futuro. Y sentía las voces de mi madre tratando de apartarme de lo que, sin duda, iba a ser la gran aventura de mi vida. Luego despertaba con los nervios destrozados. Miraba a todas partes, como un loco. Allí estaba todo igual. Arturo tarareaba cualquier canción de moda.

—Pepe, ¿estás despierto?

—Sí, qué pasa.

—Que han puesto otra vez lo del anuncio. Se nota que quieren encontrar gente cuanto antes.

Comenzaron a despertarse los demás, conforme íbamos llegando a Santiago, primera parada habitual de nuestros viajes de regreso. Allí se quedaban el batería Pío, el guitarra Vilas y el cantante Alberto; Josechu y yo seguíamos hasta Padrón, donde el material se quedaba hasta la próxima salida. Las luces de Santiago rompieron en pedazos el sueño tranquilo de mis amigos de música. Una palabrota de Pío. Un suspiro profundo de Vilas. Un grito de Josechu. Y un bostezo monumental de Alberto. Poco más. Nadie tenía demasiadas ganas de hablar, pensando en la jornada que se avecinaba después de un ajetreado e incansable fin de semana de acá para allá. Allí se quedaron todos. Josechu y yo nos desparramamos por el asiento trasero, mientras Arturo, impasible, conducía de memoria por las curvas que llevaban a Padrón.

Arturo no dijo nada. Por supuesto, yo tampoco. Hablábamos de banalidades, de la gala del viernes próximo, de lo bien que había salido todo esta semana, de lo buenas que estaban aquellas chavalas, de las que —por otra parte, todo hay que decirlo— no conseguimos nada serio. El viaje se hizo muy corto, el coche se sabía de memoria la carretera y creo que Arturo lo dejaba ir, convencido de que no se equivocaría nunca, pese a que era de noche y la luna se escondía entre las nubes a cada paso.

Fue una noche hermosa la que viví cuando llegué a mi cama. Me gustaría poder trasladar a palabras la intensidad de mis sueños en aquel momento crucial en que los ojos del cuerpo se cerraron y comenzaron a abrirse todos esos ojos que llevamos escondidos debajo de la carne y que únicamente son capaces de ver lo que nadie ve. Pasaron miles de imágenes, atravesé cientos de túneles oscuros, volé hasta lo más alto del cielo y estuve a punto de atrapar una estrella fugaz, me columpié en mis ilusiones como un niño que consigue el más maravilloso de los juguetes. Le puse una señal aquella noche a mi máquina de soñar. Y cuando quiero, cuando necesito empujarme por dentro para conseguir algo, echo hacia atrás mis mecanismos de soñar, y los sitúo en el punto exacto en que quedó aquella noche, y lo vuelvo a vivir, lo vuelvo a soñar intensamente. Y me hace un gran bien no olvidarlo nunca y tenerlo ahí, como un recurso alcanzable, cuando llegan las horas malas. Poco sabía yo que aquella noche, precisamente aquella, un hombre llamado Arturo, un conjunto musical llamado Blue Sky, un anuncio de una emisora, una noche cerrada y un cuerpo cansado iban a significar el comienzo de la más grande y ambiciosa aventura de mi existencia.

Nunca había conocido una emisora de radio de cerca. En mi imaginación era un lugar soñado, donde la gente sonreía siempre, donde había chicas maravillosas y personas encantadoras que llevaban a cabo uno de los trabajos más hermosos y deseados.

Un estudio de radio, en la lejanía del desconocimiento, era como un gran templo de la palabra, de cristales relucientes, aparatos difíciles de manejar, micrófonos por todas partes y voces bien timbradas que presentaban discos y daban noticias de cuando en cuando. Cuando subía las escaleras desvencijadas —que crujían casi tanto como mis huesos del miedo que estaba pasando— camino de la emisora, que estaba en un primer piso, pensaba en lo que me iba a encontrar y me aterraba que todo aquello no fuese más que un producto de mi imaginación.

Llegué a la puerta. Arturo se había quedado esperándome en el portal del edificio. Estuve unos segundos dando tiempo a que se me calmasen, se me normalizasen los latidos de un corazón con ganas de saltarme en el pecho.

Cuando ya estaba a punto de llamar, tras haberlo intentado sin éxito en repetidas ocasiones por temor a lo que me esperaba, se abrió la puerta de pronto.

—Buenos días, ¿quería algo?

—Sí, bueno, venía por lo del concurso que anuncian en la radio.

—¡Ah! Por lo de las voces nuevas. Pase, pase, hay más gente esperando. Entre y vaya al salón de la derecha. Allí están los demás. Tendrá que esperar su turno.

—¿Que hay más gente esperando?

—Sí, la convocatoria ha sido un éxito y son muchos los que quieren conseguir ese puesto.

El mazazo fue total. No estaba yo solo. Allí, en un salón que quedaba a la derecha de la puerta de entrada, me había comunicado el portero que estaban otros que, como yo, habían escuchado el mensaje y soñaban con lograr lo mismo que yo deseaba con todas las fuerzas de mi alma joven. Logró sobreponer a aquel encuentro con la realidad. Era normal, por otra parte, que muchos otros jóvenes aspirasen a la plaza. No iba a ser yo el único. Con esos pensamientos me fui consolando, mientras atravesé el umbral de la puerta y me encontré en aquel enorme salón, lleno de gente joven, que charlaba animadamente, en un batiburrillo de murmullos indescifrables.

No era aquella la emisora con la que yo soñaba tantas veces. En lugar de limpieza y luminosidad, encontré una penumbra viscosa, una suciedad que se hacía patente en los desconchados de las paredes, que habían llorado la humedad durante los largos inviernos santiagueses. Una enorme decepción fue el primer sentimiento que saltó de mi corazón cuando entré a formar parte de aquel corrillo de locos. Tuve tiempo de echar una mirada a un piano lleno de polvo, donde algún día algún músico enamorado había intentado afinar una canción de amor. Pero debía de haber sido hacía mucho tiempo. Dos ventanas semicerradas, unas paredes enteladas en parte —para amortiguar los sonidos, supongo—, unas sillas muy normales —como las de mi casa— y un diván —si se le podía llamar así—, donde compartían ilusiones y esperanzas otros jóvenes como yo, que creían que aquel anuncio que habían oído en la radio era la puerta abierta a lo más grande.

Me costó trabajo adaptarme a la realidad, bajar de la nube en que había colocado un estudio de radio. Nada de chicas maravillosas, ni de señores estupendos y bien vestidos, correteando de aquí para allá, en una vorágine que me parecía consustancial con un estudio de este tipo. A un lado del viejo estudio, unas cristaleras que algún día habían brillado y que casi no dejaban que se transparentase lo que ocurría al otro lado.

Un micrófono colgado del techo y frente a él una mujer de edad, que calcetaba mientras colocaba un disco en uno de aquellos aparatos que giraban y giraban sin parar. Y parecía ser la locutora, porque a veces se acercaba al micrófono y decía cuatro cosas de muy poca gana y volvía a la calceta, que en principio era el trabajo que más le interesaba. Otra decepción, y ya llevaba varias en el mismo día. En la otra cristalera, que estaba al lado de la anterior, un chaval muy joven trabajaba con cintas magnetofónicas, cortándolas, pegándolas, situándolas en el magnetófono, en una labor continua, sin sobresaltos, que debía de haberse aprendido de memoria. Y poco más.

En eso había quedado convertido mi sueño de la radio. Llegué a pensar que aquello era solo una cara de la emisora, que tenía que haber algo más, que no era posible que mi primer contacto con un medio que me volvía loco consistiera en una locutora haciendo calceta y un chaval cortando cintas. Me costaba trabajo creer que aquello, solo aquello, pudiera ejercer el magnetismo impresionante de una emisora. No sé si el resto de los aspirantes pensaban lo mismo que yo, pero casi todos ellos estaban más preocupados de entablar amistades que en comprobar las diferencias entre lo soñado y lo real. De todas maneras, uno siempre se conforma, si quiere algo de verdad. Y pasados los primeros momentos de asombro y de decepción, llegó a hacérseme familiar la locutora de la calceta, pensé que el piano era un armatoste, viejo, sí, pero con historia. Y cerrando los ojos, se me vino el micrófono que colgaba del techo y se me puso delante de los labios, y fue como si de golpe me salieran a borbotones las palabras, atropellándose en la boca, formando combinaciones perfectas de poesía y de verdad. Se marchaba la locutora de la calceta y me quedaba yo, como dueño de la vida y de los sonidos. Y el chaval que cortaba cintas, en la cristalera vecina, dejaba de hacerlo para aplaudir lo que estaba oyendo. Fue solo un instante, pero así, a mi manera, me pareció todo más hermoso y se me fueron haciendo más amistosos los desconchones de las paredes, y la penumbra del estudio se tornó en un grito de luz que reventó por mis ojos.

—Señores, muy buenos días a todos.

Se calló el murmullo, en cuanto aquel señor bajito, de bigote pretencioso, se dirigió a todos los que estábamos allí. Era una estampa salida de un libro antiguo, tanto en su forma de andar, como en la de vestirse. Tenía que ser antipática, muy antipática aquella cosa con patas y gafas que pretendía nuestra atención.

—Todos ustedes han venido a hacer las pruebas para conseguir una plaza en esta casa. De acuerdo con el orden de llegada, irán entrando al estudio, donde se les realizará la prueba. El resultado de las mismas se le comunicará oportunamente. Ahora una de nuestras locutoras les dará un cuestionario que deben rellenar y luego deben esperar a que los vayan llamando. ¿Alguna duda?

No. No había ninguna duda. Apareció una mujer joven, gordita y agraciada, que fue la primera presencia agradable en aquella vieja mansión donde estaba la radio. Nos dio a todos un cuestionario con una sonrisa, y eso creo que nos animó un poco después de las secas palabras de aquel señor de bigote con aires de grandeza.

Fueron pasando todos ellos. Yo era el penúltimo que había llegado. Estuve casi dos horas en tensión. Cuando salía alguno, le miraba fijamente a la cara, a ver si dejaba

Unos pasos de foxtrot en el Souto.

entrever el resultado de la prueba. Todos simulaban que había ido bien, aunque por dentro su propia procesión sería la que les dijese la verdad. Cuando ya quedaban solamente dos aspirantes delante de mí, me entraron ganas de marcharme y dejarlo, porque había comenzado de nuevo la tembladera por mis manos y mis pies. Pero aquella señorita baja, gordita y agraciada que nos había dado el cuestionario, fue capaz de sonreír en la cercanía, y aquel detalle fue como un bálsamo en aquella mañana crecida de la gran prueba.

—José Domingo Castaño Solar, tenga la bondad de pasar.

Ese era yo. Me sonó fuerte mi nombre. Era radiofónico, pensaba yo. Impulsado por un resorte especial —que nunca supe entender— salí libre de nervios y temblores. Se marcharon de golpe mis malos augurios, esbocé una sonrisa esperanzada, me di un empujón de seguridad por dentro, y allá me fui, dispuesto a todo. Era otro hombre, seguro de mí mismo, convencido de que nadie podría mejorar mi prueba y de que al final aquel puesto iba a ser para mí. Esta seguridad es la que siempre me ha acompañado en los grandes momentos y la que me ha ayudado a ganar, por encima de nervios, dudas, vacilaciones o desesperanzas. Me di perfecta cuenta, al oír mi nombre, de que todo estaba hecho y que, pasase lo que pasase, era el ganador indiscutible. Y me di cuenta también de que estaba comenzando para mí la página más maravillosa de mis ilusiones de niño.

—Buenos días. Lo primero que tiene que hacer es ponerse a la máquina y escribir un artículo sobre el tema que desee. Cuando lo termine lo leerá ante este micrófono. Puede empezar cuando quiera.

Era el mismo hombre del bigote, ahora con un tono más comunicativo y cercano, el que me indicó el lugar donde estaba la máquina de escribir.

Me pareció más humano y cercano que la primera vez en el estudio.

En cuanto me puse a la máquina, aquello fue la locura. No paré ni un segundo. Palabra tras palabra, me iban saliendo y se convertían en artículo a una velocidad que dejó boquiabiertos a todos los testigos. Se miraban entre sí pensando que las cosas bien hechas nunca se hacen en tan poco tiempo. Yo seguía tecleando y tecleando, sin mirar a nadie, sacando de mi arsenal de ideas todo cuanto me parecía hermoso y digno de ser leído. Necesité muy pocos minutos para poner el punto final en un artículo —que creo que me salió redondo— sobre Rosalía de Castro y su relación con mi pueblo de Padrón. Era lo mejor que me sabía y no desaproveché la oportunidad de insistir en el tema que tan bien se me daba.

—Ahora, por favor, puede leerlo, cuando esté preparado, ante este micrófono. Hágalo despacio, por favor.

Supongo que después de mi exhibición tecleadora, se imaginaban que lo iba a leer a la misma velocidad que lo había escrito, lo que significaría mi derrota. Mal sabían ellos que una cosa es escribir deprisa y otra muy distinta leer. A mí me gustaba paladear las palabras, hacer hincapié en las frases bonitas y románticas, que eran mi especialidad. No me temblaba nada. Cosa insólita para mis pocos años, tenía tal seguridad en mí mismo que nada podía impedirme ser el mejor.

Comencé a leer lentamente, paladeando lo escrito, procurando sacar de mi garganta mi voz más profunda y seductora, para intentar convencer a todos aquellos que iban a ser mis jueces. En cuanto pronuncié la primera frase, me pareció ver que entre ellos hablaban moviendo afirmativamente la cabeza. Pensé que era una buena, muy buena señal, una señal casi definitiva. Animado por lo que

Participando en una representación teatral en el cine Latorre.

pensaba que era una prueba de sentimientos, seguí leyendo, parsimoniosamente, entonando, haciendo giros, bajando y subiendo la voz, remarcando los momentos más líricos. Hubo un instante en que, mientras leía, levanté la cabeza y me encontré al otro lado del cristal con la sonrisa de aquella locutora bajita, gordita y bastante guapa, que me animaba con un gesto de sorpresa, como diciéndome adelante a su manera. Los demás seguían charlando entre ellos, moviendo la cabeza una y otra vez en señal de aprobación. Estaba triunfando. Lo sabía. Terminé la lectura emocionado, a punto de saltárseme las lágrimas por cuanto había escrito. También a mí me pareció extraño que una persona, sin tiempo casi ni para pensarlo, pudiera escribir a tal velocidad cosas que suponía tan bonitas.

—Muy bien, señor Castaño, muy bien. Por cierto, ¿ha estado usted antes en alguna emisora de radio?

—No, señor, nunca —respondí muy convencido.

—Pues lo hace usted muy bien. Pero que muy bien. Vamos con la siguiente prueba.

Le voy a presentar a un colaborador de la casa, el periodista José Alvite. Tiene que entrevistarle, imagínese que es John Glenn, el astronauta, que acaba de llegar al aeropuerto de Santiago. Cuando quiera, puede empezar, acérquese al micrófono, y ya sabe, John Glenn a su llegada en el aeropuerto de Santiago. Cuando quiera.

Me gustó mucho la cara del tal José Alvite. Luego, con el tiempo, me gustaba llamarle Pepe. Y en nuestras noches de ribeiro y pulpo, de cuando en cuando, recordábamos aquel instante en que el destino le convirtió en astronauta y le puso ante mí para que pudiera hacer la primera entrevista de mi vida ante un micrófono.

Se portó muy bien conmigo. Su pelo blanco incipiente, su carácter bonachón a primera vista, me dio confianza e hizo de la entrevista un camino de rosas, que siguió levantando murmullos de admiración entre los jueces de la prueba. Estaba en el buen camino. Le pregunté de todo procurando ser incisivo. A todo me contestó amablemente, abriéndome camino con sus respuestas para nuevas y acertadas preguntas. Le tengo que estar agradecido a José Alvite por ser como fue conmigo aquella mañana genial.

Luego, recuerdo que me hicieron leer un trabalenguas bastante complicado, del que salí como pude. No me importaba demasiado, porque mis dos primeras pruebas habían sido sencillamente magníficas, a juzgar por los adjetivos que me regalaban los jueces.

—Muy bien, señor Castaño, ¿le importaría esperar a que terminemos la última prueba que nos queda y luego hablamos con usted?

A nadie le habían dicho esto. Estaba seguro. Todos habían salido rápidamente y se habían marchado por la misma puerta por la que habían llegado. Solo a mí me pidieron que me quedara, señal inequívoca de que algo iba muy bien. Me dio otra vez un vuelco el corazón y aquella seguridad que me acompañó en los momentos más difíciles se transformó en nerviosismo desatado por todo mi cuerpo. No sabía qué hacer ni qué decir.

Creo que tropecé con todo cuando salía. Cuando me miró la que ya era mi amiga locutora bajita, gordita y bastante guapa, me puse colorado como un colegial. Y es que cuando uno ve el triunfo muy cercano, le parece imposible lograrlo con tanta facilidad y el cuerpo se tambalea y empiezan a dar vueltas por dentro de uno todos esos gusanos locos que llamamos nervios.

—Lo has hecho muy bien. Todo el mundo está muy contento contigo.

Lo dijo ella, con una voz dulce, muy dulce. Esa sí era la voz que había caminado por mis sueños, cuando me imaginaba un estudio de radio. Una voz maravillosa, que te invitaba a seguir escuchándola mucho más tiempo, una vez que salía de entre una sonrisa nada forzada, que partía en dos un rostro agraciado, con sus mofletes graciosos y su peinado laborioso. Me entraron ganas de cogerla entre mis brazos y estrecharla fuertemente contra mí, como si fuera la más dulce novia que hubiera conocido. Pero los colores que subieron a mi cara delataron mi inexperiencia en aquellas lides. No me atreví casi ni a mirarla de cerca. Esa timidez que siempre ha acompañado mi vida hizo, una vez más, acto de presencia aquella mañana. Pero ella sabía, tan bien como yo, que había comenzado entre ambos una corriente continua de sensaciones que tardaría tiempo en detenerse. Lo tuvo muy claro aquella mañana, aunque no se lo dijera. Ella había tenido mucho que ver en mi seguridad interior. Lo mismo que había sido responsable de mis momentos de intensidad temblorosa.

—Señor Castaño, pase un momento, por favor.

Me hicieron oír de nuevo lo que había grabado y mientras mi voz sonaba a gloria —al menos eso me parecía a mí, sinceramente— no cesaban de mirarme y de mover la cabeza de arriba abajo, como refrendando mi calidad. Luego, oímos la entrevista, y la cara de José Alvite, mi periodista ayuda, se ensanchó en un gesto de complacencia, que acababa con todos mis posibles temores. Aquello estaba hecho. Había ganado, no había ninguna duda.

Y así fue. En una mañana conquisté el sueño más imposible, ese por el que hombres y mujeres en todo el mundo darían su vida entera. Y a mí bien poco me había costado. Cuando lo supe, cuando me lo confirmaron oficialmente, no tenía ni idea de qué hacer. Miré a la locutora bajita que no paraba de reír y hacer carantoñas y esta vez sí que fui capaz de decirle con la mirada algo más que la vez anterior. Estreché la mano de José Alvite y sentí el calor de un amigo. Estreché también la mano del señor del bigote, que no era otro que el director y máximo responsable de la emisora. Saludé al chaval que cortaba las cintas y a la única que no pude saludar fue a aquella locutora que hacía calceta mientras realizaba, con desgana, aquello que yo tanto había imaginado. En cuanto pude, bajé las escaleras, que no me parecieron ni tan viejas ni tan crujientes, y le di un abrazo fuerte a mi amigo Arturo, a quien se le saltaron las lágrimas, como tenía que ser, sabiendo lo que me quería y lo que aquello significaba para mí. Lloramos los dos de alegría, dimos saltos abrazados durante un buen rato, nos mirábamos los ojos mojados por la emoción, y volvíamos a abrazarnos una y otra vez. No me salían las palabras. No fui capaz de decir nada. En la mirada, en aquel extraño brillo que nació en mis ojos esa mañana, Arturo, mi buen amigo y recordado Arturo, lo entendió todo.

Poco más recuerdo de aquella mañana. Solo que no tuve tiempo de contar los vasos de vino que entraron por mi boca. Solo que las luces de las calles lluviosas de Santiago se fueron apagando. Ni la Rúa del Villar, toda vestida de piedra brillante, ni la Rúa Nueva, ni la mismísima Catedral fueron capaces de sacarme de aquel estado de maravillosa embriaguez en el que me sumí hasta la mañana siguiente. La conquista de un sueño bien vale una borrachera.

La mañana siguiente me sorprendió con los ojos abiertos, nublados por el alcohol, pero abiertos. Así estuve durante casi toda la noche, una noche larga, sentida a fondo, vivida intensamente. Pasaron, por debajo de la luna y las estrellas silenciosas de mi gran noche borracha, miles de sueños, imágenes que iban y venían, que abrían y cerraban ese agujero pequeñito que tenemos todos no se sabe dónde, en alguna parte de la cabeza, por el que entran y salen los sueños a su antojo. Tuve tiempo para volver a coger con mis manos temblorosas aquella cuchara grande, de las de sopa y caldo, con la que mi madre me sorprendía siempre, al pie de la vieja radio del salón, inventando anuncios publicitarios al son de la música de aquella, para mí lejana e inalcanzable entonces, Radio Galicia en Santiago. Repasé, una a una, las páginas de mi vida, casi todas inservibles, salvo tres o cuatro intentos de encontrar la lucidez entre tanta maraña de dudas y vacilaciones. Arrojé a la hoguera imaginaria todos los pensamientos inútiles que trataban de meterme el miedo en el cuerpo. Y por entre las rendijas de la borrachera, entre hipos y sensación de vómito, una luz muy grande, muy brillante, muy lejana, como una estrella enloquecida se quedó entre mis ojos y parecía indicarme que había encontrado el final de un largo túnel.

Había logrado lo más importante: romper con la monotonía, atreverme a saltar la barrera de la mediocridad que me rodeaba por todas partes. Aquel viaje a Santiago había servido para alterarme la sangre. La sentía correr por mis venas, haciendo ruido de vida, caliente, juguetona, hambrienta de espacios nuevos. Y mis ojos, acostumbrados a quedarse en el Monte de Meda, entre nubes caídas del cielo, miraban más allá, mucho más allá. Era como si, de golpe, se me hubieran descoyuntado todos los huesos, los del cuerpo y los del alma, y mi carne flácida, sin peso, volase por la habitación donde las noches siempre se me habían hecho muy largas y muy duras. Era yo, el mismo. El cobarde de siempre, al que un ángel le empujó a dar el salto en el vacío, que sirvió para dar un motivo a la existencia gris que acompañaba mi vida. Creo que aquella mañana todo me pareció hermoso, tras una larga noche velando mi triunfo, el primer gran triunfo de mi vida.

Tenía que contárselo a alguien. Me habría gustado decírselo a mi madre. Pero yo sabía que a la gente que quiere uno, decirle que iba a echar por tierra un trabajo seguro, un sueldo fijo al mes, el cariño de unos jefes y la posibilidad de un futuro mejorable era hacerle una herida en pleno corazón. Mi madre no lo entendería. Para ella, la radio era como una gran casa de locos, donde la gente vivía del cuento y donde la vida parecía ser una juerga eterna. Cómo le explicaba yo a mi madre que aquello era lo que quería, que en el fondo toda mi vida había sido una búsqueda continua de un motivo, un solo motivo para sentirme fuerte por dentro. A ella no podía decírselo. Aunque tuviera que saberlo muy pronto, convenía prepararla convenientemente para el susto. Me entró un escalofrío cuando me tocó de cerca su olor a mujer buena, su mirada caliente, su rostro marcado por el esfuerzo, el sacrificio, la lucha, los hijos, y tantos, Dios mío, tantos... No me atreví. Pasó por mi lado, como todas las mañanas, mirando de reojo los efectos de una borrachera más, de una vida subida a un vaso de ginebra, que Dios sabe cómo terminaría.

—Pepiño, que vas a llegar tarde al trabajo. ¿No te das cuenta de que falta muy poco tiempo? ¿Por qué no te levantas de una vez? ¡anda, *hombriño*, levántate ya!

Y me levantaba. Siempre me levantaba. Un resorte especial escondido en algún lugar de mi cuerpo me impulsaba hacia arriba en cuanto mi madre me lo pedía. Por entre las sábanas, la miré, la quise, la adoré y quise decírselo, pero no podía. No debía. Bastantes disgustos tenía ya como para darle aquel, que podía significar un vuelco en su corazón, supongo que ya cansado de tanto latir por los demás.

—Sí, mamá. Ya voy. Hoy no llueve y llegaré en menos tiempo. No te preocupes.

—Si yo no me preocupo, Pepiño, es que tienes un buen trabajo, tus jefes te quieren, tienes el futuro asegurado. Ya sabes la falta que nos hace tu sueldo. En Picusa estás muy bien. Y tanto beber, tanto beber… no te va a hacer ningún bien.

Siempre me decía lo mismo. Y es que ella lo sentía por dentro, veía cómo aquel hijo se le escapaba de las manos, se le iba por un camino que ella se sabía de memoria. Y no podía hacer nada. Y es que las madres con muchos hijos tienen que repartir tanto el cariño que necesariamente se les tiene que escapar el futuro.

Me levanté. Rápidamente puse en marcha el organigrama matinal, que es una repetición de costumbres inalterables. Todo calculado milimétricamente. Tanto tiempo para hacer mis necesidades más perentorias. Nunca podía hacerlas fuera de casa. Tanto tiempo para afeitarme aquellos cuatro pelos rubios que parecían una barba. Un café caliente. Y a pedalear camino de una oficina que nunca tuvo sitio en mis sueños.

Claro que aquella mañana tenía revoloteando por dentro de mi alma el día anterior. Me salía por los ojos, frente al aire de la mañana limpia de mi pueblo, un brillo especial que le ponía nuevos colores a la niebla delgada y trasparente que tapaba la cercanía de los montes y de los pinos. Era mi último día en aquella fábrica. Pensaba en las diversas fórmulas de despedida que tenía que emplear, cuando estuviera ante los jefes para explicarles que, una vez más, mis sueños habían ganado.

—Bueno, mamá, ya me voy. Tú sabes que yo te quiero mucho y que nunca podré hacerte daño.

—Ya lo sé, Pepiño, ya lo sé. Pero sé bueno, hombre, y no bebas tanto.

Lo tenía todo calculado. No iba a decirle nada hasta que el asunto estuviera resuelto. Quería darle una sorpresa, no un susto. Una sorpresa agradable, que paliase de un golpe todos los malos ratos que había pasado por mi culpa. Me despediría de la fábrica, como pudiese, a mi manera, casi sin palabras, como quien no lo desea. Luego, me iría a la emisora, con todos mis sueños hechos un ovillo junto a mi corazón acelerado. Y cuando me dejasen sentarme ante un micrófono, cuando por fin se volvieran locos los miles de pajarillos soñadores que me hacen cosquillas por dentro, la llamaría y le diría tan solo: «Mamá, escucha Radio Galicia a tal hora...». Solo eso. Ella comprendería. Y seguro que al escuchar la voz de su hijo saliendo de la radio, dirigiéndose a ella, logrando aquello por lo único que valía la pena luchar, entendería, claro que entendería. Nada de sustos. Una sorpresa. Eso. Una bella sorpresa.

—Chicha, ya sabes, por la tarde, a eso de las siete, vendré por la ventana de atrás y tú me bajas la maleta con una cuerda, sin que se entere nadie. Por favor, que no se entere nadie, ¿de acuerdo?

—Sí, Pepe, ¿y qué te pongo en la maleta?

—Pues todas las cosas que tengo en mis cajones. No sé si la voy a usar en Santiago, pero, por si acaso, tú ponla toda. Y recuerda. A las siete. Y que no se entere nadie, Chichiña, nadie.

—Tranquilo, hombre, que no se va a enterar nadie.

Y me fui tranquilo, dándole un beso a mi hermana, un beso que sabía a despedida y a complicidad. En ella podía confiar. Seguro que a la hora que le había señalado estaría preparada con mi maleta y que la bajaría colgada de una cuerda, sin que nadie se enterase. Siempre me cayó bien mi hermana Chicha. Tenía una cara hermosísima, pícara, vivaracha. Con unos ojos profundamente tristes, que ella era capaz de hacer brillar con una esperanza loca en todo y en todos. Era mi cómplice de sueños y de inquietudes, de noches de ventanas abiertas para no abrir la puerta de la calle, intentando evitar que mi madre volviera a encontrarse a un guiñapo retorcido por el alcohol y la madrugada. Chicha tiene un sitio muy grande en ese patio donde tengo alineados los recuerdos y las personas que forman parte de ellos. Ella sí lo sabía. Y me hizo un guiño con sus ojos a medio abrir, acaso llenos de maravillosas aventuras todavía. Me dijo adiós con su mano hasta que la fui perdiendo en la intensidad de la mañana ruidosa de pedaleo y cansancio. En aquella mano que se agitaba mientras mi imagen se iba perdiendo camino de La Matanza, carretera adelante, estaba retenido el cariño intenso de una hermana, que se convertía en parte de mi gran secreto. Me temblaban los labios al tocar la mañana, kilómetro a kilómetro sobre aquella bicicleta destartalada que tanto sabía de mí.

Allí, en la mano de mi hermana, en la despedida de aquella mañana, se quedaban un montón de años. En su sonrisa a medio hacer sonreía lo mejor de mí. La perdí de vista, despacio. Se me fue escapando por entre la niebla y los árboles, y siempre que necesito darle un empujón a la vida, recupero aquella mano diciendo adiós en la carretera de Cesures a Padrón, con el humo del primer pitillo haciendo estragos en mis ojos. A alguien habrá que echarle siempre la culpa de las lágrimas.

—Mire usted, don Ignacio, que me voy. Que por fin he encontrado un trabajo en la radio y me voy. He firmado ya un contrato con Radio Galicia de Santiago y empiezo esta misma semana.

—Pero, hijo mío, ¿estás seguro de lo que haces? Recuerda que aquella otra vez también tenías un contrato en Salamanca y luego no había nada de nada y tuviste que volver a trabajar aquí.

—No, don Ignacio, esta vez va en serio. Ayer estuve haciendo las pruebas y me han aceptado.

—¿Y tus padres, José? Ellos, que siempre han confiado en ti, que tanto te necesitan, que tanto desean que seas alguien en esta empresa. ¿Es que no estás a gusto?

—Sí, estoy muy a gusto. Usted ya lo sabe, pero lo mío no es esto. Yo siempre he querido trabajar en la radio.

—Ya lo sé, ya lo sé. Pero ten en cuenta que esta vez no puede pasarte lo de Salamanca. Eso no puede volver a repetirse. Tus padres no lo aguantarían.

Lo de Salamanca. Tenía que salir. Lo sabía. Lo esperaba en cualquier momento.

A uno, a veces, le puede la locura, se le cruzan todos los cables que hay en el cerebro, y puede llegar a cometer los actos más increíbles. Salamanca era como una cruz que arrastraría siempre. De pronto, me volví loco, hacía tan solo dos años. Me harté de números, y de cuentas, y de asientos comerciales, y de uniformes azules, y de humos, y de olor a piel curtida, y me inventé una historia hermosa, que ojalá hubiera sido realidad. Lo que deseaba era dejarlo todo, romper con el mundo que me rodeaba, mandar a paseo el trabajo seguro y fabricarme mi propio sueño, mi propia historia. Y qué mejor que Salamanca, una ciudad que andaba por mi vida al lado del recuerdo de un hermano, el mayor, que estudió allí Teología cuando iba camino de fraile. Salamanca. El porqué de haber elegido este lugar, aparte de mi hermano, debe de estar en un fraile poeta —creo que se llamaba Amable— que siempre le ponía alas a mi imaginación y me decía que los impulsos del corazón hay que seguirlos hasta el final. Y este fraile poeta estaba en Salamanca. Y cuando le dije a mis jefes que me marchaba, que me habían ofrecido un trabajo en Radio Salamanca, se lo creyeron. No tenían motivos para dudar de mí, sabiendo hasta qué punto era capaz de darlo todo por la radio.

En el fondo yo pienso que hasta ellos sintieron un picorcito en la carne al ver mi emoción contenida contándoles el comienzo de mi gran aventura.

Salamanca. La gran mentira de mi vida, porque ni había radio, ni había puesto de trabajo... No había nada. Solo un sueño que fabricó mi mente cansada de vivir el ritmo de los demás. ¿Cómo es posible que una persona joven, con un trabajo estable, con una familia que necesitaba aquel sueldo, fuera capaz de inventarse una historia como aquella? Y me la inventé. Y hasta llegué a creérmela. Y cuando el tren me llevaba Castilla adelante camino del Tormes, mirando por la ventanilla de aquel vagón de madera, me sentía feliz. Todo había quedado atrás. Por culpa de esa mentira, pero atrás, lejos de mí. Respiraba un nuevo aire. Hasta la vida me parecía más vida.

Toreando en una capea organizada por Radio Madrid, tras su llegada a la capital de España.

Y llegué a Salamanca. Era de noche. Me sobrecogió el silencio de la plaza Mayor, a medio iluminar. En medio de aquella inmensidad de piedra, sentí terror. El frío de la ciudad me devolvió a la realidad. Allí estaba yo, a lomos de una historia que era mentira, en una Salamanca que no conocía, en una radio que no existía más que en mi imaginación, en un trabajo que era imposible obtener, lejos de los míos, mirando de cerca la noche. Pasaron los días, le tomé cariño a aquella ciudad callada, donde los estudiantes eran el mejor antídoto contra la tristeza y la soledad.

Se me acababa el dinero. Mi amigo fray Amable, el poeta, me devolvió a la realidad y me quitó de un plumazo mi locura. En Radio Salamanca no necesitaban a nadie. Tenía que regresar. Allí no tenía nada que hacer. Así, de esta manera, se metió Salamanca en mi vida. El regreso fue un funeral. Ya no me gustaba el tren, ya no me gustaba el paisaje, ya no me parecía tan hermosa la libertad. En Salamanca, al lado de un río lento y triste que se llama Tormes, junto a los álamos altos y picudos como una ilusión, se quedó un poco de mí, se me pararon todos los relojes al mismo tiempo y me quedé perdido en el sonido de una nueva vida que yo me había inventado. Casi sin dinero, con lo justo para no pasar hambre, con la misma camisa desde hacía varios días, con la cara rota por tanto andar sin rumbo. Llegar a Madrid, solo de paso, fue una sensación de rabia, de odio a mí mismo, de recuerdo de los míos. Y cuando Madrid se me escapaba en la lejanía, prometí volver, de otra manera, quizás con idénticos sueños de gloria, pero para quedarme para siempre. Se lo dije al tren, y a los altos edificios de la ciudad, y a aquella gente desconocida que junto a mí se iba hacia mi tierra.

Volvería a Madrid. Claro que volvería. Y acaso algún día me acercaría también a Salamanca, para ver si algunas de mis locuras de juventud están todavía por las piedras de la plaza Mayor. Llegar al pueblo, otra vez, con la derrota colocada entre los ojos, hecho un desastre, con la ilusión enferma por encima de mis ropas sucias, fue una de las páginas más duras de mi existencia... Y las explicaciones, que si en Radio Salamanca querían un locutor que hubiera cumplido el servicio militar, que si no me convenía el sueldo, qué sé yo la de mentiras que me vinieron a la mente para justificar aquel sueño imposible. Y mis padres enloquecidos, con razón. Y mis hermanos, asustados, ante aquel loco de pocos años que se quería poner el mundo por montera. Y los jefes de Picusa, que, a instancias de mi madre, volvieron a darme el mismo trabajo. Todo pasó muy rápido, pero ahora, mientras hilvano unas líneas sobre los recuerdos, me parece que fue toda una vida. Así entró Salamanca en mi diario. A golpes de mentira. Como una película inventada que, por no tener, no tenía ni protagonista.

—¿No será como lo de Salamanca, que luego puede salirte mal, José?

—No, don Ignacio, esta vez va en serio. Se lo digo de verdad. Usted ya sabe que lo que yo quiero, lo que he querido siempre, es trabajar en la radio.

—Si yo te comprendo, José, lo único que quiero es que no vuelvas a sufrir otro batacazo como aquel. Yo te deseo lo mejor. Y sé que los jóvenes sois como pájaros y tenéis que volar. Y me parece bien que lo hagas. Pero no en falso. Si realmente estás seguro, por mí no hay inconveniente.

—Gracias, don Ignacio, muchas gracias. Y perdone usted.

—No tengo nada que perdonar, Castaño. Solo quiero que sepas que aquí siempre dejarás buen recuerdo. Y si algún día las cosas te van mal, no dudes en hablar conmigo.

—Sí, señor. Lo haré, pero creo que esta vez lo voy a conseguir.

Me dieron la liquidación. Unos cuantos miles de pesetas, pocos, pero suficientes para echar a andar, para poner los cimientos de la gloria. Había pasado cuatro años allí, entre 1960 y 1964. Me despedí de aquella buena gente, uno a uno. En cada abrazo, se me iba un pedacito de monotonía mezclada con añoranza. Todos me desearon lo mejor. Eran buenos muchachos. Creo que en el fondo de su corazón todos ellos se habrían vuelto locos si en aquel momento hubieran podido hacer lo mismo que estaba haciendo yo: romper con todo, lanzarse al vacío para encontrar la cuerda salvadora y llegar de nuevo a la cumbre. Se lo notaba en los ojos, muy abiertos, muy asustados. En aquella oficina se quedaba una larga etapa de luchas conmigo mismo, de amaneceres frustrantes, de números que no me decían nada, de gente que solo se me pegó por fuera como algo que no era mío, que no formaba parte de mí. Me abracé a don Ignacio como un niño. Casi, casi me rozan sus lágrimas. Se habrían encontrado con las mías, porque a aquel bendito hombre de pelo blanco le había tomado cariño. Él sí se fue conmigo aquella mañana. Y aún lo debo de tener escondido por alguna parte de mi geografía pretérita. Le perdí el pulso al resto del día, no sé ni dónde comí, ni con quién estuve, ni a quién saludé después de dejar para siempre la oficina. Solo recuerdo que llegaron las siete de la tarde.

—No entres en casa, Pepe, que puede verte mamá. Ya te tengo todo preparado. Ella está en la cocina. No se enterará de nada. Vete a la parte de atrás y te bajo la maleta.

—¿No te has olvidado de nada?

—Que no, que creo que está todo.

—Y no digas nada a nadie hasta que yo te diga. ¿Vale, Chicha?

En el pueblo me esperaba Arturo, mi querido Arturo, el del taxi blanco, sin cuya presencia se quedaría huérfana de verdad esta historia. Chicha me bajó la maleta. No pesaba demasiado. Desde la ventana a oscuras, para que nadie nos viera, me lo dijo llorando.

—Pepiño, tienes que triunfar para darle una alegría a mamá. Tienes que triunfar, Pepiño. Sé que lo vas a lograr.

Tienes que triunfar. Se me escapó un suspiro fuerte y hondo, se me mezcló el temblor con la emoción, y sin palabras, solo mirándola en la cercanía de la oscuridad, le envié un beso. Y sus palabras me han quedado en el alma y no se me han ido todavía, después de tantos años. Aún las tengo sonando y sonando.

—Tienes que triunfar, Pepiño, tienes que triunfar...

No es fácil dejarlo todo. Ni hacerlo por la puerta de atrás. Escapando de la realidad para no hacerle daño a la gente que uno quiere. Aquella hermana mía lo sabe mejor que nadie. Sabe que allí se quedaron mis mejores años, los que me fueron haciendo hombre, los que me ayudaron a no perder nunca la esperanza. Aquella hermana mía, que era como una pequeña lucecita desvanecida en la ventana, sabe también que en aquella maleta que fue descendiendo muy despacio hasta que llegó a mis manos iban las semillas de todo un futuro. Ante mí, la carretera negra, algún coche que pasaba y dejaba un ruido especial que tardaba en marcharse, como si fuera un eco cortante.

Mi maleta y yo rompíamos el silencio de la noche suspiro a suspiro, lágrima a lágrima. Mi casa quedaba atrás. La viña donde robábamos los más hermosos racimos. El árbol del que siempre nos caíamos. La puerta verde, de metal, que temblaba cuando llegaban los vientos del invierno. El cuarto de estar, tan calentito, tan acogedor. La cocina. La habitación. Mis hermanos. Mi padre. Seguro que lo entenderían. Mi madre, ajena totalmente a lo que se estaba cociendo en la mente de su hijo. Costaba trabajo deshacerse de aquello. Y me daba la impresión de que una fuerza desconocida, venida de no se sabe dónde, se aferraba a mi chaqueta nueva para que no pudiera seguir caminando hacia el futuro.

—Tienes que triunfar, Pepiño, tienes que triunfar...

18

¡Adiós, mi Padrón querido!

Dejar un pueblo atrás es dejarlo casi todo. Es como partir el alma en pedazos y dárselos al viento, para que los una algún día, cuando llegue el futuro, ese que siempre buscamos, que siempre tocamos con los dedos, pero que nunca es nuestro, porque, afortunadamente, el futuro siempre está delante de nosotros y nunca es nuestro del todo. Dejar el pueblo de uno, ese por el que andan las pisadas infantiles, y los estallidos amorosos de la pubertad, y los primeros pitillos a escondidas, es quedarse desnudo de pronto, es tocarse y no sentirse, es como la línea roja que marca un bisturí en la carne del alma. Antes de dejar el pueblo, antes de irme del todo de lo que habían sido mis calles, mis iglesias, mi río, mis árboles, mis jardines, mis balcones, mis puentes, me entraron corazón arriba unos locos deseos de volver a mirarlo. Delante, me esperaba un camino muy largo.

Cuando uno se va, no sabe nunca si el destino le permitirá volver a sentir el olor de la vida cercana del pueblo de siempre. Quizá por eso, al poner las lágrimas cara al pueblo que me veía partir en silencio, ese larguísimo y espesísimo silencio de los pueblos pequeños, algo dentro de mí me ataba al asfalto de la carretera. Impulsado por un resorte, volví sobre mis pasos, me sudaron un poco más las manos sobre la vieja maleta, comencé a pisar la piedra cuadrada de aquellas calles geométricas de la Rúa del Reloj, que así se llamaba la espina dorsal de mi pueblo. Llegué hasta la iglesia parroquial, donde aún seguía llamando a no sé qué novena la campana grande. Se me amontonaron en los ojos todos los adoquines de la carretera de puente viejo, estrecho, antiguo, solitario. Dejé atrás el río, sin saber realmente a dónde iba, me dejaba llevar por un extraño impulso que movía mis piernas y mi mente. Pasé la fuente del Carmen. No había ninguna vela encendida. Ese día no había nacido nadie. Seguí dejando atrás el convento de los dominicos, las casuchas de la Trabanca, la tienda de bicicletas que todavía debe de tener algún suspiro infantil en los cristales del escaparate. Y por unas escaleras de piedra, por las que dicen que un día subiera el santo apóstol Santiago, renqueante, sudoroso, temblando por dentro y por fuera, llegué al monte Santiaguiño. Desde allí se estira el pueblo entero por una vega hermosísima, por todas partes verde. Me acerqué a las peñas, en las que nuestros cuerpos de niños culebreaban del cielo al infierno, del purgatorio a la gloria, que así llamábamos a los recovecos de las piedras del monte santo.

Estar allí solo, con los pinos cantando su eterna melodía, con toda mi alma ensangrentada de ilusión, con todo el miedo quemándome la garganta, con una vida a la que le iba a dar el quiebro más importante de mis pocos años, dio alas a mi imaginación.

Y pasaron imágenes repetidas de los días de fiesta, cada año, un 25 de julio, en el mismo lugar, en el mismo monte, en los mismos pinos, en la misma ermita.

Es como si la fiesta del Santiaguiño naciese en aquel momento solo para mí, solo para guardarla en un rinconcito de mi mente y llevarla conmigo eternamente. Me llegaron los lamentos de las gaitas, que llenaban el paseo del Espolón. Hombres y mujeres, ataviados con el rojo gallego de los hombres y el negro suave de las mujeres. Todos repetían la misma muñeira, esperando la salida del santo para llevarlo hasta el monte en la más humilde procesión que pueda inventarse. Allí estaba yo, vestido de fiesta, formando parte activa de aquel bullicio de la fiesta grande del Santiaguiño de todos los años. Y mis hermanos. Y mis amigos. Y mis padres. Y la gente de aquel pueblo mío que siempre ha sabido más que nadie de fiestas y romerías. Por las calles de Padrón, un ir y venir de gentes llegadas de todas partes que peregrinaban, un año más, para pedir al santo apóstol quién sabe si una buena cosecha, o que el cerdo del año creciese más que nunca, o que la niña encontrase un marido, o que se fuese para siempre aquella terrible enfermedad. Las gaitas seguían sonando a procesión. El paseo del Espolón se iba llenando de una multitud de ojos alegres y alma cristiana, que se fueron alineando detrás de los gaiteiros. Todo estaba dispuesto para el gran momento.

Apareció el santo por la puerta grande de la iglesia. Estallaron no sé cuántos cohetes en el aire de la mañana. Era la señal. Por el puente arriba, se fue haciendo rosario de romeros camino del monte Santiaguiño. Nadie rezaba. Solo las gaitas, y el tamboril, y el bombo, y el curioso sonido de las *pandereteiras* de Buján, unas mujeres de años en rostro que habían mantenido de generación en generación el repiqueteo acompasado de las viejas panderetas. Y tras ellos, una inmensidad de romeros.

La serpiente festiva se fue estirando escalera arriba, dejando atrás, estación a estación, un viacrucis grabado en piedra que termina en el mismo monte. Olía a resina. Y a aceite de churros. Y a caramelo barato. El santo bailaba en los hombros de los afortunados que habían conseguido el honor de llevarlo en volandas hacia la ermita que dominaba el verde cuajado de mimosas.

Cuando el santo llegó a la explanada, la banda de música, con Beteta al frente, me puso otro nudo en la garganta. Era el himno del Santiaguiño. Era mi himno. Era un pedazo de carne mía convertida en canción. Y entre la banda, y las gaitas, y los altavoces estruendosos de los puestos de pulpo y la venta de rosquillas, la voz del cura comenzó la oración. Se hizo el silencio en el monte. Solo mandaba el viento que se llevaba las plegarias hasta el mismo pueblo. Era emocionante para alguien como yo poder estar allí, un año más, en la romería que más me canta en el corazón.

Al terminar la misa, las manos callosas de la *pulpeiras* hacían juegos malabares con las tijeras, cortando y cortando pulpo, los platos de madera humeantes, rezumando aceite por debajo del rojo del pimentón, las barracas de feria vendiendo las ilusiones de siempre, la señora de los melindres, que no se perdía ninguna fiesta, ninguna romería, los grandes tazones de vino tinto, que iban y venían de mesa en mesa, de boca en boca, en una de las páginas más típicas de mi tierra. Paisanos de camisa blanca y traje negro, mujeres enlutadas hasta los ojos, con su pañuelo negro a la cabeza, muchachas de escotes lascivos que se dejaban acariciar solo por el sol, matrimonios con sus cestas de comida al hombro buscando un lugar a la sombra para iniciar el más esperado momento del día, el de la comida campestre a lo largo y ancho de aquella montaña sagrada.

—Vamos, Pepe, que hay que ayudar a mamá a subir las cosas.

—Ya voy, ya voy... ¿Han venido muchos este año?

—Sí. Han venido los de Socastro. Y los tíos de La Coruña. Y los de Cesures. Vamos a ser más que ningún año.

Y allá nos íbamos la docena de hermanos, dispuestos a llevar al lugar elegido la montaña de bultos que mi madre preparaba cada año para que la comida del Santiaguiño se convirtiera en todo un rito, en uno de los más recordados momentos de nuestras vidas de niños. En una cesta, el pan, crujiente, recién salido del horno de Celia. En otra, los cubiertos, los platos, los vasos... Más allá, en unas enormes tarteras, la ensaladilla de remolacha, con sus patatas cocidas, con su bonito, con sus guisantes, con sus judías verdes, con su remolacha, con su aceite, con su vinagre. Aquel colorido de la ensaladilla se mezclaba con la seriedad de las empanadas de carne y berberechos, y con la espléndida apariencia de un pollo recién asado, y con el amarillo de las tortillas de patatas que se mezclaban con el amarillo de las mimosas, y las milanesas de una carne tierna y sabrosa le hacían guiños al enorme bote de licor de guindas, que marcaría el final de la monstruosa comida del Santiaguiño.

Cada familia elegía un lugar en el monte. Se extendían mantas por el suelo y, como podíamos, nos sentábamos en circunferencia, con todo aquel conjunto de maravillosos manjares, frente a nosotros. Y los miles de familias que habían subido al monte se desparramaban por sus laderas robándole un día al año la soledad a los pinos. El vino hacía milagros. Cantaba quien no había cantado nunca. De grupo a grupo se cruzaban saludos. Alguien llegaba con un plato de sardinas recién hechas. Y es que todos los años la comisión de fiestas se encargaba de montar un asador improvisado al lado de la ermita, con miles de sardinas que se regalaban a todo aquel que las quisiera, con su pedacito de pan de maíz, para que no faltara de nada.

Cuando ya la ensaladilla se fue quedando sin color, cuando pasaron a mejor vida las empanadas, cuando ya se nos escapaba el vino por los ojos, se iniciaba al ir y venir de *gaiteiros* de grupo en grupo, de familia en familia. Todos cantaban, todos reían, todos bebían, todos gozaban. Era la fiesta. Su fiesta. Su santo. Su monte. Su día.

—Anda, Pepiño, ¿por qué no bailas una muñeira con tu hermana?

—Sí, Pepe, que tú lo haces muy bien.

—¡Que baile!, ¡que baile!, ¡que baile!

Y entre alaridos de los más exaltados, el polvo del monte, oscuro, grisáceo, pesado, de tanto mover la tierra, la pesadez de la comida, el runruneo del vino en el estómago y la monótona canción de la gaita, cada salto, cada paso de baile era un milagro de verticalidad. Y bailaba. Y bailaba, hasta que no podía más. Y me daba la impresión de que todo el monte era un baile universal, compartido, donde nadie le pedía cuentas a nadie. Y la llegada del atardecer siempre nos sorprendía a la sombra de un pino, soñando cualquier sueño barato, bajo los efectos del vino peleón. El bullicio del monte entero era como una nana inacabable.

Al llegar la tarde, se iniciaba el descenso del monte. Con idéntico rito religioso. El santo, tras haber pasado el día entero en la ermita, volvía sobre los hombros de los más jóvenes, escaleras abajo. Creo recordar que siempre bajaba más rápido de lo que subía. Y en el aspecto de quienes lo llevaban, al subir y bajar, había una gran diferencia. Los *gaiteiros,* con la cara colorada y algún resto de vino tinto en las comisuras de los labios, entonaban la penúltima muñeira. Las *pandereteiras* de Buján ya no sonaban igual. Más que una procesión, la bajada del monte con el santo era un desfile de rostros alegres, de alborozos provocados, de risas interminables.

Volvían a llenarse las calles del pueblo. En las tabernas había que hacer milagros para poder entrar. A lo largo del Espolón, dos grandes orquestas cantaban las canciones de moda en la parte menos sagrada de la fiesta. Comenzaba la verbena. El santo descansaba en la iglesia, en su lugar de siempre, hasta el próximo año. Y los jóvenes nos lanzábamos a la conquista de una mujer imaginaria, que casi nunca lográbamos encontrar. Nos pillaba la noche cantando mexicanadas en un rincón de la taberna de siempre, pidiendo al cielo que aquello no terminase nunca.

La película se paró de pronto en mi cerebro. El monte estaba a solas conmigo. La ermita, solitaria. Por las laderas, solo los pinos, y las mimosas, y los tojos, y algún conejo. No había ensaladilla de remolacha, ni empanadas, ni pollo asado, ni tortilla de patatas, ni vino, ni licor de guindas, ni muñeira. Solo olía a lo que huele la soledad. Eché una última ojeada a la explanada vacía. Se me escapó una plegaria hacia el altar destartalado de la ermita. Todo aquello estaba comenzando a convertirse en recuerdo. Las mimosas del Santiaguiño, esos estallidos amarillos que se comen a besos los montes de mi tierra, se me escondieron en el alma junto a un *gaiteiro,* y a un santo, y a un olor cercano de churros y de pulpo. Sin darme cuenta, como un autómata, bajé las escaleras, mojando sin querer el aire de la noche que me daba en los ojos de frente. Una pena joven se me fue haciendo grande al sentir que todo aquello se iba quedando atrás. Para mí, en aquel momento, nacía la nostalgia, nacía la *saudade,* nacía la morriña.

19

Mi primer día en la radio

Pasar de Padrón a Santiago, cambiar el pueblo por la ciudad, es pasar de unas calles pequeñas, donde todo el mundo te saluda cariñosamente, a encontrarte caminando por una ciudad de la que pasas a formar parte sin que nadie se entere, te conviertes en una más de las hormiguitas que van y vienen por las amplias avenidas de la ciudad. Estábamos en 1965, tenía 23 años. Aún no había digerido del todo ni el cambio, ni la aventura. Delante de mí, detrás de las torres puntiagudas de la hermosa catedral, estaba el futuro. Detrás, alejándose cada vez más, los plátanos del paseo del Espolón, como postales, ambas, de los distintos mundos que componían mi todavía minúscula geografía de la vida. Llegar a Santiago, de mañana o de noche, es darse de bruces con una ciudad que parece de mentira. Llueve mansamente sobre la piedra y esta brilla como un espejo largo y cuadriculado que se prolonga más allá de donde alcanza la vista. Andas bajo sus soportales, y el sonido de las goteras es como una música acompasada que te invita a cantar por dentro. Oleadas de jóvenes entran y salen de las tabernas de la calle del Franco. Dicen de ella que es la que más bares tiene por metro cuadrado en todo el mundo. Hay muchas mujeres bonitas, bien vestidas, con aire culto y distinguido, muy distintas de aquellas de mi pueblo que aún no habían aprendido a contonearse ni a sacarse todo el partido ante un espejo. Y curas. Iban y venían, también, con sus sotanas negras bajo la lluvia fina, andando como si rezaran, con temor, con parsimonia. Me estaba encontrando con el que a partir de aquel instante iba a ser mi mundo. Le puse alas a mi maleta y le di cuerda a mi ilusión para no venirme abajo. Me daba la impresión de que toda aquella gente que sabía perfectamente lo que estaba haciendo allí tenía un estilo superior al mío, reían mejor de lo que yo reía, andaban con otro ritmo, vestían con otra ropa. Mi eterno complejo de inferioridad me hacía empequeñecerme en el primer encuentro con la gran ciudad a la que acababa de llegar como en un sueño que parecía no tener principio ni final. Desde luego, no sería fácil abrirme camino en aquel Santiago que recibió con lluvia el inicio de un peregrinaje no precisamente santo.

—¿Qué tal, Pepe? ¿Cómo te va, hombre? Ya me contó Chicha que no le habías dicho nada a mamá.

—No, no le he dicho nada. Ya sabes que me da mucho miedo que se lo tome a mal. Prefiero decírselo cuando empiece.

—Creo que has hecho bien. Allá tú. ¿Y cuándo empiezas?

—No lo sé. Supongo que hoy mismo. Dentro de diez minutos he quedado citado en la emisora con el director y me dirán lo que tengo que hacer.

—Mira que tiene gracia lo tuyo. Tanto querer ser locutor, tanto coñazo de día y de noche, y lo vas a conseguir. Desde luego, tienes una moral…

—Oye, Carlos, respecto a lo de quedarme contigo en la pensión, para empezar me va a venir muy bien. Como no conozco a nadie aquí, prefiero estar contigo. ¿Tú crees que no habrá problema?

—Ninguno. Ya he hablado con la patrona y está encantada de que duermas allí. Tendremos que dormir los dos en la misma habitación. Ha puesto una cama más y, como es bastante grande, no tendremos ningún lío. Y pagaremos a medias, ya sabes.

—Gracias, te estoy muy agradecido, Carlos. Tengo unos nervios…

—Tranquilo, hombre, que los Costilleta tenemos que demostrar que valemos. Para que se enteren más de cuatro.

Era Carlos, mi hermano, el siguiente a mí en la lista de doce que componíamos aquella familia en la que Dios me colocó al venir al mundo. Carlos. El hermano del que todos teníamos envidia, porque solo él había sido capaz de plantar los estudios, marcharse de casa y ponerse a trabajar a su aire. Primero había sido en La Coruña. Cuando se cansó de estar allí, se vino a Santiago. Trabajaba de camarero en el mejor hotel de la ciudad, el Hostal de los Reyes Católicos. Y por lo que gastaba, daba la impresión de que su sueldo no estaba mal del todo. Era un buenazo mi hermano Carlos. Dominaba Santiago como si hubiera nacido allí. En él podía encontrar esa ayuda necesaria cuando uno echa a andar por la civilización del asfalto y los rascacielos, aunque de esas cosas no anduviera Santiago muy sobrado. Nos dimos un abrazo largo. Abrazar a un hermano es como abrazarte a ti mismo, como sentir que se te renueva el cariño muy adentro.

—Anda que cuando le digas a mamá que vas a hablar por la radio, se va a morir del susto.

—No lo sé. Me fastidiaría que no entendiera lo que yo quiero hacer en la vida. Ahora que estaba tan bien en Picusa, que tenían tantas esperanzas puestas en mí...

—A la mierda Picusa, joder, que siempre están con lo del trabajo seguro. Mira yo. Me fui de camarero y no me ha ido mal del todo. Si hubiera seguido siempre en aquel pueblo, ahora estaría muerto de asco viviendo con cuatro perras.

Convencía. Carlos siempre te convencía. Vividor infatigable, chulo como nadie, decían que el más guapo de todos los hermanos, estar con él era llenarse de alegría, de ganas de vivir. Me dio suerte que fuese él mi primer encuentro en aquel Santiago, a primera vista inhóspito, como supongo que serán todas las ciudades cuando uno entra en ellas por primera vez.

—Ahora te vas a la emisora y te enteras de cuándo vas a hablar. Llamas a mamá para que te oiga. Bueno, llama mejor a Chicha y que se lo diga ella a mamá. Y luego nos tomamos un *pulpiño* riquísimo que hacen aquí al lado en La Tita, con unas *taciñas* de vino. ¿Te parece?

Me dio una palmada fuerte con aquellas manos grandes de camarero experimentado que me empujó hacia adelante, rompiéndome los nervios de primerizo ante uno de los momentos más importantes de mi vida. Me parecía a mí que en ese instante estaba construyendo el futuro, que todo dependía de aquello, que me la jugaba en la primera entrevista con un señor bajito, bastante feúcho el pobre, con unas gafas enormes, que en lugar de mirarte parecía que te estaba regañando. Era el director de Radio Galicia. La verdad es que nunca llegué a tomarle cariño. Es difícil querer a alguien que se cierra en banda a todo sentimiento. Es difícil sentir amistad por un hombre que nació para vivir enfadado. Saludarle fue un segundo de descarga nerviosa, de manos sudorosas que se separan de pronto y no dicen nada por ninguna de las dos partes. Aquel iba a ser mi jefe durante no sé cuánto tiempo.

—Bueno, bueno, Castaño. Aquí está usted, dispuesto a empezar, supongo. Como dicen que los malos tragos hay que pasarlos cuanto antes, dentro de unos minutos le presentaré a la locutora que está ahora mismo de servicio y ella le dirá lo que tiene que hacer. Va a trabajar hoy mismo. Su turno comenzará a las cuatro hasta las diez de la noche. Hará cuanto la locutora le diga. Luego, depende de cómo lo haga, ya veremos. Quiero que esta semana haga usted ese turno con ella. Y mucha suerte.

Luego me fue presentando a todas aquellas personas que me miraban como se mira a un corderillo que va directo al matadero. Un chaval de Padrón que quería ser locutor de radio y que se había ganado el puesto a pulso. Me quedé con las caras de todos. Y es que a mí siempre me ha gustado mirar a la gente de frente.

Por los ojos, por cómo se mueven, por cómo te miran, por cómo te recorren de arriba abajo, se sabe cómo respira una persona. Y esa intuición casi nunca me ha engañado. Fingí esa sonrisa temblona que se inventa uno cuando no tiene ganas de reír. Quise caerles simpático, pero pensé que mis intentos habían sido vanos. Mi complejo de paleto equivocaba mis reacciones y me hacía aparecer como un tímido distante, que aún no había aprendido a sonreír. Pasé la prueba como pude. A quien le dediqué lo mejor que podían inventar mis labios y mis ojos fue a la locutora, aquella muchacha bajita, regordeta, *guapiña* y simpática, a quien había conocido unos días antes durante la prueba. Y en el momento de darle la mano, a pesar del sudor y de los nervios, noté en las de ella una contagiosa sensación de amistad.

—Muy bien, Castaño. ¿Cómo quieres que te llame?

—Me gustaría que me llamaran José Domingo. José Domingo Castaño.

—¿Y no será demasiado largo para usarlo en la radio?

—Espero que no. Claro que tú puedes llamarme Pepe.

—Y tú a mí puedes llamarme Teresa, María Teresa. Espero que te encuentres a gusto entre nosotros. Ya has conocido a toda la gente. Son buenas personas. Ya verás cómo te haces pronto amigo de todos ellos.

—Muchas gracias, María Teresa. ¿Y qué tengo que hacer?

—Ahora nada. Te vas a comer algo por ahí. Si no conoces ningún restaurante, yo te puedo recomendar alguno.

Y luego, a las tres y media, te vienes aquí otra vez, te explico un poco de qué va esto, aunque por las pruebas ya he visto que sabes de qué va la cosa, y comenzará tu carrera en la radio.

Así de sencillo fue todo el primer día de mi futuro. Me consideraba un hombre con suerte al haber encontrado en aquella casa, un tanto desvencijada y a la que le crujían las maderas del suelo como un continuo lamento, a una mujer como aquella, joven, radiante y simpática con quien daría gusto trabajar. Más relajado, con el cuerpo hinchado de emoción, bajando las escaleras a saltos enloquecidos, respiré el aire de la plaza de la Universidad, el mismo aire que, con el paso de los años, iba a ayudarme a respirar en medio de tanto sueño, de tanta lucha, de tanto esfuerzo. Aire con sabor a guiso de carne del restaurante cercano. Y a eucalipto. Aquel aire sabía a eucalipto, aunque nunca fui capaz de entender cómo la plaza de una gran ciudad puede oler a eucalipto si allí no había ninguno. Pero juro que en aquel instante el aire de Santiago me olía a eucalipto. Bueno, y a guiso de carne.

Allí me esperaba mi hermano, seguro que temblando mucho más que yo. Para él, tener un hermano que iba a trabajar en la radio era todo un orgullo. Y que otro hermano, al igual que había hecho él, fuera capaz de desligarse de todo para seguir un camino que solo estaba en su mente, significaba otro motivo de sano orgullo.

Nos fuimos calle adelante, en medio de la gente, ambos cabalgando sobre la felicidad de un momento único. El pulpo estaba riquísimo. Tierno, pero no demasiado blando. Hecho con sal gruesa. Y con aceite del bueno. Y con pimentón picante espolvoreado por encima. Y aquel pan crujiente, con mucha miga, que hacía piruetas de sabor entre la salsa que quedaba debajo del pulpo. Y el vino blanco, fresquito, animoso, calentando las ganas de vivir de aquel mediodía santiagués.

—Chicha, soy yo, Pepe. Que ya estoy en Santiago. Que todo va bien. Esta misma tarde a lo mejor ya hablo por la radio. Por si acaso, aunque no lo sé seguro, procura que mamá esté oyendo Radio Galicia. Y si salgo yo seguro que me reconocerá enseguida. Todos se han portado muy bien conmigo. Estoy con Carlos y voy a dormir en la pensión con él los primeros días. Luego, ya veremos. Gracias por todo, Chichiña.

—Tú no te preocupes. Mamá cree que te has ido de viaje unos días por la fábrica. Aún no le hemos dicho que te has ido de Picusa. Cuando te oiga esta tarde, si sale, ya le diremos nosotros todo. Luego ya llamas tú. ¿No te olvidarás? Pepe, no te olvides.

—No me olvidaré, Chicha. Hasta la tarde. Un beso de Carlos.

Y llegaron las cuatro. Era hora de novelas. De grandes historias radiadas que se comían a borbotones todas las mujeres de mi tierra. Novelones de lágrimas, pasiones, hijas que no tenían padre, novias que no podían casarse y todos esos ingredientes que acostumbran a tener las historias sencillas que van directas al corazón. María Teresa me fue explicando los diversos mandos que componían aquella consola que ella manejaba con una perfección absoluta.

—¿Ves este mando? Es para subir y bajar la voz. Este otro es para los magnetofones, desde los que ponemos la publicidad. Esta tecla es para el micrófono. Cuando le das a la izquierda, el micrófono queda abierto y ya puedes hablar. Ahora tenemos que poner esta cinta. Es la novela de las cuatro. Antes hay que dar el indicativo de la emisora. ¿Te atreves a darlo tú?

—¿Yo? ¿Así de golpe, sin ensayarlo?

—Está escrito, hombre, solo tiene que leerlo dándole la entonación que tú creas más conveniente. Y nada más. Ya verás cómo te sale bien. Aquí está. Solo tienes que leerlo. Despacito y entonando, entonando.

—Transmite Radio Galicia, en Santiago de Compostela, de la Sociedad Española de Radiodifusión.

Lo dije sin temblar. Una extraña fuerza vino en mi ayuda, se colocó junto a mis labios y mi garganta y el indicativo —o como se llamase aquello— salió de un tirón, sin vacilaciones y entonando, como quería María Teresa. Cuando vi su sonrisa abierta frente a la mía, supe que mis primeras palabras en directo en una radio eran solo el comienzo de algo grande. Lo supe aquella misma tarde.

—Muy bien, muy bien. Fenomenal. ¿Ves como no ha sido nada difícil? Ahora vamos a hacer una cosa. Mientras suena la novela, que dura veinticinco minutos, vienes conmigo a la discoteca y eliges unos discos. Yo presento uno y tú presentas otro, sin miedo. Tienes que decir lo que se te ocurra sobre el disco y luego yo te ayudo a ponerlo.

Y entonces llamé a mi hermana. Emocionado, se me cruzaban los números de teléfono, estaba viendo visiones.

Pensaba en la sorpresa de mi madre, en qué gesto se dibujaría en su rostro al oírme por primera vez. Pensaba en todo el pueblo y mi imaginación calenturienta me fabricó una imagen en la que veía a todo el mundo pendiente de la radio, familias enteras reunidas, niños gritando alborozados, solo para escucharme a mí. Y había dicho solamente unas palabras. Un humilde indicativo, que nunca he olvidado y que de cuando en cuando repito de memoria en mi mente para no olvidarme de que todo tiene un comienzo y sin él la vida se queda sin etapas.

—Chicha, ¿me has oído?

—Sí, Pepe, qué bien lo has hecho. Mamá no se ha enterado del todo, porque en ese momento había mucho barullo en casa, pero ya se han ido todos. ¿Vas a decir algo más?

—Sí, dentro de unos minutos, voy a presentar unos discos. Procura que mamá lo oiga. Bueno, me tengo que ir.

—¡Ay, qué emoción, Pepiño, tú en la radio! Casi me han entrado ganas de llorar.

Y presenté los discos. Se me quedó en mi tocadiscos del corazón el primero de ellos. En la portada, un hombre con gafas, como yo. Italiano. Cantaba *Il mondo,* una preciosa melodía que llevaban en su repertorio todas las orquestas de mi tierra. No sé lo que dije. Eso se me ha borrado, pero me da igual. Lo que importa es que aquel disco, aquella portada, aquella canción se me sube a los ojos cada vez que en la radio me dan ganas de poner en marcha la movida de mi vida. *Il mondo* comenzó a sonar lentamente por la radio. María Teresa me aplaudió; yo creo que en aquel momento, si no fuera tan tímida como yo, me habría abrazado y yo la habría abrazado también y le habría dicho gracias y le habría comunicado un calor extraño que mojaba mi ropa interior. Estaba sudando como nunca lo había hecho en mi vida, pero no de miedo, ni de cansancio, sino de emoción, de intensidad vital, de ganas de gritar un viva la vida y acaso, aún sin conocerla del todo, un viva la radio. Luego presenté más, y más, y más. Y ella me ayudaba. Y nos sentimos dos locos de la música por unos momentos y la radio lo notó.

Era como si respirase, como si la música sonara de otra manera.

El ruido del teléfono me sacó de aquel universo cerrado.

—Pepiño, maravilloso. Mamá te ha oído. Mamá te ha oído. Y se ha puesto a llorar. Y le ha gustado mucho. Y me ha preguntado qué hacías tú ahí. Y no he sabido qué decirle, pero le ha gustado, Pepiño. Le ha gustado. Y se ha emocionado como yo. Habla con ella ahora, tienes que hablar con ella.

Qué puede decirle uno a una madre en aquellos momentos. Solo escuchar su silencio lloroso, saber que al otro lado está un corazón así de grande latiendo al mismo ritmo que el tuyo. Poco pude decir. Con palabras entrecortadas, se lo conté todo, que había dejado la fábrica, que estaba harto, que había quedado muy bien con mis jefes, que había empezado en la radio, que no me olvidaría de ella, que quería triunfar en la vida, que pronto iría a verla, que me siguiera escuchando, que no llorase, que yo estaba muy bien. Lo entendió. Las madres lo entienden todo. Lo saben todo. Lo digieren todo. Puede que en aquel momento naciera en su alma una rosa de esperanza, junto a las espinas de mi decisión. Ya no podía volverme atrás. Había entrado en el engranaje de los sueños con una fuerza tal que a mí mismo me parecía mentira estar allí, junto a un micrófono, echando a andar un hombre con el milagro de la palabra.

Mi primer día en la radio. Tantas emociones juntas me destrozaron la timidez. Hablé y hablé por los codos con aquella María Teresa, con cara de hada buena, que parecía estar sintiendo lo mismo que yo. Allí se quedó la raíz. Y en aquel cuarto pequeñito, lleno de botones, de cintas que andaban y discos que giraban, seguro que están en las rendijas del suelo y en lo alto de la ventana los cientos de miles de estrellitas de colores que vinieron a ayudarme a crecer por primera vez en la ilusión.

SEGUNDA PARTE

De tempestades y pasiones profesionales

20
Próxima estación: Madrid

Me desperté buscando entre la niebla de mi alma y la de la mañana cómo escapar a una situación que se me estaba haciendo insostenible. Lo que en principio había ido creciendo dentro de mí como un sueño, largo tiempo acariciado, se estaba diluyendo en la mediocridad, en la monotonía de hacer siempre lo mismo. Iba a la radio a la locura, en una escalada terrible que tenía que terminar. Había dejado de gustarme todo aquello. Otra vez la bebida estaba haciendo mella en mis defensas contra la sensación de estar perdiendo el tiempo. Habían pasado solamente dos años, pero en una ciudad pequeña, en una radio pequeña, en una vida pequeña, comienzas a sentir que todo te parece igual de un día para otro, nace en el centro de tus sentimientos una hartura de existencia que te va quemando los deseos. Había dejado de interesarme aquella hermosa ceremonia de colocar mi voz en el micrófono cada mañana. Necesitaba ampliar horizontes, desmarcarme de todo aquello, para ilusionarme de nuevo con algo distinto a lo que ya había vivido.

Aquella mañana sentí un escalofrío en el lugar exacto donde deben de nacer las locuras de los humanos. Tenía que abandonar mi pequeño círculo vicioso de palabras, de teatro, de alcohol, de noches en vela siguiendo a la tuna, de serenatas inútiles apurando la madrugada, de amores desvaídos que no dejaban muescas en el alma.

Debía tomar aquello como la primera etapa de un viaje que no había hecho más que empezar. La idea entró a saco por mis meditaciones mañaneras de un día de diciembre, que había amanecido lluvioso y triste sobre la hermosura de Santiago. En aquella pensión del centro a la que me había llevado mi amigo Vilas, el batería del viejo grupo de los Blue Sky, la ciudad se me cayó encima. Repasé los días y las horas que había ido dejando por sus calles. Lo di todo por bien empleado, pero había llegado el momento de iniciar lo que ha sido una constante en mi vida: la aventura. Me había hinchado de éxito, la gente me saludaba por la calle, había logrado entrar en los corazones de aquellas gentes a fuerza de palabras. Mis programas de radio llegaban a los hogares cargados de humanidad y sentimiento, y sé que todos me hicieron un hueco en su casa, para dejarme entrar con la imaginación de un medio único. Pero el éxito también tiene un precio, un alto precio. Cuando lo tocas con la punta de los dedos, se te viene abajo por dentro la fábrica de ilusiones y tienes que poner en marcha todos los mecanismos para preparar un nuevo asalto que te permita no rendirte.

—Hola, soy Castaño. ¿Está el director?

Mi llamada era el inicio de la separación de todo aquello, del rompimiento total con un pedazo de mi existencia que siempre he creído que todos necesitamos para darnos cuenta de que siempre nos queda por delante un largo camino por recorrer.

—Sí, un momento, Pepe, ahora te pongo.

Seguramente, no sabría qué decirle. Me inventaría una mentira. No era justo romperle sus esquemas así, tajantemente, a la persona que —me cayera bien o no— me había dado el primer empujón hacia la conquista de mi propio sueño.

—Hola, Castaño. ¿Cómo está? ¿Le ocurre algo?

—No, don Ramón. Es que tengo un problema grave y quisiera consultárselo. ¿Podría verle dentro de una hora?

—Claro, Castaño, cómo no. Pero... ¿es grave de verdad?

—Yo creo que sí, don Ramón, pero no se preocupe, no es nada de enfermedad. Es un tema que quiero hablar con usted personalmente.

—Está bien, Castaño, venga cuando quiera. Voy a estar en la radio toda la mañana.

Cuando colgué el teléfono, fui fraguando la más increíble mentira que se me había ocurrido en ese mismo instante. Me inventé unos cursillos de capacitación profesional en Madrid. Le diría que tenía que ir, que necesitaba ir, que me apetecía ir. Le aseguraría que en cuanto terminasen los inexistentes cursillos, volvería a Santiago. Sería cuestión de seis meses, tan solo. Era la única manera de que me diera el permiso para pedir una excedencia por aquel tiempo. Tal como la urdí en el silencio de mi vieja y querida pensión, se la solté en cuanto le tuve delante.

—Pero, Castaño, ¿usted se da cuenta de lo que me pide? Seis meses... ¿Y qué hago yo con los programas publicitarios durante estos seis meses? ¿Qué le digo a los clientes? No puede usted hacerme eso.

En el fondo, lo sentía. Me dolía hacerle aquella jugada a un hombre serio, demasiado apegado a aquella casa que había encontrado en mí una tabla de salvación económica para sus presupuestos anuales. Casi le compadecí cuando le comenzaron a temblar las manos y salía fuego de sus ojos, mirándome sin creérselo todavía, en un despacho que me sabía de memoria.

—No lo entiendo, Castaño, no lo entiendo. Es usted el mejor pagado de la casa. Hace usted lo que quiere. La gente le ha tomado cariño. Sus programas son número uno. No lo entiendo.

Ni yo tampoco lo entendía, pero algo dentro de mí me gritaba que tenía que dejar todo aquello para no morirme un día de monotonía. Había algo más que aquella ciudad, que aquella emisora, que aquellos programas. Había una capital esperándome para recoger los sueños que todavía me quedaban intactos. Son etapas de la vida, hay que quemarlas, hay que vivirlas, hay que superarlas, pero nunca te puedes quedar sin un sueño dentro de tu alma, porque te morirás de tedio y de angustia.

Aquel paso que iba a cambiar mi vida lo di, como todo en mi vida, apoyándome en la locura de mis años jóvenes. Pero yo sabía que mis intuiciones siempre daban resultado y creía firmemente que el paso que estaba empezando a dar me tenía reservada en el futuro una esperanza mayor que las que había tenido hasta entonces.

—Es que necesito conocer más sobre este medio, don Ramón. Es que me he cansado un poco de hacer siempre lo mismo. Quiero aprender. Quiero mejorar. Necesito ir a Madrid a este cursillo. Le prometo que luego volveré.

Él sabía que no volvería más, que aquello era un adiós definitivo, que me estaba perdiendo, que le había destrozado sus planes económicos, que se quedaría sin mi voz para siempre. Me miraba con admiración y con pena al mismo tiempo. Hasta es posible que en aquellos momentos sus sentimientos de padre vieran en mí a un hijo loco, que estaba cegado por el brillo de la aventura. Sabía que una perla en bruto que le llegó una mañana para iniciar un bendito viaje por la radio se le estaba yendo de las manos, y que no podía hacer nada para evitarlo.

—No sé qué hacer... Ya veo que está decidido. Al menos podía esperar unas semanas para dejar todo en orden. Estamos a finales de año. No sé cómo voy a arreglarlo. Estas prisas. Siempre las prisas... ¿Cómo no me lo ha dicho antes, hombre?

La muralla había caído. Era la señal que necesitaba. Luego todo fue más fácil. La liquidación provisional, la promesa de que volvería, que se quedó en la niebla espesa de aquella mañana compostelana. La suerte estaba echada una vez más sobre mi vida de nómada sentimental. Dos años hermosos acababan allí, en el mismo lugar donde habían comenzado, en un despacho sencillo en el que la mentira había ganado otra de sus batallas.

La despedida de mis compañeros, el adiós a las calles que me habían visto deambular y soñar en aquellos años, la preparación del viaje, la inútil liquidación de mis cuentas pendientes, las explicaciones a mi familia, todas aquellas cosas se fueron haciendo realidad en mi futuro en el instante exacto en que le estaba dando cuerda a mi pasado.

En la pensión tenía atrasados varios meses. No había problema nunca, porque el hijo de la dueña era amigo mío. En el restaurante donde solía ir a comer aún había facturas sin pagar. El dinero de la liquidación provisional que me dieron solo me llegaba para sacar un billete a Madrid y poco más. Había que pensar en la llegada a la gran ciudad. Buscar un lugar para vivir, llevar algún dinero. Pero es en esos momentos cuando te trabaja a cien tu instinto aventurero. Sacas agua de un pozo vacío. Gracias a la ayuda de algunos amigos, conseguí algunas pesetas para comprarme algo de ropa. A la gran ciudad había que ir con buen aspecto. Las facturas, la pensión, las comidas, las deudas de aquí y de allá se quedaron olvidadas en una etapa de mi vida que me ayudó a superar todas las pruebas.

—Bueno, Pepe, ¿a qué hora nos vamos? Que yo me voy contigo a Madrid.

Era mi amigo Justino. El de la más hermosa voz que he oído nunca. Timbrada, caliente, bonita. Le llegué a envidiar de verdad, pero los años y la experiencia me demostraron luego que a veces puede más el corazón que la voz. Justino era una de esas personas que te ayudan a no venirte abajo. Eterno luchador, buscador constante de nuevas sensaciones, y enamorado locamente de la radio como yo. Hablando con él en las tardes de copas y de mujeres que habían llenado mis horas santiaguesas, aprendí que para triunfar, para llegar arriba, hay que rascarse la piel contra las aristas más duras de una ascensión inacabable. Para conseguir algo, te tiene que costar, te tiene que quemar por dentro el deseo de lograrlo y es necesario romper las ataduras que te intentan retener en la comodidad de una vida supuestamente buena. Justino me inyectó, quizás sin que él lo supiera nunca, la firmeza necesaria para abandonar Santiago. Que él se viniera conmigo me ayudaría a no sentirme del todo solo cuando llegara la terrible realidad y se apagara el brillo del sueño.

—Nos iremos esta noche. Llegaremos a Madrid por la mañana. Lo que pasa es que yo tengo que montar una historia. Me tengo que ir de la pensión sin que se enteren, porque les debo unos cuantos meses.

—Eso está hecho. Anda que te va a costar trabajo a ti inventarte alguna...

—Haré como cuando me fui de Padrón. Que alguien me baje la maleta por la ventana y yo saldré por la puerta de la pensión como si me fuera a cenar. Se lo voy a decir a Vilas. Aunque es hijo de la dueña, me quiere mucho y no me va a fallar en esto.

—Desde luego, Pepe, eres la leche. El día que vuelvas, si vuelves algún día, te va a esperar medio Santiago con las facturas y los pufos que vas a dejar aquí.

Así lo hicimos. Como una novela apasionante que se convertía en realidad en mis propias carnes. Cuando llegó la noche, cuando la lluvia casi eterna de aquella ciudad de piedra caía con más fuerza que nunca, salí de la pensión como si fuera a regresar dentro de unas horas, con mi chaqueta corriente, con mi camisa corriente, con mis zapatos corrientes, con mi cara corriente de todos los días. En la otra parte de la casa, mi amigo Vilas se había agenciado con otro amigo la manera de bajar mi maleta por la ventana sin que se enterara su madre. Nos veríamos en la estación de tren. Cuando sentí sobre mi cuerpo la dureza de la lluvia, pensé otra vez en que el destino se había preocupado de poner acompañamiento de agua a todas mis decisiones importantes. Mi intención era coger un taxi, pero con la que estaba cayendo resultaba una idea imposible. Me fui andando hacia la estación. Tenía tiempo de sobra. Allí estaría ya Justino, dispuesto a compartir conmigo la ilusión inveterada de romper moldes. Y Vilas con la maleta, y algunos de mis más íntimos, que sabían la verdad de todo aquel lío de los cursillos que me había inventado. No me importaba que el agua me mojase. En la estación me cambiaría de ropa y me pondría la que había comprado, sin pagar por supuesto, en la tienda de un amigo de verdad. Pasaba la gente a mi lado y me saludaba, porque dos años de vida en una ciudad pequeña te convierten en parte viva de ella. Me había granjeado una pequeña fama a fuerza de inventarme milagros cada día a través de la radio. Decía adiós con los labios mojados y en cada uno se me hacía más cuesta arriba abandonarlo todo. Es ese momento en que te das cuenta del paso que acabas de dar y sientes deseos irrefrenables de pararte en seco y romper en pedazos la aventura. Cuando llegué a la estación, estaba empapado.

—Pero ¡estás loco, Pepe! ¿Cómo se te ha ocurrido venir andando? Estás loco de remate.

—¿Y qué querías que hiciera, si no encontré un taxi en todo el camino…? Ahora me cambio de ropa y ya está. ¿Ha venido Vilas con la maleta?

—Sí, ha llegado hace un rato. Está en el bar esperándote. Anda, vete rápidamente y cámbiate, que vas a enfermar.

Mi amigo Justino venía de punta en blanco, como le gustaba siempre ir. Era delgado, alto, bien parecido. Con cara de persona seria, pero un cachondo de tomo y lomo. Para él, ir a Madrid era volver a encontrarse con una realidad que ya había vivido anteriormente. Para mí, era descubrir un mundo nuevo y cumplir aquella promesa que había hecho tras mi locura de Salamanca.

El bueno de Vilas, inocente, sensible, alma cándida siempre, estaba allí con mi maleta y con una percha en la que estaba mi compra del día. Una chaqueta azul marino, preciosa, una camisa blanca último grito, una corbata de colorines, un pantalón gris de franela y unos zapatos relucientes que completaban el equipo que había elegido para dar el salto en el vacío.

—Supongo que estará todo. Por poco me caza mi madre. Anda, que si se entera… A ver qué le digo mañana.

—Dile que me he tenido que ir con urgencia a Madrid y que le enviaré el dinero en cuanto pueda. Que ha sido una emergencia. Ella entenderá. Además, que os voy a pagar. No sé cuándo, pero os voy a pagar. Lo prometo.

Me cambié de ropa, salí a la estación hecho un dandi, con el alma hinchada por la emoción y el cuerpo temblando de frío y miedo. A esas horas siempre había mucha gente que viajaba a Madrid en ese tren que recorre media España, a paso de tortuga, haciendo todavía más largas las distancias entre Galicia y el centro del país. Y allí estaba yo, un loco de atar, que en un solo día había puesto mi vida patas arriba. Sin pensarlo. Sin calibrarlo. Como acostumbraba a hacerlo todo. Me despedí de aquellos amigos que se habían acercado a ser testigos de otra *carallada* de Castaño. Ellos querían estar allí porque sabían que en aquel instante quizás estuviera comenzando algo grande. Me llegó de la garganta una sensación de llanto contenido cuando les di un abrazo. En ese contacto con el cuerpo mojado de mi gente, estaban vivos y palpitantes dos años intensos, en los que ni siquiera tuve tiempo de aburrirme, salvo al final, cuando la ciudad comenzó a caérseme encima. Guardé como pude las lágrimas, me inventé la sonrisa más hermosa de que era capaz en aquel momento y les dije adiós con la entereza disimulada de un hombre avezado a los rompimientos sentimentales con el pasado.

El 30 de diciembre de aquel 1966 caía sobre mi mundo enloquecido, cuando subí al tren que me llevaría a ese Madrid borroso que, inocente de mí, creí que me esperaba con los brazos abiertos.

Sonó el pitido estridente de la locomotora. Aquello empezó a moverse. Junto a Justino, ambos apoyados en la ventanilla, veía que se nos perdía en la lejanía todavía cercana de la estación el amor de los amigos y la calentura de la vida que dejábamos atrás. Nos miramos y nos comprendimos. Supimos que estaba naciendo un pedacito de historia para nuestra existencia de soñadores. Las luces de Santiago se fueron apagando y apagando en medio de la lluvia que rompía en los cristales, a los que solo llegaba oscuridad.

La postal se deshizo en la tormenta y, a partir de ese adiós, Santiago entró a formar parte de la primera etapa de un largo y anhelado sueño. Se pusieron de pie en el bullicio contenido del vagón las mejores páginas de lo que acababa de dejar. Aquel amor loco de mi niña morena, que soñaba con casamiento y que se quedó en la esperanza a medio hacer. Aquellos besos robados a la luz de la luna de su casa de barrio, apurando el contacto con la cálida bendición de un cuerpo femenino que temblaba entre mis dedos. Las noches de cubata y alegría con la tuna de Capela y compañía. Mis pequeñas locuras compartidas con Diego Bernal y la panda de locos más maravillosa que haya conocido nunca. Las charlas de taza y tapeo con los Alvite, los más profundos conocedores del diario respirar de aquella ciudad bellísima que se me había escapado a la sombra de un tren. Mis programas con la Navaza, una mujer cariñosa y feliz que me ayudó a perder el miedo al micrófono. Las noches de teatro con Agustín Magán y la compañía de Ditea, donde los aficionados nos convertíamos en actores por las escaleras de la Quintana. Mis amigos del Gaiola y del Tamoa, mis tapas de pulpo en La Tita, las tortillas del Bombero, las tertulias deportivas en Casa Vilas, con Paco y Moncho, dos empedernidos compañeros de fútbol y de goles. Los primeros pinitos en los periódicos locales, tratando de demostrar que en mí seguía habiendo un poeta. Todas esas pequeñas cosas que, unidas, se convierten en leyenda al mirarlas de lejos, se quedaron sobre mis párpados cansados de inventar imágenes, y me hicieron compañía cuando por fin me dormí, a mitad de camino entre el ayer y el hoy, en un tren que se comía, a borbotones de vapor, la distancia que existía entre Santiago y Madrid.

Me desperté con los ojos hinchados, la garganta seca y un intenso dolor de cabeza. El tímido sol de enero entraba por la ventana despertando resacas. En la habitación, grande y destartalada, se desperezaban los supervivientes de un fin de año en la Puerta del Sol de Madrid a cubata limpio. Era mi primera noche en la pensión que iba a cobijar, con el paso de los meses, mis sueños de futuro. En la cama de al lado estaba Sixto, eterno aspirante a pintor de lujo, que se bebía la espera con ansiedad de ginebra noche tras noche. Y Javier, un estudiante de leyes, cansado de hipotecar oposiciones sin lograr el objetivo que se había propuesto cuando abandonó su pueblo del alma por un Madrid que no conocía. Este era el trío de ases que se preparaba para sufrir otra jornada de esperanza y vacío en la gran ciudad, a la que cada uno había llegado con su propio bagaje de ilusiones. La celebración del fin de año había dejado su huella en nuestros rostros pálidos y cansados. Yo había llegado a Madrid un 31 de diciembre con alevosía y premeditación. Quería celebrar, junto al reloj más popular de España, el tránsito de un año a otro y lo que yo esperaba que fuera el comienzo de mi consagración como un mito de la radio. El despertar fue brutal. De pronto, con los rayos del sol como testigos calientes, me fui dando cuenta del paso que acababa de dar, de todo lo que había dejado atrás, de que estaba en un lugar que no conocía, de que en ese instante justo del amanecer crecido del primer día del año se ponía en marcha el engranaje real de una locura. Y lo peor es que no había vuelta atrás. El orgullo, que me quemaba dentro de mis miedos, me impediría regresar con las manos vacías al lugar de donde había salido para comerme el mundo.

—Nos vamos a tomar algo. A ver tú, el nuevo, te pagarás una ronda, ¿no? Nosotros estamos caninos.

—Claro. Faltaría más. ¿A dónde vamos?

—Vamos a los mesones, ya nos conocen y se pasa de miedo. Hay que celebrar que ya estamos en Año Nuevo. Por cierto, gallego, vaya trompa que traías anoche.

—Igual que vosotros. Para eso es el fin de año, para mamarse y celebrarlo como Dios manda.

—Di que sí, gallego. Y vamos a empezarlo bien.

El que hablaba era Sixto, un tipo entrañable y borrachín, que llegó un día desde su Extremadura querida para convertirse en artista. No pintaba nada mal, esa era la verdad, pero le faltaba ese toque excéntrico y genial que distingue a los genios de los demás artistas. Javier, el otro compañero de habitación, hablaba poco, era tímido y silencioso, y miraba a Sixto con admiración y respeto. La noche anterior, yo había llegado a aquella pensión por la recomendación del taxista que me recogió en la estación del Norte. Allí me encontré con los que iban a ser mis dos compañeros de fatigas y penalidades durante una buena parte de mi nueva vida. Me cayeron bien, congeniamos rápidamente y aquel cariño recién nacido propició que decidiéramos celebrar juntos en la Puerta del Sol la noche especial de las campanadas. No recordaba nada de aquella celebración. El alcohol es el mejor borrador de sensaciones que conozco.

Salimos a la calle, hacía frío, era mi primer contacto serio, a pecho descubierto y sin alcohol, con la dureza del clima madrileño. La Pensión Leonesa se encontraba en el mejor Madrid que he conocido nunca, ese Madrid viejo y profundo, en el que la vida es tumulto y diversión. Dejamos la Costanilla de Santiago y nos acercamos a Cuchilleros, sorteando a la enorme cantidad de personas que deambulaban con la misma intención que nosotros: celebrar por todo lo alto que ya estábamos estrenando un nuevo año. Y la mejor manera de hacerlo era brujulear por los antiguos mesones, aquí el de la Tortilla, allí el de los Austrias, más allá el de la Guitarra; en todos ellos se respiraba un ambiente de juerga, borrachera y canciones que nos iba contagiando poco a poco. Ya es casualidad que mi primera salida festiva en Madrid fuera a aquellas tabernas ruidosas y bulliciosas que tanto me recordaban a las tabernas de mi tierra. Después de haber pagado un mes por adelantado en la pensión, aún me quedaba algo de la liquidación que me habían dado en Radio Galicia y pude invitar a mis nuevos amigos a unos buenos vasos de vino que fueron multiplicando la euforia.

—Os quiero mucho, amigos míos, qué suerte he tenido de venir a esta pensión.

—Y nosotros también, gallego. Gracias a ti hemos empezado el año con buen vino y buenas tapas. A vivir y a beber, que mañana será otro día...

—Gracias. Viva la Pensión Leonesa. ¡¡¡Viva Galicia!!!

—¡¡¡Que vivan Severino y María, los mejores dueños de pensión de España entera!!! —gritó Sixto, en el paroxismo de la felicidad.

Así se llamaban, Severino y María, los dueños de aquella humilde pensión de la vieja Costanilla de Santiago, a la que me había traído el destino. Eran gallegos y quizás por ello me recibieron con los brazos abiertos. Y siempre, siempre, por encima de los malos momentos, de los caprichos de la vida que me hicieron viajar permanentemente de la alegría a la tristeza, de la euforia al abatimiento, de las luces a las sombras, de la verdad a la mentira, permanecerá, cálido e inamovible en mi alma, el cariño a aquel matrimonio que tanto hizo por abrirme un trocito de futuro cuando más lo necesitaba. Fueron como padres para mí, en lo bueno y en lo malo. Me echaron una mano cuando se empezaron a nublar mis sueños. Me abrieron su casa sin pedirme nada a cambio en los peores momentos de mi lucha por el triunfo. De no haber sido por ellos, no me habría atrevido ahora a vaciar mi corazón de sentimientos sobre un trozo de papel que solo sirve ya para dormir los recuerdos.

La ruta de los mesones es una ruta obligada para quienes quieran conocer ese Madrid profundo de tasca y libertad. Los turistas, emocionados y enloquecidos, se atiborran de vino hasta que pierden la verticalidad. Un acordeonista de los de antes mantenía en estado de efervescencia musical el ambiente de aquella primera noche del año recién nacido. Nosotros formábamos parte de aquel bullicio de gritos y canciones. A mí no se me daba mal eso de entonar los estribillos más conocidos de las fiestas etílicas y mis compañeros de pensión me animaban.

—Vamos, Pepe, demuestra a estos turistas cómo se canta en Madrid. Una gallega, Pepe.

Y ahí estaba yo, en medio de la fiesta, entonando una de esas canciones gallegas cargadas de morriña y sentimientos que emocionan a todo el mundo. Recuerdo que, en uno de aquellos arrebatos de efusión, se me ocurrió imitar a Franco, una imitación que me salía bastante bien y con la que había tenido mucho éxito en mis noches locas de Santiago. Los turistas y los que no lo eran aplaudían a rabiar, mientras yo imitaba, con la voz y con el cuerpo, los gestos del viejo dictador. Aquella imitación actuó como un resorte en los bolsillos de los presentes, que se peleaban por invitarnos a otra ronda de vino peleón. Luego, con el paso de los días, la imitación de Franco se fue convirtiendo en una estratagema total para ganarnos al público y beber gratis en aquellos mesones madrileños que acunaron nuestras noches de placer.

—Anda, Pepe, imita a Franco y ya verás cómo nos invitan a una ronda.

Hasta los dueños de los bares cercanos a la pensión se fueron acostumbrando a aquellas exhibiciones de humor y nos servían un cubata a cambio de la correspondiente imitación franquista. El bar Chiky era uno de los nuestros y allí pasamos noches enteras disfrutando de la vida y del alcohol gracias a la imitación de un dictador que se moría de asco en la soledad de El Pardo y al que el pueblo odiaba en silencio un poco más cada día. Me costaba creer que este país nuestro hubiera aguantado casi cuarenta años odiando a quien le gobernaba sin poner el futuro patas arriba.

Bebimos hasta el amanecer como si nos fuera la vida en ello. Nos acostamos cantando juntos las canciones que se cantan cuando entona el alcohol en lugar de la garganta. Fuimos felices, a nuestra manera, en aquella mi primera noche de verdad en un Madrid que me había recibido con la alegría desbordante del nuevo año. En la semiinconsciencia de la borrachera, me di perfecta cuenta de que aquel 1 de enero había empezado la cuenta atrás de mi futuro. Al día siguiente, cuando se desvaneciesen migrañas y resacas, advertiría el paso que acababa de dar y me enfrentaría a la vida con la seguridad de que Madrid bien valía una locura.

21
Televisión Española, toma 1

Los días se fueron haciendo cada vez más largos. Y las noches se llenaron de pesadillas incontrolables que me impedían dormir. No era fácil encajar el cambio de ciudad. En Santiago todo el mundo me saludaba por la calle, era un personaje conocido. La radio era un estupendo reclamo para una popularidad rápida y provechosa. Madrid, por el contrario, era una ciudad dura, insensible, la gente caminaba siempre con prisa y a nadie le interesaba lo que ocurría a su alrededor. Me estaba costando trabajo acostumbrarme a aquella lejanía de cariño. Mis aspiraciones profesionales siempre se topaban con una puerta cerrada, con un tren que pasaba de largo, con las buenas palabras habituales. Los bolsillos se fueron quedando vacíos. Los dueños de la pensión me miraban con recelo. Las deudas iban creciendo al tiempo que aumentaba mi fracaso. Llegué a pensar en tragarme el orgullo, desandar el camino, olvidarme de aquel futuro con el que seguía soñando y regresar a mi tierra, aunque ello significase tener que reconocer que estaba equivocado al intentar perseguir un sueño.

—¡¡¡Pepe, venga pronto al teléfono, que le llaman de Televisión Española!!!

Era la voz de María, la cariñosa dueña de la pensión, rompiendo el silencio de aquella mañana que había amanecido para mí como tantas otras, con una sensación profunda de hastío y cansancio moral. Era la llamada que estaba esperando desde que me había presentado en Prado del Rey con una carta de recomendación de mi gran amigo compostelano, el periodista Pepe Alvite, dirigida a Carlos Martínez Barbeito, en ese momento jefe de programas culturales de TVE. Me recibió con cierto cariño, sin duda por su amistad con Alvite. La llamada era suya. Había cumplido con el eterno deber de la amistad y yo se lo agradeceré toda mi vida.

—Así que te llamas José Domingo Castaño Solar y has trabajado en Radio Galicia. Buena escuela, ¿no?

Su voz era potente y hermosa, de hombre acostumbrado a hablar con la gente.

—Pepe Alvite es un gran amigo mío. Y no puedo decirle que no. A ver, cuéntame lo que has hecho hasta ahora.

Le conté mis dos años en Santiago haciendo de todo, entrevistas, anuncios, programas deportivos, programas musicales, guiones... En las emisoras de provincias tenías que ser un todoterreno para poder abrirte camino. Y eso fue lo que hice en Radio Galicia desde que llegué.

—¿Y qué te gustaría hacer aquí, en televisión?

—Estoy dispuesto a hacer lo que me pidan. Presentar programas, poner voz a documentales, lo que me pidan... Yo lo que quiero es trabajar.

—Está bien. Te prometo que voy a informarme a ver qué podemos encontrar para ti. Déjame un teléfono al que podamos llamarte si encontramos algo.

Recuerdo que era un despacho enorme. La luz entraba a borbotones por una ventana desde la que se podía atisbar el comienzo de la Casa de Campo, uno de los pulmones verdes de Madrid. Carlos era un tipo sencillo y muy abierto, muy gallego también. Tras interesarse por mi pasado radiofónico y pedirme que tuviese un poco de paciencia, porque en televisión las cosas no eran fáciles y menos para un novato como yo, hablamos de Santiago de Compostela, de su ambiente, del periodismo gallego, de la radio de entonces y salí de aquel despacho convencido de que mi visita había valido la pena y de que la carta de mi amigo Alvite había servido para conocer a alguien importante que iba a echarme una mano en mi bautismo televisivo.

Pasaron muchos días desde la visita a aquel despacho. Con mi amigo Justino, con el que había llegado a Madrid una noche de diciembre, nos dedicamos a visitar todas las emisoras de Madrid con la esperanza de que alguien me ofreciese una mínima oportunidad de demostrar lo que llevaba dentro. No tuvimos suerte. En todos los lugares que visitamos nos despidieron con muy buenas palabras y la promesa de que pensarían en nosotros si se presentaba alguna vacante. Lo de siempre, nada de nada.

Alguien nos contó que la ONCE, la organización de los ciegos, estaba buscando voces nuevas para la grabación de libros. Entonces no existían los adelantos técnicos de hoy —la irrupción triunfal de Internet, la tiranía de los móviles— y los libros para los ciegos, tanto para el entretenimiento como para la enseñanza, se grababan en unos estudios especiales habilitados para ello. Acuciados por el hambre y la necesidad imperiosa de hacer algo, nos fuimos un grupo de colegas a la ONCE con la ilusión de ganar unas pesetillas que nos sacaran de pobres y nos ayudaran a sobrevivir. Las pruebas fueron bastante duras, seguramente porque había demasiados aspirantes y muy pocas plazas por cubrir. Yo estaba muy tranquilo, muy seguro de mí mismo y convencido de que sería uno de los elegidos. Así fue. Aprobamos casi todos y llegó el momento cumbre de la elección, cuando nos tenían que comunicar lo que íbamos a percibir por poner voz a todos aquellos mamotretos. Nos darían 130 pesetas por hora de grabación. Y se podía hacer un máximo de cinco horas. No era mucho, pero, dadas las circunstancias penosas que estaban marcando nuestras vidas, creo que todos experimentamos una sensación de alivio ante un futuro de mucho esfuerzo y más comida. Quedamos citados al día siguiente y aparecimos con nuestra mejor sonrisa dispuestos a grabar lo que hiciera falta. A mí me tocó un libro de historia y me pasé cuatro horas leyendo para los ciegos lo que había estudiado en mis tiempos de bachillerato. Mi intención era haber grabado más tiempo, pero la garganta se resentía y las cuatro horas se me hicieron muy largas en el primer día de mi primer trabajo. Todavía deben de andar por los archivos de la ONCE aquellas grabaciones mías de libros de historia, de literatura, de geografía, de matemáticas, gracias a las cuales empezamos a comer todos los días.

La esperanza depositada en la entrevista con Carlos Martínez Barbeito se fue diluyendo con el paso de los meses. Yo sabía que no iba a ser fácil y estaba casi convencido de que no me llamarían nunca y que mi sueño de hacer televisión empezaba a ser un imposible. Con lo de los ciegos, aunque no era demasiado, me daba para pagar la pensión y llenar el estómago en los restaurantes baratos de la zona. Y, por supuesto, seguía deambulando en mis ratos libres por las emisoras más conocidas a la caza de un trabajo o una colaboración para empezar a hacer realidad lo que me había propuesto al cambiar la prosperidad profesional de Santiago por las necesidades y urgencias de Madrid.

Enfrente de la pensión estaba uno de los mejores restaurantes gallegos de la capital, el Hogar Gallego, con un inmenso escaparate lleno de centollas, nécoras, bogavantes, lampreas, camarones..., todas las delicias lejanas de mis mares gallegos. El balcón de nuestra habitación daba justo al escaparate. Y los tres mosqueteros del hambre, Sixto, Javier y yo, nos pasábamos horas enteras mirando fijamente aquellos manjares, soñando con que algún día el destino nos permitiese, en una de sus actuaciones mágicas, sentarnos a la mesa de aquel restaurante y disfrutar de lo que ahora solamente podíamos imaginar con los ojos de la ansiedad y el deseo.

—Os prometo que cuando me contraten en la tele o en la radio, mi primer sueldo será para invitaros a comer en el Hogar Gallego. Lo prometo.

Y lo prometía de corazón, pero aquel momento no llegaba nunca, porque la única puerta con posibilidad de abrirse en un futuro más o menos cercano seguía cerrada y lo que nos daba la grabación de libros era insuficiente para disfrutar de nuestro sueño gastronómico galaico.

—¡Pepe, venga al teléfono, que le llaman de Televisión Española!

La voz de María fue como un resplandor brutal en aquella brumosa mañana madrileña. Solo por el alborozo de aquella llamada había valido la pena dejarlo todo por seguir los impulsos locos de un corazón joven que no quería morirse de monotonía en una emisora de provincias. Sixto y Javier me miraban embobados, sin saber qué decir. Me abrazaron efusivamente mientras corría hacia el teléfono con todos mis sentidos revueltos. Los cubatas de madrugada para matar la soledad y la pena, los paseos sin nada que hacer por las calles del invierno, las noches en vela calculando cuánto tiempo podría aguantar en aquellas ínfimas condiciones de vida..., todo lo daba por bien empleado con tal de que aquella llamada significase el comienzo de mi gran carrera hacia el cielo. Al cruzarme con Severino, el marido de María, noté en sus ojos mojados el temblor de una emoción incontenible. Todo el mundo se alegraba porque todo el mundo sabía lo que costaba poner en pie una quimera. Me habría gustado tener a mi lado a toda mi familia en aquel momento mágico para demostrarle, con todo su cariño llenándome los labios, que su Pepe no estaba loco cuando abandonó Padrón para romper el futuro en pedazos. En la humilde habitación de una vieja pensión perdida en el corazón de la gran ciudad, la vida se estremeció de pronto y una ilusión larga y potente fue creciendo por la Costanilla de Santiago hasta convertirse en la fantástica verdad de un soñador.

Llegué a Prado del Rey con prisas de felicidad. Era una mañana limpia de Madrid y la Casa de Campo respiraba sol y azul. El edificio de Televisión Española estaba ante mí en todo su esplendor mañanero. Gente que entraba y salía con la prisa escrita en sus ojos. Yo era solamente una de aquellas hormiguitas que soñaban con futuros limpios y micrófonos abiertos. Allí me esperaba Ricardo Acedo, el realizador que me había llamado a la pensión y le había dado un impulso definitivo a mi vida. Era un hombre serio y afable al mismo tiempo, con una facilidad enorme para caer bien a los demás. Me recibió con un cariño inusual para mí en aquellos tiempos de amargura y desencuentros.

—Hola, José Domingo, me ha hablado muy bien de ti Carlos Martínez Barbeito y he pensado que podías poner la voz a unos documentales que estoy rodando. Ya tengo varios terminados, solo me falta locutarlos y creo que tú podrías hacerlo muy bien, según me ha asegurado Carlos. ¿Qué te parece?

—Me parece estupendo. Y gracias por pensar en mí. No sabe usted bien las ganas que tengo de trabajar en televisión.

Pasamos a uno de aquellos estudios enormes de Prado del Rey, en el que un grupo de profesionales estaban visionando uno de los documentales que había rodado Ricardo Acedo. Eran imágenes que me resultaron familiares desde la distancia. Se veía el Cristo del Otero de Palencia, ciudad en la que había estado pasando el noviciado con los dominicos antes de decir adiós a mi futuro religioso. Era una hermosa coincidencia y un afortunado presentimiento.

—Es la biografía del escultor Victorio Macho la que vamos a locutar. ¿Conoces alguna de sus obras?

—Claro que sí. Conozco el Cristo del Otero, que está en Palencia, donde estuve estudiando hace años.

Nos acercamos a la sala de montaje. Me temblaba todo el cuerpo, porque estaba ante una de las primeras grandes pruebas de mi vida profesional. Me indicó lo que tenía que hacer, adecuar el ritmo del texto a las imágenes que iban desfilando por la pantalla. No me resultó muy complicado. En pocos minutos tenía perfectamente dominado el ritmo de la grabación.

—Por mí, podemos empezar cuando quieran.

—Pues adelante con la grabación. Vamos a registrar la prueba como definitiva por si sale bien a la primera.

La voz de Ricardo puso en marcha aquel engranaje maravilloso entre palabras e imágenes. Me olvidé de los nervios de mi entrada en el estudio en cuanto aparecieron las primeras secuencias de la biografía de Victorio Macho, que iba a marcar mis comienzos en un medio, la televisión, que luego me daría tantas alegrías. El documental era muy bello, reflejaba la historia personal y artística de aquel gran escultor, que desde el instante en que llegó a mi vida se convirtió en ídolo personal. Todo fue saliendo bien, con alguna pausa para adecuar el ritmo de mi voz a lo que se veía en la pantalla. Me notaba muy seguro, sabía que aquella era una oportunidad que me brindaba el destino para irrumpir en un mundo con el que había estado soñando desde que estaba en mi pueblo acunando ilusiones. El programa duraba casi una hora y, cuando llegó el final y se encendieron las luces, la sonrisa de Ricardo Acedo, el realizador de aquella maravilla, me hizo pensar que todo había salido bien.

—Oye, te ha quedado muy bien. Se nota que llevas mucho tiempo haciendo esto. Hasta creo que ha valido como grabación definitiva. Enhorabuena, José Domingo. Y esta es solo la primera, tenemos diez biografías más y quiero que seas tú el que le ponga voz. Ahora hablamos de tu contrato y de los días de grabación. ¿Estás dispuesto?

Cómo no iba a estar dispuesto. Si la aventura de viajar a Madrid era precisamente para eso, para abrir las puertas de los sueños y demostrarle a mis paisanos y a mi familia que había elegido el camino adecuado. Me entraron ganas de gritar. Estreché las manos de todo el mundo con una sonrisa en el alma y en los labios. Ricardo estaba feliz, porque había encontrado la voz que andaba buscando. Me habló de un contrato y de una remuneración que en aquellos momentos me pareció una lotería inesperada. Pensé que, por fin, podía invitar a mis sufridores de pensión a una mariscada en aquel restaurante que veíamos desde la pensión con la envidia comprensible de los estómagos vacíos. Solo por eso, ya habían valido la pena todas las noches en vela y todas las penalidades que había traído conmigo a Madrid.

Nos fuimos a comer al comedor de televisión, en el que había cientos de personas. Me hizo ilusión reconocer algunas caras famosas que triunfaban entonces en la pequeña pantalla. Allí estaba yo, un chaval de Padrón, casi con una mano delante y otra detrás, comiendo en el mismo lugar en el que lo hacían aquellas celebridades. Me estaban entrando ganas de pedirles un autógrafo, pero siempre he sido muy tímido para esas cosas y me conformé con verlos de lejos y sentirme importante por compartir el mismo menú en mi primer día de televisión de verdad.

—Mira, José Domingo, te voy a presentar a María Luisa Seco, de *Biblioteca joven.* Un programa que también realizo yo. Va a comer con nosotros, si no te importa.

Y apareció ella, rubia, sonriente, muy segura de sí misma; era la misma mujer que se había ganado la admiración de todos los niños de España. Y estaba a mi lado. Y nos saludamos como si nos conociéramos de toda la vida. Y sentí una emoción especial cuando sus mejillas se juntaron con las mías en uno de esos besos lejanos y superficiales con los que se saludan los que aún tienen poco que decirse. No sé por qué, pero algo dentro de mí me dijo que María Luisa, «la Seco» como la llamaban, iba a protagonizar algún capítulo importante en mi vida. La verdad es que no era una belleza, pero su rostro destilaba atracción y cariño. Y me cayó muy bien, demasiado bien.

Durante toda la comida, noté que tenía mucho interés en saber algo más de mis andanzas por Madrid y de mis primeros escarceos profesionales. Y se lo conté todo, con pelos y señales, la mañana en que llegué a la estación del Norte, la noche de fin de año, la primera visita a TVE, las juergas de los mesones, las visitas a las emisoras de radio, las grabaciones de la ONCE y, por supuesto, la vida de la pensión, las aventuras de mis compañeros de cama y de resacas y el encuentro con Ricardo Acedo, que me iba a permitir invitar a mis compañeros de fatigas a una fiesta de centollas en el Hogar Gallego. Creo que se lo pasó muy bien con mis andanzas madrileñas. Cuando ya se me habían acabado las historias, ella me contó la suya y aquella comida fue el primer aldabonazo sentimental que más adelante se iba a convertir en algo grande.

—Oye, Ricardo, ¿no estabas buscando un presentador para que me acompañe en *Biblioteca joven*? Hazle una prueba a José Domingo, a ver qué tal da en cámara. Yo creo que podría hacerlo muy bien. Por probar no pierdes nada.

A Ricardo Acedo se le encendieron los ojos, me miró varias veces de arriba abajo, como sopesando mis posibilidades ante la cámara.

—Podría ser. Lo de las gafas puede ser un problema, no sé, tendría que verlo en cámara, pero me parece que encajaría perfectamente contigo.

Cuando llegué a la pensión esa tarde, tenía los ojos mojados y el corazón desatado. Gracias a una mujer rubia, presentadora de televisión y compañera de mesa y mantel por un día, iban a hacerse realidad mis deseos de triunfo en un medio que, tan solo unos días antes, era una utopía inalcanzable. Sixto y Javier, al pie de mi cama, asistían emocionados a la narración de lo ocurrido esa mañana en Prado del Rey. Se lo conté con todo lujo de detalles y me interrumpieron varias veces para asegurarse de que toda aquella concatenación de casualidades no eran elucubraciones mías. Me abrazaron con la fuerza con que abrazan los amigos y me sentí un hombre afortunado por haber tenido la suerte de llegar a aquella pensión y encontrarme con dos amigos de los que son para siempre. Nos fuimos todos a la cocina, donde estaban María y Severino preparando la cena y noté que una lagrimilla traviesa asomó a sus ojos cuando supieron lo que me había pasado. Al fin, eran testigos de la primera prueba de fuego de mi carrera. Y ellos, más que nadie, se alegraban porque desde un principio habían creído en mí y alimentado mi esperanza con cariño de auténticos padres. Guardo en el mejor lugar de mis recuerdos aquella tarde larga y hermosa en una pensión del viejo Madrid, en la que cinco personas daban gracias a la vida porque uno de ellos había tocado con la ilusión el comienzo de su futuro. Antes de acostarme aquella noche, me asomé al balcón de los imposibles y le prometí al escaparate del Hogar Gallego que pronto nos sentaríamos en una de sus mesas para celebrar, a marisco abierto, mi primer asalto al futuro.

22

Los 40 principales de ilusiones. El engranaje de los sueños

Aquella mañana de 1967 resplandecía Madrid bajo un sol que presagiaba día grande. La Gran Vía madrileña era, para nosotros, para mi amigo Justino y para mí, la calle más hermosa del mundo. Allí estaba la mítica Radio Madrid, emisora central de la Cadena SER. Desde la lejanía, impresionaba aquel viejo edificio, que albergaba en sus bajos la cafetería Nebraska, que años más tarde sería mi refugio de comidas y cubatas en largas noches de radio. Y los almacenes SEPU, que habían popularizado el eslogan radiofónico «quien calcula, compra en Sepu». El maravilloso bullicio de la Gran Vía nos acompañó aquel día de grandes emociones.

—Están haciendo pruebas en Radio Madrid FM para un programa que acaba de empezar, *Los 40 principales.* Te deberías presentar —me dijo Justino.

Y allí estábamos, en la planta segunda de la Gran Vía 32, con todo un cargamento de sueños en la voz y en el corazón, dispuestos a vivir otra de las grandes pruebas que nos presentaba la vida. La prueba no fue demasiado difícil. Presentar varios discos superventas no era complicado para mí, que me sabía de memoria todos los temas de moda. Los presenté a mi aire, con la alegría desbocada de quien está muy seguro de sí mismo.

—La prueba ha salido muy bien. Contamos contigo para primeros de mes. Vas a presentar la lista de *Los 40 principales.* Tendrás un turno de 4 horas por la mañana y 3 por la tarde. Ya te iremos indicando las normas que debes seguir en la presentación de las canciones. No es nada complicado. Que tengas mucha suerte.

Era la voz, ronca y extraña, de Rafael Revert, el hombre fuerte de Radio Madrid FM, el que había logrado que *El gran musical* fuera uno de los programas más escuchados de España. Y me estaba hablando a mí, un aprendiz de casi todo, que acababa de llegar a la gran ciudad y que iba a entrar en la élite de la música. Por fin, después de deambular por los estudios de casi todas las emisoras de Madrid, alguien me recibía y me permitía demostrar todo lo que llevaba dentro. Las horas siguientes fueron de felicidad plena. En Nebraska nos tomamos una caña, que es como en Madrid le llamaban a la cerveza bien tirada. Aquel bautismo cervecero nos fue animando poco a poco.

—Aquí cerca hay una cafetería que se llama California, a la que van con frecuencia cantantes y locutores famosos de Radio Madrid. Si quieres, nos acercamos.

Allá nos fuimos Justino y yo dispuestos a comernos el mundo en aquella cafetería California de la calle Salud. Nada más entrar nos encontramos con Pucho Boedo, cantante de Los Tamara, un grupo gallego a los que había entrevistado alguna vez en mis años de Radio Galicia y con el que mantenía una muy buena relación. Me recibió con un gran abrazo.

—*Pero bueno, Pepiño, qué fas por aquí.*

Me hablaba en gallego, porque Pucho siempre fue un gran defensor de nuestra lengua hasta en los peores momentos de la dictadura. El gallego, en su voz, sonaba a música celestial y cariñosa. Le expliqué la prueba que acababa de realizar, me felicitó con otro gran abrazo y nos invitó a tomar algo. Y, de pronto, me indicó un lugar de la cafetería para que prestase atención.

—Allí está mi amigo Joaquín Prat. Quiero que lo conozcas. Es un monstruo de la radio. Y es un gran amigo mío.

Joaquín Prat, nada más y nada menos. Mi gran ídolo de siempre, el culpable de que se me metiera para siempre en el alma el gusanillo de la radio. Lo admiraba todo de él: su alegría, su facilidad para hacer de la radio un gran espectáculo, la forma en que vendía la publicidad... Era un genio y tenerlo cerca fue una de las emociones más fuertes de aquellos años de búsqueda. Me saludó como si me conociese de toda la vida, con la campechanía de las personas grandes y humildes al mismo tiempo. Sentí su apretón de manos como una descarga eléctrica de complicidad. Me emocioné y él lo notó. En una cafetería de la calle Salud, un gallego loco, que había salido de su pueblo con la maleta llena de ilusiones, estaba conociendo a uno de los grandes mitos de la radio. Y todo gracias a Pucho Boedo, la gran voz de Los Tamara que para mí fue, en aquel mediodía inolvidable, el gran señor de la amistad.

—Ya nos veremos por Radio Madrid, chaval. Y ya sabes que los amigos de Pucho son mis amigos.

Y se fue saludando a todo el mundo, porque Joaquín era así, divertido, campechano, siempre en pleno derroche de felicidad y de cariño. Así le conocí y así se fue convirtiendo, con el paso de los años, en uno de mis mejores amigos de la radio y de la vida. Siempre le admiré y siempre le seguiré admirando.

—Gracias, Pucho, por presentarme a mi ídolo. Me has hecho el hombre más feliz del mundo.

—De nada, rapaz. Cuando quieras, pásate por aquí, ya sabes que me tienes a tu disposición para lo que necesites.

Así se puso en marcha el engranaje maravilloso de los sueños. Por fin, entraba con los dos pies en el mundo mágico de la radio musical. El futuro dependía de mí. Y estaba seguro de que aprovecharía aquel regalo del destino. Nunca pude imaginar lo que me tenía reservado. La radio me dio más de lo que yo le he dado a ella. Pero todavía sigo dando gracias a la vida por haber aprovechado aquel mediodía luminoso de Madrid para entrar en una cafetería en la que mi vida empezó a tener sentido de verdad.

Me acordaba de estas pequeñas historias cuando empecé a presentar la lista de *Los 40 principales*. Era un trabajo tranquilo y muy agradecido. Los oyentes me animaban, Rafael Revert estaba muy contento conmigo y, aunque pagaban una miseria, pensé que aquella era una buena manera de prepararme para empresas mayores y más provechosas.

—Necesitamos una voz para hacer *Matinal SER.* Se ha puesto enfermo Joaquín Prat y vas a tener que hacerlo tú. No hay nadie más que pueda hacerlo. Es en la Onda Media y en conexión nacional.

Era la voz de un técnico de la radio que había entrado, alborotado y nervioso, en el minúsculo estudio de *Los 40 principales* en la FM. Cuando escuché lo de conexión nacional, un escalofrío me recorrió todo el cuerpo. Era una gran oportunidad para mí porque me escucharían a nivel nacional, pero, por otra parte, sabía que lo escucharía también el director de Radio Galicia y se daría cuenta de que lo del curso era una patraña y llamaría inmediatamente a Madrid para explicar lo que había ocurrido conmigo. Sería el adiós a mi primera experiencia como presentador musical de radio. Pensé todo esto mientras el técnico seguía apremiándome porque se estaba echando la hora encima.

—Pon un disco grande mientras haces el informativo, y en cinco minutos estás aquí de vuelta. Vamos, que nos pilla el toro.

No sé cómo pude hacer aquel informativo. Los nervios los tenía a flor de voz. Me temblaba todo, sabía que en ese instante me estarían escuchando millones de personas en toda España y, sobre todo, aquel don Ramón de mis desdichas, al que había engañado con todas las de la ley. No me salió del todo mal. Los técnicos me felicitaron. Y en cuanto terminó el informativo, regresé a mi FM de siempre con el miedo en los talones.

—Te llaman de la dirección general. En cuanto termines, tienes que subir a la novena planta, al despacho de don Ramón Varela.

Me lo dijo Revert con el asombro todavía en la cara. Si te llamaba el director general, era para algo muy bueno o para algo muy malo. Yo acababa de llegar, pero ya sabía que la llamada no tenía nada que ver con mi labor en *Los 40 principales*. Subir a la novena era algo excepcional entonces, sobre todo para un recién llegado. Yo era el único que sabía el motivo por el que me habían llamado. Y lo esperaba. En cuanto salió de mi boca la primera noticia del informativo en el Matinal de la Onda Media sabía que estaba sentenciado. Subí en el ascensor pensando en cómo intentar explicar mi gran mentira compostelana. Al final pensé que lo mejor era decir la verdad y atenerse a las consecuencias. Pasase lo que pasase, me lo tenía merecido.

—Pero, vamos a ver, ¿por qué no dijiste que venías de una emisora de nuestra cadena cuando te hicieron las pruebas para la FM? Era lo lógico...

—Es que tenía miedo de que se enterase el director de Santiago. Le mentí para poder venirme a Madrid. Le dije que venía a hacer un curso de periodismo, pero no era verdad. Lo que quería era empezar de cero en Madrid y en la SER sin decir que venía de Radio Galicia. Porque se decía entonces, y se sigue diciendo ahora, que en la radio pasa como en el fútbol de élite: los que salen de la cantera lo tienen más difícil para triunfar que los que van por libre. Por eso no dije nada cuando me hicieron las pruebas.

Fui todo lo sincero que pude en aquellos difíciles momentos. Intuí que no le había caído mal al director general. Era gallego, como yo. Y amaba Santiago, como yo. Y aunque me había pillado en una mentira, estaba por la labor de arreglar aquel entuerto. Estaba en juego la credibilidad del director de Santiago, que exigía explicaciones a mi comportamiento.

—Vamos a hacer una cosa para arreglar este follón. Te vas a ir a Santiago, nosotros te pagamos el viaje, le pides perdón a tu director y le pides permiso para que te deje seguir en Radio Madrid, porque aquí te necesitamos. Me ha dicho Rafael Revert que están muy contentos contigo y que tienes mucho futuro en esta casa. Solo tienes que ir a Santiago y regresar con el permiso. Y se acabó el problema.

Me fui a Santiago el día siguiente. Iba con toda la ilusión del mundo. Le pediría perdón a don Ramón y regresaría a Madrid para continuar mi viaje hacia el éxito. Ahora ya estaba seguro de que había hecho lo correcto al abandonar Santiago y empezar en Madrid mi aventura profesional y personal. Estuve dándole vueltas a las palabras que debería emplear para ganarme el corazón de mi antiguo jefe. No iba a ser fácil. Era un hombre arisco y poco comunicativo. El trago no era nada apetecible, pero era la única manera de poder continuar en Radio Madrid haciendo lo que más me gustaba del mundo.

Mis antiguos compañeros en Santiago me recibieron con un entusiasmo contagioso. Había convivido con ellos dos fantásticos años y esas cosas no se olvidan fácilmente. Me abracé con cada uno de ellos, en especial con mi querido Santiago Dávila, el eterno confidente de mis arrebatos de sinceridad. Cuando entré en el viejo y doliente despacho de don Ramón, llevaba conmigo los mejores deseos de toda aquella buena gente. Entré con decisión y, sin demasiados preámbulos, él dijo todo lo que tenía que decir y yo también, los dos a cara de perro. Realmente no hacían falta muchas palabras. Yo era el pecador y él el confesor que tenía que concederme o negarme la absolución. Hizo lo segundo. Por más que intenté hacerle comprender que quedarme en Santiago iba a suponer un paso atrás en mi carrera, no fui capaz de ablandarle el corazón. Se mostró rencoroso y dolido por mi mentira. Apeló al principio de autoridad ante sus superiores de Madrid para negarme el permiso de regreso. Me fui enrabietando cada vez más, comprobando cómo ninguno de mis argumentos le harían cambiar de opinión. En el colmo de mi rabia, perdí los estribos tontamente y dije lo que nunca debí decir.

—Me voy a ir de todas maneras. Y si no es a la SER, porque usted no lo quiere, me iré a otro sitio. Pero no me quedaré con las ganas de decirle algo que llevo deseando decirle desde hace mucho tiempo. ¡¡¡Váyase usted a la mierda!!!

—Eso no se lo consiento. Y sepa que el que me manda a la mierda a mí, está mandando a la mierda a la SER. Y el que manda a la mierda a la SER, nunca más volverá a trabajar en esta cadena.

—Siempre hay una excepción.

Y con esta frase me fui del despacho pegando un portazo que aún debe de resonar en aquel caserón de la plaza de la Universidad, donde se quedaron mis primeros escarceos con la radio y con el éxito. Sabía que en Madrid me esperaba otro calvario, pero había valido la pena decirle a la cara a aquel ogro lo que sentíamos todos los que trabajábamos con él. Después de lo ocurrido, no podía volver a mis ya queridos *40 Principales.* Me había cerrado la puerta más importante del futuro. Pero me hice un juramento en soledad en el tren de regreso a Madrid. Lucharía con todas mis fuerzas para volver a la SER. Algún día me llamarían y no tendrían más remedio que aceptar mis condiciones y hacer realidad aquella excepción que mencioné en mi adiós compostelano. Pasaron muchos años, muchas dudas, muchas noches en vela, mucho trajinar con hambres y estrecheces, muchos días de radio pura y dura haciendo méritos... Y la llamada llegó un día de octubre de un año cualquiera. Pero esa... es otra historia.

23
Radio Centro. De José Domingo a Pepe Domingo

Madrid se me hizo demasiado grande tras el fallido viaje a Santiago. Ahora empezaba de verdad la dureza de un camino que no tenía vuelta atrás. Lo de *Los 40 principales* se había venido abajo. Tenía que empezar de cero una vez más. Corría el año 1968 y volver a la SER comenzó a ser el gran objetivo de mi vida. Volvieron las intensas mañanas de búsqueda de radio en radio al encuentro de alguna ilusión. En la pensión seguíamos los mismos parias de siempre; Sixto continuaba sin vender un cuadro, Javier estudiaba los días que el alcohol y el desenfreno le dejaban libre. Y junto a ellos, un chaval cargado de buenos propósitos que seguía esperando un tren imaginario al que subirse para llegar al futuro. A veces, nos armábamos de paciencia y nos íbamos a la plaza Mayor con los cuadros de Sixto, con la intención de vender alguno y que nuestro estómago dejara de sonar a vacío. No tuvimos demasiada suerte, nadie quería aquella pintura loca nacida de la mente y las manos de un pintor sin suerte. A la hora del aperitivo, nos acercábamos a las tabernas de la zona, pedíamos una caña para todos y, con la pericia y el atrevimiento que te dan muchos meses de privaciones, nos quedábamos con todas las aceitunas que los clientes iban dejando. Y con ellas y un trozo de pan inventábamos los minibocadillos más sabrosos del mundo. Durante la semana, desde muy temprano, con la ayuda de mi buen amigo Justino Bermúdez, que se conocía al dedillo las emisoras de Madrid, intentábamos que me hicieran una prueba para demostrarles que estaba preparado para buscarle nuevos caminos a la radio. Sentía una envidia sana, si la envidia puede ser sana alguna vez, de José María Íñigo, que despuntaba en Radio Madrid con un programa que se llamaba *Desde Londres;* y de Alfonso Eduardo, un sevillano que hacía diabluras con los discos del momento; y de Tomás Martín Blanco, el presentador de *El gran musical,* donde los fans empezaban a ser un fenómeno de masas jóvenes y enloquecidas; y de Mariano de la Banda, que había puesto a su hija Cuchi Cuchi en lo alto de la popularidad radiofónica. Envidiaba, sobre todo, la posibilidad que tenían de hacer lo que más les gustaba, trabajar en la radio. Una mañana sonó una flauta inesperada y apareció un tren no demasiado grande, pero tren al fin, al que me subí con todas las consecuencias.

—O sea, que has trabajado en Radio Galicia en Santiago y te has venido a Madrid a ver qué pasa, ¿no es eso?

El director de Radio Centro, Manuel Zuasti, era un hombre enorme, de ojos cariñosos y hablar pausado. Parecía entrañable a primera vista. Me había recibido porque conocía a Justino y no podía negarle ese favor. Me miró de arriba abajo, me sonrió paternalmente y le pidió a su secretaria que llamase al jefe de programas. Aquello me animó; alguien se preocupaba de mí y me abría una puerta. Apareció el jefe de programas sonriendo, con un montón de papeles en la mano y con pinta de tener mucho trabajo por hacer.

—Te llamas José Domingo, ¿no? Bueno, José Domingo, este es Félix López, el jefe de programas de Radio Centro. Te vamos a hacer una prueba de micrófono para ver cómo lo haces y luego ya depende de ti y de que quede algún hueco en la emisora para poder darte tu oportunidad. Quiero ser sincero contigo, no te prometo nada, pero ya sabes que por algo se empieza.

La prueba fue una de las que se le hacen habitualmente a un aspirante a locutor, presentar varios discos, improvisar sobre un tema determinado, entrevistar a alguien como si fuese un personaje conocido, lo de siempre. No se me dio mal. Coincidió además que a quien tuve que entrevistar, como si fuese Paco Gento, fue a Elías Rodríguez, un gallego de Tablada (Lugo) al que le caí muy bien cuando supo que era paisano suyo, y nada más y nada menos que de Padrón, la tierra de los famosos pimientos. Estuvo muy simpático y cariñoso y me dio esa dosis de confianza que uno necesita cuando se enfrenta a un momento mágico. Radio Centro me pareció, a partir de aquella prueba, un lugar maravilloso.

—Ya me han dicho Elías y Félix que lo haces muy bien. Me alegro. A partir de este momento, en cuanto haya una oportunidad, te probaremos en antena en directo. Vente por aquí por la emisora si no tienes nada mejor que hacer y esperas tu oportunidad. Te vamos a dar un documento para que puedas entrar sin problemas en el edificio. De cuando en cuando, te pediremos que grabes alguna cuña para poder pagarte algo, aunque no va a ser mucho. Ya te lo he dicho. Ahora mismo no hay ningún puesto libre, pero si vienes con frecuencia, algo aparecerá... Que tengas mucha suerte, chaval. Y aquí me tienes para lo que necesites.

Sabía que Manuel Zuasti me lo decía de verdad, como si estuviera deseando que apareciese una oportunidad para lanzarme a las ondas. Entra las palabras del director y las sonrisas de complicidad de Elías y Félix, salí del edificio de la calle Huertas 73 con el ego subido y la felicidad desbordada. Al salir, me di cuenta de que allí estaba también el diario *Pueblo,* que dirigía entonces uno de los más grandes periodistas que ha dado este país, Emilio Romero. Justino me contó que Radio Centro era la emisora central de la Cadena de Emisoras Sindicales, CES, y que, al igual que el diario *Pueblo,* dependía de los Sindicatos Verticales. Yo no entendía de política y no le di demasiada importancia. Solo pensé que todo se juntaba en el horizonte de mis sueños, el periodismo y la radio, para impulsar mis ganas de vivir y de triunfar. Era mi primer tren después del fracaso compostelano y tenía que subirme a él. No era una emisora de moda, no la conocía casi nadie, pero ese era también un acicate para no perder la gran oportunidad que me brindaba el destino.

Pasaron bastantes semanas y ya casi había perdido la esperanza. Allí estaba yo, como todos los días, sentado al lado del estudio grande de Radio Centro a la espera de que ocurriese el milagro. Llegaba a mediodía, estaba en la radio hasta la hora de la comida, a veces grababa alguna cuña, me pagaban muy poco, pero suficiente para tomarme un bocadillo en el bar del diario *Pueblo,* que estaba en la planta baja de un edificio inmenso en el que trabajaban cientos de personas. A veces me invitaban Félix y Elías a comer con ellos y me cruzaba en el comedor con personajes del periodismo de entonces: José María García, Jesús Hermida, José Antonio Plaza, Raúl del Pozo, Amilibia, Yale, Tico Medina y el gran Emilio Romero, que firmaba el famoso Gallo en la primera página del periódico y que había convertido *Pueblo* en el diario más vendido de España. Todos me trataban como si me conociesen de toda la vida. Y desde la distancia que me dan los años, tengo que agradecerles las sonrisas, los saludos, los ánimos, los empujones de fe que me daban para no venirme abajo mientras esperaba el gran momento. Tardó en llegar, pero llegó.

—Se ha puesto malo Miguel Aquino y no hay tiempo para buscar un sustituto, porque el programa empieza en una hora, a las cinco de la tarde. Así que hemos pensado en ti, en darte la oportunidad que esperabas. Dentro de una hora tienes que ponerte al micrófono y hacer lo que sepas. Ya sabes que Miguel hace un programa de novedades musicales. Tú verás cómo te lo montas. ¿Estás dispuesto?

Todo llega en la vida si lo esperas de verdad. A las cinco de la tarde, después de pasar por la discoteca de la emisora y elegir un montón de discos, me senté delante de un micrófono que ponía Radio Centro, le hice una señal a la chica del control, un prodigio de agilidad, cariño y belleza, y la sintonía que había elegido me dio alas para empezar a hacer lo que más me gustaba del mundo: radio. María del Mar, que así se llamaba la chica del control, tenía ante sí un montón de discos sin funda que debía ir poniendo según el orden en que estaba colocados y cambiando de disco cuando yo se lo indicaba. No hubo demasiados nervios ni demasiados fallos. Nos entendimos a la perfección desde el primer momento. Tras el cristal, la plana mayor de la emisora y todo el personal de la casa me miraban con una mezcla de admiración y temor. Para ellos era un novato que estaba haciendo su primer programa serio de radio. Pero a mí la presencia de público me estimula y el alboroto que se creó aquella tarde fue la mejor prueba de que Radio Centro iba a ser mi casa por mucho tiempo. Después de aquel día, vinieron más. Miguel Aquino seguía de baja y yo no desaproveché la ocasión de demostrarle a la gente cuánta radio llevaba dentro de mí. Pasaron más de 15 días y los jefes se dieron cuenta de mis posibilidades y me dieron libertad para cambiar el nombre del programa. Lo llamé *Discoparada* y con ese título rompía todas las tardes, durante tres horas, el dial de Radio Centro inventándome todas las locuras posibles para atraer a la audiencia joven de Madrid. Las cinco de la tarde era el comienzo de la fiesta y nos lo pasábamos en grande María del Mar en la técnica y yo en el micrófono. Llegó a ser una simbiosis casi perfecta. Ella tenía tanta rapidez y efectividad poniendo discos que la bauticé como la «Supermanos». Juntos le dimos un vuelco al sonido de una emisora humilde a la que dediqué los mejores años de mi incipiente aventura madrileña. Cuando Miguel Aquino regresó, después de mes y medio, le dieron otro horario y me dejaron a mí el de las cinco de la tarde para hacer de *Discoparada* un programa de culto. Le debo a Miguel la oportunidad de mi vida. Llegamos a ser grandes amigos a pesar de que le había birlado el horario de su programa; hasta trabajamos juntos en una idea que no funcionó demasiado bien. A él y a su mujer, la gran Inma Codina, una de las mejores voces que ha dado la radio española en toda su historia, les debo un trocito de lo que vino después.

Discoparada fue un éxito rotundo desde el primer día. Presentábamos las últimas novedades del mundo del disco y lo hacíamos de una manera desconocida hasta ese momento, rompiendo moldes y agitando las tardes de tal manera que en el resto de emisoras madrileñas comenzó a hablarse del programa y de aquella forma nueva y original de hacer radio musical. Poco a poco, nos fuimos haciendo un hueco en las preferencias de las compañías discográficas, todas querían estrenar sus novedades con nosotros y por allí pasaban, durante las tres horas de emisión, los grandes mitos de entonces. Un día aparecía Camilo Sesto, dispuesto a comerse el mundo. Tenía una hermosa voz y una pinta increíble y desde el primer momento le auguramos un éxito imparable, como así fue. Recuerdo especialmente a Víctor Manuel, el asturiano humilde y sencillo que tenía cara de buena persona y cantaba de una forma muy personal unas canciones que siempre sonaban a su tierra. Nos caímos muy bien y pasamos juntos muchos momentos mágicos hablando de lo grande que era la música y lo difícil y complicada que era la vida. Los chicos de Formula V entraron una tarde en el estudio dispuestos a armar bronca, porque se quejaban de que siempre poníamos a parir a la música española y, sobre todo, a ellos. Y tenían razón. Lo que gustaba entonces a los oyentes eran los artistas extranjeros, y la música española se quedaba para la canción del verano y poco más. Después nos hicimos muy amigos del grupo y disfrutamos juntos de las inquietantes noches de un Madrid maravilloso.

Una noche Aniano Alcalde, del equipo de promoción de Belter, me pidió que presentase en sociedad a un cantante nuevo llamado Emilio José. La presentación fue en la sala Bong-Bing del hotel Meliá Madrid, que entonces era la discoteca de moda en la capital dirigida por mi recordado José Luis Uribarri. Luego Emilio José ganaría el festival de Benidorm con la preciosa *Soledad,* canción que fue el primer número uno del cantante cordobés. Emilio cantó parte de su repertorio y su actuación fue todo un acontecimiento. Había nacido una estrella. Y desde esa noche hemos mantenido una amistad que se ha ido haciendo más profunda y más intensa con el tiempo. Todos los artistas que eran alguien durante aquellos años pasaron por *Discoparada,* todos los agentes musicales y promocioneros de las compañías discográficas más importantes hacían cola en la puerta del estudio para presentar sus nuevas canciones. Y todo dentro de un gran ambiente familiar y distendido. Así estuvimos unos años vertiginosos en el filo del futuro disfrutando de una mezcla perfecta de micrófono, nocturnidad, pasión y alegría. Fueron, sin duda alguna, parte de los mejores años de mi vida. Allí, en mi inolvidable Radio Centro, se me ocurrió cambiarme el nombre radiofónico. En lugar de José Domingo empecé a llamarme Pepe Domingo. Me parecía más familiar y mucho más divertido. Creo que acerté. La audiencia se acostumbró pronto a aquel cambio y ese nombre me acompañó ya para siempre en todas mis aventuras profesionales.

—Te llaman de la SER. Un tal Alfonso Morata, que quieren hablar contigo en cuanto puedas.

Retumbó en mi mente el aviso de una secretaria en plena vorágine publicitaria. Habían pasado casi cinco largos años desde aquella desdichada visita al director de Radio Galicia, pero había valido la pena. Aquella llamada era la culminación de una lucha a brazo partido con la radio para regresar a un lugar del que nunca debí salir. Al mismo tiempo que presentaba *Discoparada,* me ocupaba también de un buen número de espacios publicitarios, entre ellos *Camino a un futuro mejor,* patrocinado por las Cajas Rurales de España y producido por Álvaro Luis, un personaje muy curioso, mezcla de vividor y buscavidas, que me había vaticinado que la llamada de la SER estaba cerca precisamente por mi presencia en ese programa. Y Álvaro Luis acertó; le recordaré siempre con un afecto especial por su profecía y por haberme elegido para presentar aquel programa.

—Hola, Pepe. Soy Alfonso Morata, del departamento de Publicidad de la SER. Te hemos estado siguiendo estos últimos años y queremos hablar contigo para proponerte que vengas a trabajar con nosotros. Nos gusta cómo lo haces y queremos contratarte. Si quieres, nos vemos y charlamos. ¿Qué me dices?

Se me abrió el cielo de par en par. En ese instante, cada uno de los momentos difíciles y penosos que había tenido que vivir para salir adelante lo di por bien empleado y por bien vivido. Eran ellos los que me llamaban, los mismos que, según aquel director innombrable, nunca me volverían a llamar. Siempre hay una excepción, respondí yo entonces. Y la excepción se presentó una mañana de octubre en una emisora pequeña y valiente en la que aprendí que era cierto el dicho de que la esperanza es lo último que se pierde. Por un lado, me apenaba dejar Radio Centro y el estudio donde había reconstruido mi vida en los cuatro últimos largos años; decir adiós a Félix, a Elías, a Zuasti, a María del Mar, a cada uno de los componentes de Radio Centro, que habían sido para mí una auténtica familia. La vida es así, te quita algo por un lado y te lo da por otro. Allí se quedaron anuncios, discos, palabras, cantantes, noches, tardes, mañanas, abrazos, cariños, rostros, recuerdos... Ya nunca más volvería a subir a la novena planta de Huertas 73 en aquel ascensor trampa que no paraba en ningún piso y del que tenías que saltar para no seguir subiendo. Recordé el premio Popular de Pueblo que me concedió Emilio Romero por *Discoparada* y que fue el primer premio de toda mi trayectoria radiofónica. Me había hecho tanta ilusión aparecer en las páginas de *Pueblo* junto a una larga lista de personajes que habían hecho más méritos que yo... Mientras colgaba el teléfono, pensaba en todas esas pequeñas cosas que hacen grande la historia de una persona, y con los ojos a medio llorar fui recorriendo los rincones queridos de la emisora y terminé mi paseo sentimental en el mismo sillón en el que me senté por primera vez esperando una oportunidad. Volví a sentarme allí, cerré los ojos, y se me aparecieron mis padres, mis hermanos, mis amigos, toda la buena gente de mi pueblo de Padrón, que unos años antes, cuando me entró esa locura migratoria que nos entra a los gallegos y di el salto de Santiago a Madrid, quizás pensaron que Pepe el Costilleta —que así me llamaban en el pueblo— había perdido la cabeza.

24
Televisión Española, toma 2. María Luisa Seco

Una nueva llamada de Ricardo Acedo ese año 1968 me abrió las puertas de la televisión por segunda vez. Tras la grabación de la voz en *off* de la biografía de Victorio Macho, llegaron otras, todas las que conformaban esa serie que emitía Televisión Española en horario estelar. Ricardo dirigía también un programa de libros, *Biblioteca joven,* con María Luisa Seco como gran estrella, a quien, como ya conté en un capítulo previo, yo ya había conocido en una visita anterior a TVE.

Ricardo pensó que podíamos hacer una buena pareja televisiva.

—Vamos a hacerte una prueba, a ver qué tal das en pantalla. Tenemos el problema de las gafas, pero ya lo solucionaremos.

Me hicieron la prueba con y sin gafas. No entendía que las gafas pudieran ser un problema para presentar un programa en televisión. Les expliqué que toda la vida había usado gafas, que estaba acostumbrado a ellas, que reforzaban mi personalidad. A pesar de mis recomendaciones, me hicieron varias largas pruebas de imagen, sonido, dicción e improvisación. Supongo que era lo lógico tratándose de un novato en aquellas lides televisivas.

—No está mal, José Domingo, no está nada mal. ¿Qué te ha parecido, María Luisa?

Allí estaba ella otra vez. Debía de influir mucho en las decisiones del realizador, porque este lo consultaba todo con ella. Era una mujer pelirroja, sonriente, muy nerviosa y con gran capacidad de seducción. Se interesó por mí desde el primer momento, desde aquella comida que compartimos años antes en el comedor de TVE. Seguramente los ajetreados detalles de mi vida y de mi aventura madrileña influyeron en que mostrase hacia mí algo más que curiosidad. Fue un pequeño flechazo de cariño recíproco. Me dio algunos consejos a la hora de mirar a cámara, porque yo no tenía ni idea de cómo hacerlo. Era la primera vez que me veía en un trance como aquel, del que dependía una buena parte de mi futuro en la televisión. Cuando terminó la prueba vino hacía mí, me dio dos besos y sonrió complacida.

—A mí me ha gustado mucho. Y yo le veo con gafas, Ricardo. Creo que vamos a hacer una buena pareja.

—Gracias, no sé qué decir. Os lo agradezco a los dos. Es la primera vez que me pongo delante de una cámara y estaba como un flan.

—Bueno, pues ya tenemos presentador de *Biblioteca joven*.

Las palabras de Ricardo retumbaron en el centro mismo de mis deseos. Lo había conseguido. Me verían en mi pueblo, y mis padres y toda mi familia se sentirían orgullosos de mí. Me emocioné bastante y hasta creo que unas lagrimillas asomaron por mis ojos mientras le daba las gracias a todo el mundo. Luego todo vino rodado. La televisión es así, una máquina de encender ilusiones, los nervios de los primeros programas, las llamadas de los amigos, las felicitaciones de la familia, la gente que empieza a saludarte por la calle, comienzas a sentirte el rey del mundo y debes tener mucho cuidado para no creértelo demasiado y convertirte en un muñeco sin alma a merced de la fama. María Luisa me ayudó mucho en aquellos primeros escarceos con las cámaras y el éxito. Nos fuimos acercando, casi sin quererlo. Dicen que el roce hace el cariño. Y así fue. Estábamos casi todo el día juntos y lo que tenía que pasar, pasó: de tanto acercarnos se encendió la chispa y nos enamoramos. O eso al menos creíamos nosotros. No podíamos vivir el uno sin el otro. Me presentó a su familia, una madre encantadora muy parecida a la mía, un hermano militar de buena graduación, que me miró de arriba abajo cuando nos presentaron y pareció encantado de haberme conocido. Congenié rápidamente con ellos.

Los días pasaban a velocidad de amor. Lo de la tele iba viento en popa, el programa estaba funcionando, dentro de la poca importancia que tenía en la programación. Era un programa de libros y noticias del mundo literario para la gente joven. Y eso, en términos de audiencia, no significaba casi nada. Pero lo importante era estar ahí, en la televisión, dando la cara y empezando a familiarizarme con un medio que me daría muchas alegrías. El paso del tiempo no atenuaba nuestro deseo de estar juntos. El nuestro no era un amor apasionado, era más bien una consecuencia de la cercanía de dos personas que trabajaban juntas y se querían. Fuimos a Padrón a conocer a mi familia y a todo el mundo le encantó su sencillez y su sonrisa. Mis hermanos la miraban embobados, porque nunca habían estado tan cerca de una estrella de la televisión. Fue todo un acontecimiento en el pueblo y, hasta los que más habían dudado de mí y de mi capacidad para abrirme camino en aquel difícil mundo del espectáculo, tuvieron que dar su brazo a torcer y reconocer que la aventura estaba empezando a ser auténtica. Nunca había llevado a Padrón a ninguna chica desde que me había ido a Madrid y aquella primera vez tenía que significar algo. Mi madre me echó una de esas miradas suyas que destilaban amor y complacencia, y dio por hecho que habíamos nacido el uno para el otro. Creo que aquella visita a mi pueblo fue el detonante de la gran decisión que se estaba haciendo esperar. El regreso a Madrid, con la morriña almacenada en aquellos días gallegos de familia y de fiesta, aceleró la máquina del supuesto amor.

—A ver, pareja. Estáis todo el día juntos, os miráis como dos enamorados, creo que no podéis vivir el uno sin el otro, trabajáis juntos. Coño, qué más pruebas queréis para casaros de una puñetera vez.

El día de mi boda con M.ª Luisa Seco, con nuestras madres.

Era José Antonio Álvarez Alija, un ejecutivo de la RCA con quien compartíamos parte de nuestros mejores momentos. Sus palabras actuaron como un resorte definitivo. Cuando nos quedamos solos, nos miramos, nos besamos y tomamos una decisión de la que luego nos arrepentiríamos el resto de nuestras vidas.

La boda la celebramos en 1969 en Madrid, en la iglesia de los padres dominicos de la carretera de Burgos, por aquello de mi pasado en un colegio de dicha orden. La ceremonia tuvo un invitado especial, mi amigo el cantante Víctor Manuel, que nos regaló una hermosa canción de boda asturiana que fue una gran sorpresa para todos. Fue una fiesta estupenda, todos fuimos felices y comimos muchas perdices. Sin embargo, todo empezó a funcionar mal a los pocos días de la ceremonia. Viajamos a Blanes, un precioso lugar de la Costa Brava catalana, y muy pronto nos dimos cuenta de que no estábamos hechos el uno para el otro. Una cosa era el cariño de dos personas que trabajan juntas y otra muy distinta habitar bajo el mismo techo y compartir algo más que trabajo y promesas. No duró mucho aquella unión. Creo que los culpables fuimos los dos. No estábamos preparados para iniciar una vida en común y lo pagamos duramente. Seguíamos trabajando en radio y televisión, nos ayudábamos mutuamente, no lo hacíamos mal, pero lo que parecía amor no era más que una atracción momentánea, cuyo encanto se fue esfumando poco a poco. Tengo que adjudicarme una gran parte de culpa en nuestra separación definitiva. Al comprobar que aquello no funcionaba, me fui alejando de ella y empecé a recuperar mis vicios de soltería. Seguramente le hice mucho daño, pero en aquellos momentos mi comportamiento me pareció normal, dadas las circunstancias. Decidimos, a la vista de los hechos, interrumpir nuestra vida en común y cada uno se fue por su lado a pagar su propia penitencia. No me apetece entrar en detalles de lo que pasó y por qué pasó. Las cosas suceden porque alguien hace algo para que sucedan. Pagamos un precio muy alto por la decepción sufrida. Los dos regresamos a nuestros respectivos trabajos, retomamos como pudimos nuestras vidas, pero con una muesca difícil de borrar en lo más profundo de nuestro sentimiento.

Unos años después, cuando ya habíamos olvidado todo aquello y nuestros recuerdos se habían diluido en el tiempo, María Luisa se murió. Una enfermedad terrible acabó con ella. Se truncó la carrera y la vida de una gran mujer, una presentadora única que fue la reina de los niños y durante algún tiempo la reina de mi corazón. Llegaron, como buitres, los de las revistas de colorines, ávidos de carnaza, para intentar hacerme hablar de lo único bello que vivimos juntos, pero me negué a pronunciar una sola palabra, porque creí que era la mejor manera de respetar a una persona que formó parte de una etapa de mi vida que se murió con ella. Siempre, a pesar de todo, guardaré un buen recuerdo de una chica rubia que me presentó una tarde Ricardo Acedo y que, desde aquel momento, entró a formar parte de la peripecia vital de un chaval de Padrón que todavía estaba aprendiendo a probar en sus carnes la enorme diferencia que había, en términos de pareja, entre el amor y la amistad.

25

VUELTA TRIUNFAL A LA SER. *EL GRAN MUSICAL*. PRIMER PREMIO ONDAS

Habían pasado casi cinco años desde aquella llamada del director general de la SER y mi fracasado viaje a Santiago en busca de perdón. Yo tenía 30 años, estábamos en 1972. La espera había merecido la pena, porque me sirvió para alimentar la esperanza del regreso a una Gran Vía que ahora volvía a pisar, pero en esta ocasión con la frente bien alta y la confirmación de que, como decía mi paisano Camilo José Cela: «El que resiste gana». Me esperaba nada más y nada menos que mi ídolo de aquellas mañanas domingueras de radio en Padrón, el gran Tomás Martín Blanco, convertido ahora en gran jefe de la Cadena SER. Era la voz que me acompañó en mis años de juventud, cuando la música era la esencia de mi vida. Tomás había bautizado a Los Bravos, había lanzado a Joan Manuel Serrat, a Los Brincos, a María Ostiz... Todos esos recuerdos subieron conmigo en el ascensor que me llevó a la planta novena de Gran Vía 32. Era un despacho grande y luminoso. Entraba el sol espléndido de Madrid por un enorme ventanal que daba a la calle de mis sueños. Junto a Tomás estaba su inseparable Rafael Revert, de barba corta, mirada tierna y gesto amistoso. Formaban un binomio irrepetible en la historia de la música española. Juntos habían creado *El gran musical* convirtiéndolo en el programa líder de la mañana de los domingos. Sin embargo, el paso de los años había hecho mella también en su gran idea y el éxito se había ido diluyendo poco a poco hasta culminar con la desaparición de un espacio radiofónico que había sido santo y seña de toda una generación. Admiraba a aquellas dos personas y estar delante de ellas significaba para mí la culminación de mi gran aventura personal y profesional.

—Bueno, Pepe Domingo. Bienvenido a la SER, que vuelve a ser tu casa. Porque ya estuviste con nosotros hace tiempo, según me ha comentado Revert.

—Sí, estuve unos meses haciendo *Los 40 principales* antes del lío que tuve con el director de Radio Galicia.

—Eso ya es pasado. Ahora lo importante es saber si vienes con ganas y qué te apetecería hacer.

—Yo estoy dispuesto a hacer lo que me digáis, pero me gustaría recuperar otra vez *El gran musical.* Recuerdo tanto aquellos programas que hacíais hace años... Una pena que se haya terminado, pero creo que podríamos recuperarlo. Y me encantaría presentarlo.

—*El gran musical.* ¡¡¡Qué tiempos aquellos!!! ¿Tú crees que se podría recuperar aquel *Gran musical?*

Noté que al pronunciar el nombre de aquel mítico programa el rostro de ambos se iluminó. Supongo que regresaron a su mente los sonidos y las imágenes de aquellos años gloriosos de una radio única que ellos habían convertido en fenómeno musical. Revert me preguntó cómo sería el nuevo *Gran musical.*

—Pues sería un programa de una hora, en directo. Pero en lugar de hacerlo en la radio, creo que lo deberíamos hacer en una discoteca, el domingo por la mañana, con la presentación de los últimos discos y la actuación en vivo de una gran figura. Y, por supuesto, deberíamos recuperar el fenómeno de las fans, que serían las que llenarían cada domingo la discoteca para vivir el programa en directo con nosotros.

—No está mal la idea —contestó un Rafael Revert verdaderamente interesado—. Y tú crees que sería bueno hacerlo en directo en una discoteca. ¿Y vendría la gente?

—Pues claro que vendría, los fans de la música y los del invitado que actuaría en directo. Creo que puede ser un bombazo. Y, además, mi gran ilusión era volver a la SER y hacerlo con el programa que me hizo pasar tan buenos ratos en mis años padroneses.

Se miraron a los ojos Tomás y Rafael y en ese instante comprendí que mi idea los había subyugado. Era repetir el éxito de un programa espectacular que ellos habían protagonizado. Pasamos rápidamente a los detalles. Junto a mí estaría Joaquín Luqui, el increíble Joaquín Luqui, un personaje excepcional, que había hecho de la música la razón de su vida. Contar con Luqui era contar con la vanguardia, con el último grito, con la personalidad singular de un hombre que había llegado de Navarra con las alforjas llenas de canciones y se había hecho dueño de *Los 40 principales* presentando a su manera los discos del momento. Luqui sería el seleccionador de contenidos musicales y la primera media hora la haríamos al alimón, cada uno con su estilo. La otra media hora sería para la actuación de un cantante o grupo de los mejores del momento. Anunciaríamos el comienzo del programa a bombo y platillo, para alertar a los fans y provocar un estallido popular. Todo fue muy rápido. Rafael Revert se ofreció a dirigir la idea y a trabajar en ella, para encontrar una discoteca en la que montar todo aquel tinglado y elegir los nombres de los primeros artistas invitados. Todos nos sentimos muy felices de volver a poner en pie *El gran musical* siguiendo las directrices marcadas por ellos en sus años de gloria. Las mañanas de los domingos volverían a ser unas mañanas llenas de música y de felicidad radiofónica. Tomás estaba entusiasmado. Tenía en su despacho a un joven de 30 años que había despertado del letargo musical a una cadena de radio que necesitaba una inyección de juventud y osadía para recuperar un lugar en la cumbre de las audiencias. Me dio un abrazo repleto de cariño y agradecimiento.

—Me alegro mucho de que estés con nosotros y de que juntos recuperemos aquel *Gran musical* de mis tiempos de locutor. Creo que va a ser un gran éxito. Y desde este momento vamos a trabajar para que lo sea de verdad. Bienvenido a tu casa, Pepe Domingo.

Mientras preparábamos todos los detalles del gran desembarco, me ofrecieron hacer un programa que se emitía a las tres de la tarde llamado *Cita a las tres.* Gracias a ese espacio diario pude demostrarle a quienes me habían fichado que no se habían equivocado conmigo. Lo llamé *Cita a las tres con tres* porque el programa lo hacían conmigo Jesús Alarcos, uno de los grandes técnicos de radio que he encontrado en mi larga vida profesional, y Arturo Rodríguez, uno de los hombres que más influyó en aquellos años en mi vida profesional. Este trío se propuso hacer de las tres de la tarde el punto de encuentro de la audiencia a base de inventar una nueva manera de decir y de anunciar que fue calando poco a poco entre los oyentes. Para unos era un loco que lo cantaba todo, hasta la cartelera de los teatros, y para otros un locutor extraño y original que traía a la SER una nueva manera de hacer radio. Creo que *Cita a las tres con tres* fue una de las páginas más atractivas e inolvidables de toda mi carrera, porque fue mi primer programa en Radio Madrid, y los primeros programas, como los primeros amores, son difíciles de olvidar.

El gran musical comenzó con buen pie. Elegimos la discoteca Cassette, que estaba en la calle Hilarión Eslava. Convocamos a los oyentes con una selección de cuñas locas y provocativas, que serían luego una de nuestras señas de identidad. Se colapsó la Gran Vía para la recogida de entradas. Aquella era una señal inequívoca de que habíamos acertado al poner en marcha el proyecto. El primer invitado fue Víctor Manuel, que entonces estaba en la cúspide de su popularidad. La discoteca se llenó. El ambiente era de día grande. Con Joaquín Luqui como compañero de fatigas, iniciamos una nueva etapa de *El gran musical* que iba a durar muchos años a pleno rendimiento. Disfrutamos como nunca aquella mañana de domingo, rodeados de fans que gritaban y coreaban las canciones que íbamos presentando. Los anuncios eran, también, parte importante del espectáculo. Comenzamos con Málaga Virgen. Tenían un *jingle* cantado que querían hacer popular. Y pensamos que la mejor manera de conseguirlo era pidiéndole a la gente que lo compartiese con nosotros. Era una locura escuchar a más de 500 personas cantar aquello de «Málaga virgen, en tu copa, el sabor de la amistad». Con aquel *jingle* me di cuenta de que había nacido la publicidad coral, que unos años más tarde se consagraría definitivamente en *Carrusel deportivo*. Pero antes tenían que ocurrir todavía muchas cosas.

—Pepe Domingo, soy Tomás Martín Blanco. Te llamo para darte una gran noticia. Te acaban de conceder el premio Ondas por *El gran musical.* Enhorabuena.

Había sonado el teléfono en la mitad de la tarde. Las palabras de Tomás me produjeron un estallido imparable de euforia. Cuando luchas por algo y en esa batalla tienes que poner a prueba tu capacidad de aguante y de paciencia, siempre esperas que la vida te compense de alguna manera. Mis cinco años en Radio Centro, mis vaivenes en televisión, la llamada de la SER, mi apuesta por la recuperación de *El gran musical,* la revolución de *Cita a las tres con tres,* las tremendas palabras de aquel director de Radio Galicia, mi viaje de regreso a Madrid con el orgullo destrozado, el ir y venir de emisora en emisora haciendo méritos para conseguir una oportunidad, las largas horas de grabaciones para la ONCE que me ayudaron a no morirme de hambre, las noches muertas en una pensión compartida bebiendo esperanza y futuro con Sixto y con Javier, el viaje a Madrid en el tren de la lluvia, todo lo di por bien empleado cuando escuché la voz emocionada de Tomás al otro lado del teléfono. El premio Ondas es el premio al que aspiramos, al menos una vez en la vida, todos los que nos dedicamos a la radio, es algo así como la confirmación de que lo has conseguido. Habían pasado ocho años desde mi llegada a Madrid. Por fin, iba a tener en mi poder la estatuilla soñada, que era como el Óscar de la radio. La tarde se convirtió en un torbellino de llamadas. Todas las emisoras querían saber algo más de mi historia. En la SER hicieron un programa especial y estuve en directo contestando a todas las preguntas de la audiencia. Tuve que contar mi vida y mi peripecia profesional varias veces a distintos públicos. El premio Ondas tenía una trascendencia brutal en todos los medios. Y que lo consiguiera por un programa musical le añadía un poco más de morbo al premio. Aquella noche, cuando llegué a mi casa de soltero convencido —llevaba varios años separado de María Luisa— y disfruté de la soledad de mi apartamento en silencio, me acordé de mi padre, que no había podido sentir lo que sentía yo en aquel momento. Mi padre se había ido en el año 1968 cuando aún no le había dado tiempo a vivir todo lo que merecía. Pensé en mi madre, que a estas horas sería la madre más orgullosa del mundo. Esa tarde, cuando hablé con ella, rompí a llorar como un niño porque sabía lo que este premio significaba para ella y para toda la familia. Pensé en mis hermanos, todos como una piña siempre para empujar mis ilusiones un poco más allá. En mis compañeros de trabajo, sin cuya colaboración sería imposible llegar a donde lo había hecho. En Tomás Martín Blanco y Rafael Revert, que hicieron suyos mis deseos de recuperar *El gran musical.* Había sido un día agotador y me dormí profundamente con el premio Ondas encendido en las cuatro esquinitas de mi cama. En la calle ya estaba el otoño jugando con las hojas y el calendario de la vida había puesto un año más en mis ojos de radio.

26

Viste pantalón vaquero y la camisa de cuadros. Tere entra en mi vida: la verdad más pura de mis verdades

—¿Por qué no grabamos un disco, Pepe Domingo? Ahora sería un buen momento, con lo de *El gran musical* y *Los 40 principales.* Tendríamos dos estupendas plataformas para lanzarlo y sería un éxito seguro.

—No sé, no estoy muy seguro. No quiero que me pase lo que a todos los locutores de radio que han grabado discos, que han fracasado todos.

—Fracasaron porque no eligieron bien las canciones y grabaron lo primero que les ofrecieron. Por eso no triunfaron.

—Puede ser. Tengo que pensarlo. Y si algún día me decidiese a hacerlo, tendría que ser con una canción muy buena y comercial, que me asegurase el éxito.

—Vale, vale. Piénsatelo, pero en Belter estamos dispuestos a apoyarte si decides grabar tu primer disco.

Estábamos en 1976. Belter era la gran casa de discos de la música popular de entonces. En ella estaban triunfando grandes estrellas de siempre como Manolo Escobar, Víctor Manuel, Los Albas, Emilio José, Conchita Bautista, Salomé y una larga lista de nombres. En competencia directa con el resto de compañías discográficas, Belter se había especializado en la música pop de consumo rápido y de claro objetivo comercial. La voz de Aniano Alcalde, jefe de promoción de la compañía, era la voz de un buen amigo que estaba deseando tenerme entre sus objetivos de lanzamiento. Era un veterano trabajador de la música, había formado con su hermano un dúo llamado Los Españoles con cierta repercusión mediática gracias a la canción *Maldita.* Como compositor, había triunfado en Eurovisión componiendo el *Vivo cantando* para Salomé. Aniano tenía cierta ascendencia entre el núcleo duro de Belter y sus opiniones eran muy tenidas en cuenta a la hora de decidir los lanzamientos de nuevas figuras de la canción. Mi trabajo en la radio había propiciado una relación entrañable con él y eran ya una tradición gastronómica nuestras cenas en el restaurante La Toja, en las cercanías de la plaza Mayor, con un menú siempre repetido a base de langosta, centolla y merluza a la gallega, todo regado con un buen vino de Meder de gran categoría, que convertía en inolvidables nuestras cuchipandas. Aniano sabía que me gustaba cantar, que cuando era un chaval acostumbraba a subir al escenario en el que actuaban las orquestas de las fiestas populares de mi tierra y entonaba alguna canción con ellos con mucho éxito entre el público; sabía que en mis programas ponía música a todos los anuncios y seguramente por todos estos motivos me animaba constantemente a grabar mi primer disco, porque estaba seguro de que gracias al progresivo aumento de mi popularidad en radio y televisión, sería un bombazo espectacular de difusión y ventas. Me presentaron una lista interminable de posibles canciones para mi lanzamiento, pero no me gustaba ninguna. Tenía que ser una canción total, la que nada más escucharla sabes que va a pegar. Al cabo de varios días, la llamada de Aniano despejó todas mis dudas.

—Me acaba de decir Emilio José que tiene una canción para ti, que es muy buena y muy comercial.

Emilio José se había convertido en un gran amigo mío desde la presentación de su primer disco en Madrid y ya empezaba a asomarse a las listas de superventas. Compartíamos amigos y conquistas en aquel Madrid abierto a todo. Me alegró mucho saber que había compuesto una canción para mí y estaba deseando escucharla. Emilio estaba emocionado cuando me la presentó y me dijo que él era el autor de la música, pero que la letra era de mi hermano Fernando, al que yo había traído a Madrid para que se abriese camino y, al tiempo, me echase una mano en aquella locura de trabajo en que se había convertido mi día a día. Algo había oído de la colaboración musical entre mi hermano y Emilio, pero aquella era una prueba inequívoca de que había dado sus primeros frutos.

—Es letra de tu hermano Fernando, con el que sabes que estoy componiendo canciones últimamente, y música mía. Se titula *Neniña* y creo que va a ser un tiro si la grabas.

Está hecha pensando en ti. Creo que está dedicada a una novia suya de Carballo, en tu tierra.

Las palabras de Emilio presagiaban lo mejor. Cuando sonaron los primeros compases ya me di cuenta de que aquella canción tenía futuro. Según fui avanzando en la escucha, fui convenciéndome más y más. Era un tema increíblemente comercial, muy bello, con un contenido intenso y atractivo en la letra y con un estribillo que se quedaba en cuanto lo escuchabas. Me gustó tanto que inmediatamente les dije que sí, que aceptaba la propuesta de Belter para grabar mi primer disco. Aplaudimos todos unidos por la euforia del momento y brindamos juntos por el éxito de aquella canción. La compañía preparó un contrato a toda prisa para que no se diluyera mi ilusión de grabar, me entregaron una copia del tema para que me lo fuera aprendiendo y fijamos una cita para grabar una maqueta y comprobar cómo sonaba en mi voz la canción elegida. Todo el engranaje mágico del inicio de una carrera musical como la mía se puso en marcha en aquel instante y ya no había vuelta atrás. Estaba metido hasta el cuello en otra aventura que me tentaba mucho, pero que no iba a ser nada fácil.

Los días siguientes me los pasé repitiendo aquel estribillo tan pegadizo de «Viste pantalón vaquero y la camisa de cuadros» hasta que me lo aprendí de memoria y lo adecué a lo que yo creí que era mi estilo. Hicimos varias pruebas, varios arreglos que no llegaron a convencernos del todo, hasta que Emilio decidió que lo mejor era grabarlo en los estudios de Belter en Barcelona, con los arreglos del maestro Moraleda, que fue quien mejor entendió el ritmo, la cadencia y el estilo que debía tener la canción. Hasta Barcelona nos fuimos con la certeza de que estábamos en camino hacia algo grande. La grabación no fue fácil. Era la primera vez que entraba en un estudio y los nervios me jugaron la primera mala pasada de mi carrera de cantante. Me costó acostumbrarme a aquel estudio vacío, a ir cantando mientras en los auriculares sonaba la música del arreglo, no conseguía soltar la voz... Llegué a pensar que no sería capaz de lograrlo y que se me iba a morir la gran oportunidad por mi culpa. Gracias a unos copazos de chinchón dulce que Aniano y Emilio me trajeron de una taberna cercana al estudio, me fui tranquilizando y aquello empezó a funcionar. Tardamos bastantes horas en conseguirlo, pero al fin, después de muchas vacilaciones y aplazamientos, la canción estaba lista para su lanzamiento. La escuchamos varias veces y todo el grupo estuvo de acuerdo en que *Neniña* iba a ser mi primer número uno en el difícil mercado de la música pop. El lanzamiento aún se aplazaría un tiempo porque había que preparar todos los detalles y encontrar la fecha adecuada. Calculamos uno o dos meses, tiempo suficiente para diseñar una portada atractiva y poner a punto la promoción que necesitaba un lanzamiento de categoría. Lo importante era que otro de mis grandes sueños se estaba haciendo realidad. Supongo que los vecinos de algunas calles de Barcelona se despertarían preguntando por qué dos locos borrachos se habían empeñado en vestir el amanecer con pantalón vaquero y camisa de cuadros.

Mi vida era un torbellino total. La radio había sido una explosión de triunfo, en la tele me habían ofrecido presentar un programa musical muy atrevido que se titulaba *A todo ritmo* y acepté encantado. No fue un gran éxito, duró 13 semanas, pero aquellas apariciones mías en un programa de gran categoría como aquel, en horario estelar en la primera cadena, catapultaron mi figura por todo el país. Estaba en el apogeo de mi ilusión, tenía casi todo aquello por lo que había luchado, me recibían en todas partes con esa sonrisa de admiración que despiertan los famosos de verdad. Nuestras noches de juerga empezaban siempre en el mismo lugar, una discoteca que estaba en el Madrid más puro, en el barrio de Chueca, la discoteca Long-Play, en la que nos reuníamos diariamente todos los que teníamos algo que ver con la música y el espectáculo. Paco Santos, el dueño de la sala, el gran mecenas de todos nosotros y al que muchos le debemos gran parte de nuestros logros profesionales y personales, propiciaba aquellas reuniones y participaba con nosotros en múltiples eventos musicales, que fueron convirtiendo la discoteca en una de las más populares y bulliciosas de Madrid. Ligar no era difícil para ninguno de nosotros y aprovechábamos cualquier oportunidad para presumir de rompecorazones ante nuestros colegas. La verdad es que sería larguísima la lista de mujeres a las que les dije «te quiero» sin saber realmente lo que estaba diciendo. Una tarde, cuando estábamos en pleno trajín de conquista, la entrada de tres personas en la sala paralizó nuestros escarceos amorosos. Era mi amigo coruñés Manolo Roca, empresario de discotecas famosas en mi tierra gallega, llegando en compañía de dos mujeres jóvenes y espléndidas, una de ellas morena y la otra una rubia espectacular que se llevó mi mirada de asombro y de deseo en cuanto la vi.

—¿Habéis visto qué mujer viene con Manolo Roca? Amigos míos, esta vez va de verdad. Creo que acabo de ver a la mujer de mi vida.

Mis palabras, tantas veces repetidas cuando conocía a una nueva posible conquista, fueron recibidas con la habitual incredulidad por mi pandilla juerguista. Pero algo dentro de mí se activó cuando Manolo Roca me presentó a aquella belleza. Era muy linda, alta, de cuerpo perfecto, la cara redonda y hermosa, destilaba ternura y encanto. Por un instante no supe qué decir. La miré como se mira lo que más se desea. Cuando la saludé con dos besos fugaces en sus mejillas suaves, su olor se me metió en el cuerpo y me hizo temblar. Me enamoré locamente en cuanto apareció ante mí aquella tarde. Tan grande fue la atracción de aquella mujer que no pude reprimir mi curiosidad e hice un aparte con mi amigo.

—¿Esta chica tiene algo que ver contigo, Manolo?

—No, solo es una amiga, que es modelo, se llama María Teresa, la conozco de La Coruña y me acompaña solamente para ayudarme a elegir la decoración de un local nuevo que voy a montar.

—Me ha impresionado de verdad. Me alegro de que no tenga nada que ver contigo, porque creo que acabo de conocer a la mujer de mi vida. Y esta vez no es coña.

—Ay, Pepiño. Me has dicho tantas veces lo mismo que ya no te creo nada.

—Puedes creerme, Manolo. Estoy enamorado como un loco y acabo de conocerla. El problema es que me tengo que ir a la radio ahora mismo hasta las once de la noche. Te propongo un plan, os invito a cenar a los tres en La Gran Tasca de la calle Ballesta, que está al lado de la radio, y cuando termine el programa me incorporo a la cena y a ver qué pasa.

—Vale, Pepe. Nos tomamos una copa aquí y luego te esperamos en La Gran Tasca. Te va a costar unas angulas...

Me fui a la radio con el corazón en carne viva. Solo pensaba en ella. Solo pensaba en aquella María Teresa que el azar había colocado en mi vida y que me había robado el alma. Pensaba en ella cada minuto mientras iba presentando discos como un autómata. Cuando Manolo me confirmó que era gallega, de La Coruña, me emocioné, porque siempre había soñado con conocer a una mujer como aquella, que fuera gallega como yo y que rompiese todos mis esquemas de vida. Pasaron las horas a velocidad de deseo. Llegué al restaurante con la felicidad escrita en mis labios y en mis ojos. Me senté frente a ella y la miré fijamente, embrujado por aquel rostro perfecto de mujer. Noté que ella me miraba también con una mezcla de curiosidad y de confianza. Nuestro primer cruce de miradas fue la confirmación de que estaba en lo cierto, acababa de conocer a la mujer de mi vida. Nos caímos muy bien, nos reímos, disfrutamos, bebimos, charlamos, recordamos nuestra tierra... Fue una noche mágica y eterna. Cuando terminó la cena, regresamos a Long-Play y yo creo que ya había nacido algo entre nosotros. El flechazo había sido total y compartido. Estuvimos disfrutando y tonteando hasta las cercanías del amanecer. En el momento en que tenían que irse al hotel, Manolo, sigilosamente, se fue con su otra acompañante y nos dejó solos en la madrugada. La invité a tomar la última en mi casa, subimos a mi coche y nos fuimos hacia mi apartamento en Arturo Soria, a beber juntos las últimas horas de un 23 de febrero de 1976 que había entrado en nuestras vidas para siempre. Lo que pasó después fue lo más grande que le puede pasar a un hombre. Desde aquella madrugada, fuimos el uno para el otro y nos amamos locamente hasta hoy, en el instante en que la felicidad emerge, en cada palabra, desde lo más profundo

Tere y yo con Lucio, su hija Mari Carmen y José Tomás.

de mis sentimientos. Toda la vida le estaré agradecido a mi amigo Manolo Roca por haber entrado aquella tarde en Long-Play y por presentarme a la mujer que iba a convertirse en la pasión más fuerte de mis pasiones y en la verdad más pura de mis verdades.

27
La prensa del corazón. Sobre amigos y decepciones

Aquel año 1974 mi vida era una diaria sensación de felicidad casi completa. Mi primer año en la SER me había situado en la cresta de todas las olas —las de la radio, las de la música, las de la farándula— y mi nombre se asomaba, todavía tímidamente, a las páginas edulcoradas de las revistas del corazón como antesala de lo que luego había de venir. Colaborar en la revista *¡Hola!*, con una sección musical en la que comentaba, a mi manera, la actualidad de cantantes y canciones me había situado en una posición destacada dentro del mundillo artístico de aquel Madrid que derrochaba alegría, buen humor y ganas de vivir.

En aquel año había comenzado a escribir una página musical en la revista *Diez Minutos*. Su director, Javier Osborne, un gran tipo con unas cualidades innatas para el negocio editorial del corazón, me pidió que escribiese algo semanal sobre cantantes, canciones, listas de éxitos e interioridades de la farándula musical. Elegí el mismo título del recordado programa *Discoparada*, con el que me había dado a conocer en el mundillo desde Radio Centro. Me hacía ilusión aprovechar mis contactos en la radio con *El gran musical* y *Los 40 principales* para ir tomando nota de todo lo que se cocía en aquellos tiempos de efervescencia musical a todos los niveles. Me encantaba la música, y hablar sobre ella y sus protagonistas en una revista de gran tirada nacional supuso para mí subir un escalón más en la culminación de mis sueños. Eran tiempos gloriosos para la música española. A mí me gustaban, sobre todo, los románticos, entre ellos Camilo Sesto, una voz con una sensibilidad única; Julio Iglesias, ya lanzado a toda velocidad a la conquista del mundo; Alberto Cortez, que llegó desde Argentina para darle a la canción grandes dosis de calidad y trascendencia; Joan Manuel Serrat, el dios irrepetible de la canción de todas las vidas; Víctor Manuel, con el que inauguramos en la discoteca Cassette el nuevo *Gran musical* en las locas mañanas de los domingos; Roberto Carlos, un brasileño intimista y brutal que convertía en éxito todo lo que cantaba; Juan Pardo, que fue capaz de llevar la canción en gallego a las listas de ventas varias veces; Raphael, número uno en giras y conciertos que sus fans convertían en acontecimientos diarios; Miguel Ríos, el rey de todos los rockeros de aquella época... También estaban entre mis debilidades Emilio José, José Luis Perales, Nino Bravo, Carlos Cano, Joaquín Sabina, voces intensas de gran calibre que sonaban a todas horas en los programas donde la música era el contenido esencial. Entre ellas, por encima de todas, Mari Trini, cuyo tema *Amores* aún me sigue pareciendo una de las mejores canciones de la música española en toda su historia; Rocío Jurado, un prodigio de voz y personalidad que con Manuel Alejandro se hizo todavía más grande; Cecilia, que un día se nos fue para siempre con las botas puestas, y dejó para la historia canciones inolvidables; Ángela Carrasco, que hizo de su interpretación de María Magdalena en *Jesucristo Superstar*, junto a Camilo Sesto, una rampa de lanzamiento hacia el triunfo total. Nombres y más nombres que se amontonan en mi hoja de recuerdos y que entraban y salían de mi *Discoparada*, la sección musical que la revista *Diez Minutos* catapultó hacia la fama.

El éxito de esta página despertó la curiosidad de la revista *¡Hola!*, líder indiscutible en aquellos años en la prensa del corazón. Un día recibí una llamada del gran don Antonio Sánchez, dueño y director de la revista, y me propuso dejar mi colaboración en *Diez Minutos* y firmar una página para su publicación. Escuchar el nombre de *¡Hola!* y empezar a sentir temblores de emoción era inevitable. Nos reunimos y llegamos fácil y rápidamente a un acuerdo. Era importante cambiar el título de la página para que no tuviera ninguna relación con lo anterior. La llamamos *Disco verde* y de esa manera tan sencilla empecé a firmar cada semana en la mejor revista de España. Como no me lo esperaba, fue doble la felicidad, y a las pocas semanas me di cuenta de lo que significaba tener una sección musical en aquel *¡Hola!* que llegaba a todas partes y que era algo así como el sanctasanctórum del corazón mundial. Todo iba viento en popa, algunos cantantes agradecían mis comentarios cuando eran elogiosos, pero, por el contrario, no sabían encajar mis críticas sinceras y supongo que también apasionadas a la hora de juzgar la calidad de una canción. Me había propuesto ser justo y puntilloso a la hora de repartir elogios y palos. En cierta ocasión, después de algunos años firmando este *Disco verde*, me propuse denunciar lo que hacían algunos ayuntamientos entonces gobernados por el PSOE. Había llegado a mi poder un comunicado de algunos del departamento de prensa del partido en el que se recomendaba la contratación para las actuaciones de las fiestas patronales de cantantes afines al PSOE; entre ellos estaban Miguel Ríos, Víctor Manuel, Serrat, Luis Eduardo Aute, entre otros y otras. La publicación de mi comentario sobre este tema tan espinoso, pero al mismo tiempo tan claro, provocó un aluvión de comentarios y fue reproducido, casi siempre sin citar el medio que lo había publicado, en varios periódicos y revistas, y no precisamente de contenido musical.

—Pepe, está en la sala de espera Luis Eduardo Aute, dice que quiere hablar con usted y está muy excitado.

Era la voz del ordenanza anunciándome una visita inesperada.

—Que pase, que pase.

Y apareció Aute con los ojos inyectados en sangre, moviendo los brazos como las aspas de un molino humano, caminando a toda velocidad por el pasillo que llevaba hasta los despachos de la SER.

—Te voy a matar, cabrón de mierda. Te voy a matar... Eres un hijo de puta... Y vas a pagarlo...

A continuación se abalanzó sobre mí con intención de pegarme y todos los que estaban mi lado lo impidieron, aunque les costó mucho trabajo detener a aquel hombre fuera de sí, que había venido a la radio a ajustar cuentas conmigo por aquel comentario publicado en *¡Hola!* en el que él estaba involucrado. Me pareció todo muy desmesurado: creo que mi critica no era para tanto, pero a veces las verdades duelen más de lo normal y se producen reacciones que tienen más que ver con una pataleta que con la defensa de la verdad. Lo que yo había publicado era cierto, tenía las pruebas fehacientes de que no había mentido. Y que Aute viniera a la radio a pegarme era una muestra más de que el tema había escocido, y mucho. Se armó un buen revuelo durante unos minutos muy tensos. Intenté aplacar la furia de Aute con buenas palabras, pero era imposible, seguía empeñado en tomarse la justicia por su mano. Al final, entre todos le convencimos para que se fuese por donde había venido y, mascullando improperios y amenazas, abandonó la radio. Pasaron algunos meses y pensé que era mi obligación intentar arreglar las cosas con Aute, un cantautor al que admiraba por su valentía y su especialísima forma de cantar y componer. Se puso al teléfono muy tranquilo y relajado, charlamos durante un buen rato, hasta me pidió perdón por haber irrumpido de manera violenta en mi lugar de trabajo, quedamos para hacerle una entrevista en mi programa de la mañana *Viva la radio,* y las palabras arreglaron un enfrentamiento que no pasó a mayores. Luego, con el paso de los años, solíamos recordar con una sonrisa aquel incidente y hasta llegamos a estar un poco más cercanos que antes.

Pero volvamos, después de esta peripecia escandalosa, a aquel año 1974, en el que la música era el gran motivo de mi vida.

—Pepe Domingo, soy Jimmy Giménez-Arnau. Te llamo porque quiero ofrecerte algo relacionado con la música que te puede interesar.

—Hola, Jimmy, encantado de saludarte. Tú me dirás.

—Acabo de sacar a la venta un nuevo periódico llamado *El Indiscreto Semanal,* es un periódico semanal de gran formato en el que intento analizar, con toda la crudeza posible, el mundo del famoseo y de la música y he pensado que tú podrías ser la persona que se encargase de sacar a la luz los secretillos de los cantantes famosos en una página semanal. ¿Qué te parece?

—Eso de «con toda la crudeza posible», ¿qué quiere realmente decir?

—Pues que no quiero que sea una publicación clásica más, con fotos bonitas y comentarios edulcorados, quiero carnaza, quiero asuntos serios y polémicos, quiero guerra. Y te voy a pagar bien, Pepe Domingo.

Lo de «te voy a pagar bien» me sonó a gloria, pero la polémica y la carnaza informativa no entraban en mis cálculos profesionales de entonces. Al final, lo primero primó sobre lo segundo y le prometí a Jimmy que lo estudiaría y que le contestaría en unos días. Aquella era una buena oportunidad para ganar un buen dinero y el hecho de conocer profundamente el mundillo musical me garantizaba la búsqueda de temas con suficiente gancho para aquel tipo de publicación. Jimmy ya era un personaje muy conocido y polémico de la farándula de aquellos años locos por su matrimonio con la nieta de Franco, Merry Martínez-Bordiú, y solía aparecer, un día sí y otro también, en las grandes revistas del cotilleo nacional. Trabajar para él era el mejor camino para seguir creciendo en popularidad en un ambiente difícil al que solo accedían los elegidos. Y pensé que, si además me llevaba un buen dinero, mataría varios pájaros de un solo tiro.

Una de aquellas noches en las que seguía sopesando los pros y contras de aquel ofrecimiento laboral de Jimmy, me llamó mi amigo Felipe Campuzano, un andaluz de cuerpo entero, gran pianista y mejor persona, para invitarme a cenar. Felipe tiene ese poder de convocatoria excepcional que tienen los andaluces que ejercen como tales, simpáticos, graciosos, alegres, comunicativos y, sobre todo, buena gente. Cenar con él era garantía de pasar un buen rato. Yo le admiraba de verdad, porque había escuchado un disco sensacional dedicado a cada una de las provincias de su tierra y una de aquellas melodías, *Las Salinas,* me parecía lo más hermoso que se había escrito en los últimos años en la discografía española clásica de verdad. Escuchar a Felipe Campuzano al piano, interpretando cualquiera de aquellas melodías andaluzas, era un lujo del que disfrutábamos sus amigos en las grandes noches de juerga que jalonaban nuestra vida en aquellos años en los que solo pensábamos en aprovechar la vida al máximo.

—Tienes que decirle que sí a Jimmy. Es una oportunidad estupenda para desenmascarar a tanto miserable que tenemos en el mundo de la música. Y yo te voy a dar temas y te voy a ayudar en todo lo que pueda.

Felipe siempre había sido un inconformista y en sus declaraciones no dejaba nunca de arremeter contra los responsables de la industria del disco. Que si se aprovechaban de los artistas, que si los engañaban en la firma de los contratos, que si se quedaban con la parte más grande del pastel... Felipe nunca tuvo pelos en la lengua y en los ambientes discotequeros de aquellos años su nombre era sinónimo de polémica y libertad. No era extraño, pues, que me animase a aceptar la oferta de Jimmy Giménez-Arnau con todas las consecuencias que eso conllevaba. De esa manera tenía un canal de denuncia contra todos los que pirateaban en la industria del disco y la contratación de actuaciones de los artistas españoles.

Durante la cena, Felipe me enseñó unos documentos comprometedores para la SGAE y algunos de sus socios, animándome a publicarlos en mi primera colaboración para *El Indiscreto Semanal* de Jimmy. Eran unos documentos tremendos, en los que se demostraba, con datos, cifras, cantidades y nombres, lo que estaba ocurriendo con el cobro de los derechos de autor. Autores que no sonaban en ninguna emisora, que no figuraban en ninguna lista de éxitos, que no eran conocidos por el gran público, se lucraban con esos derechos y lo hacían publicando unos discos que no se vendían en el mercado y que los susodichos entregaban a sus amiguetes de las salas de fiestas, pubs y discotecas para que los incluyesen en la lista de autores y de esa manera cobrar los derechos de algo que en realidad no existía. Eso ocurría en Madrid y en algunas otras ciudades, y la documentación demostraba claramente la magnitud del engaño.

—Mira, Pepe, estos dos nombres. En Madrid, un tal Lauren Vera, a quien tú no conoces siendo, como eres, uno de los hombres que más discos pone en este país. Este señor cobra una burrada de la sociedad de autores y no le conoce nadie, no tiene discos publicados y no está en ninguna lista. Y este otro, de Galicia, Manuel Mirás, igual que el anterior. Graba unos discos horribles con el nombre de un supuesto, grupo, Mirman's y cobra también una millonada de la sociedad de autores en tu tierra. Y como estos dos hay muchos más, pero puedes empezar por desenmascarar a estos y luego ya vendrán los otros. Va a ser un escándalo, pero alguien tiene que hacerlo. Y tú, aceptando la oferta de Jimmy, puedes ser el que tire la primera piedra.

El escándalo, en efecto, podía ser mayúsculo. Sin duda, era un buen tema para empezar mi colaboración con Jimmy como él quería, levantando polvareda, armando ruido y creando polémica.

—Jimmy, voy a aceptar tu oferta, pero con una condición: que me apoyes en todo lo que publique; pueden ser temas muy complicados y quiero que judicialmente os atengáis a las consecuencias.

—Eso está hecho, Pepe, firmaremos un contrato y pondremos una cláusula en la que figure nuestro apoyo legal a lo que publiques con nosotros. ¿Tienes pensado ya qué vas a hacer?

—Tengo ya un primer tema que va a ser la leche. Vamos a armarla gorda. Tiene que ver con el lío de los derechos de autor.

—Pues fija un día para vernos, escribe ese artículo y lo vemos juntos. Me alegro mucho de tenerte entre nosotros, te admiro mucho y creo que vamos a entendernos muy bien.

Todo pasó muy rápido. Nos reunimos, a Jimmy le pareció un bombazo mi primera colaboración, los abogados de la empresa estudiaron las posibles repercusiones y, con las pruebas fehacientes que teníamos, no vieron ningún problema legal en su publicación. El reportaje apareció a toda página en aquel periódico de gran tamaño, que rompía con todos los moldes existentes en las publicaciones españolas. «Escándalo en la SGAE» era el titular de la portada de aquel número del *Indiscreto Semanal* que se vendió a velocidad de polémica y con el que debuté en el circo de las guerras mediáticas. Los nombres de Lauren Vera y Manolo Mirás figuraban en la lista de ganancias de la sociedad de autores con unas cantidades desorbitadas en comparación con las grandes estrellas de la venta de discos, que ganaban mucho menos que aquellos farsantes. Todo estaba bien justificado con la propia documentación de la SGAE y la repercusión fue brutal. Las emisoras de radio, la televisión, la prensa diaria se hicieron eco del reportaje y me pasé varios días de entrevista en entrevista tratando de explicar los motivos que me habían llevado a publicar aquella historia.

—Muy bien, Pepe, muy bien. La hemos armado gorda. Ahora hay que estar preparados para la reacción de la SGAE y de los dos denunciados, porque seguro que te van a demandar. Habla con Jimmy del tema para que te apoyen si aparecen las denuncias, que seguro que van a aparecer.

Y vaya si aparecieron. Como me había anunciado Felipe Campuzano, a los pocos días de la publicación de la bomba, me llegó una comunicación del juzgado con una denuncia de Lauren Vera y otra de la SGAE, pidiéndome daños y perjuicios. En cuanto llegó, se la trasladé a Jimmy y me quedé petrificado cuando escuché su respuesta:

—Bueno, ya sabes lo que son estas cosas, demandan al periódico y también demandan al autor del artículo. Nosotros bastante tenemos con ocuparnos de nuestra demanda, tú tendrás que ocuparte de la tuya, pero no te preocupes, que la tienes ganada con los datos que figuran en el reportaje. Si quieres, te recomiendo un abogado.

Me dio un vuelco el corazón cuando escuché estas palabras y entonces me di cuenta de que las cláusulas de un contrato no sirven para nada cuando las personas que las firman carecen del más mínimo sentido de la responsabilidad. Se me vino el mundo encima porque nunca había tenido ningún problema legal de este tipo y uno siempre imagina lo peor. Me arrepentí al instante de haber aceptado el ofrecimiento de Jimmy Giménez-Arnau y llegué a pensar que me estaba bien empleado por haberme metido en terrenos pantanosos por los que nunca había transitado.

—No te preocupes, Pepe. Te apoyaremos en todo. Conozco un abogado que te va a echar una mano y que te va a ayudar a ganar, se llama Doroteo López Royo, es mi amigo y un abogado excelente.

Lo que dijo Felipe Campuzano se cumplió y Doroteo López Royo se encargó del caso, me apoyó en todo y me prometió que saldría absuelto y que no iba a pasar nada, pero, eso sí, había que pagar una fianza de 150 000 pesetas. Hablamos con mi banco de entonces, y, gracias a mi contrato reciente con la SER, firmaron la fianza y la denuncia siguió su curso.

Una mañana, me encontraba en el bar La Gaditana, al lado de Radio Madrid, con el equipo de mi programa de radio y apareció un hombre con un perro enorme. Me miró fijamente a los ojos y con el perro a punto de saltar, me amenazó con soltarlo. Le reconocí al instante, era Lauren Vera, uno de los denunciados en mi artículo, y buscaba venganza. Estaba fuera de sí, me llamó indeseable, mala persona y no sé cuántas cosas más, y en un momento dado, hizo ademán de azuzar al perro para que fuese a por mí. Antes de que eso ocurriera, mi amigo Boni, hijo del dueño de la cafetería, cogió un cuchillo de cortar el jamón, saltó sobre el mostrador y se enfrentó a Lauren Vera.

—Como sueltes el perro a mi amigo Pepe, te rajo, gilipollas. Vete de aquí y no vuelvas nunca más.

Debieron de impresionarle las palabras y, sobre todo, la cara amenazante de mi amigo Boni porque detuvo al perro, me lanzó una de esas miradas que taladran el alma, y se fue mascullando amenazas, para no volver nunca. No volví a ver a aquel hombre y quedará para siempre en mi recuerdo el gesto de Bonifacio de Santiago, que así se llamaba el hijo del dueño de aquella Gaditana de mis primeros años en la SER, cuando la vida empezaba a ser bella. Con el paso del tiempo, Bonifacio se convirtió en alcalde de Las Rozas y su nombre es pronunciado con fervor por miles de personas que agradecen su entrega durante muchos años a uno de los municipios más ricos de Madrid. De cuando en cuando nos vemos y la suya es una de esas amistades que crecen cada día, incluso en lejanía.

La denuncia siguió su curso, se celebró un juicio y tuve la ayuda inestimable de Felipe Campuzano y otros amigos de la música, gracias a los cuales la sentencia fue favorable después de varios recursos en contra. Al final, López Royo demostró lo gran abogado que era y, a pesar de que muchas puertas famosas a las que llamé para que declararan a mi favor se cerraron, ganamos el juicio, todo quedó sin efecto y nos devolvieron la razón y la sonrisa. Por supuesto, allí se acabó mi relación con Jimmy Giménez-Arnau y aquel *Indiscreto Semanal* que se fue muriendo poco a poco, como se mueren las ideas que nacen torcidas o se tuercen nada más nacer. No le guardo rencor a Jimmy, él sabrá muy bien por qué me dejó solo ante el peligro. La vida suele pagar lo bueno y lo malo que haces en su nombre. En su caso, creo que ha sido así. Y en cuanto a Felipe Campuzano, siempre tendrá un lugar destacado entre mis recuerdos buenos. Aparte de un artista incomprendido, es una gran persona y en aquellos momentos pude, gracias a él, mantener la confianza en los amigos y en la gente que te rodea. De cuando en cuando, escucho *Las Salinas* y pienso que Felipe Campuzano es una de esas personas que un mundo como el nuestro necesita para seguir creando futuro.

28
Neniña y Joaquín Prat

Creo sinceramente que aquellos fueron los años más felices de mi vida. Había conocido a una mujer única. En la radio, *El gran musical* era un acontecimiento cada domingo por la mañana y en la tele continuaban mis apariciones en *Voces a 45*, un espacio que dirigía Fernando Navarrete y que emitíamos en directo desde la discoteca Long-Play. Y además, para rizar el rizo de la felicidad, estábamos en pleno lanzamiento de *Neniña*, mi primer disco como cantante. Todo se confabulaba, afortunadamente, para que mis caminos profesionales y personales apuntasen al éxito.

—Como tú estás presentando *El gran musical* en la SER y todo el mundo lo sabe, vamos a lanzar el disco sin decir quién lo canta, porque si decimos tu nombre muchos de los presentadores de musicales de la competencia no lo van a poner. Para evitar eso, no decimos nada, les enviamos el disco con una sola canción y una vez que la vayan poniendo y se convierta en éxito, diremos que eres tú el que la canta y ya no podrán volverse atrás.

No era una mala idea la del departamento de promoción de Belter. Hacer radio y televisión al mismo tiempo y con programas destacados en ambos medios suponía que el resto de emisoras me iban a juzgar muy duramente sabiendo que era yo el que cantaba *Neniña.*

—Me parece muy bien. Si el disco suena y empieza a ser popular, ningún presentador podrá desdecirse de su primera opinión cuando se entere de que soy yo el que canto. Por mí lo hacemos así.

Todo fue muy rápido. Los discos salieron hacia los cuatro puntos cardinales de España con esa interrogante. Empezó a sonar con fuerza en todas las emisoras, las críticas eran bastante favorables, aunque siempre había algunos que ponían a parir todos los discos que caían en sus garras, y el mío no iba a ser una excepción. No sabía nadie quién cantaba aquella canción que hablaba de un pantalón vaquero y una camisa de cuadros, y eso le añadía a la promoción una parte importante de misterio que nos venía muy bien para las ventas futuras. En pocas semanas se convirtió en uno de los temas más programados en las radios musicales españolas. Y en el instante en que dijimos que era yo quien cantaba, se desataron las críticas más despiadadas. Pero el trabajo ya estaba hecho y el éxito era imparable. Entramos entre los discos más vendidos del país durante varias semanas consecutivas, llegamos al número uno de *Los 40 principales,* nos asomamos a todas las listas de ventas y los de Belter estaban entusiasmados y querían más. Preparamos a toda prisa un elepé en el que incluimos algunas versiones de temas de mi tierra, como *Negra sombra* y *La rianxeira* y, por supuesto, mi canción favorita de siempre, la que yo cantaba cuando subía al escenario con las orquestas en las fiestas de mi pueblo, *Mariquilla,* un tema original de José Luis y su guitarra, que había sido un éxito a finales de los cincuenta. Mi objetivo estaba cumplido, había grabado un disco y había conseguido colocarlo entre los más vendidos de España. No podía pedir más. Era otra anotación feliz en el calendario de mis sueños.

Mientras disfrutaba de un triunfo total en la música, seguíamos presentando a grandes estrellas en *El gran musical.* Julio Iglesias, Roberto Carlos, José Luis Perales, Joan Manuel Serrat, Víctor Manuel, Danny Daniel, Sandro Giacobbe, Camilo Sesto, Nicola di Bari, Ana Belén, Nino Bravo, Juan Bau…, todos querían actuar en directo en aquellas mañanas de domingo que alborotaban a la juventud española. Hasta que un día, en un Parque de Atracciones de Madrid completamente abarrotado, presentamos a Ramoncín, conocido entonces como El Rey del Pollo Frito. Un tipo extravagante, rompedor, iconoclasta y provocador que, en cuanto apareció en el escenario, fue recibido con una lluvia de tomates, lechugas y otros vegetales diversos, al grito de «fuera, fuera, fuera». Tan importante fue la lluvia de objetos que uno de ellos impactó en el rostro de José Luis Espinosa, uno de nuestros mejores técnicos, con la consiguiente preocupación de todo el equipo. Acostumbrados como estábamos a otro tipo de música y a otro tipo de reacciones, la provocación flagrante de Ramoncín nos confirmaba que los gustos de la gente estaban cambiando, y que lo que venía a convertirse en moda no tenía ya nada que ver con nuestra forma de entender un programa musical de radio. Habían pasado cinco años desde el primer *Gran musical*, cinco años disfrutados al máximo, pero aquella mañana tomé la decisión de dejarlo para siempre. Estaba asistiendo a un cambio de ciclo y aquel cambio no iba conmigo. Era mejor pasar el testigo a otra persona y dirigir mi camino por otros derroteros radiofónicos. No fue fácil convencer a Revert y a Tomás Martín Blanco, quienes disfrutaban de aquello tanto como yo.

—No puedes dejarlo ahora, Pepe. Si hasta te han dado un premio Ondas por el programa. Estamos en lo mejor, lo de Ramoncín es un hecho aislado. No es para tanto. Tienes que quitarte esa idea de la cabeza.

—Que no, que no hay vuelta atrás, que estoy decidido. Además, ya estaba un poco cansado de hacer siempre lo mismo y creo que me vendrá bien cambiar. Y a la SER también. Ya no disfruto como antes y cuando uno pierde la ilusión lo mejor que puede hacer es dejarlo. Creo que esto ha cambiado y no soy yo el presentador más apropiado para ese cambio.

—Prométenos que te lo vas a pensar. Y en caso de que sigas pensando lo mismo, no tendremos más remedio que aceptarlo, pero para ello tienes que darnos una solución, queremos que nos digas quién puede sustituirte para mantener la audiencia del programa.

—Ya está pensado. Voy a seguir unas semanas más hasta que encontremos un sustituto. Y como tengo que ir a México unas semanas a promocionar mis discos en América, aprovecháis para probar al nuevo, y a mi regreso decidimos qué hacer. ¿Os parece bien?

La decisión estaba tomada. Solo me faltaba encontrar una persona adecuada para presentar el programa. Pensé rápidamente en un amigo y compañero con quien había trabajado en Radio Centro. Era un estupendo presentador, sabía de música y le encantaba la radio. Seguía en mi antigua emisora y ocupaba el puesto que yo había dejado vacante cuando me vine a la SER.

—Ya tengo el nombre de mi sucesor. Se llama Pepe Cañaveras, trabaja en Radio Centro, es muy parecido a mí en su forma de entender la radio y creo que lo va a hacer muy bien. Lo probáis los tres domingos que yo voy a estar fuera de España y a mi vuelta hablamos de la solución definitiva.

Aceptaron a la primera, quizás porque no veían otro camino posible. Y de esa manera, Pepe Cañaveras se convertía en el nuevo presentador de *El gran musical.* Lo probaron durante las tres semanas estipuladas y, a mi regreso, me confirmaron que Pepe había dado la talla y que aceptaban mi cambio de rol en la cadena. Abandoné el programa con el que siempre había soñado y lo hice conscientemente y sin excesiva pena. Dejaba atrás cinco años de locura compartida, a vueltas con las fans y los artistas más destacados del mundo, y me sentía liberado. Me esperaba un futuro incierto y distinto en mi hoja de servicios radiofónicos. Y estaba preparado para ese cambio, porque tenía muy claro que los trabajos hay que desarro-

Con Joaquín Prat y mi amigo Pedro Herrero.

llarlos mientras se mantenga intacta la ilusión. Si la pierdes, no serás nunca capaz de comunicar a los oyentes tu mensaje de alegría y felicidad.

—Creo que lo mejor es que hagas algo por la mañana. Estamos preparando un cambio en los matinales y hemos pensado que tú podrías entrar ahí. ¿Te apetece hacer un magazín de mañana, con entrevistas, informativos, unidades móviles? Se trata de poner Madrid patas arriba cada mañana y creemos que tú lo puedes hacer muy bien.

Seguí los consejos de Tomás Martín Blanco y me embarqué en esta nueva aventura. Nada más y nada menos que compartir las mañanas de la SER con mi ídolo Joaquín Prat; él haciendo la parte de cadena con la increíble Carmen Pérez de Lama, y yo encargándome de la parte local. De admirar al gran Joaquín en mis años jóvenes de aprendiz de todo en Padrón, pasé a trabajar codo con codo con mi personaje radiofónico más admirado y admirable. No le podía pedir más al presente y estaba seguro de que con este cambio estaba cimentando mi futuro. Así empezó *Viva la radio*, que durante muchos años fue el escaparate vivo y palpitante de una nueva manera de entender la radio de entretenimiento y espectáculo. Había muerto el locutor disc-jockey y había nacido el locutor todoterreno. Y *El gran musical* se convirtió en un largo, hermoso e inolvidable pasado.

29
México en el corazón

El avión de Iberia vuela sobre una larga ciudad encendida que no se acaba nunca. México D. F. aparece ante mis ojos como una enorme postal iluminada. Llegar a esta ciudad mastodóntica en plena noche es un espectáculo inolvidable. Un aterrizaje suave y preciso, unos trámites complejos en los controles policiales de entrada al país y una sorpresa sonora que me rompe el alma. El sonido de un mariachi despierta mis sentimientos. Cientos de jóvenes sonrientes y felices me reciben con una pancarta en la que se lee en letras grandes «Bienvenido a México, José Domingo». De esa manera tan especial y sugestiva descubrí que Nacho Morales, el presidente de la compañía discográfica Melody, que había lanzado mis discos en México, tenía razón al anunciarme que *Motivos* era número uno en las listas de ventas. El recibimiento inesperado de los fans así lo rubricaban.

—Bienvenido a México, José Domingo, porque este es el nombre con el que te hemos lanzado. Has visto que no me equivoqué. Te dije que serías número uno y ya lo eres. Todo el mundo está deseando conocerte y darte un abrazo.

Nacho Morales era uno de los capos de la industria musical mexicana. Su compañía copaba casi siempre los números uno de las listas de ventas y audiciones de todo el país. Había venido a España a contratar artistas nuevos, le presentaron varios discos para que eligiera y, sin dudarlo, entre todos los que le presentaron me eligió a mí. No se me olvidará nunca el cheque de cincuenta mil dólares que me hizo temblar de emoción cuando me lo entregó en el restaurante O Pazo de Madrid, que dirigían mis primos Pepe Fajardo y Cuqui Giménez. Esa cantidad selló un pacto de tres años, por el que Nacho se comprometía a hacerme número uno en México en el plazo de un año. El primer lanzamiento fue *Neniña,* que se coló entre los diez primeros, pero no llegó a explotar del todo. Con el terreno ya abonado lanzó *Motivos,* que a los pocos días se convirtió en el disco más escuchado en las todas las emisoras mexicanas. Y allí estaba yo, recién aterrizado, tratando de encajar el cambio de horario y empezando a vivir una de mis mejores aventuras.

—Mañana temprano tenemos cita con Memo Ochoa, que hace un matinal de mucha audiencia. Y tienes que cantar en directo. Así que, en cuanto cenemos con la prensa que te está esperando en el restaurante, nos acostaremos pronto para estar mañana temprano en forma.

Llegamos a un restaurante muy hermoso después de sortear varios atascos imponentes por las calles del Distrito

Federal. El tráfico era peor que el de Madrid. Empezaba a comprender, después de aquella primera experiencia, que no hay nada como viajar para darte cuenta de que, a veces, más vale lo malo conocido que lo bueno por conocer. La cena en La Hacienda de los Morales fue una exhibición de cocina mexicana pura y dura desde las botanas de entrada —así llamaban a los aperitivos— hasta los tacos del plato principal, todo ello regado con las distintas salsas picantes que convirtieron la cena en un ejercicio de valentía estomacal.

—¿Y qué le parece México? —preguntaba un periodista.

—¿Cuánto tiempo va a estar entre nosotros? —me decía otro.

—¿Va a hacer gira por el país?

—¿Cómo nació *Motivos*?

Las preguntas de los periodistas rebotaban en mis oídos, que estaban tan dormidos como mis ojos. A duras penas los podía mantener abiertos. Tere, que estaba conmigo en aquel primer viaje, intentaba por todos los medios que no me viniese abajo y me pellizcaba cariñosamente para que no me durmiera. Con la voz apagada les expliqué que el origen de *Motivos* fue un poema que le escribí a mi novia Tere cuando estaba embarazada de Óscar, mi segundo hijo. El primero era Hugo, un chaval estupendo de un matrimonio anterior de Tere, al que adopté como mío y le di mis apellidos, lo que le reconocía como hijo de ambos a todos los efectos. Aquel poema se lo enseñé una noche a mi amigo Aniano Alcalde, que, en cuanto lo leyó varias veces, se comprometió a hacer una canción con el mismo título. No le di mucha importancia a aquella promesa, pero al cabo de unas pocas semanas vino a nuestra casa con una maqueta de lo que él decía que iba a ser un tiro en el argot musical. No me pareció nada del otro mundo cuando la escuché por primera vez, pero como necesitábamos temas para el elepé que teníamos en marcha, la grabamos sin sospechar que sería el bombazo en el que luego se convirtió. Los únicos que creyeron en ella fueron Aniano y Nacho Morales, quien no dudó en profetizar su éxito futuro: «Esto va a ser un bombazo, ya lo veréis. Lanzaremos primero la canción del pantalón vaquero y la camisa de cuadros, a ver qué pasa, y luego lanzaremos *Motivos,* que va a ser número uno seguro. Prepárate para venir a México dentro de seis meses, más o menos, para hacer la promoción del disco en todo el país. Es número uno seguro, seguro».

Y allí estaba yo, en un restaurante de postín, con el picante comiéndome el estómago y respondiendo a las preguntas de unos periodistas mexicanos empeñados en que les contara mi vida y milagros en mitad de una noche en la que me apetecía más dormir que hablar. Pero por un número uno valía la pena hipotecar sueños y lo que hiciera falta con tal de ganarme la simpatía de aquella gente, de cuyos comentarios dependía en gran parte mi futuro y el de la compañía con la que había firmado mi compromiso.

Superamos como pudimos el primer trance promocional de mi viaje y al llegar al hotel Presidente, un establecimiento sencillo y coqueto situado en la llamada Zona Rosa, la más distinguida de la ciudad, me detuve ante un

Actuación en directo en Miami.

cartel que anunciaba la actuación esa noche de Cuco Sánchez, uno de los grandes de la música mexicana y uno de mis ídolos de juventud. Nada más y nada menos que el gran Cuco Sánchez y en mi hotel. No podía desaprovechar la oportunidad. Y no lo hice. Con todo el sueño del mundo en nuestros cuerpos cansados, bajamos a la *boîte* y Cuco ya estaba cantando, con su voz linda y suave, ante un público que le escuchaba embelesado. Cuando cantó *La cama de piedra*, una de mis favoritas de su repertorio, le aplaudí con todas mis fuerzas. Y él me miró desde el pequeño escenario y me dio las gracias agitando su enorme sombrero mexicano. Escuchar a Cuco fue una bendición del destino y marcó la noche de entrada en un país desconocido para mí, que iba a proporcionarme, a lo largo de muchos años, las mayores alegrías musicales de mi vida. Lo que pasó durante las tres semanas que estuve en México está escrito en mi álbum de nostalgias con letras mayúsculas. Monterrey, Mazatlán, Chiapas, Mérida, Guadalajara, Toluca, Puebla, Guanajuato, Celada, Irapuato, Las Mañanitas de Cuernavaca... Todos estos lugares siguen clavados en mi memoria de detalles hermosos. Los nombres de Jacobo Zabludowsky, Guillermo Ochoa, Raúl Velasco, Angélica María, Raúl Vale, Diego Verdaguer, Juan Gabriel, José José y tantos otros, ya tienen firma de oro en el diario de las palabras y las canciones. De emisora en emisora, de canal en canal de televisión, en cada uno de los estudios que visité fui dejando un trocito de mi cariño hacia un pueblo que me entregó su amor casi sin conocerme. Dejo para el final Acapulco, porque en ese paraíso de luz y de vida disfruté con Tere de lo más grande de un amor de verdad. Por el hotel Las Brisas, con la bahía más bella del mundo como fondo, aún deben de andar los miles de besos y caricias de dos enamorados que acababan de entrar en el que sería, ya para siempre, el país de su eterna felicidad.

30

De galas por España con las Neniñas. Gracias, Vigo, por hacerme sentir un gallego de verdad

Los años setenta fueron nuestros años, los de una gran cantidad de jóvenes maduritos a los que nos faltaba tiempo para vivir y disfrutar. Eran años de música plena, de jolgorio permanente, de amores casi diarios y de cubatas intensos que alargaban las madrugadas casi, casi hasta la salida del sol. Fue en 1975 cuando la casa de discos Belter lanzó al mercado *Neniña,* la canción que habían compuesto para mí el cantante y amigo Emilio José y mi querido hermano Fernando, música y letra respectivamente. El éxito fue fulminante; en las primeras semanas de lanzamiento todas las emisoras de España programaban la canción varias veces al día y la entrada en la lista de superventas fue todo un acontecimiento mediático, porque el que cantaba era yo, un locutor entonces de moda permanente por sus programas de radio y televisión. Entrar en la lista de los más vendidos era mi gran objetivo cuando emprendí una loca aventura que habían intentado antes, sin éxito de ventas, muchos otros locutores de renombre como Joaquín Prat, Miguel de los Santos o Andrés Caparrós. Comenzaron entonces las llamadas de los representantes para empujarme, con el señuelo del buen dinero, a hacer galas en directo por toda España. Era la oportunidad para hacerme de oro, pero también cabía la posibilidad de no dar la talla en directo y encajar el primer gran fracaso de mi vida madrileña. Era un cara o cruz que me mantuvo nervioso y pensativo durante muchas semanas.

—Lo tienes que hacer, Pepe. Tienes que sacarle partido al disco. Puedes contar con mi ayuda. Estoy seguro de que va a ser un tiro. La gente está deseando escucharte en directo en un escenario, no puedes defraudar a tus fans.

Las palabras de Chema Suárez retumbaban en mi cabeza como un trueno inacabable. Por un lado, me apetecía viajar por España cantando en vivo mis canciones y respondiendo al deseo del público, pero por otro lado pensaba que no estaba preparado, que mi garganta podría no responder a tanta exigencia, que solo tenía una canción conocida en mi repertorio y ese era un bagaje muy escaso para presentarse ante el público. Chema seguía rompiéndome los oídos con sus enormes dosis de optimismo.

—Vamos a dar la campanada, Pepe. Vamos a buscar unas chicas guapas que te acompañen y, para darle más fuerza a tu canción, las llamaremos las Neniñas. Yo me encargo de elegirlas, cuatro *neniñas* guapas y espectaculares que animen al público en cuanto aparezcan en el escenario. La vamos a armar, Pepe, la vamos a armar.

En aquellos días repletos de nervios apareció en escena un chaval estupendo, Armando de Tomás, que representaba en ese momento a Paloma San Basilio y que se ofreció a compartir con Chema Suárez todo lo relacionado con la puesta en marcha de mi temporada de galas. Armando se encargaría de conseguir los contratos y Chema de ser el productor ejecutivo de los viajes y de la coordinación artística. Así nació Tábata, una agencia nueva con un hermoso nombre que iba a llevarme en volandas por toda la geografía española, de gala en gala, aprovechando el tirón de una sola canción, *Neniña,* que en esas fechas era cabecera de lista en *Los 40 principales* y uno de los discos más vendidos del país.

Cuando vi a las Neniñas me dio un vuelco el corazón. Allí estaban las cuatro; bellas, rutilantes, espléndidas. María era muy hermosa, de cara redonda y sonriente. Reina era una morenaza de ojos profundos y prometedores, muy despierta e impulsiva. Curra era la personificación de la mujer casi perfecta, un cuerpo espectacular, una cara fresca, natural y bellísima, y una gran capacidad de seducción. Y Maite, morena, profunda, sensible, de mirada triste pero seductora. Las cuatro Neniñas serían con toda seguridad, pensé, un gancho excelente para atraer público a las galas.

La siguiente tarea fue organizar un grupo musical que me acompañara, y eso no iba a ser fácil. Pero Armando era un hombre curtido en mil batallas por su relación con Paloma San Basilio, y no tardó en formar un conjunto excelente que ya hacía sus pinitos por el barrio de Vallecas, y que estaban encantados de iniciar este periplo conmigo. Con ellos estaba una muchacha negra que se llamaba Nina y que tenía una de las mejores voces que yo había escuchado en mi vida. Armando y Chema, con muy buen criterio, pensaron que necesitaba tener a mi lado una voz como la suya para no tener que llevar yo todo el peso del espectáculo. Solo faltaba el equipo técnico para poner en marcha otra de las grandes y locas aventuras de mi vida.

—Hola, Pepe, soy una gran admiradora tuya y me alegra mucho que hayas elegido a Armando para tus galas. Es un tipo estupendo y te va a ayudar mucho.

Tener a Paloma San Basilio delante de mí fue un estallido de felicidad que aceleró mi corazón. La primera vez que la había visto en la televisión, en un programa del gran Manolo Martín Ferrand, me enamoré locamente de ella, con ese amor platónico con el que nos enamoramos perdidamente de lo que no podemos alcanzar. El paso de los años fue convirtiendo aquel primer atisbo de amor en admiración por una carrera llena de éxitos y por la especialísima forma de ser de una mujer bandera como ella, que siempre me miró como se mira a la gente que se lleva en el alma. Paloma me habló de sus galas, de sus viajes, de cómo tenía que comportarme en el escenario, de los secretos para mantener la garganta caliente y sana, y de lo importante que era tener un buen sonido para que el público escuchase las canciones con toda su fuerza y calidad. Todavía le estoy dando las gracias a Paloma por aquel día en el que me descubrió los secretos de una profesión a la que yo había accedido sin saber lo que había detrás.

Después de varios meses de ensayos, de intensas veladas con las Neniñas para explicarles lo que queríamos de ellas, después de probar el sonido cientos de veces para que no fallara nada cuando llegase el gran momento del debut, tuvimos claro que ya estábamos preparados para que comenzase el espectáculo. Y fue en ese momento crucial cuando se produjo la primera gran sorpresa.

—Ya tenemos diez galas contratadas y estamos empezando. Esto va muy bien. Esto promete, Pepe. Lo malo es que empezamos en Sevilla y luego tenemos que ir a Vigo, o sea, que las dos primeras galas son en una y otra punta de España. A ver cómo lo coordinamos.

Tenían toda la razón Armando y Chema sobre la coordinación de las galas. Yo seguía presentando *El gran musical* los domingos a las 12 de la mañana en la SER, las galas estaban programadas para el sábado y tendríamos que hacer juegos malabares con los viajes para poder estar en los dos sitios sin alterar mi ritmo de trabajo. Decidimos que las Neniñas viajaran por carretera con tiempo suficiente el mismo día o el día anterior, dependiendo de la distancia, y que yo lo haría en avión el día de la gala y regresaría de la misma manera, para así poder estar a las 12 de la mañana en la discoteca Cassette de Madrid, desde donde se emitía en directo mi programa de radio. Contando con que las primeras galas eran en Sevilla y Vigo, la coordinación no era una tarea fácil.

La primera noche en el club Pineda de Sevilla, un club en el que se reunía en aquellos tiempos todo el pijerío sevillano, la recordaré siempre porque nunca he tenido tantos temblores ni sentido tanto miedo. Intentaba probar la voz y mi garganta estaba casi muda. Quería mantener la calma, pero mi corazón era una máquina acelerada. Armando y Chema intentaban calmarme con palabras de ánimo, pero yo era incapaz de escucharlos. Solo miraba al grupo y a las Neniñas y lamentaba haberlas implicado en una aventura en la que yo era el principal protagonista. Pero como ocurre siempre en las situaciones extremas, en cuanto se encendieron las luces del escenario, el grupo empezó a tocar y las Neniñas salieron a saludar el público, todo se calmó dentro de mí, me hice cargo de la responsabilidad que tenía ante toda aquella gente y entoné la canción de entrada que habíamos ensayado miles de veces, *Sweet Caroline,* de Neil Diamond, uno de mis ídolos de entonces. Mi garganta respondió perfectamente, y las canciones fueron surgiendo en medio de una hermosa noche sevillana, entre los aplausos, educados y no demasiado sonoros, de un público respetuoso pero frío, que supo agradecer mi entrega y mis ganas de caerles bien.

A la mañana siguiente, presenté *El gran musical* después de un madrugón indecente y las secuelas de la gala de Sevilla y la falta de sueño se notaron demasiado en mi garganta y ese mismo domingo supe que lo de las actuaciones iba a ser un hándicap importante a la hora de compatibilizar radio y música.

Le segunda actuación la recuerdo especialmente, sobre todo por el gran público de Vigo, que me recibió con unas grandes dosis de cariño en aquel Parque de Castrelos inmenso, en el que yo era como una pequeña hormiga en un escenario único y grandioso. En un momento dado de

Con las Neniñas, que me acompañaban en mis actuaciones.

la gala, a la que llegué por los pelos por el retraso del avión que me traía de Madrid, se me ocurrió premiar a aquel público excepcional con una canción en gallego y, empujado por la magia de la noche viguesa y el poder de seducción de Castrelos lleno de gente, entoné el *Negra sombra* a capela, con mi grupo en silencio, y saboreando cada frase del triste poema de Rosalía. En mitad de la canción, el público se puso en pie y empezó a cantar conmigo. Os puedo asegurar que fue uno de esos momentos mágicos que estará para siempre en mi memoria, miles de personas cantando conmigo *Negra sombra* en el corazón de mi tierra. Desde este pedestal de nostalgia, gracias, Vigo, por hacerme sentir aquella noche un gallego de verdad.

Luego la vorágine de la música me llevó a San Fernando, a Oviedo, a Sariñena, a Santander, a Bilbao, a Puertollano, a casi sesenta localidades de España en las que intenté demostrar a la gente que me había tomado en serio mi faceta de cantante, tanto como lo había hecho con la de la radio. Personalmente, este pedacito de mi vida me ayudó a cumplir un viejo sueño. Artísticamente, creo que los que fueron a mis actuaciones no salieron defraudados del todo. Y económicamente, tengo que confesar que fue un desastre monumental. Entre gastos de hotel y transporte de las Neniñas y sus dietas correspondientes, la amortización del equipo de sonido, lo que le pagábamos a los músicos, mis viajes de avión y la comisión de Armando y Chema, casi siempre salió lo comido por lo servido. Si hubiera seguido un año más, hubiera recogido lo sembrado en el primer año y habría ganado un buen dinero, pero preferí dejarlo —creo que con muy buen criterio— porque era imposible hacer bien dos tareas a la vez y la radio era para mí tan importante que no podía permitir que la canción arruinase un sueño que solo acababa de empezar.

31
Tiempos de cambio en la SER

El año 1985 fue un año crucial para la radio en general y para mí en particular. La Cadena SER, hasta entonces, había sido una empresa casi familiar, dirigida con un paternalismo creciente por Eugenio Fontán, un hombre de ideas claras y de buen talante, que había protagonizado la primera gran revolución radiofónica en la década de los setenta y comienzos de los ochenta. Contaba en su equipo con José María Cano, gran conocedor de los entresijos técnicos del medio, pero con pocas dotes programáticas para emprender el cambio que la radio estaba necesitando. Eugenio Fontán lo entendió así y puso en su lugar a Tomás Martín Blanco como responsable de la programación a todos los niveles. Lo que había sido una máquina de ganar dinero y audiencia empezó a perder fuerza y popularidad. La SER estaba entrando en terrenos peligrosos de dificultades económicas y poca capacidad de reacción ante la competencia. Radio Nacional había irrumpido en las mañanas con la potencia personal y mediática de un imbatible Luis del Olmo. La COPE, por su parte, entraba en la guerra con sus mejores armas tanto por la mañana como por las tardes. Los grandes capos de la SER no sabían qué hacer para detener aquella sangría de oyentes. Y, aprovechando la persistencia de la crisis, aparecieron los mesías salvadores en la persona de Jesús de Polanco y, con la fuerza económica de Prisa, se hicieron con la mayoría de las acciones de la SER mediante métodos que solo ellos conocen, y se erigieron en dueños y señores de la cadena de radio comercial más importante de España por un precio que aún hoy sigue levantando suspicacias.

Saltaron en pedazos las arcaicas estructuras de los antiguos dueños. Apareció la figura de Eugenio Galdón, que venía dispuesto a convertirse en el hombre que iba a acabar con la vieja radio apostando por una revolución de nombres y objetivos. A su lado, como inspirador intelectual de las ideas de Prisa, estaba Augusto Delkáder, un personaje sibilino y peligroso, para quien lo que la SER había estado haciendo hasta ese momento era una radio sin futuro y con muchas carencias. Dirigir los servicios informativos de la cadena era su objetivo y, en cuanto lo consiguió, la línea editorial giró totalmente hacia la izquierda pura y dura, siguiendo las directrices de su casa madre, el diario *El País.* A Tomás Martín Blanco lo mantuvieron un tiempo como figura decorativa, sin ninguna capacidad de mando ni de decisión. Era penoso ver al pobre Tomás intentando demostrar que seguía teniendo la sartén por el mango, cuando ya no tenía ni siquiera la sartén.

—Tenemos que cambiar la mañana cuanto antes. Y nada de locutores clásicos. Esto se acabó. Tienen que ser periodistas, porque esta es la radio que viene. Se acabaron las grandes estrellas. Lo que necesitamos es opinión y eso solo lo pueden dar los periodistas.

Hablaba Eugenio Galdón de la radio que querían hacer para plantarle cara a una competencia que venía pisando fuerte y amenazaba al imperio de la SER. De pronto, todos los que habíamos trabajado como locos por hacer una radio mejor, más competitiva, más divertida y más comercial no servíamos para nada frente a los nuevos nombres del periodismo que amenazaban con quedarse con todo.

—Eso está muy bien, pero los periodistas tienen que entender que trabajan para un medio no habitual para ellos como la radio. Tienen que aprender a hacer radio y no va a ser fácil.

Las palabras de Tomás Martín Blanco eran las palabras de un hombre que sabía lo que significábamos cada uno de nosotros en la historia reciente de la cadena. No se podía prescindir de ese potencial de una manera tan drástica. Galdón no estaba muy seguro de lo que podía ocurrir si ponía en manos de los periodistas todo el potencial de la radio, pero no había duda de que el cambio estaba en marcha y era ya imparable.

—Vale, vale, puede ser que los periodistas aún no estén preparados para hacer la radio que queremos, pero por algo hay que empezar. Esto tiene que cambiar. Tenemos al hombre, que es Iñaki Gabilondo, con suficiente calidad como para ser el pionero de los periodistas locutores que se hagan cargo de un programa total. Y tenemos que aprovechar este momento antes de que se nos adelanten las otras cadenas. Hay que empezar ya.

—De acuerdo —respondió Tomás—, pero creo que sería una buena idea que acompañase a Iñaki en los primeros meses alguna de nuestras voces clásicas más representativas, Pepe Domingo, Joaquín Prat, para que la transición sea menos traumática y para que Iñaki vaya aprendiendo los secretos de la radio en directo con dos profesionales del micrófono como ellos.

—No me parece mal la idea. Esa conjunción de la radio que se va y la radio que viene puede ser la fórmula ideal para que el programa triunfe y para que Iñaki se convierta en el dueño y señor de las mañanas. Habla con Pepe y con Joaquín y en unos días lo decidimos.

Así nació un programa que bautizó el gran Mariano de la Banda como *Onda Media, aquí la SER.* No era un gran nombre y se quedaba corto en su enunciado, porque se limitaba a la Onda Media, cuando la FM empezaba ya a ser la frecuencia del futuro. El programa iría desde las 8 hasta las 12 de la mañana en cadena total, con Iñaki como gran presentador y nosotros, Joaquín Prat y yo, como apoyo promocional para el gran público. Desde el principio —y así se lo dije a Galdón y a Tomás— me pareció una idea descabellada juntar a tres presentadores en la misma mesa para un programa de aquella trascendencia. No tuve otra alternativa, esa es la verdad. Y acepté, a regañadientes, pero acepté. Y el programa empezó con un gran lanzamiento.

A todas horas, las cuñas promocionales de *Onda Media, aquí la SER* citaban a la gente para la próxima puesta en marcha del gran acontecimiento radiofónico de los nuevos tiempos. Prisa, el nuevo dueño de la SER, se jugaba su prestigio con aquella apuesta.

Pronto me di cuenta de que la mezcla profesional del programa no funcionaba. Iñaki era un profesional absorbente hasta tal punto que Joaquín y yo nos pasábamos, a veces, horas enteras sin decir ni una palabra y no teníamos oportunidad de preguntar casi nunca y, cuando lo hacíamos, era con los gestos de Iñaki indicándonos que fuéramos a toda prisa. Tal y como yo preveía, aquel era el programa de Iñaki, un detalle que por otra parte no tenía demasiada importancia, pero que ponía en duda nuestra presencia a su lado como meras figuras decorativas. Solo teníamos protagonismo estelar en la publicidad, pero por entonces no era demasiado importante ese capítulo en el desarrollo del programa. Joaquín lo llevaba mucho mejor que yo, quizás porque era un hombre con una capacidad de optimismo enorme y aquello no significaba demasiado para él, pero a mí comenzó a afectarme negativamente. Era madrugar para no hacer nada, estar cuatro horas al lado de Iñaki Gabilondo como un monigote, viendo cómo pasaban las horas y mi radio se iba muriendo poco a poco. No sé si Iñaki se daba cuenta de lo que estaba ocurriendo, pero se lo dije a Tomás para que tomase cartas en el asunto.

—Bueno, bueno, no es para tanto, Pepe. No te preocupes. Es que Iñaki está nervioso, está empezando en este tipo de programas y no se ha dado cuenta de lo que pasa. Hablaré con él y a ver qué me dice.

Sé que habló con Iñaki y que este se quedó bastante preocupado por mis opiniones. Y, aunque en los primeros días intentó darnos más juego y meternos con mayor asiduidad en el programa, al poco tiempo volvió a las andadas y comprendí que tenía que tomar una decisión. Y la tomé. Pedí a Tomás que me liberase de aquel programa cuanto antes. Joaquín quería seguir, pero a mí cada vez se me hacía más cuesta arriba estar cuatro horas ante el micrófono para nada. Abandoné *Onda Media, aquí la SER* para siempre y sentí por dentro la satisfacción que producen las buenas decisiones. Había hecho lo correcto, abandonar cuando aún estaba a tiempo de enderezar mi futuro. Supongo que aquella retirada supuso, también, mi primer enfrentamiento con los nuevos dueños de la cadena y generó la serie de acontecimientos que se produjeron después.

Pasar del éxito al ostracismo es muy duro para un profesional que había conocido ya lo mejor de la radio. De pronto me di cuenta de que todo lo que había hecho hasta entonces en la SER no había servido para nada, de que el premio Ondas era solo un vestigio de un pasado puesto en duda por aquellos señores de Prisa que entraron como elefantes en una cacharrería decadente para ponerla patas arriba. Tan potente fue la venganza que hubo un momento en que estuve más fuera que dentro de la SER. Trataron de hacerme la vida imposible, apartándome de todas las grandes novedades de la cadena, me arrinconaron en el fin de semana con un programa local dedicado a los niños. Durante el verano me convertí en sustituto de Julio César Iglesias en el programa de la tarde. Pensaban que con ese aislamiento acabaría por ceder y abandonar. Confieso que, de no haber sido por Paco Vela, que intercedió por mí ante aquellos locos, y me levantaba el ánimo cada vez que acudía llorando de rabia a su despacho por lo que me estaban haciendo, hoy mi vida no sería la misma. Siempre le estaré agradecido a Paco Vela por creer en la radio de siempre, en la radio de la vida, en la radio de la felicidad, en una palabra, en mi radio. Y de Iñaki Gabilondo, a pesar de mi fracaso en aquel programa de locos que fue para él su trampolín de lanzamiento, solo puedo decir cosas buenas. Que fuera absorbente durante aquel mes y pico que compartí con él micrófono e ilusión se lo he perdonado y lo he comprendido, posiblemente yo habría hecho lo mismo. En mi historial de emociones siempre figurará que estuve a su lado en el nacimiento de su estrellato, y muy cerca de él en el alumbramiento triunfal y posterior confirmación en *Hoy por hoy* de que estábamos ante uno de los comunicadores geniales que le nacen a la radio muy de cuando en cuando. Y la admiración que sentí, siento y sentiré por él seguirá siendo profunda y sincera. Ha habido pocos como él. Y, para un aprendiz de todo como yo, haber estado a su lado tanto tiempo es uno de mis grandes recuerdos de radio, de admiración y de cariño.

32
Un órdago de sabiduría

Mi casa madrileña está ubicada en Aravaca, una zona muy tranquila del Madrid de las afueras. La había comprado con las ganancias mexicanas de *Motivos,* la canción que permaneció como número uno durante muchas semanas en las listas de toda Hispanoamérica. Los adelantos que me pagaba la compañía Melody, que tenía la exclusiva de mis discos, en cuanto entraban en la cuenta corriente del banco iban directamente al pago de las letras de aquel chalé adosado de la calle Sextante, que significó para Tere y para mí la culminación del sueño de tener una casa propia. Fuimos pagando la hipoteca con mucho esfuerzo y sacrificio, pero había valido la pena. En la casa de al lado vivía Emilio José, mi gran amigo de la música. Enfrente, Jaime Morey, otro cantante con cierta notoriedad después de su presencia en Eurovisión defendiendo a España con la canción *Amanece.* Disfrutábamos de una vida llena de fiesta y de cariño. En Aravaca se respiraba paz y bienestar.

Y nosotros éramos felices de verdad viviendo allí, cerca de Madrid pero sin los agobios de la gran ciudad. Hugo ya tenía siete años y Óscar acababa de nacer. Aquella casa significó la integración total de la familia en un entorno de alegría y de felicidad. La terraza era nuestro espacio preferido. En ella montábamos el bar casi todos los días y los vecinos de la urbanización se acercaban a compartir con nosotros unos momentos mágicos. Por otra parte, los nuevos dueños de la SER, gracias a la insistencia salvadora de Paco Vela, empezaban a confiar en mí y estaba recuperando mi antiguo estatus en la emisora. Aquella mañana había empezado en Aravaca con una llamada sorpresa.

—Hola, Pepe. Soy Joaquín Prat. Tengo que hablar contigo urgentemente. Me voy a la radio, pero, como me queda de camino, voy a verte a tu casa. ¿No te importa?

—No, no. Claro. Lo que tú digas. Hoy es sábado y hasta más tarde no tengo nada que hacer. Te espero.

En aquel momento, mientras atendía el teléfono, no sabía que aquella llamada me iba a cambiar la vida para siempre. A los pocos minutos apareció Joaquín, un poco más serio que de costumbre, pero con ese aire de optimismo eterno que desprendía su presencia.

—Me voy de la SER, Pepe. Me voy de la SER. Lo tengo casi decidido. Estoy hasta las narices de trabajar como una bestia y cobrar cuatro perras. Llevan años prometiéndome un aumento de sueldo, pero no hay manera. Tengo una gran oferta de la COPE y creo que voy a aceptarla. Quería que me dieras tu opinión. Si yo me voy, creo que serás tú quien presentará el *Carrusel* y por eso he querido que lo supieras antes que nadie.

—¿Que te vas de la SER? No puede ser. Después de tantos años y en pleno éxito no te puedes ir, debe de haber alguna manera de arreglarlo. No puede ser…

—Que sí, Pepe, que sí, que la COPE me dobla lo que estoy ganando aquí. He hablado con Tomás y me ha dicho que ellos no pueden llegar a esa cifra, y que haga lo que tenga que hacer. Creo que no les importa demasiado que me vaya.

—¿Cómo no va a importarles que se vaya su máxima estrella? Joaquín Prat tiene que terminar su vida radiofónica en la SER. Y tú lo sabes mejor que yo.

—Está decidido. Han sido muchos años aguantando y tú lo sabes bien. Estamos muy mal pagados, Pepe, muy mal pagados. Y la demostración de que esto es cierto la tienes en la oferta de la COPE, que duplica mi contrato actual. ¿Tú no harías lo mismo en mi caso?

—Hombre, sí, pero me lo pensaría mucho antes de dar este paso tan importante. Tú sabrás lo que haces. Yo hablaría otra vez con Tomás, dales un ultimátum y a ver qué te ofrecen. Creo que debes intentarlo.

Noté que Joaquín, aunque intentaba aparentar lo contrario, ya había tomado su decisión. La oferta era muy buena. En la SER estaba muy bien considerado, pero también muy mal pagado, y aquella era una oportunidad única para firmar el gran contrato de su vida en un momento en que la edad ya empezaba a preocuparle. Que Joaquín abandonase la SER iba a ser el bombazo mediático de la temporada. Tendría que dejar el *Carrusel deportivo*, uno de los grandes programas de la radio española en aquellos momentos. Eso significaba que mi vida iba a dar un giro total, porque todo el mundo pensaba que yo sería el sucesor de Chimo cuando este se cansase de los goles, de los anuncios y de currar todos los fines de semana. Cuando Joaquín se fue a toda prisa, estuve en trance durante unos minutos. No me lo esperaba. No podía creerme todavía lo que mi amigo me acababa de decir. Y estuve un buen rato dándole vueltas a la idea de llamar a Tomás Martín Blanco para intentar impedir que la SER perdiese a uno de sus grandes pilares. Todo era cuestión de dinero, tampoco era tan difícil la solución. Y eso es lo que hice. Llamé a Tomás, pero todo fue inútil. En esa charla me di cuenta de que no les importaba demasiado que Joaquín se fuera, incluso llegué a pensar que lo estaban deseando, porque no lucharon nada por él. Me pareció muy triste que una empresa como la mía aceptase de buen grado, como algo inevitable, que uno de sus mejores hombres se fuese a la competencia. Me pareció muy extraño ese comportamiento. Y en el fondo de mi alma sentí una pena muy grande por tamaña injusticia.

Los días siguientes los pasé en una constante ebullición profesional. La noticia había aparecido en los periódicos y todo el mundo daba por hecho que la historia de Joaquín Prat en la SER había terminado. La mayoría de las informaciones apuntaban mi nombre como su posible sucesor en el *Carrusel*.

—Bueno, Pepe, ha llegado tu momento. La próxima temporada vas a ser tú el animador de *Carrusel*. Joaquín está decidido a irse en cuanto termine esta liga y no hemos logrado convencerle para que siga. Hemos pensado en ti. Así que en unos días nos reuniremos contigo para firmar el nuevo contrato.

Tomás Martín Blanco me miraba con el mismo cariño de siempre. Al decirme esto sé que estaba disfrutando tanto como yo. Salí del despacho con una sensación extraña. Por un lado, sentía que Joaquín dejase la que había sido su emisora desde que empezó a despuntar, y por otro me embargaba la alegría de saber que otro de mis sueños imposibles de chaval se iba a convertir en realidad. Qué lejos estaba el dolor de lo que vino después. Porque, tras aquella conversación con Tomás, fueron pasando los meses sin que nadie me llamase para la firma del contrato. Empecé a preocuparme. Antes de irme de vacaciones empezó a circular por la radio un rumor que aumentó mis temores. Se comentaba que el que iba a presentar el *Carrusel* no iba ser yo, sino Andrés Caparrós. Tomás me había dado su palabra, me lo había dicho claramente. Y ahora, sin saber por qué, me rompían la ilusión de mala manera. Cuando me llamaron a su despacho, sabía ya que la suerte estaba echada.

—Los de publicidad han pensado que el más indicado para presentar el *Carrusel* sea Andrés Caparrós, contra mi voluntad, y por tanto, tengo que comunicarte que no vas a ser tú el elegido. No hace falta que te diga que lo siento de veras.

Había tenido ciertas diferencias con el departamento de publicidad en el pasado. En aquellos tiempos, aparte de lo que nos pagaba la radio por cada programa, había unas cantidades que nos pagaba directamente el cliente a los presentadores y a los gestores de la publicidad. Nosotros teníamos que hacernos cargo no solo de nuestras cantidades, sino también de las de ellos, pagar el IRPF correspondiente, y luego entregarles su parte del dinero en efectivo, sin que quedase ninguna prueba de tal pago. En definitiva, los impuestos los pagaba yo y ellos se llevaban el botín casi completo. Me negué, lo denuncié a la dirección, pero no pasó nada, de modo que entendí que en aquel entuerto económico estaban metidos todos los altos cargos. Es algo que nunca pude demostrar, pero que siempre he sospechado. Lo cierto es que, por indicación de Rafael de Benito, uno de los jefazos aludidos según me reconoció luego Tomas, habían ignorado mi candidatura en beneficio de la de Caparrós. No supe qué decir. Me quedé bloqueado. Pero en el fondo yo sabía que se habían equivocado, que aquella elección no podía ser definitiva. Caparrós no era un gran futbolero y seguro que eso se le iba atragantar en cuanto empezase a presentar el *Carrusel.* Le dije a Tomás que no duraría mucho y se lo dije totalmente convencido. Andrés era un enorme profesional, con una gran capacidad para hacer una radio divertida, atractiva y muy comercial. Sin duda era uno de los grandes comunicadores de la radio de entonces, pero pensé que no era el hombre adecuado para sustituir a un genio como Prat. Y en uno de esos arranques míos que a veces me llegaron a costar muy caros, lancé un reto valiente que supuso, con el paso de los meses, la mejor demostración de que estaba en lo cierto.

—Vosotros sabréis lo que hacéis. Creo que Caparrós no va a llegar a diciembre. No es el hombre adecuado para sustituir a Joaquín. Os vais a equivocar. Y os digo una cosa. Me vais a tener que llamar antes de diciembre para que haga *Carrusel.* Y si eso ocurre quiero dejar bien claritas mis condiciones. Que tu secretaria Pilar ponga la firma para que cuando llegue el momento sepamos a qué atenernos. Si me llamáis para sustituir a Caparrós, mi contrato será de un millón de pesetas mensuales. Así lo escribo y así lo firmamos. Y, por favor, Pilar, guarda esta hoja como oro en paño para el día en que tengamos que firmar. Repito, será antes de diciembre.

Y así fue. Mis palabras retumbaron en el despacho con rotundidad. Pilar guardó la nota en su libreta personal de citas. Sabía que podía confiar en ella. Tomás se tomó un poco a broma aquella bravata mía, pero yo estaba seguro de que había hecho lo correcto. Me habían quitado el caramelo de la boca en el peor momento, pero eso tenía un precio. Y ese precio lo pagaron con creces. Los meses fueron pasando y lo que yo había vaticinado se cumplió. Caparrós no se encontraba a gusto en *Carrusel* y eso se notaba en la audiencia. Para hacer bien un programa de ese estilo tiene que gustarte el fútbol, tienes que saber de fútbol y, sobre todo, tienes que ser feliz haciéndolo. Cuando me llamaron para sustituirle, sabía que tenía en mi poder todas las cartas. Entré en el despacho con la satisfacción del que ha ganado una gran batalla. Le pedí a Pilar Gumucio que recuperara la nota que le había entregado unos meses antes. Apareció la nota y, en cuanto la vio, a Tomás le cambió la cara. Siempre creyó que lo del millón de pesetas que había puesto en el papel como precio era una estratagema mía para ganar más dinero si se cumplían mis previsiones. Se negó en redondo a pagarme aquella cantidad que había escrito con mayúsculas de futuro. Sabiendo que tenía la sartén por el mango y el mango también, me mantuve en mis trece. Discutimos durante unos minutos. Después se pasó varias veces la mano por la cara, se quitó las gafas para darle más importancia a sus palabras y zanjó el asunto con las mejores palabras que encontró.

—No puedo pagarte esa cantidad. Es una locura. No puedes hacerme esto. Te necesitamos, pero nunca a ese precio. Cuando se lo diga al consejo me van a llamar loco. No sé cómo te dejé firmar ese papel. No lo entiendo. Pero hay que arreglar esto de alguna manera. En diciembre tienes que estar presentando el programa. Tienes que poner algo de tu parte, tenemos que llegar a un acuerdo.

Me fui a mi casa con el convencimiento de que tenía todas las de ganar. Los había pillado en un renuncio y tenía que aprovechar la oportunidad que me brindaba el destino para cambiar de golpe mi estatus económico en la empresa. Hablamos por teléfono varias veces. Mi firmeza estaba acabando con su paciencia. Al final Tomás consiguió convencer al consejo de que no tenían más alternativa que aceptar mi órdago y, gracias a aquel papel, a aquella bravata a la que nadie le dio importancia en su día, empecé a presentar el *Carrusel* tras firmar el mejor contrato de mi vida. Era el año 1988. El invierno ya estaba blanqueando Madrid. El veranillo de San Miguel había pasado a mejor vida, el otoño desnudaba los árboles y los días se fueron haciendo más cortos. Y en medio de aquel cambio de estación estaba un hombre de 46 años, curtido en intensas batallas personales y profesionales, que bajó a la Gran Vía en mitad de la tarde para respirar felicidad. Recorrí con la vista, emocionado, el largo paisaje de mi calle fetiche. Allí estaba la cafetería Manila, la que te concedía en su terraza el título de madrileño de verdad; muy cerquita, Fuyma, donde se pasaban las horas muertas los que no tenían mucho que hacer; el bar La Gaditana de mi amigo Bonifacio, al que seguiré agradeciendo mientras viva los bocadillos, a hurtadillas de su padre, en los primeros tiempos de bolsillos vacíos y estómagos vagos; la cafetería California de la calle Salud, a la que había bajado del cielo un ángel con uniforme de camarera, que con el nombre de Lumi empujaba las ansias de los que empezábamos a crecer en la vida y en la ilusión; la discoteca JJ, el templo de la música y de los ligues a ritmo de rock y de cubatas; el bar Chicote, al que había que ir porque así lo quería la noche y el embrujo de su nombre; los almacenes SEPU, los de «quien calcula compra en Sepu» que repetía insistentemente la radio cada hora; la cafetería Nebraska, la primera cafetería en la que aprendimos a comer en la barra; el Pasapoga, santuario prohibido del vicio y la perdición... Y allí estaba yo, con el corazón a punto de romperme el pecho, como dueño y señor, solo por unos instantes, de aquella enorme Gran Vía, exactamente en el número 32 de una calle que empezaba a convertirse en la calle de los sueños cumplidos.

33
LLEGA *CARRUSEL*. PACO GONZÁLEZ. ¡PEPE, UN PURITO!

Animar el *Carrusel deportivo* era un reto maravilloso. Joaquín Prat se había ganado al público con un estilo personalísimo y con esa gracia innata que le caracterizaba. Sustituirle fue para Caparrós un intento fallido y no quería que a mí me ocurriese lo mismo. Desde el primer programa tenía que demostrar que estaba allí para algo, para imponer mi personalidad y para demostrar tanto a la dirección de la SER como a la audiencia que estaba preparado para aquel reto. Estábamos en 1988, y entonces dirigía *Carrusel* Joaquín Durán, un hombre bueno y responsable, con pocas ganas de romper moldes, y que estaba convencido de que su presencia en el programa tenía fecha de caducidad de un año. El programa estaba atascado; le faltaba ritmo, vida, agilidad. Había muy poca publicidad, lo que dificultaba mi trabajo, ya que era la publicidad mi válvula de escape para hacer diabluras. Pasó un año con más pena que gloria y llegué a pensar que me había equivocado y que *Carrusel* no iba a ser el descubrimiento que yo esperaba.

Cuando se cumplió un año, apareció Antonio Martín Valbuena como nuevo director. Y aquello cambió rotundamente. El programa empezó a despegar y la publicidad aumentó hasta el punto de que empezaba a convertirse en la parte más agresiva y diferenciadora del programa. Cada semana me encontraba más a gusto y, aunque a Antonio le gustaba más el baloncesto que el fútbol, y eso se notaba en el programa, yo tenía libertad para hacer la publicidad a mi manera. Y empezaron a surgir ideas que fueron cristalizando con el tiempo: Bodegas Los Curros, con «ni cava ni champán, burbujas Cantosán»; Relojes Thermidor, siempre «en hora buena»; Azcar, Soberano, Veterano, los goles de Terry... Eran los primeros intentos de convertir la publicidad en un contenido importante de un programa deportivo. A Martín Valbuena eso no le preocupaba demasiado, era un hombre muy especial que llevaba sus ideas hasta el final y admitía pocas ideas ajenas. Yo seguía notando que faltaba algo para que *Carrusel* explotase de verdad. José María García era el número uno en audiencia y nosotros estábamos a una enorme distancia. Y pensaba que si seguíamos por ese camino, prefiriendo el baloncesto al fútbol y sin arriesgar con ideas nuevas, sería imposible acercarse a él. Todos los programas necesitan un tiempo de rodaje para hacerse grandes, y a mí me había tocado poner mi granito de arena para romper con la monotonía y demostrar que algo tan sencillo como la publicidad, si se hacía bien y con personalidad, dejaría de ser un lastre inevitable para convertirse en uno de los alicientes de *Carrusel*.

Los años pasaron a velocidad de anuncio. Se fue Antonio Martín Valbuena, una buena persona, un estupendo profesional, pero con pocas agallas para lanzarse al vacío e inventar algo distinto, y en 1992 apareció Paco González, un chaval con cara de niño, tímido, reservado, sonriente, que así, a primer vistazo, no me pareció el hombre adecuado para capitanear una revolución radiofónica y deportiva. Estaba equivocado. Aquella timidez se fue transformando en energía y esfuerzo desde el primer programa. Nuestras voces eran muy distintas y procuré en todo momento adecuarme a la suya durante un tiempo, porque era la mejor manera de que el programa sonase bien y conjuntado. Poco a poco, Paco fue cogiendo el tono y las dos voces empezaron a ir por el mismo camino. Desde el principio se mostró emocionado con la publicidad y con la forma en que la hacíamos; y no solo eso, la potenció y le pidió al departamento de publicidad que contratasen más menciones, porque se estaba dando cuenta de que los anuncios le aportaban al programa el ritmo y la distinción que todo el mundo estaba buscando. Fue una apuesta decidida la de Paco por lo que yo hacía, y eso fue desembocando en una entente perfecta de goles y anuncios. Paco era muy joven, pero con experiencia deportiva suficiente para dirigir un espacio como *Carrusel*. Desde el principio apostó por el cambio, por la ruptura con todo lo anterior, por la mezcla de sonidos, por la incorporación de voces nuevas, por la alegría, por el buen rollo, por el trabajo en equipo, y con todo eso logró que hasta el más insignificante miembro del equipo se sintiera importante y trabajase a gusto.

La audiencia comenzó a subir vertiginosamente. Las publicidades se hicieron corales y se convirtieron en una seña de identidad del *Carrusel.* Así nació «Pepe, un purito». En una de las llegadas de la Vuelta Ciclista a España, mientras estábamos en el carromato que cede la Vuelta para las distintas emisoras, que se situaba siempre en la línea de llegada frente al público que iba a presenciar el final de etapa, la gente, que ya nos conocía y para quienes éramos parte de su familia, nos pedía cosas, «Pepe, una Coronita», «Pepe, un purito»... Cuando escuché lo de «Pepe, un purito» pegué un brinco de emoción, porque llevaba tiempo buscando algo para personalizar la publicidad de Puritos Reig y no lo encontraba. Y aquella frase, pronunciada por no sé quién y en una ciudad que no recuerdo, me pareció un hallazgo único para mis fines. La adapté rápidamente y la convertimos en santo y seña de los primeros tiempos espléndidos del *Carrusel.*

—Está claro que yo no puedo pronunciar la frase «Pepe, un purito» porque Pepe soy yo y tiene que ser otra voz la que me pida el purito.

—Es verdad. ¿Y quién puede hacerlo? —me pregunta Paco.

—Oye, el chaval ese que viene de Mallorca y está por aquí todos los domingos... Sí, hombre, el negro, ¿no podría hacerlo?

—¿Armenteros, dices?

—Sí, el mismo. Ya que viene por aquí, que haga algo. Tampoco es tanto, es solo una frase.

—Vale, vale. Habla con él y me cuentas.

Y así fue como empezó Jorge Armenteros a ser parte de *Carrusel.* Venir todos los domingos a vernos actuar en directo tuvo premio. Hicimos varias pruebas con él hasta encontrar el tono adecuado, el que yo quería y el que el anuncio necesitaba. Y de esa manera tan simple y sencilla nació una frase que me ha acompañado toda mi vida, porque aún hoy, cuando ya han pasado muchos años de la prohibición de la publicidad del tabaco en la radio, me lo siguen repitiendo una y otra vez, como si toda mi carrera radiofónica se resumiese en esas tres palabras mágicas. Con el éxito imponente del purito, me fui dando cuenta de que podía contar con más gente a la hora de planificar un anuncio, de que en el estudio estábamos muchas personas durante toda la emisión del programa y que debíamos aprovechar aquella variedad y abundancia de voces para hacer más divertidas las menciones y que no rompiesen el tono festivo y alegre del *Carrusel.* Habíamos inventado, casi sin quererlo, la publicidad coral y con ello descubrimos las enormes posibilidades que tenía en espacios de larga duración como el nuestro. Armenteros se quedó con nosotros desde lo del purito y le nombramos especialista de animación para tener un apoyo sonoro en todos los anuncios.

Después del purito vinieron muchos anuncios más que la gente aún recuerda con cariño. El de Coronita fue uno de los grandes, buscamos una música muy divertida y atractiva, que tenía al final un grito y con ese grito decíamos el nombre del producto.

«Rubita, suavecita, fresquita... Coronita... Coronita uh, Coronita uh, Coronita uh».

Y fue tal la fuerza que tuvo esta publicidad, que la gente llegaba a los bares y pedía la Coronita así: «¿Me da una Coronita uh?». Ejemplos como este son la confirmación de que un anuncio es un éxito total. Recuerdo con un cariño especial a Antonio Alonso, el dueño de Bancotel, porque con él vivimos una hermosa aventura publicitaria de enorme calado. Nos fuimos a comer a Lucio para que nos hablara de su idea. Y durante la comida trató de explicarnos lo de Bancotel, que para mí era un jeroglífico.

—Esto se llama Bancotel. Os voy a dar toda la información que queráis. Os adelanto que es algo nuevo, que solo tenemos nosotros, y que yo creo que va a ser un bombazo. Para que lo entiendas, consiste en unos talones que sirven para llenar los hoteles en las fechas en que están vacíos, a un precio muy especial.

Yo no entendía nada de lo que me estaba diciendo Antonio, pero su gracia personal, su confianza plena en nosotros y su capacidad de persuasión hicieron el resto. Y aceptamos la propuesta de lanzar a bombo y platillo aquel producto, del que no sabíamos casi nada. Salimos de la comida sin tener demasiado claro qué íbamos a hacer. Primero, le di varias vueltas al producto para entenderlo y asimilarlo, y luego se me ocurrió recurrir a la música para hacer más digerible el mensaje. Quería un estribillo pegadizo o una música muy popular a la que unir el nombre de Bancotel. No era fácil y durante varios días mi cabeza daba vueltas tratando de encontrar esa música. No había manera. Hasta que una tarde, en un taxi camino de casa, escuché en la radio del taxista una versión muy divertida y bastante moderna de *La cucaracha.* El estribillo encajaba perfectamente con «el talonario Bancotel». Mi mente empezó desde aquel momento a tararear el tema.

«El talonario, el talonario... Talonario Bancotel. El talonario, el talonario... ¡¡¡Talonario Bancotel!!!».

Encajaba perfectamente con «la cucaracha, la cucaracha ya no puede caminar...». Cuando lo pusimos en antena, Paco se quedó asombrado, la gente no dejaba de cantarlo, Antonio Alonso se volvió loco y lo de Bancotel se convirtió en otro de nuestros iconos sonoros para siempre. Durante varios años, lo del talonario se hizo tremendamente popular y, lo más importante, los talonarios se agotaban y la empresa no daba abasto a tantas peticiones. Estaban desbordados. Con el paso de los años, Antonio no ha dudado en reconocer que, gracias a *Carrusel* y a aquellas menciones, sacó adelante la empresa y se convirtió en propietario de un imperio millonario.

Sería interminable la lista de anuncios que tuvieron honda repercusión en la audiencia. El tractor Massey Fergusson, la comida para perros Triple Crown, los chicles Vital Gum, el cemento... Cada anuncio tiene su pequeña historia y todos juntos hicieron de *Carrusel* un programa con identidad propia que cambió para siempre el estilo de los programas deportivos de entonces. La fórmula era una mezcla explosiva de deporte, música, alegría, desparpajo, información y publicidad. Los premios Ondas que vinieron después solo fueron la corroboración de que trabajar en equipo es la mejor manera de hacer grande un programa. A mí me queda la satisfacción de haber encontrado aquel «purito» con el que abrir nuevos caminos a la eficacia publicitaria de un anuncio de radio. Gracias a ese purito, fue posible todo lo que vino después.

34
Joserra

Siempre hablo del trabajo en equipo porque creo que es la mejor manera de conseguir los grandes objetivos. El equipo deportivo de la SER era único. Comenzaban a destacar los que luego serían primeros espadas de la radio deportiva. Manolo Lama se asomaba al micrófono con un estilo nuevo, potente, agresivo, personalísimo, y convertía cada partido en un espectáculo de palabras y sonidos. Aunque a él lo que le gustaba era el baloncesto, se movía en el fútbol como pez en el agua. Junto a él, Paco González, que se había convertido en la gran estrella del *Carrusel* y con todo el futuro en su garganta y en su corazón grande. Paco es uno de esos fenómenos que le nacen a la radio muy de cuando en cuando, y trabajar a su lado ha sido una de las más profundas sensaciones de mi vida. Y junto a ellos, la asombrosa aparición de otro fenómeno que luego daría mucho que hablar, José Ramón de la Morena. Por todo lo que ocurrió en aquellos años y por lo que vino después a romper en pedazos la armonía de una redacción única, me siento en la obligación de detenerme en Joserra para certificar con mis propias palabras el comienzo y el final de una larga amistad.

La primera vez que le escuché me impresionó su estilo personalísimo de contar las cosas. No sé si se lo dije, pero, por si en aquel momento me olvidé, se lo digo ahora. Nunca olvidaré aquellos pedacitos de pueblo puro que escribió para mis fines de semana de entonces, significándose como un poeta de las cosas sencillas que nacían y morían en su Brunete natal. Todo lo que hacía, entrevistas, reportajes a pie de campo, tenía su sello inconfundible. Entonces, en aquella hermosa prehistoria de la radio y de los sueños, yo presentaba, también, programas deportivos. Y allí empezó a intervenir, aparte de dedicar toda su fuerza a los deportivos grandes de la cadena. Siempre pensé que llegaría a donde quisiera y no me equivoqué. Pronto se dieron cuenta «arriba» —así era como llamábamos a la dirección— de lo que valía, y su nombre empezó a entrar en las quinielas para presentar programas de élite. Pasó bastante tiempo hasta que pudo demostrar lo que llevaba dentro. Al final, tuvo la recompensa que se merecía su esfuerzo y llegó el éxito, el número uno de audiencia, y los premios. La felicidad, en una palabra. *El larguero* se convirtió en un programa de culto, había colas en la Gran Vía para seguirlo en directo. Era un espectáculo de proporciones increíbles.

—Pepe, quiero que estés conmigo cada noche en *El larguero.* Vamos a pensar en algo que puedas hacer. Ahora nos vamos a Valladolid, a hacer la Vuelta a España y creo que puede ser un buen momento para comenzar. ¿Te parece bien?

Después de pensarlo mucho y a punto de comenzar la Vuelta a España en Valladolid, mientras el coche conducido por Eduardo Botas nos llevaba hasta Pucela, le propuse escribir cada noche un comentario, a mi aire, reflejando con sentimiento todo lo que había dado de sí una jornada de Vuelta y de deporte. Corría el año 1996. Le pareció muy bien y solo nos quedaba encontrar la sintonía. Fue el propio Botas quien acudió en nuestra ayuda. En uno de sus viajes periódicos a Chile se había traído el disco de un pianista muy conocido por allá, Raúl di Blasio. Escuchamos varios temas y nos quedamos con un tema precioso, titulado *Volviendo a casa,* que desde aquella noche de 1996 y hasta enero de 2006 fue la banda sonora de mis emociones diarias.

Todos los días, durante la Vuelta, montábamos en cada ciudad lo que José Ramón llamaba el teatrillo, *El larguero* cara al público con la presencia de todos los componentes de la caravana de la SER en la Vuelta. Era realmente emocionante comprobar cómo vivía la gente el espectáculo de un programa de radio hecho con toda la sinceridad y sencillez del mundo, en el que a mí me correspondía ponerle el toque final con un comentario, a modo de resumen, que trataba de despedir dos horas de radio con un toque sentimental y distinto.

—Pepe, mira lo que ha escrito José Vicente en *Marca.* Enhorabuena, lo tuyo está gustando mucho.

Siempre guardaré en mi memoria radiofónica aquel comentario de José Vicente Hernáez, quien en las páginas de *Marca* dedicadas a la Vuelta, destacaba mi comentario de cada noche como lo más recomendable de la jornada ciclista. Era todo un honor aparecer en el primer diario deportivo nacional por una idea que solo acababa de nacer y que me llevaría con lo que yo llamaba mi «fábrica de palabras» hasta el año 2006.

Cuento todo esto porque fue en aquella fecha, enero de 2006, cuando toda aquella complicidad, todo aquel cariño empezó a romperse. Supongo que las cosas no se rompen de golpe, que antes hay un tiempo de deterioro hasta que se produce lo irremediable. Eso nos pasó a nosotros. Casi sin darnos cuenta nos íbamos distanciando, nos veíamos menos, ya no nos juntábamos en su casa o en la mía para disfrutar juntos de la vida, ya se había perdido aquella conjunción de ideas y emociones que fructificó en muchas horas de radio. Estas cosas pasan y seguirán pasando, y las culpas hay que repartirlas entre las dos partes. Puede que yo tenga un porcentaje mucho más alto de culpa que él en todo lo que estaba pasando, influido, con toda seguridad, por el hecho de que aquel ya no era el mismo José Ramón que yo conocí. Y por otra parte yo tampoco era el mismo. Los años me habían cambiado el carácter, reconozco que para mal, y había perdido parte de mi capacidad de encaje ante los vaivenes de la radio y de la vida.

Aquellas Navidades de 2005 estuvimos en Canarias, como casi todos los años. El descanso de la liga nos permitía disfrutar de una semana de sol en el paraíso de Maspalomas. Nuestro amigo Ramón Suárez, que entonces regentaba el Gloria Palace, era el perfecto anfitrión de todo el equipo. Disfrutamos del golf, de la gastronomía canaria, de la playa, del ambiente extraordinario de la isla de Gran Canaria, y después regresamos a Madrid. Se inició, otra vez, el *Carrusel* después de las vacaciones en pleno apogeo de la liga. José Ramón acostumbraba a viajar con *El larguero* por distintas ciudades de España y, por supuesto, yo le acompañaba y cerraba el programa en vivo con mi comentario. Se había elegido el jueves para los programas en el exterior, porque como Joserra no hacía el programa el viernes, era mucho más cómodo para él y para todos. En mi calendario de trabajo los jueves tenían el cartel de ocupado para viajar a cualquier parte con el grupo.

Aquel jueves de enero estaba previsto un *Larguero* en Barcelona. El viernes anterior —o el sábado, ya no estoy muy seguro— me anuncia Bustillo que *El larguero* de Barcelona se adelantaba al lunes. Me argumentó que no lo hacían el jueves porque el invitado solo podía estar ese día. A mí lo del lunes me venía muy mal, porque aprovechaba siempre ese día libre para mis asuntos personales, bancos, médicos, familia, hacer deporte... No me venía bien el cambio de fechas y le contesté con un SMS, en el que le decía que ese día tenía un compromiso ineludible. El compromiso era una cita con el dentista, una cita bastante urgente, porque en esas fechas me estaban haciendo los implantes, llevaba unos dientes provisionales que me daban mucha guerra, y esa cita era importante. Le envié otro SMS a José Ramón diciéndole que no podía ir a Barcelona, así, sin darle demasiadas explicaciones. Y su respuesta fue tan dura como inesperada. Me dijo, más o menos, que si no iba a Barcelona tendría que replantearse mi colaboración en su programa. Repito que no fueron las palabras exactas, pero en el fondo este era el sentido final del mensaje.

Los hechos se sucedieron a velocidad de ruptura. Le contesté, todavía incrédulo ante la fiereza del mensaje, diciéndole que me mantenía en mi idea de no ir a Barcelona y si eso significaba dejar *El larguero* para siempre, aceptaba las consecuencias de mi decisión. No podía comprender que, por negarme a realizar un viaje, pudiera venirse abajo una colaboración de diez años. Diez largos años cerrando *El larguero* con un comentario, en Vueltas a España, en Tours de Francia, en Europeos de fútbol, en Champions, en acontecimientos de todo tipo... Supongo que el distanciamiento de los últimos tiempos había dinamitado nuestra relación, aunque cada noche yo seguía cerrando el programa como si nada hubiera ocurrido.

Sin embargo, en un intento de rebajar la tensión, el lunes siguiente, como hacía cada tarde, llamé a Bustillo para preguntarle qué teníamos en el programa para preparar mi intervención de la noche, y me dijo que Joserra había decidido que no hiciera más el comentario. Me lo dijo Bustillo, el hombre sencillo y humilde que se comía todos los marrones. Me habría gustado que me lo hubiera dicho el propio José Ramón. Diez años de colaboración se merecían otra despedida. No lo hizo y supongo que tendría sus razones. Me entraron ganas de llorar, de gritar, de patalear. La cabeza me pedía calma, pero el corazón, ese corazón mío siempre tan desbocado, me reclamaba venganza. Con el dolor supurando en cada sílaba, le escribí una carta terrible de la que no quiero acordarme. Su contestación estuvo a la misma altura de dureza y decepción. Y así fue, con una carta de ida y otra de vuelta, como la venganza se fue muriendo poco a poco y se fue transformando en lejanía.

Y esto fue lo que pasó, no hubo nada más. Es la primera vez que cuento la verdad, toda la verdad y nada más que la verdad. Luego, el distanciamiento, los saludos protocolarios por los pasillos, la educación fingida, los cuchicheos inevitables de los compañeros, que si yo he dicho, que si tú has dicho, y la pérdida total de confianza, que es siempre el comienzo de la separación total. Lo he sentido de verdad, pero ahora que he analizado lo ocurrido con frialdad, estoy convencido de que era la crónica de una ruptura anunciada.

Ahora, pasado el tiempo que casi todo lo cura y lo aclara, reconozco que me equivoqué y no me cuesta ningún trabajo pedir perdón, aunque sea demasiado tarde. Y lo pido con toda humildad. Hace poco tiempo nos hemos vuelto a reunir, como si no hubiese pasado nada, y hemos borrado el pasado de un plumazo, dándonos ese abrazo de viejos amigos que han compartido vida y milagros y cuyos caminos espero que no vuelvan a torcerse nunca más.

35
Televisión Española, toma 3. *300 millones*

Todo lo que había soñado se estaba cumpliendo. Había presentado *El gran musical,* el programa que alentaba mis ilusiones juveniles en el Padrón de mi morriña. Estaba en la plenitud del *Carrusel deportivo*, que, bajo la dirección de Paco González, había desbancado a José María García los fines de semana batiendo un récord de audiencia imparable. Tenía en mi poder un premio Ondas, el premio soñado por todos los que nos dedicábamos a la radio. Haber merecido este premio significaba que habías entrado en la historia de tu tiempo. Había grabado el disco soñado y lo había convertido en número uno. Y, por encima de todo, había encontrado el amor personificado en una mujer increíble que entró en mi vida con la fuerza de un ciclón. Tener a Tere al lado era tener la calma, la paz, la pasión, la ternura, la fortaleza, el optimismo, la esperanza, en una palabra, la felicidad. Los gallegos somos bastante fatalistas y cuando las cosas nos van muy bien, siempre creemos que va a pasar algo malo y se va a romper la buena racha. Así era yo. Nunca sentía totalmente la felicidad por temor a perderla. Gracias a Tere, aprendí que lo mejor de la vida es el momento exacto que estás viviendo, hay que aprovecharlo al máximo, porque nadie es dueño del mañana. La aventura de la televisión seguía sin ser una aventura completa, me faltaba algo, quizás el programa definitivo que me congraciase conmigo mismo y con el gran público. Y los grandes momentos, si los esperas de verdad, llegan siempre. Una noche estábamos en aquel apartamento de Arturo Soria que tanto marcó nuestras vidas cuando en la televisión empezó a sonar la sintonía de *300 millones,* un programa que había nacido con la pretensión de unir España con Hispanoamérica a través de su idioma común. Tenía cierto éxito y estaba muy bien hecho.

—Creo que este programa me iría muy bien a mí. ¿A ti qué te parece?

Tere me miraba con sus grandes ojos de asombro y salió del paso lo mejor que pudo.

—Tienes razón. Es un programa en el que encajarías perfectamente. Nunca se sabe…

Y lo que son las cosas, a las pocas semanas de aquella conversación inocua e intrascendente, recibí una llamada urgente que me convirtió en profeta.

—Hola, Pepe Domingo, soy Gustavo Pérez Puig. Me acaban de nombrar director del programa *300 millones* y he pensado que tú encajarías perfectamente como presentador. El único problema es que necesito saber si aceptas lo antes posible, porque esta misma semana tengo que grabar y quiero hacerlo ya con el nuevo presentador.

Lo que parecía una bravata mía se había transformado en una maravillosa realidad. Era Gustavo Pérez Puig quien me llamaba. Le había conocido en la radio, porque como director teatral solía entrevistarle cuando era noticia por algún estreno. Supongo que le habría caído bien y por eso me había llamado para ofrecerme lo que más quería.

—Si te parece, Pepe Domingo, podemos quedar mañana a comer en Fuencarral, en el mesón Pedro, con Enrique Martín Maqueda, Tico Medina y Alfredo Amestoy, para que me digas lo que decides.

Nombrar a Tico Medina y a Alfredo Amestoy era nombrar a dos grandes del periodismo en aquellos momentos. Se daba la circunstancia de que eran dos de mis escritores y presentadores favoritos; Tico por su capacidad de ponerle sentimiento a todo y Alfredo por su empeño en inventar una forma nueva de hacer televisión, arriesgando siempre al máximo. Estar a su lado a mesa y mantel era una experiencia inolvidable. Tere estaba entre emocionada y asustada al ver que mi vaticinio se hacía realidad. Y, por supuesto, me animó a aceptar la oferta, porque iba a significar mucho para mí y me iba a dar la oportunidad de hacer algo grande en televisión. Era un golpe de fortuna, el destino se había detenido en mi puerta y me había puesto, en el vértice de mis sueños, otra hermosa muesca de futuro.

Al día siguiente, a la hora fijada, entraba en el restaurante con un cargamento extra de emoción y de nervios a partes iguales. Me saludó Gustavo con su campechanía habitual.

Sentí calidez amiga en su mano cuando estrechó la mía.

—Te presento a Tico Medina y a Alfredo Amestoy, a los que ya conoces de sobra. Ellos son los que se han empeñado en que seas tú el presentador de *300 millones.*

Me sonrieron ambos con la complicidad de la gente que sabe lo que quiere y lo que siente. Eran dos genios de la comunicación que estaban en la plenitud de su éxito. Y que ellos propusieran mi nombre tenía para mí un regusto especial. Estaban delante de mí, me hablaban de tú a tú, me consideraban uno de ellos... No podía decir que no. Y, desde aquel instante, me entregué en cuerpo y alma al programa, decidido a poner en pie mi mejor trabajo en la televisión. Enrique Martín Maqueda era un buen amigo desde hacía tiempo por nuestra relación mutua con Adolfo Suárez y su familia. Dos hermanos de Adolfo tenían algo que ver en mi carrera. El mayor, Ricardo, que era la viva imagen de Adolfo, me había elegido, cuando estaba en Radio Centro, para presentar *A todo ritmo,* una locura maravillosa que me ayudó mucho en los primeros tiempos de penurias. Y el más joven, Chema, era mi mánager cuando empecé a cantar e hicimos una gira por toda España, aprovechando el éxito del «pantalón vaquero y la camisa de cuadros». Buena gente los Suárez, gracias a quienes la figura de Enrique Martín Maqueda no era desconocida para mí. El almuerzo fue una tormenta imparable de ideas. Cada uno opinaba sobre cómo tenía que ser el programa, pero quien más claro lo tenía era Gustavo. Tico y Alfredo serían las piedras angulares del proyecto para que tuviese hondura y calidad. Tras la comida nos fuimos a los estudios Roma para visitar el lugar en el que íbamos a grabar dos días después. La prisa de Gustavo estaba justificada. Se nos echaba el tiempo encima y había que acelerar todo, contenidos, contratos, músicas, guiones... Todo estaba por hacer, porque aunque el programa llevaba en antena algún tiempo, Gustavo pretendía cambiarlo de arriba abajo y por eso necesitaba también un nuevo presentador. Yo estaba como en una nube, empujado por el optimismo de aquellos genios.

El primer programa de la nueva etapa de *300 millones* fue todo un acontecimiento televisivo, sobre todo por la presencia de Tico y Amestoy. Gustavo estaba feliz. Y desde aquella primera emisión se fue formando una familia televisiva que iba a durar desde 1979 hasta 1983. Los viajes a Hispanoamérica eran continuos. En una semana visitábamos cuatro países, grabando en cada uno la presentación del programa desde sus monumentos más destacados. Uno de los grandes logros de *300 millones* fue dar a conocer al mundo lo mejor de cada tierra y la presentación en España de grandes artistas. José Luis Rodríguez, *El Puma*, comenzó su andadura triunfal en nuestro país gracias a sus apariciones constantes en el programa. Y fuimos los primeros en presentar a uno de los grandes de la música mundial, Plácido Domingo, un cantante español afincado en México y desconocido todavía para el gran público. Desde la primera vez que apareció en pantalla conquistó a la audiencia por su simpatía, fuerza y la calidad de su voz. Siempre que me encuentro a Plácido recuerda con enorme cariño aquellas actuaciones en *300 millones* que le convirtieron en el ídolo que sigue siendo hoy a todos los niveles.

Fueron unos años de felicidad completa, durante los que fui alternando radio y televisión casi a partes iguales. Pero lo bueno no dura demasiado, y menos para un gallego fatalista como yo. La cuerda se iba a romper por el lado más débil, el de la tele. Gustavo me lo adelantó una mañana, aunque los rumores corrían por los estudios Roma desde hacía varios meses. El cambio de gobierno, la llegada de aires nuevos a la política española iba a suponer también un cambio en las estructuras televisivas. Y *300 millones* era uno de los objetivos del cambio por su vinculación con los países de habla hispana del otro lado del mar.

—Pepe Domingo, se confirma lo que hablamos estos días. Me quitan la dirección del programa y mucho me temo que lo mismo os va a pasar a todos vosotros.

—Si te echan a ti, yo también me voy contigo.

—Nada de eso. Tú tienes un contrato por obra. O sea, que serás presentador del programa hasta que se termine o cambie de título. Y tienes que defender eso. No te permito que dimitas por mi culpa. Tienes que luchar. Y demandarlos si hace falta.

Y eso fue lo que hice. En cuanto prescindieron de Gustavo, me comunicaron que dejaban de contar con mis

Presentando el especial de Navidad del programa *300 millones*.

servicios como presentador. Les dije que mi contrato era por obra y tendría vigencia mientras el programa se siguiera llamando igual y me respondieron que la decisión era irrevocable, y que reclamase judicialmente mis derechos si así lo consideraba. El nuevo director se llamaba Enrique Llovet, destacado miembro del grupo de intelectuales afines al socialismo que empezaba a gobernar en España. Entró en *300 millones* como un elefante en una cacharrería, puso patas arriba el programa y prescindió de casi todo el equipo que había trabajado con Gustavo los últimos tres años.

Lógicamente, me puse en manos de un abogado, Doroteo López Royo, conocido entonces como el abogado de los famosos. En cuanto revisó mi expediente me aseguró que el asunto estaba ganado, aunque tardaría bastante tiempo en solucionarse por la lentitud pasmosa de la justicia española. También me dejó claro que ganarle un pleito a TVE significaba que nunca más trabajaría en aquella casa. A pesar de este presagio seguimos adelante y, unos años después, salió la sentencia que nos daba la razón en todas nuestras pretensiones. Me tuvieron que pagar más de seis millones de pesetas de indemnización, que era una cantidad importante en aquellos tiempos. Así terminó una etapa de mi vida televisiva que me permitió conocer mundo, disfrutar de la vida y sentirme importante a todos los niveles. El nombre de Gustavo Pérez Puig estará escrito en mi pasado con letras de cariño y agradecimiento. Y los de Tico y Amestoy continúan siendo un referente irrepetible en mi carrera. Con ellos aprendí a querer a un medio tan complicado como es la televisión, a respetar a la audiencia y a intentar ser mejor cada día para evitar la tentación de dormirme en los laureles. Y, por cierto, lo que vaticinó mi abogado López Royo se cumplió. Nunca más trabajé en TVE y tengo que decir, en honor a la verdad, que tampoco la he echado de menos.

36
Mi Tere embarazada

Me lo dijo aquella noche con los ojos cargados de cariño. Lo que estaba esperando con ansiedad de padre primerizo se hizo realidad. No se me olvidarán nunca sus palabras, ni aquel instante mágico, ni aquella noche en el nido de amor de Pinar de Chamartín, lugar al que nos habíamos mudado tras nuestro bautismo de felicidad en el apartamento de Arturo Soria, apartamento que, por otra parte, también tenía su propia historia. Había pertenecido al matrimonio formado por dos artistas de reconocido prestigio, Karina y Tony Luz, una cantante de éxito indudable y un compositor en alza que habían unido sus vidas y sus canciones y a los que la vida les demostró que el matrimonio puede no ser para siempre. Una separación dolorosa truncó una bella historia de amor y se asomó a las páginas de las revistas del corazón como gran noticia. Tony Luz se quedó con el apartamento de Arturo Soria y deseaba alquilarlo cuanto antes para huir de los recuerdos. Así fue como Tere y yo empezamos a vivir en aquel paraíso de paz y de belleza hasta que decidimos que necesitábamos una casa más amplia y nos fuimos hasta el Pinar de Chamartín a continuar con nuestro idilio inagotable en el piso 19 de una hermosa urbanización.

—¡¡¡Estoy embarazada!!! Me lo ha confirmado el ginecólogo. Vamos a tener un hijo.

No me lo podía creer. Era la buena nueva que me faltaba para corroborar que no me había equivocado al elegir a mi gallega del alma para ser la reina de mis días y de mis noches. Tere estaba guapísima, con esa belleza desbordante que tienen todas las embarazadas. La besé con la emoción de un hombre enamorado que ve cómo sus sueños se hacen realidad. En aquel instante mi vida cambió por completo. A partir de ese momento, mi única preocupación tenía que ser darle a ella y a lo que había de venir todo lo necesario para que no les faltase de nada. Me sentí padre de verdad y lloré de alegría, abrazado a ella. Llamé a mi madre, que me llenó de besos por teléfono. Entramos en una espiral de felicidad imparable.

Pasaron los meses a velocidad de deseo y de embarazo. Cuando ya faltaba poco para el gran acontecimiento, a Tere se le metió entre ceja y ceja vivir embarazada la romería del Santiaguiño do Monte de mi pueblo, a la que no habíamos faltado ningún año. Y este, con mayor motivo, no podía ser una excepción. Recuerdo hasta el vestido con el que subió al monte; era un vestido amplio, azul oscuro, lleno de florecillas. Estaba hermosísima aquella mañana de sol y romería. Las gaitas tocaban y tocaban una muñeira interminable, los romeros subíamos con lenta ansiedad las doscientas escaleras que conducen al monte donde reza la leyenda que predicó el apóstol Santiago. Hacía calor. En julio, Padrón es un horno, situado como está en un valle fértil y profundo. Mi madre, como todos los años, había preparado con mimo y con cariño el menú habitual de aquellas comidas campestres: ensaladilla de remolacha, tortillas, empanadas de bacalao con pasas y milanesas de ternera, una exhibición de sabor y de abundancia. Nos juntábamos unas cincuenta personas entre familia e invitados, y por todas partes reinaban la alegría y el buen humor. Allí estaba mi Tere a solo un mes para dar a luz, con su sonrisa amplia y sugestiva, cantando y bailando con mis hermanos y conmigo, con ganas de que la fiesta no se acabase nunca. Cuando los cuerpos se cansaron de beber, de bailar y de sudar, bajamos las escaleras hacia el pueblo, con una copa de más y una canción en los labios, felices por haber compartido un año más, como manda la tradición de los Castaño, una de las mejores romerías del mundo, por la que tanto habíamos luchado toda la familia. Al llegar al pueblo, la verbena popular llenaba de canciones de moda la noche padronesa, en un despliegue de luces y bullicio con el que se cerraba cada año el Santiaguiño do Monte, mi fiesta favorita y a la que seguiré asistiendo hasta que me quede un aliento de vida y de juerga.

Habíamos decidido que el niño, porque era niño, se iba a llamar Óscar. Nacería en La Coruña, la ciudad de Tere, en el mismo hospital en el que había nacido Hugo, el hijo que tuvo Tere antes de conocerme y al que quise como hijo mío desde el primer momento. Luego, con el paso de los años, iniciamos los trámites legales para darle mi apellido y reconocerlo como hijo nuestro a todos los efectos. No fue fácil y hubo que pelearlo judicialmente, pero al final lo conseguimos y Hugo llevará para siempre el Castaño de su padre y el Vega de su madre.

En el hospital no estuve solo. Aparte de la familia, los padres de Tere, Maruja y Adelino, una pareja encantadora que siempre me hizo la vida agradable desde el primer día en que me presenté en su casa coruñesa de la calle Juan Flórez, también estaba conmigo Manolo Roca, el amigo que nos había presentado aquella tarde inolvidable del 23 de febrero de 1976 en Long-Play. A los dos nos apetecía tener cerca ese día a la persona con la que había empezado todo. Y allí estaba Manolo, tan nervioso como yo, pitillo tras pitillo, dando vueltas por la sala de espera del hospital, hasta que apareció el doctor.

—Todo ha ido muy bien, El niño y la madre están perfectamente. En unos momentos pueden pasar a verlos.

Allí estaba Tere, siempre tan segura de sí misma, controlando la situación, como si no hubiera pasado nada. Y acababa de traer al mundo a un trocito de carne de mi carne que se llamaba Óscar y que venía a llenar de motivos nuestro amor. Tere siempre está guapa en todas las situaciones. Y ese día de agosto estaba más hermosa que nunca. A su lado estaba algo pequeñito, casi sin pelo, con los ojos cerrados, con el lógico color sonrosado de un recién nacido, llorando suavemente. Era mi hijo, nuestro hijo. Lo tenía delante de mí y no supe qué decir, se me murieron por dentro las palabras y solo supe llorar y mirarla a ella embobado.

Era un 3 de agosto de 1978 en La Coruña. La ciudad se acicalaba para vivir las fiestas de María Pita. El sol había llegado a Riazor para llenar la playa de jolgorio y chapuzón. En un hospital cercano al estadio de la gloria deportivista acababa de nacer un niño llamado Óscar que llenó de felicidad el calendario festivo de mi tierra gallega. A los pocos días nos fuimos a Mera, ese rincón maravilloso donde la vida pasa lenta y felizmente. Allí, en la casa solariega que Adelino y María habían construido para vivir en la tierra que más querían, nos instalamos durante el verano oliendo a verdad y a mar en calma. Hugo recibió a Óscar con gran alegría y ya empezaba a ser para él el mejor juguete de su vida. El verano del 78 será, ya para siempre, una película con final feliz, que empezó una tarde de juerga y de cubata en el Madrid del 76 y aún hoy continúa, sin desenlace a la vista y sin que el destino se atreva a ponerle la palabra «fin».

37
Boda en Bahamas. Año 1985

Los días pasaban con monotonía festiva por el calendario. El *Carrusel deportivo* viajaba con viento de cola hacia el éxito. El amor presidía los mejores años de mi vida. Empujados por el deseo de vivirlo todo al máximo, disfrutábamos de las noches de Madrid con intensidad y alevosía. Todavía teníamos un cuerpo con aguante suficiente para soportar excesos y madrugones de resacas múltiples. Las revistas del corazón reflejaban, con todo lujo de detalles, aquellos escarceos nocturnos por los locales de moda. Recuerdo particularmente El Portón, en el que inevitablemente recibíamos al amanecer entre cubatas y sevillanas. Por allí desfilaba todo Madrid, desde Mario Conde a Julio Iglesias, pasando por las grandes estrellas que vivían o pasaban por la capital de la juerga. Eso era Madrid en aquellos años ochenta, explosión permanente de felicidad. Aparecer en aquellas revistas de colores era el peaje que tenías que pagar para tener entrada libre en los templos del desmadre nocturno. En una de aquellas noches calientes, Maika Vergara y Ángel Llamazares, una pareja de avispados periodistas especializados en asuntos de amor y exclusivas, nos dieron a probar un sabroso caramelo.

—No sé por qué no os casáis. Estáis enamorados, se os ve felices, sois cada vez más famosos, podríais sacar una buena tajada de la boda vendiendo la exclusiva al *Diez Minutos.* Yo ya lo he propuesto y me han dado vía libre para negociar.

Las palabras de Maika Vergara resonaron en medio de la noche con la fuerza de un argumento definitivo. Es verdad que estábamos locamente enamorados y que lo pregonábamos a los cuatro vientos, bebiéndonos a borbotones la vida y la noche. Todo el mundo esperaba que en cualquier momento anunciáramos nuestra boda. Sin embargo, nuestras experiencias pasadas —ambos veníamos de un matrimonio frustrado— actuaban de freno al deseo de certificar legalmente nuestro amor. Seguro que nuestros padres lo estarían deseando incluso mucho más que nosotros. Teníamos dos hijos, éramos felices, en lo profesional todo marchaba viento en popa. Solo faltaba una boda para completar el ciclo habitual del amor, pero algo dentro de nosotros nos recordaba que nunca segundas partes eran buenas y que, realmente, no hacía falta un matrimonio para corroborar lo que sentíamos el uno por el otro.

—Os puedo asegurar una buena cantidad por la exclusiva. Lo haríamos donde vosotros nos dijerais, a vuestra manera. En España o en el extranjero. Si pensáis casaros, os aseguro que los periodistas se van a enterar y lo van a publicar. Y os van a perseguir allá donde vayáis. Es mejor que aceptéis esta exclusiva y nosotros nos encargamos de mantener la noticia en secreto hasta la fecha de la boda.

En aquellos años viajábamos con frecuencia a Galicia. La morriña permanente que llevamos en el alma los gallegos actuaba como un resorte mágico para empujarnos hacia nuestra tierra. Ir a La Toja, una isla única ubicada al lado de O Grove, en el mismo corazón de las Rías Bajas, era encontrarse con el paisaje más hermoso que uno pueda imaginar. Así es mi tierra, verde, linda y mojada. El casino de La Toja sabía de aquellas escapadas gallegas, siempre al encuentro de la belleza, del buen comer y de la suerte del 17 en la ruleta. Muy cerca de allí, en Villajuán, a la vera de Villagarcía de Arosa, se encontraba uno de los templos gastronómicos de Galicia, el restaurante Chocolate, donde Manolo y Josefa elevaban a la categoría de manjar de dioses los pescados y mariscos del Atlántico. No recuerdo una lubina o un rodaballo a la parrilla más sabroso que los de aquel restaurante único, parada obligada en todos nuestros viajes. Manolo y Josefa nos anunciaron una buena nueva, que iba a llevar la fama de su restaurante hasta las mismísimas Bahamas. A través de un gallego emigrado que había hecho fortuna por aquellas islas, les ofrecían la oportunidad de montar un Chocolate en Nassau. Además, el propio Julio Iglesias apadrinaría el lanzamiento por su amistad de tantos años con el matrimonio Chocolate.

Estaban emocionados con la posibilidad de ampliar el gran sueño de su vida al otro lado del mar. Y nosotros los animamos a vivir plenamente esa aventura, quizás definitiva en su futuro.

—Tenéis que hacerlo, Manolo. Es una gran oportunidad. Y si encima os va a echar una mano Julio Iglesias, ¿qué más queréis? Un Chocolate en las Bahamas va a ser algo increíble. Iremos a veros alguna vez, seguro.

Habíamos hablado tanto de una posible boda en aquellas escapadas gallegas, que a Manolo Chocolate se le ocurrió inmediatamente la idea de hacerlo en aquel paraíso al que iba a viajar muy pronto.

—Podéis aprovechar el viaje y casaros allí. Mi amigo Jarabito, el que me ha contratado, tiene el mejor *resort* de Nassau y estaría encantado de organizar vuestra boda en su hotel. Con tal de salir en las revistas, está dispuesto a todo. No tenéis nada más que decirlo.

Pasaron los meses después de aquel ofrecimiento y Manolo triunfaba en Nassau con su restaurante, al que acudía la flor y nata de la isla, incluido Julio Iglesias y toda su *troupe*, que estaban pasando una larga temporada en aquel refugio de sol y de calma. Llegaban hasta España noticias de un gallego que había llevado el sabor de su tierra a las lejanas Bahamas. A través de amigos comunes, estábamos en contacto y seguía en pie el ofrecimiento para sellar nuestro amor en aquellas islas. Cuando Maika y Ángel nos hablaron de la posibilidad de una exclusiva pagada pensamos que no sería mala idea hacerlo allí. Teníamos todo lo necesario, un buen hotel, un paisaje único, unos amigos que nos querían y nuestro deseo de casarnos, sin compromiso de registros y oficialidades, para hacer felices a nuestros hijos y a nuestros padres. Sería una boda pantalla para las revistas, pero a nosotros nos bastaba con eso para confirmar la realidad de nuestro amor.

Era un mediodía luminoso típico de aquellas tierras de sol y playa. En la terraza del *resort* de Jarabito habían dispuesto todo para que la boda fuera inolvidable. Tere estaba bellísima, se había puesto un traje color hueso que había confeccionado su madre con todo el cariño en su boutique de La Coruña. Cuando la vi reluciendo en el mediodía caribeño de Nassau me dio un vuelco el corazón. La felicidad me salía por los ojos y el alma. Ella era la reina de aquel momento único que iba a marcar un antes y un después en nuestras vidas. Al contemplarla en todo su esplendor femenino, me enamoré todavía más de aquella criatura que Dios había puesto en mi camino una tarde de febrero que nunca olvidaré. Yo me había comprado, para no desentonar en la ceremonia, un traje gris precioso, con una camisa del mismo color a juego con el traje y la pajarita. Un calor pegajoso y húmedo envolvía el ambiente. Frente a la terraza, el mar inmenso de las Bahamas y un cielo azul purísimo, enmarcando aquel momento de amor.

Allí estaban Manolo Chocolate y su mujer, Josefa, como testigos del acontecimiento. Había venido de Madrid nuestro buen amigo Paco Santos, dueño de Long-Play, la sala donde nos conocimos. Creíamos que era un buen detalle invitar a la persona que había propiciado el comienzo de nuestro romance. Paco lo arregló todo con la prensa para que no hubiera filtraciones y la exclusiva estuviera a buen recaudo. La verdad es que fue la única vez que vendimos nuestra intimidad, pero, dadas las circunstancias y sabiendo que la noticia de la boda se hubiera publicado igualmente —con exclusiva o sin ella—, pensamos que era una buena decisión. Ahora, al valorar los recuerdos, y si estuviéramos en la misma disyuntiva, habríamos repetido la experiencia.

Apareció la jueza, una mujer negra muy elegante, con andares de estrella, robusta y sonriente, y nos dimos cuenta de que aquello iba en serio. Mientas repasaba los documentos que habíamos preparado para que la boda pudiera celebrarse, me di cuenta de que la jueza tenía unas uñas enormes, largas, muy largas. Era una mujer muy original y muy amable. Pronunciamos todas esas frases que se pronuncian en una boda civil, firmamos los papeles correspondientes y nos besamos con toda la pasión de una boda de verdad en un paraíso de luz y de belleza. La terraza del *resort* estaba espléndida, cantidades ingentes de fruta por todas partes, flores, plantas, un escenario lujuriosamente verde fue al marco perfecto para un «sí, quiero» que nos salió a los dos del alma. Nos habíamos casado en las Bahamas y para que el matrimonio fuese efectivo en España había que registrarlo en el consulado. Cuando la jueza nos indicó este detalle nos miramos y decidimos que nunca lo registraríamos. Ambos habíamos tenido una experiencia matrimonial fallida y no queríamos repetirla. Supongo que seguiremos casados ante el Imperio británico, pero solteros

Portada de la revista *Diez Minutos.*

y sin compromiso en nuestro país. Sabíamos que el amor estaba por encima de una ceremonia más o menos hermosa, y brindamos por la vida y por la felicidad con todos los que nos acompañaron en aquella fecha inolvidable.

Recuerdo una interminable sesión de fotos, una noche larga y una resaca matutina de mil demonios, los besos mojados de humedad y cariño que salpicaron nuestro despertar, las fotos del primer día de casados, el paseo por la playa respirando el aire salado de un mar brillante y tranquilo, la comida pantagruélica que nos preparó Manolo Chocolate, los abrazos de Jarabito, las lágrimas de Paco Santos... Cuando nos subimos al hidroavión que nos trasladaría a Miami, todo aquello se vino con nosotros y se nos metió en el alma para siempre. Era nuestro bautismo de vuelo en hidroavión y la sensación era maravillosa, casi podías tocar el mar y emerger de él volando es una experiencia que estoy deseando repetir algún día. Amerizamos en Miami con el mar batiendo las ventanillas y nuestras manos más unidas que nunca. Nos miramos a los ojos mientras el aparato se acercaba, bramando, al puerto de Miami y pensamos en nuestros hijos, Óscar y Hugo, que se habían quedado en España y a los que estábamos deseando abrazar, ya convertidos en marido y mujer, aunque solo fuera para el Imperio británico.

38
Julio Iglesias

Conocí a Julio Iglesias en los estudios de Radio Madrid. Era 1968 y Julio había ganado el festival de Benidorm ese mismo año con *La vida sigue igual* y la canción había empezado a sonar con fuerza en los principales programas de radio de entonces. Este festival tenía entonces una trascendencia extraordinaria. Ganarlo significaba entrar en todas las listas de éxitos y convertía al ganador en una figura de alto nivel mediático para periódicos y revistas. Julio había ganado pese a su poca experiencia como intérprete. Tenía una voz agradable, no demasiado potente pero muy convincente, que enamoró al jurado y al público de aquella plaza de toros de Benidorm, convertida, una vez al año, en el gran altavoz de la canción española. En torno a Julio había ido creciendo una leyenda que le ayudó a convertirse en carne de la prensa del corazón. Un accidente de coche había cortado en seco su incipiente carrera como portero del Real Madrid juvenil, y durante la estancia en el hospital había compuesto la canción ganadora del mejor festival de entonces. Ese halo de luchador y sufridor empujó su carrera en los comienzos y le ayudó a situarse en la cumbre. Era un tipo sonriente y feliz, que contestaba a todas las preguntas con una sinceridad brutal. Sabía lo que quería y cómo conseguirlo. Recuerdo que, después de las muchas entrevistas que le hice en los viejos estudios de la SER, iniciamos una sincera y agradable amistad. En aquellos tiempos la distancia entre un locutor y un cantante no existía y ser amigo de una figura era algo completamente normal. Una mañana íbamos hacia la cafetería California de la calle Salud, donde se reunía la flor y nata del mundillo musical, y nos paramos en un semáforo de la Gran Vía, el que está frente al número 32. Julio se dirigió, gritando, a todos los que estaban cruzando aquel paso de peatones.

—¡Eh! Soy Julio Iglesias, el de *La vida sigue igual.* ¡¡¡Y voy a ser más popular que Raphael!!!

La gente le miraba entre asustada e incrédula. Todavía no era el Julio Iglesias de hoy en cuanto a popularidad, pero la televisión había lanzado su figura por toda España. Aquellas palabras retumbaron en la mañana madrileña como un presagio que, con el paso de los años, acabaría cumpliéndose. Cuando le recuerdo a Julio este episodio se ríe socarronamente e insiste en que no es verdad, pero yo estaba allí esa mañana y lo escuché con toda claridad. Entonces Raphael era el número uno incontestable de todas las listas y de todos los corazones. Intentar ser mejor que él era una aventura difícil para un hombre que solo tenía una canción, pero aquella premonición salía de los labios y del corazón de un chaval alto y enjuto, con poquita voz, que no sabía qué hacer con las manos en el escenario y que acababa de ganar el primer premio de su vida. Era solo el comienzo de una gran historia.

—Oye, Pepe. Soy Gabriel González, de Columbia. Te llamo de parte de Julio Iglesias para ver si nos puedes echar una mano. Estamos grabando un tema en gallego en el estudio y a Julio le gustaría que le asesorases en la letra, porque no está muy seguro de lo que ha escrito. ¿Te puedes pasar por aquí esta tarde?

La llamada de mi querido Gabriel González, uno de los pioneros de la promoción discográfica auténtica y valiente con quien mantuve hasta su muerte una amistad inolvidable, no me resultaba extraña, porque siempre estábamos en contacto y nos veíamos con mucha frecuencia. No podía decirle que no. Me acerqué a los estudios de Columbia. Julio estaba en mangas de camisa, sudando y muy nervioso, escribiendo palabras en un atril colocado delante del micrófono de la grabación. El papel tenía muchas tachaduras, prueba inequívoca de que nadaba en un mar de dudas. Acerté a ver el título de la canción: *Un canto a Galicia*. Me alegró saber que iba a cantarle a mi tierra, que era también la suya por parte de padre.

—Hola, Pepe. Gracias por venir. Estoy atrancado en esta parte: *«Eu quéroche tanto, terra do meu pai»* y no sé cómo seguir. A ver si se te ocurre algo. Te voy a poner lo que tengo grabado para que lo escuches y a ver si hay suerte.

Escuché aquella maravilla con cariño de amigo. Sonaba a intimidad, a verdad, sonaba a Galicia. Y era Julio en toda su plenitud cantando un tema con visos de número grande. Era un Julio distinto al de su primer gran éxito, su voz tenía más matices, más emoción, más personalidad, mucho más encanto.

—Me encanta la canción. Es muy buena, Julio. Y creo que, para terminar la estrofa puedes añadir *«eu quéroche tanto, miña terra nai»*, encaja perfectamente y de esa manera sigues hablando de Galicia, la llamas tu tierra madre y le envías un recuerdo a tu madre al mismo tiempo. A ver qué tal suena.

Encajó a la perfección. A todos los que formaban el equipo de grabación les pareció una gran idea.

—Pepe, quiero que escuches toda la canción y que me rectifiques todo lo que creas oportuno. Vamos a cambiar lo que haga falta. Lo importante es que quede perfecta.

Estuvimos varias horas haciendo sonar la canción una y otra vez. Añadíamos o quitábamos palabras, construíamos frases en un gallego popular que pudiera entender todo el mundo, porque la canción se iba a lanzar como su primer gran bombazo a nivel mundial. Solo hubo una palabra que no pude hacerle cambiar, porque me dijo que no podía hacerlo. En gallego, para decir «lejos», empleamos la palabra *«lonxe»* y Julio se empeñaba en decir *«leixos»*. Insistí en que estaba mal dicho y que mucha gente se iba a enfadar con él por cantarlo mal, pero me dijo que ya estaba acostumbrado a decirlo de esa manera, y así quedó en el disco, eso sí, contra mi voluntad. Siempre que escucho *Un canto a Galicia* y oigo lo de *«leixos»*, me arrepiento de no haber impuesto mi voluntad aquella tarde en la que nacía una de las mejores canciones que se le hayan dedicado nunca a mi querida tierra gallega.

Después de aquel éxito vinieron muchos más. Julio abandonó España, que se le había quedado pequeña, y se fue a conquistar los grandes mercados del mundo empezando por Hispanoamérica, donde rápidamente se hizo el dueño y señor de las listas. Empezaba a cumplirse lo que había pronosticado en un paso de peatones de la Gran Vía de Madrid. Hablar con Julio ya no era tan fácil, pero siempre hemos mantenido una lejana y cariñosa amistad. Cuando aparecía por España compartíamos mesa y mantel y nos reíamos recordando los viejos tiempos. Creo que uno de los secretos del éxito de Julio es no haber olvidado nunca sus orígenes. Saber de dónde vienes te ayuda siempre a saber con más seguridad a dónde vas. Durante los años siguientes el nombre de Julio pasó a estar en las carteleras de las ciudades más importantes del mundo, participó en Eurovisión con aquella *Gwendoline* que le ayudó a meterse un poco más en Europa, triunfó en el Olympia de París, el templo sagrado de la música popular, llenó a rebosar tanto el Bernabéu como el Camp Nou... Definitivamente, ya era más popular que el gran Raphael.

—Pepito, quiero que vengas a mi casa de Miami a pasar unos días con tu Tere. Dime cuándo puedes y le digo a mi gente que te envíe los pasajes. Solo la ida, porque quiero que vuelvas a España conmigo en mi avión.

Habían pasado muchos años desde aquella primera vez, pero esta llamada me demostraba que Julio no olvida a los buenos amigos. Era todo un detalle por su parte y me hizo una gran ilusión. Nada más y nada menos que compartir una semana con Julio en su casa de Indian Creek en Miami, con su gente y a cuerpo de rey. Era más, mucho más de lo que podía esperar. No sé por qué se le ocurrió invitarme en aquel momento, cuando más distanciados estábamos, pero tampoco me importaron demasiado los motivos. Fijamos una fecha y allá nos fuimos volando sobre el mar de la emoción, hacia la ciudad del sol, del exilio cubano y de la música. Viajamos en primera clase, con todas las comodidades de Iberia e imaginando cómo sería el día a día de aquel hombre, a quien la vida le había dado casi todo lo que le había pedido.

Cuando aterrizamos en Miami debería haber estado esperándonos el equipo de Julio, pero no aparecía nadie y, pasado un tiempo prudencial, llegamos a la conclusión de que nadie iba a venir. Aquella maravillosa aventura empezaba mal. Llamamos a su casa, Julio estaba grabando en un estudio cercano, nos atendió una chica muy amable que nos explicó que había habido un malentendido con la fecha de llegada y hasta el día siguiente no nos esperaban. Tere y yo decidimos que era mejor pasar la noche en un hotel cercano al aeropuerto en lugar de ir directamente a una casa en la que no nos esperaban hasta el día siguiente. Y eso es lo que hicimos. Cuando Julio se enteró montó en cólera, pero ya lo teníamos decidido y no cambiamos los planes. Creíamos que era lo mejor para no crear dificultades.

—Pero ¿por qué no vinisteis ayer a dormir aquí? Una vez que os invito y quedo mal con vosotros. Lo siento.

Perdonadme. Espero que lo paséis muy bien aquí. Esta es vuestra casa.

Nos había recogido un coche del equipo de Julio y llegamos a su casa a mediodía, atravesando un Miami espléndido de luz y de mar. La casa estaba situada en medio de un enorme paraíso verde y libre. Era una casa grande y muy hermosa, de las que te impresionan a primera vista, de una sola planta, junto al mar, rebosante de vegetación y de flores. Hacía calor, ese calor pegajoso de Miami que se te mete por todo el cuerpo.

—Yo me voy a tomar un poco el sol y a hacer mis ejercicios diarios para mi espalda. Dejáis las cosas en la habitación, os ponéis el bañador y nos tomamos un buen aperitivo en la piscina. Luego, comeremos una paella maravillosa. También vendrá a comer Ramón Arcusa con su mujer. Vamos, chicos, a disfrutar.

Así fue nuestro bautismo de asombro en la mansión de nuestro cantante más internacional. Fue un anfitrión admirable en todos los aspectos. Nos ofreció la mejor habitación de su casa, nos confió todos sus secretos. Él y Miranda se desvivieron por hacer de nuestra estancia con ellos una felicidad continua. Solíamos comer en el jardín con un montón de gente que siempre estaba rodeando a Julio. Y cenábamos en la cocina de su casa. Allí, una mujer de su confianza preparaba siempre comida española para que nos sintiéramos a gusto. Por las tardes, nos acercábamos a su estudio de grabación a compartir con él sus largas sesiones de trabajo. Me impresionaba comprobar el perfeccionismo casi enfermizo de Julio. Ramón Arcusa se encargaba de dirigir aquel entramado técnico y sobre todo artístico con una paciencia increíble. No era fácil lidiar aquel toro que siempre quería lo mejor y que era capaz de repetir hasta veinte veces la misma estrofa hasta que quedaba como él quería. La gente debería poder entrar en un estudio de grabación antes de enjuiciar la calidad de una canción, para que supiera lo que hay detrás de un gran éxito, semanas y semanas de intenso trabajo de un grupo de personas unidas para lograr la perfección.

A veces a Julio le apetecía salir a navegar. Y nos íbamos hacia Miami por los canales, hablando de España y brindando con buen vino, porque el vino seguía siendo uno de sus grandes caprichos y su bodega no tenía nada que envidiar a la de los mejores restaurantes del mundo. La gente nos reconocía y nos saludaba cariñosamente. En Miami, las agencias de viaje organizan un tour marítimo que incluye Indian Creek y la mansión de Julio. Se la enseñan a los turistas como un atractivo más de la ciudad.

—Mañana es el gran día. Voy a cantar en la inauguración del Miami Arena y después de la actuación, nos vamos a España en mi avión. Así que a primera hora de la tarde preparáis las maletas, las dejáis en la puerta de la habitación y pasarán a recogerlas para llevarlas directamente al avión. Y en cuanto acabe el concierto, nos vamos a Ibiza. ¡¡¡Ibiza, Pepito, a Ibiza!!!

Siempre me llamaba Pepito y me acostumbré a ello, era una demostración de cariño y de confianza. El Miami Arena era una obra de arte de la ingeniería deportiva. Iba a albergar en el futuro los partidos de los Miami Heat de la NBA, un equipo en el que Julio tenía, y supongo que tiene todavía, un pequeño porcentaje. El ambiente era extraordinario y el lleno espectacular, como ocurría en todos los conciertos de Julio. Estar allí, en primera fila, muy cerca de él y de su música, era un sueño hecho realidad. De cuando en cuando Julio nos miraba y nos dedicaba una sonrisa de complicidad. Se notaba que era feliz cantando, era el hombre más feliz del mundo cuando estaba sobre un escenario. A nadie podía extrañar su deseo incontrolable de recorrer el mundo de concierto en concierto, haciendo partícipes de su felicidad a cuantos llenaban estadios, teatros y salas de fiestas para escucharle y aplaudirle. Y allí estábamos nosotros, testigos de excepción del triunfo apabullante de un español en la capital del sol y de la vida.

El avión despegó de Miami con suavidad inusitada. Era una preciosidad. Estaba decorado con mucho gusto. Julio se sentía feliz volando en lo que él llamaba con cariño su «Pájaro Loco». A los pocos minutos de despegar, nos sorprendió con una enorme tortilla española y junto a ella un Vega Sicilia Único para celebrar que el concierto había sido un éxito. Brindamos todos y en aquel avión que empezaba a cruzar el océano se montó una gran fiesta de vivas y abrazos. Después Julio se retiró con Miranda a una habitación habilitada en la parte trasera del aparato. Repostamos en las Bermudas y desde allí nos fuimos rumbo a Ibiza pensando que la vida, como decía el recordado Andrés Montes, podía ser maravillosa.

A la mañana siguiente, Ibiza amaneció lluviosa y triste. A Julio no le gusta la lluvia. En eso se parece mucho a mí. Estábamos en el hotel Pikes, un hotelito muy original y distinto a los establecimientos habituales de la costa ibicenca. Julio nos había reservado la mejor habitación, todo un detalle de un anfitrión perfecto como era él. Desayunamos en la piscina del hotel bajo un cielo cargado de nubes y de malos presagios.

—Pepito, no me gusta nada esto. No aguanto la lluvia. Tenemos que irnos a un lugar con sol. ¿Qué tiempo hará en Galicia? Tengo muchas ganas de volver a nuestra tierra y comer una buena mariscada. Entérate y decidimos. Elige tú el sitio.

Uno de los mejores restaurantes de Galicia era, entonces, Casa Simón. Estaba en Cangas do Morrazo, en la bahía de Vigo, en un lugar paradisíaco. Llamé a mi amigo Pepe Simón para preguntarle cómo estaba el tiempo por allí.

—Tenemos un día cojonudo, Pepe. El cielo azul, una temperatura estupenda y hasta hay gente ya en la playa.

Cuando Julio supo que en Galicia hacía sol organizamos el viaje. Iríamos al aeropuerto de Vigo en su avión privado. Allí nos recogerían unos Mercedes que nos llevarían hasta Cangas do Morrazo para disfrutar de una gran mariscada.

—A la hora de comer estaremos ahí. Voy con Julio Iglesias y algunas personas más. Prepara el mejor marisco que puedas encontrar, de todo, ostras, cigalas, centollas, *lubrigante,* percebes... Todo lo mejor que encuentres en el mercado. Salimos para Vigo en unas horas.

Pepe Simón se llevó una alegría tremenda. Era un buen amigo y me hacía mucha ilusión llevar a su restaurante a un comensal de la categoría de Julio Iglesias.

—No te preocupes, Pepe. Os voy a preparar la mejor mariscada de vuestra vida. Y no sabes la ilusión que me hace que venga a mi restaurante el gran Julio. Gracias, Pepe, por acordarte de mí. No te defraudaré.

Despegamos de Ibiza con un tiempo horrible, entre nubes y turbulencias, y aterrizamos a las pocas horas en Vigo, escoltados por un sol maravilloso y las imágenes impresionantes de una de las bahías más hermosas del mundo. Desde el aire, Vigo es una preciosidad, una postal única de las muchas que tiene Galicia. Subimos a los Mercedes que nos estaban esperando en el aeropuerto y enfilamos el camino hacia Cangas do Morrazo. Julio estaba eufórico y optimista contemplando aquel paisaje increíble.

—Me hace mucha ilusión regresar a Cangas do Morrazo. Aquí pasaba yo las vacaciones con mis padres. Cuántos recuerdos me traen este pueblo, estas playas, este aire tan limpio, tan gallego, tan mío...

La mariscada fue de las que hacen época. Hacía tiempo que no veía a Julio tan feliz y distendido. Bromeaba con todo el mundo. Le preguntaba a Pepe Simón cosas relacionadas con sus años juveniles de veraneo en aquel lugar inolvidable. Brindamos muchas veces por nuestra tierra, por la vida, por Cangas y por los recuerdos.

Con Julio Iglesias en Ibiza.

Pepe Simón era un hombre feliz. Julio era uno de sus grandes ídolos y estaba allí, comiendo en su restaurante y tratándole como un amigo, como si le conociese de toda la vida. Nos hicimos un montón de fotos y regresamos al aeropuerto para emprender el vuelo de regreso a Ibiza. Cuando el avión despegó y alcanzó lo que los pilotos llaman la velocidad de crucero, yo le di, en silencio, gracias a la vida por permitirme disfrutar de aquel viaje con mi gran ídolo musical de siempre. Compartir con Julio un viaje a mi tierra era algo tan inesperado como hermoso, y quedaría ya para siempre en el álbum íntimo de mis grandes momentos. Nunca podré agradecer a Julio el gran detalle de aceptarme como amigo en su casa, en su avión, en la intimidad de su hogar y de su familia. Parece que las emociones se agigantan cuando estás en el aire. Allá arriba, mientras el Pájaro Loco volaba camino de Ibiza, estaba un enamorado de la vida, como yo, de la radio y de la música, dándole un gran abrazo a Julio, al Julio Iglesias de los millones de discos vendidos, un abrazo que testimoniaba todo el agradecimiento de un humilde locutor de radio por la culminación de un sueño irrepetible.

39
Elogio de Marbella

La primera vez que fui a Marbella lo hice en compañía de mi querido Paco Santos. Estábamos muy cerca, en Torremolinos, que entonces era el pulmón mediático de la Costa del Sol, en el hotel Pez Espada, el más lujoso de aquella costa. Habíamos ido a la inauguración de la discoteca Long-Play en Torremolinos, una prolongación de la del mismo nombre de la plaza Vázquez de Mella de Madrid, que se había convertido en el lugar de encuentro de toda la farándula radiofónica, musical y periodística de aquel Madrid de ensueño y juerga permanente. La inauguración de la nueva Long-Play fue todo un éxito. Paco Santos había fletado un avión desde Madrid a Málaga, en el que viajamos más de 200 personas como invitados de lujo a un acontecimiento que tendría enorme repercusión en los medios malagueños y nacionales.

—Mira, María Teresa, el acto lo va a presentar Pepe Domingo. Creo que es el más indicado para hacerlo. No te enfades conmigo, pero lo vamos a hacer así.

Paco hablaba con una María Teresa Campos en estado de cabreo, quien en principio había sido la elegida para presentar el acto de inauguración de la discoteca, dado que ella era, en aquellos momentos, la reina indiscutible de la radio malagueña. Recuerdo a María Teresa como una mujer de buen genio y buena figura, una mujer acostumbrada a mandar y a ser obedecida. No le sentó bien lo que le dijo Paco y me lanzó una de esas miradas femeninas que te taladran el alma.

—Paco, creo que es mejor que lo hagamos los dos, creo que formaremos una buena pareja y la cosa puede quedar muy bien.

—Que no, joder, que lo vas a presentar tú y se acabó la discusión. María Teresa que se encargue de que todo salga bien con los invitados y luego la puedes sacar un momento al escenario para que la aplaudan, pero de presentar los dos la gala, nada de nada.

Yo creo que María Teresa Campos no olvidó nunca aquella noche de Torremolinos. Lo noto cuando coincidimos en algún lugar; es como si hubiera una barrera entre los dos, resultado de aquella decisión de Paco Santos en la que yo no tuve nada que ver. Supongo que ya me habrá perdonado por haberle robado, sin querer, su gran noche.

—Y ahora nos vamos a Marbella. Vas a conocer el lujo, Pepito, vas a ver cómo viven los ricos.

Llegamos a Marbella de madrugada. Estaba preciosa. Una temperatura extraordinaria y algo que, con el paso de los años, he guardado en mi mente como recordatorio inmortal de Marbella: las ramas de los árboles completamente quietas, sin una gota de viento, y el olor a dama de noche, lujuriante y espeso, que me acompañaría siempre en mis viajes a la capital de la vida, como me gustaba llamar a Marbella. Entramos en el Marbella Club, el centro neurálgico del bien vivir marbellí e internacional, y nos recibió un jolgorio de gente hermosa disfrutando de la noche. Allí éramos como dos granos de arena perdidos en una inmensa playa. Por todas partes caras conocidas, que te miraban desde allá arriba, desde donde miran los que se creen superiores a ti. Paco y yo nos fuimos acercando a la barra, no conocíamos a nadie, éramos unos extraños en el paraíso de las caras famosas, pedimos nuestro cubata con la mejor de nuestras sonrisas y disfrutamos de aquel bautismo marbellí con todas nuestras fuerzas primerizas, procurando aparentar que formábamos parte de aquel mundillo de escotes y cuerpos morenos que habían elegido Marbella para vaciar sus bolsillos y su alma a la orilla de un mar paradisíaco. Así fue mi primera noche en la Marbella de la fama y del glamour.

La segunda vez que fui a Marbella me acompañó la Tere de mi vida, que acababa de entrar directamente de Long-Play a mi corazón. También estaba Paco Santos, nuestro hombre de confianza en la amistad y en el amor. Era la primera vez que viajaba con Tere y estaba deseando mostrarle cómo era aquella ciudad increíble, donde la vida era otra cosa y la diversión su razón de ser. Recuerdo que las revistas del corazón empezaban a perseguirnos para intentar conseguir una exclusiva de confirmación de romance entre un presentador de radio y televisión y una modelo gallega. Todavía no habíamos dicho nada y fue allí, en Marbella, cuando la historia se convirtió en exclusiva.

—Lo va a hacer alguien en cualquier momento. Mejor que lo haga un amigo como Jesús Carrero, que lo hará muy bien y con mucho respeto y cariño. Esta noche en Mau Mau lo hacemos. ¿De acuerdo, parejita?

Cualquiera le decía que no a Paco Santos. Aquella noche nos pusimos nuestras mejores galas de entonces y nos fuimos al templo de la fiesta marbellí, la discoteca Mau Mau de Puerto Banús, que había montado con gran éxito el empresario argentino José Lata Liste. La sala estaba abarrotada de gente con ganas de comerse la noche a borbotones. Ya conocíamos a gran parte de aquella fauna sonriente porque casi todos eran de Madrid y aprovechaban el buen tiempo para darse un garbeo promocional por Marbella. Todos nos miraban con curiosidad, la curiosidad que despiertan siempre los romances recién nacidos. Yo no estaba demasiado acostumbrado a aquel asedio de besos y sonrisas. Era una noche genial. Estaba en el centro del mundo y de la noche, acompañado por el amor de mi vida recién descubierto y recibiendo las felicitaciones de todo el mundo en la discoteca de moda. No podía pedir más.

Bien entrada la madrugada apareció Jesús Carrero, cámara en ristre, mirándonos con sus ojos de pillo y llenando de flashes el Mau Mau con nosotros como centro del despliegue fotográfico. Nos pidió que nos acercáramos más, que nos besáramos, que le demostrásemos al mundo la atracción total que sentíamos el uno por el otro. No sé cuántas fotos hizo Carrero. Estábamos sumergidos en una nube de ensueño y satisfacción irrepetibles y no nos dábamos cuenta de nada. El amor a veces hace que te olvides de todo lo que pasa a tu alrededor. Aquel reportaje era la prueba definitiva para el resto del mundo y las revistas del corazón llevarían la exclusiva a todos los rincones del país. Éramos la pareja feliz de aquel mes y, nos gustase o no, la gente quería saberlo y tener la prueba fotográfica del romance. La primera vez siempre te pueden los nervios, pero con el paso de los días nos fuimos acostumbrando a aquella persecución amistosa de reporteros, conscientes de que era inevitable. Fue nuestro primer reportaje y no lo olvidaré nunca porque fue con mi novia eterna, con mi gran amigo Paco, con el gran Jesús Carrero y, además, en un lugar que a partir de ese momento se convirtió en nuestro rincón más deseado.

Todavía seguimos yendo a Marbella. Nos compramos un apartamento en la Milla de Oro, en Las Lomas del Marbella Club, en la urbanización Coto Real de nuestro buen amigo Pepe Ros, y allí disfrutamos del sol, de la paz, del olor y el sabor de ese lugar único, donde la vida tiene sentido y el alma se serena. Eran los tiempos cuando Gunilla y Luis Ortiz alargaban las madrugadas hasta que salía el sol por el último local de la gran Menchu, dueña y señora del jolgorio marbellí de categoría junto a su inseparable y eterno Nacho Angulo. No puedo olvidar a Jaime de Mora y Aragón, siempre con la sonrisa abierta y el abrazo caliente de buen amigo y de buen vividor. Noches interminables con él y su pandilla intentando arreglar Marbella y el mundo. De cuando en cuando aparecía

Antonio Arribas con el último chiste y el último cubata, para hacernos partícipes de sus ganas de vivir sin perder ni un solo minuto. Cuando se fue para siempre, se llevó con él una gran parte del espíritu rebelde y jaranero de la Marbella más pura. Íbamos de La Meridiana de Paolo Girelli, el hombre con más estilo restaurador de la costa del lujo, a La Tirana de Manolo, otro de los templos donde la noche sabía a gloria y olía a jazmín. Y no podía faltar el Regine de Puente Romano, que no duró demasiado tiempo, pero que, mientras estuvo en pie de juerga, nos vio amanecer una noche sí y otra también. Ir al bar del Marbella Club era y sigue siendo todavía un canto a la felicidad y al buen vivir. Aquellos días y aquellas noches a plena diversión en la Marbella de entonces serán siempre la parte más querida de nuestras vacaciones.

Luego llegó el cambio. Se fue apagando Alfonso de Hohenlohe, el creador, junto al conde Rudy, de la Marbella más pura, y llegó Jesús Gil a recomponer los restos de un naufragio anunciado. Lo hizo como él solía hacer las cosas, a golpe de autoridad y talonario. Y Marbella dejó de ser el paraíso de unos pocos para convertirse en un lugar más, de los muchos que jalonan la costa donde el sol y el golf se unen para asombro del mundo. Ganó en seguridad, pero perdió en glamour. Ganó en construcción, pero perdió en intimidad. Ganó en negocio, pero perdió en encanto. Y aunque ahora hay muchas personas empeñadas en recuperar lo perdido, no va a ser fácil. Los buenos tiempos pasan y casi nunca vuelven a ser los mismos. Yo seguiré yendo de cuando en cuando a sentir ese embrujo especial de los lugares únicos. Lo que nunca puede perder mi Marbella es su mar, sus árboles quietos en el atardecer, la dama de noche de aquella Fonda de Ramón Ballesteros irrepetible, el cielo rojo del día que se va, la postal blanca de Puerto Banús, el encanto del Marbella Club, la eternamente hermosa plaza de los Naranjos, la descarnada belleza de la Sierra Blanca, los espetos encendiendo la arena de la noche, la última copa en Olivia Valere, el sol eterno que duerme en las palmeras... Todo eso lo tiene y lo seguirá teniendo mi Marbella, la misma que entró en mi vida una noche de cubata y amor y no se marchará nunca, porque las imágenes que se guardan en el alma son para siempre.

40
EL AMARGO ADIÓS A *CARRUSEL*

Pasaron muchos años, se fueron agotando innumerables calendarios, la vida se fue haciendo mayor con cada uno de nosotros. Llegaron más premios Ondas, más Antenas de Oro y de Plata, seis Vueltas a España, cinco Tours siempre a pie de bici y de cansancio, miles de *Carruseles* vividos al máximo con un equipo de gente a la que debo algo más que el futuro, compañeros inolvidables con los que aprendí a sentir la radio como nunca lo había hecho. Todos los premios que jalonan mi trayectoria humana y profesional se los debo a ellos, porque el trabajo en equipo es el gran generador de los éxitos de un programa. Fueron años de Cadena SER en plenitud de sentimientos y objetivos. Estar en *Carrusel* era estar en la cima del deporte; tener al lado a Paco, a Lama, a José Ramón, a Guasch, a Poli Rincón, a José Francisco, a Rubén Martín, a Germán Dobarro, a Armenteros, a Hevia, a Evangelio, a Parrita, a Mansilla, a Pedrito Martín, a Willy, a Juanma Castaño, a Alcalá, a Joseba…,

Recibiendo el Premio Nacional del Deporte de manos del rey Juan Carlos I.

en fin, a todo aquel plantel de periodistas únicos, significó siempre para mí estar con los mejores. Pero casi todas las cosas buenas tienen un final. Y aquella historia se truncó de golpe cuando menos lo esperábamos. De pronto, un vendaval inesperado acabó con el esfuerzo de tantos años persiguiendo un ideal. Vamos a recordarlo, aunque haya pasado ya demasiado tiempo.

Estamos en mayo, año 2010. Cuando recibí en el móvil aquel mensaje de Javier Lalaguna supe que mi vida iba a cambiar. Era una hermosa mañana de mayo. Madrid respiraba el aire festivo de su fiesta patronal. La feria de San Isidro estaba acostumbrándose al sol y a las primeras moscas. Los atléticos, sufridores eternos tras la estela

Recibiendo un premio deportivo entregado por el rey Felipe VI.

inalcanzable del Madrid, iban a vivir su día más grande. La final de la Europa League sobrevolaba un intenso día de radio. Se me fue acelerando el pulso mientras leía aquel mensaje inesperado: «Me han dicho que a Paco no le han dejado entrar en la SER, que le han prohibido la entrada, por un lío que tuvo con Dani Anido, ¿sabes algo?».

Me lo estaba temiendo. Había sido una semana larga y difícil de negociaciones en torno a la cobertura del Mundial para la SER. Por un lado estaba la propuesta de la empresa. Por otro, la idea que Paco y Lama defendían, que era la misma de otros mundiales, en los que nuestra cadena había sido un ejemplo de eficacia y repercusión. El primer enfrentamiento apareció cuando se enteraron de que la lista de los que iban a viajar a Sudáfrica había sido consensuada con De la Morena y no con ellos, como venía siendo habitual. Además, se hablaba de hacer tres *Carruseles* de la fase previa fuera de Madrid, por lo que Paco no podría estar en el Mundial de principio a fin, sino que viajaría al término de esas tres salidas. Y por si estas divergencias fueran pocas, existía otro punto de fricción, el programa de la sobremesa. Anido quería que Paco lo presentase desde Madrid y Paco insistía en anular las tres salidas de *Carrusel* de la fase previa, viajar a Sudáfrica con todo el equipo antes del comienzo del campeonato y realizar la sobremesa desde allí, porque era allí donde estaba la noticia. Sabía que las cosas no marchaban bien. De cuando en cuando, Paco me contaba cómo se iba agrandando el distanciamiento. Aquel mensaje me demostró que mis temores tenían fundamento.

En cuanto me repuse del mensaje de mi amigo Lala —así llamamos cariñosamente a Javier Lalaguna—, intenté localizar a Paquito. Me puse en su lugar e imaginaba lo que estaba pasando en ese momento. Paco es un hombre tranquilo. Hasta en los momentos de mayor presión es capaz de mantener una calma envidiable. Siempre he admirado esa faceta de su carácter. En dieciocho años que llevaba compartiendo con él *Carrusel deportivo* nunca habíamos tenido ni el más mínimo enfrentamiento. Y todo gracias a él, porque mis reacciones, habitualmente, nada tenían que ver con las suyas. Pero su gran capacidad de encaje y el cariño y respeto que reparte entre los que le rodean han sido los motivos de esta larga paz profesional y personal.

—Paco, ¿qué ha pasado?

—Bueno, bueno..., que he discutido con Anido, nos hemos dicho cosas muy gordas, se ha enterado Raúl Rodríguez, me han pedido que me retracte, les he dicho que no y me han abierto expediente disciplinario. Hoy no me han dejado entrar en la radio.

Tras escuchar estas últimas palabras supe que algo grave iba a ocurrir. Mi veteranía me dijo que se estaba fraguando la mayor revolución de la radio española. Lo ocurrido aquel miércoles de mayo era una prueba más de que las aguas del mes de julio anterior trajeron estos lodos.

Creo que quien mejor puede contar todo lo que sentimos en aquellos duros momentos es su principal protagonista, mi querido Paco González. Él mejor que nadie supo entender lo que se estaba fraguando en aquel fatídico día de mayo en el número 32 de la Gran Vía de Madrid. A continuación está el testimonio de lo ocurrido escrito por el propio Paco:

> La verdad es que no me apetece nada recordar aquel momento. No fueron días muy agradables, como es fácil de comprender. Existe además el peligro de que se interprete que yo tengo algo contra la SER, y lo único que guardo es el agradecimiento por hacerme persona y profesional, por darme trabajo durante tantos años, y por supuesto, el mejor de los deseos para los antiguos compañeros. Pero, bueno, Pepe ha puesto mucha ilusión en este libro y no voy a ser yo precisamente el que le falle..., ni en esto ni en nada. Además, la idea de que todo

lo que se saque tenga un destino benéfico convence a cualquiera. Así que... no me enrollo más. Allá va.

Me llamaron al despacho de Anido (entonces director de la SER). Cuando entro veo que están también Rodríguez Pi y Mariano Revilla, el primero era subdirector o algo así, y el segundo jefe de emisiones o algo así (es que nunca me acuerdo de los cargos). Y la verdad es que me extrañó que estuvieran, porque de cien veces que estuve en ese despacho solo en dos o tres estuvo Revilla y jamás estuvo Pi. Pero, bueno, no pensé en encerrona ni nada de eso. Me llamaron para hablar del Mundial... Últimamente no hacíamos otra cosa.

Aquí tengo que explicar que todo lo que tenía que ver con el Mundial estaba siendo un poco caótico. Por primera vez nos habían impuesto una lista con los nombres de quiénes debían ir al Mundial, por primera vez no íbamos a la primera fase todos los miembros del equipo... Bueno, dicho mal y pronto, a mí me parecía una cagada tras otra.

Al empezar la reunión trataron de convencerme de que fuera al Mundial, aunque me daban libertad al respecto. Yo les decía que ir al Mundial después de la primera fase podría ser un poco ridículo. Imaginemos, por ejemplo, que vamos tras la fase de grupos y que, según llegamos, España cae en el primer cruce... Y claro, otra vez para casa, porque ya no tendría mucho sentido quedarse sin España.

En las anteriores semanas Anido decidió, en contra de mi opinión, que los tres primeros partidos de España se harían de cara al público por distintas ciudades. A mí me parecía que eso era hacer un circo, que podía salir fatal por la diferencia entre el sonido (que llega antes) y la imagen… y que la gente no iría a ver un programa, sino a animar a su selección —como es lógico—, con lo cual no estarían muy callados precisamente, y para nosotros sería un suplicio. Pero se decidió y punto. Por cierto, me aseguraron que se recaudaba mucho dinero con esa acción, aunque desde el departamento de publicidad me decían lo contrario. Pero, bueno, esa es otra historia.

Así que el plan era ese. A mí no me parecía serio no ir a la primera fase y aparecer luego, así que les dije que prefería quedarme en España y hacer aquí todos los *Carruseles.* Lo que sí les dije es que no debía hacer el especial del Mundial a las tres de la tarde desde España, que ese programa había que hacerlo desde allí, porque uno se pasa toda la mañana dentro del IBC (centro internacional de prensa) metido en el estudio esperando a que te llame Antoñito desde la concentración de Francia, Oliveros desde el entrenamiento de Brasil o a que hablen los jugadores de la Selección (en un Mundial se curra así, estás tan tranquilo y de repente se te juntan cuatro grabaciones, y quien lo ha vivido lo sabe). Y ahí vino el problema. Uno más. El definitivo.

Anido me dijo que tenía que hacer también ese programa, y por más razones que le daba, seguía en sus trece. Como estaba tan cabezón, y viendo que al final iba a tener que hacerlo aunque la perjudicada fuera la antena de la SER —porque al hacerlo desde España quedaría peor—, intenté sacar algo a cambio, con un asunto que me escocía desde hace meses: la sanción de un mes de empleo y sueldo a Hevia por la Super Bowl. Habíamos conseguido retrasarla hasta el final de la liga, pero quedaba ya muy poco y no le levantaban la sanción. Por injusta (lo justo era en todo caso sancionarnos a todos, o a mí, que era el director del programa), por injusta (el año anterior Hevia leyó el mismo mensaje de broma y no pasó nada), por injusta (si hay alguien que jamás se merece una sanción por todo lo que curra y por el talento que le pone ese es Jorge), por cuatro veces injusta (no se le puede quitar el sueldo a un padre de familia cuando incluso el anunciante en teoría ofendido ya había aceptado y de buen rollo las disculpas de Hevia —hay constancia escrita—), por tantas veces injusta, esa sanción me tenía de los nervios. Así que propuse, a ver si colaba, hacer el Especial Mundial si le quitaban la sanción a Hevia. Y entonces supe por qué Anido quería testigos en aquella reunión. Se vino arriba, se vistió de su cargo como nunca antes. Me habló en un tono en el que no me había hablado nunca. Se calentó y me calenté. Todo ocurrió así, tal cual. No omito nada:

—Mira, aunque sea una cagada, vamos a hacer una cosa… yo te hago el programa de las tres y tú le quitas la sanción a Hevia.

Anido, elevó la voz.

—¡Eso es un chantaje!

Yo también alcé la voz, pero seguía muy tranquilo, la verdad.

—Pero ¿qué dices de chantaje? Tú me estás pidiendo una cosa y yo te estoy pidiendo otra.

—Tú tienes que hacer ese programa por contrato.

—No, mira, ese programa lo hacía Lama de toda la vida, pero como empezó en la tele a la misma hora, yo le sustituí encantado desde el Mundial de Alemania; pero en mi contrato solo dice que tengo que dirigir *Carrusel* y participar en la programación deportiva de la cadena.

Entonces Anido adopta un tono chulito muy desagradable.

—Pues, mira por dónde, en este programa vas a participar desde las tres y un minuto hasta las tres y cincuenta y nueve.

Yo seguía estando más tranquilo, aunque ya me estaba poniendo atacado aquella actuación suya, con la que me parecía que quería demostrarnos lo mucho que mandaba.

—Pues muy bien, no tengo problema en currar. Curro lo que haga falta, a ver si te enteras, pero yo no lo voy a dirigir. Estaré todo el programa, pero sin dirigirlo.

Y al final, se lio a dar gritos.

—¡Mira, tú vas a hacer ese programa POR MIS COJONES! (esta afirmación fue acompañada de un puñetazo en la mesa).

Yo me levanté y también grité.

—¿Por cojones? ¿Por tus cojones? ¡Pues si es por cojones, el programa lo va a hacer tu prima la coja! Me puse en pie y me encaminé hacia la puerta—. ¡Y ojalá que a ti y al otro os ponga el nuevo en la puta calle... porque vais a hundir esta casa!

Salí dando un portazo.

Aclaro que el nuevo era Javier Pons, que acababa de llegar como consejero delegado adjunto, o algo así.

Eso fue. Eso es exactamente lo que pasó. Exactamente. Lo que vino después ya se sabe. No me siento orgulloso ni me arrepiento. Pasó y punto. No me siento orgulloso porque los siguientes días fueron horribles e hice sufrir a mucha gente que me quiere. Pero no me arrepiento porque no me gustan ni las injusticias ni las amenazas ni los gritos.

Según lo estoy escribiendo, me vuelve a resultar todo muy desagradable. Jamás me gusta ser protagonista de nada, y contándolo parece que uno quiere adhesiones. Pido perdón por hablar tanto de mí: los periodistas no deberíamos ser nunca noticia.

Quien me conoce sabe que es muy difícil verme alterado, y casi imposible escucharme hablar a gritos. No soporto a la gente que grita, que crea crispación en ámbitos tan reducidos, por ejemplo, como una redacción. Así que podéis imaginaros cómo venían dadas de los últimos meses.

Cada vez que subía a un despacho de los jefes era para oír «que Pepe no se queje en antena», «que Lama no diga tacos», «Hevia está sancionado», etcétera, etcétera. Y yo bajaba diciendo «coño, alguna vez me llamarán para decirme algo bueno». Así que aquel día reventé. Me parecía que querían echarme o invitarme a irme... O no, tal vez fueran solo ganas de demostrar sin ningún estilo quién llevaba los galones. Pero yo no estaba acostumbrado a eso. Durante muchos años he trabajado con jefes como Alfredo Relaño, Daniel Gavela, Antonio García Ferreras, Ramón Gabilondo, Paco Vela... y jamás tuve un conflicto.

Jamás. Los considero maestros de la profesión, y a algunos verdaderos amigos.

Y no sigo porque parece que me estoy justificando. Bueno, sí, me estoy justificando. No creo que mi comportamiento fuera ejemplar. Ya he dicho que no me siento especialmente orgulloso. Aunque también tengo que decir que si me hubiera rendido a los gritos o al puñetazo en la mesa, si no hubiera defendido al compañero, si hubiera «mamado» pensando solo en mi tranquilidad, me habría sentido mal para siempre. Todavía estaría diciendo «te faltaron bemoles, Paquito».

La segunda parte de aquel día se resume muy rápidamente. Al poco tiempo de cerrar aquella puerta me llaman para que suba a ver a Raúl Rodríguez (entonces director general de la SER, un cargo más alto, para que nos entendamos). Subo y me dice que les tengo que pedir inmediatamente perdón por los insultos. Le digo que yo no he insultado a nadie y me responde que les he deseado que los pongan en la calle («el otro» era él, efectivamente). Yo respondo que eso no es un insulto, que es un deseo y que lo pienso así por el bien de la casa, porque se la van a cargar. La reunión termina rápido. Raúl me dice que así no podemos seguir y que el jueves (era martes y el miércoles había programa, la final de la Europa League con el Atlético de Madrid) quedamos para hablar de la rescisión del contrato.

Y se acabó.

Lo siguiente fue una llamada la mañana del miércoles advirtiéndome de que se me prohibía hacer el programa y acceder a la radio desde ese momento (vamos, que me echaban) y que todo ello se me comunicaba con un burofax que me daría la directora de recursos humanos, pero fuera de la radio, pues yo no podría ni subir.

Quedaban cuatro programas gordos antes del Mundial. Esa final, la final de la Copa del Rey y la última jornada de liga, con todo por decidir (campeonato y descenso) entre el sábado y el domingo. La decisión estaba tomada, al parecer por Delkáder (entonces consejero delegado de Unión Radio). Pedí ayuda, muchos trataron de ayudarme, pero todo estaba decidido. Antes de una semana le estaban ofreciendo dirigir *Carrusel* a Manu Carreño. Así que ya lo tuve claro. Aunque Manu lo rechazó, siguieron pensando en otros, le pidieron opinión a Lama. Lama les decía que me repescaran. A él también le dijeron que no había nada que hacer. Que era decisión de Delkáder. Total, me presenté con un notario, levantó acta de que no me dejaban entrar (todo esto siguiendo consejos del abogado, porque yo, como comprenderéis, no tenía ni idea de que se hace cuando te echan).

Me dicen que ya estoy desvinculado de la SER y me llama J. J. Santos para hacer el mundial con Telecinco.

Gracias eternas, Jota.

Consulté con mucha gente si debía hacerlo. Los compañeros me decían que sí. Los amigos, también. Mi mujer me terminó de convencer: «Aunque nos vayamos al extranjero, del Mundial no puedes huir. Y si te quedas tirado en el sofá te vas a agarrar una depresión de caballo». Acepté.

Tuve la suerte de conocer en pocos días a un montón de directivos de grupos editoriales cuyos nombres me reservo por discreción. A todos les doy las gracias por su interés y su trato. Pero especialmente a Manolo Villanueva y a Paolo Vasile (segundo y primero de Telecinco). Me trataron con un cariño inolvidable. Vasile me dijo que cuánto quería por hacer el Mundial y yo le respondí que firmaba en blanco. «En blanco no, que luego ponéis encima la cifra que queréis, ja ja ja» fue su respuesta. Toda la gente que conocí en Telecinco fue maravillosa, en el trato personal y en lo profesional. Pero yo no era feliz.

Me evito aquí lo de ponerme lagrimero y contar todas las veces que lloré, porque al final todo acabó bien y vivo rodeado de amigos y compañeros como nadie los ha tenido. Y eso te hace feliz, muy feliz. Pero al margen del cariño y agradecimiento que tengo a todos los compañeros, a todos (no los cito porque son cincuenta y tantos), sí quiero pedir perdón a los más cercanos, y a Miguelín el Bombero y a Monty, y sobre todo a mi mujer Mayte y a mis hijos María e Íñigo, por lo mal que se lo hice pasar. Y doy las gracias a mi madre y hermanos por su apoyo irreductible. Y cómo no, a Álvaro, el inventor del famoso «ashupá». Gracias por todo.

Me gustaría contar cómo dijeron sí a la aventura Emilio, Rico, Minguella... Fue conmovedor. Cómo firmó Poli sin llegar a leer el contrato. Lo que significan Guasch, Willy, Petón o Hevia en este grupo. Cómo se portaron Germán, Marco, Hugo, Oliva... Cómo se despidió Oliveros (imborrable). Quién es Chateau, Parrita,

Evangelio... Lo de Alcalá, Joseba y Jesús... ¡Uffff! Todo eso da para más de un libro. Cuando en tu peor momento ves que estás con gente así, sientes que Dios te ha tocado con la varita. ¡Gracias, hermanos! A todos. Gracias, Manolo, por estar el día que no podía con mi alma. Gracias, Pepe...

Y gracias, COPE, Fernando, Rafael, Julián, Ana, Adolfo... Son tantos (que no se me olvide Nati). Había que tener muchas narices para apostar por nosotros; por nuestra manera de hacer radio y, la verdad, porque somos muchos. Gracias por creer en este grupo. Trataremos de devolver con el mejor trabajo toda esa confianza.

Y aunque no guardo ningún rencor desde el minuto cero (vivir con rencor debe de ser una pérdida de tiempo, energía y felicidad extraordinarias), sí que es cierto que hay cosas que no puedo olvidar. La humillación con la que Mariano Revilla trató de acobardar a los técnicos (Javi, Bravo y Hernández) diciéndoles que «en un año los vería llevando un taxi». La actitud lamentable y grotesca con la que Anido bajó a despedir a Antonio Ruiz. Las infamias que el propio Anido soltó sobre mí. O las amenazas que Delkáder nos hacía llegar a través de Xuancar y de otros conocidos (del tipo «nunca podrán dormir tranquilos, son una banda de delincuentes»).

En fin, me callo muchas cosas, porque ya no merece la pena volver la vista atrás. Pero ¿para qué engañarnos? Hay personas a las que prefiero no volver a ver.

Escribo esto a pocas horas de un partido de Champions, con la redacción funcionando a pleno rendimiento. Con la gente feliz, con los cachondeos de Lama, las cosas de Pepe o los agobios de Alcalá. Es decir, con el buen rollo de siempre. Lo hago desde la COPE, desde la redacción de deportes donde nos recibieron con la mayor generosidad un grupo de profesionales que son ya parte de la familia.

Escribo esto con la memoria llena del cariño de los limones, del afecto que nos hicieron y hacen llegar un montón gigante de oyentes.

¿Se puede pedir más?

Gracias por estar ahí... también. No sabíamos que nuestro trabajo tuviera otro sentido que el de entretener. Pero en estos meses nos hemos dado cuenta de que hay ya una relación especial con los oyentes. En mi caso, la relación del que está agradecido de por vida a quienes le ayudaron cuando no tenían por qué hacerlo.

Paco González

Aquel banco radiofónico tenía tres patas. En una estaba Paco. En la otra estaba yo. Y en la tercera Manolo Lama. Los tres capitaneábamos un equipo imbatible que estaba barriendo en los estudios de audiencia temporada tras temporada. Lo que había ocurrido con Paco nos afectaba a todos. Y todos nos involucramos en la solución del problema ante quienes lo habían generado, pero no conseguimos nada. La cerrazón de los grandes jefes y la insistencia de Paco en no dar su brazo a torcer impidieron el cese de hostilidades entre los dos bandos. Con el paso de los días el tema se fue complicando y no encontramos otro camino que el de agrupar a cuantos compartiesen nuestras ideas y emprender, juntos siempre, una nueva aventura en otra cadena, lo que no era fácil, habida cuenta de que la nómina de los rebeldes ascendía a más de cincuenta personas. Y teníamos serias dudas de que algún medio sensato se hiciese cargo de un ejército radiofónico tan numeroso. Lama estuvo muy luchador en aquellos días. Y quiero que sea él quien nos cuente lo que pasaba por su cabeza cuando se desató la tempestad.

> No me gusta nada hablar de este tema, mucho menos escribir, porque me duele un montón recordar aquel episodio, que para mí ha sido uno de los más tristes que he vivido.
>
> Nunca entendí que la Cadena SER echara a Paco, pero ahora, muchos meses después, sigo sin entenderlo. Paco quería a la SER, Paco había luchado por derrotar a José María García del liderato radiofónico, Paco había peleado por encumbrar *Carrusel* al número uno de los deportes de este país... ¿Por qué la SER le pagaba así?
>
> Pero lo más triste es que siempre pensé, y sigo pensando, que la SER también quería a Paco. Porque la SER no es solo algunos directivos, la SER son ese grupo de profesionales con los que compartes diariamente alegrías, penas, problemas, farras... y muchas cosas más. Y esa SER sí quería a Paco... y aún le sigue queriendo. Algunos directivos confundieron su responsabilidad... Los directivos no son dueños de las empresas, son administradores del talento de sus empleados, y ellos equivocadamente lo regalaron poniéndole gratis en el mercado.

Aquella noche del 11 de mayo fue dura. Yo estaba en Hamburgo con Antonio Ruiz, preparando la final de la Europa League entre el Atlético y el Fulham…, cuando recibí en mi móvil un mensaje de Paco: «Manolín, llámame por favor».

Cuando descolgó el teléfono…, sabía que pasaba algo…, estaba triste…, preocupado y sobre todo muy jodido.

Hablamos más de una hora, y mi única intención era tranquilizarle y dejar que pasara la noche, porque estaba convencido de que al día siguiente aquello se solucionaría.

Qué tonto fui…, pensé que había sido una bronca… y poco más…, pero rápidamente me di cuenta de que los cimientos de los deportes de la SER se tambaleaban.

El miércoles, mis compañeros de Cuatro me llamaban: «Lama, en la redacción de la tele dicen que han echado a Paco de la SER…, ¿sabes tú algo?». Me negaba a creérmelo…, no podía ser verdad. ¡¡¡Coño, un tío que llevaba casi veinticinco años en la SER… no podían despedirlo en un segundo!!!

Y vosotros os preguntaréis: y a partir de entonces…, ¿QUÉ?

Bueno, pues a partir de entonces, os juro que hice todo lo posible para que readmitieran a Paco. Primero me ofrecí de mediador…, después les anuncié que Paco estaría dispuesto a aceptar cualquier sanción…, pero que por favor le readmitiesen.

Les intenté hacer ver, a los directivos de la SER, que aquello no solo era malo para Paco, sino que también era malo para la empresa. Quedaban, cuatro *Carruseles*... «Dejad que los haga... y después tomáis las medidas que consideréis oportunas», les repetía una y otra vez.

He de decir que los primeros días choqué contra una pared. No había vuelta atrás. La SER había decidido «limpiarse» a Paco... y aquello era innegociable.

Nuestra imagen estaba siendo dañada en el exterior... (todos los periódicos, todas las agencias, y todos los confidenciales... hablaban de la expulsión de Paco), pero nuestros ejecutivos no movían ficha para recuperarlo.

Hablé con Javier Pons, consejero delegado adjunto de la SER, hablé muchas horas con Raúl Rodríguez, director general de la SER, hablé casi todos los días con Daniel Anido, director de la Cadena SER..., pero siempre pinchaba en hueso. La decisión de la readmisión ya no estaba en sus manos..., la cabeza de Paco se la había cortado Augusto Delkáder, consejero delegado del grupo.

Con el paso del tiempo estoy seguro de que si Delkáder no hubiera estado en esa casa, Paco seguiría hablando en el micrófono amarillo de *Carrusel.* Pons, Anido y Rodríguez, hacia los que solo tengo palabras de agradecimiento por el trato que me dieron y por el interés que pusieron..., estaban atados de pies y manos. Donde manda patrón, no manda marinero...

Me retumbaban los oídos cuando desde los despachos de la novena planta de Gran Vía 32 se me decía: «Augusto (Delkáder) dice que él está al frente de la manifestación para que Paco no vuelva a la SER».

«Pero, joder, ¿qué le ha hecho Paco a Augusto...?», me preguntaba y preguntaba en voz alta... No había respuesta... Delkáder quería dar un correctivo a un sector de los deportes de la SER... y se le había ido la mano.

Seguro que Delkáder no quería aquel final... porque es un hombre inteligente, pero aquello se le fue de las manos..., tensó demasiado la cuerda..., se precipitó... y estuvo muy mal aconsejado.

Paco anunció días después que fichaba por Telecinco para hacer el Mundial. Me alegré mucho por él..., lo estaba pasando muy mal..., estaba hundido en su casa..., lloraba como un bebé..., se angustiaba y la pena le consumía poco a poco. Aquello al menos le liberaría, le iba a permitir trabajar en lo que le gustaba. Sé que Paco le estará eternamente agradecido a Paolo Vasile, a Manuel Villanueva y a J. J. Santos de que le dieran aquella oportunidad. En el fondo le resucitaron... porque estaba más muerto que vivo... profesionalmente.

Aquel fichaje disparó las alarmas en Prisa. Los directivos de la SER empezaban a darse cuenta de su torpeza. Además, Paco era fichado por un socio, Telecinco, con el que Prisa tenía intereses comunes en Cuatro Televisión.

Y en ese instante comenzó el segundo gran error del ejecutor de Paco: en vez de reflexionar y buscar una marcha atrás para recuperar a Paco..., se enrocó y puso el ventilador de la mierda en funcionamiento para ensuciar la imagen de González. Dios mío qué error, la SER crio, formó y lanzó al estrellato a Paco y ahora querían hacernos ver que era un «delincuente» y un mal profesional.

Me consta que, con aquellas lamentables notas de prensa y aquellos bulos disparados desde la SER, la mayoría de los directivos no estaban de acuerdo... porque sabían que eran mentiras y que todo era una rabieta de perdedor.

Toda la redacción de deportes sufría el adiós de Paco, y casi todos ayudaron dentro de sus posibilidades en el intento de reconducir la situación y que Paco volviera..., pero al final los periodistas solo somos soldados a los que las empresas nos ponen en las trincheras cuando nos necesitan, para disparar, y a los que nos fulminan cuando no les interesamos.

Aquella redacción de la SER estaba con González. Aquella redacción de la SER sabía de la injusticia que se había cometido, aquella redacción quería a Paco, aquella redacción sufrió mucho... y a aquella redacción se le guillotinó la alegría de un sueño que llevaba vivo casi treinta años.

Todos los compañeros de deportes, todos, le enviaron mensajes de apoyo y ni uno solo ha hablado nunca mal de Paco ni antes... ni después de su salida de la radio.

Yo sufrí, porque Paco era mi amigo y compañero..., yo sufrí porque Gallego, Bustillo, Romero, Alcalá, Pacojó, David, Joseba, Jesusito, Antoñito, Willy... y todos los niños, incluidos los becarios..., no se lo podían creer. Pepi y Rebeca lloraron. La solidaridad no solo llegó desde el deporte, vino de informativos, de programas, de emisoras, de administración, del comité de empresa, de los guardas jurados, de las señoras de la limpieza, de Mario y sus chicos del bar... y, sobre todo, de los oyentes. ¡Dios mío, cómo le querían! Jamás pensé que la gente que nos oye se pudiese sentir afectada por nuestros problemas.

Quiero aquí resaltar que pese a tener esa herida que nos desangraba a todos, el ejemplo de profesionalidad de mis compañeros fue para quitarse el sombrero. Jesús Gallego hizo un *Carrusel* impecable, con lo difícil que era sustituir al bicho, demostró que es un monstruo de la comunicación, y que merece estar en lo más alto del periodismo deportivo.

Antoñito Romero, mi debilidad, nos dio a todos una lección de profesionalidad, ofreciéndoles a los oyentes de la SER los mejores testimonios de nuestros campeones, pese a que la procesión iba por dentro.

Laura Martínez, actual jefa de deportes, estuvo como siempre genial y arropando al grupo para estar más unidos que nunca en ese momento tan duro. Morata, un crack, dio todo lo que tenía, y demostró que no se le caían los anillos a la hora de arrimar el hombro por el bien del grupo.

Rubén Martín, Antonio Ruiz y María Bretones, nunca os agradeceré lo mucho que me ayudasteis en Johannesburgo, cuando me sentí viudo sin Paco después de muchos años compartiendo grandes eventos. Rubén confirmó lo gran narrador que es, Ruiz devoró las zonas mixtas de Sudáfrica y María Bretones (a mí no me hacía falta que me lo demostrara) presentó sus credenciales de gran profesional.

Y mi Oliveros, allí solo en Ciudad del Cabo..., viviendo el drama a muchos kilómetros en soledad y siempre ofreciendo su hombro y una noticia para hacer más llevadero aquel drama que todos vivíamos.

En Madrid, Bustillo, Pacojó, David, Joseba, Alcalá, Jesús Bueno, Hevia, Angelito, Willy, Edu Pidal, Aitor, Rubiano... se ofrecían desinteresadamente para ayudar en lo humano y, sobre todo, en lo profesional. Todos teníamos claro que por encima de nuestra pena estaban los oyentes, y que cuando se encendía la luz roja... todos al unísono... dábamos lo mejor de nosotros en homenaje a Paco, y sobre todo a esos dos millones y pico de oyentes que seguían *Carrusel.*

De Pepe Domingo, Poli, Petón, Guasch, Radomir, Víctor Fernández..., no tengo nada que decir..., escuchen las cintas de las transmisiones y verán cómo pusieron su alma en cada sonido para que aquello fuese el gran homenaje a Paco González.

Antes de acabar el Mundial, era *vox populi* que Paco tenía muchas ofertas: Punto Radio, la COPE, Onda Cero, Radio Marca... y alguna de televisión... Paco me decía que estaba feliz en Telecinco, pero que él era un hombre de radio... y quería seguir en este medio. Mientras que Paco negociaba con las diferentes empresas radiofónicas..., yo seguía insistiendo a mis directivos de la SER que recuperaran a Paco..., pero solo encontraba el no por respuesta y el mensaje de «Augusto no quiere». Hablé con altos directivos del grupo Prisa de otras divisiones... para que ellos lo intentasen con Delkáder... y todos pincharon en hueso..., no había marcha atrás.

Un día desde Sudáfrica hablé con Anido... y le dije: «Cuidado, que Paco se puede llevar a mucha gente». Sé que él lo transmitió a sus superiores, porque era su obligación y porque, además, soy consciente de que le preocupaba. Arriba alguien volvió a confundir a Delkader: le dijeron que «como mucho, se irían cuatro o cinco». Una vez más se volvieron a equivocar: la redacción estaba con Paco y ellos no lo supieron ver.

La desbandada fue total…, y sé que muchos no se fueron porque ya no había más sitio en el barco…, pero que su corazón estaba con González.

Paco anunció al final del Mundial que firmaba por la COPE… Le oí su primer *Tiempo de juego* metido en mi coche en Marbella un 27 de agosto del 2010. No me lo creía, pero era verdad… Me sonaban igual porque ellos son únicos, inconfundibles e inimitables…, pero nuestras vidas, y no por nuestra culpa, estaban separadas… El resto de la historia ya lo sabéis.

Yo seguí en la SER hasta el 3 de enero del 2011, sufrí porque en una emisora estaba mi padre y mis hermanos y en la otra mi madre y mis hermanas. Estaba jodido, yo los quería a todos, pero el divorcio se había consumado. Mientras que el matrimonio existió, todos fuimos felices… Pero la vida sigue: yo les deseo a mis amigos de la SER lo mejor… y también se lo deseo a mi antigua casa… porque yo se lo debo casi todo a ella y porque la llevo en mi corazón. Ahora estamos en una nueva película, y espero ser tan feliz en la COPE como lo fui en la SER.

Sé que Paco, en la COPE, ha recobrado la ilusión y la felicidad. Se lo merece, porque es un buen tío.

Manolo Lama

He querido que fueran ellos, las dos cabezas más visibles del grupo rebelde de la SER, quienes contaran, en primera persona, lo que ocurrió en aquel verano loco de 2010 en el que la radio sufrió uno de los mayores terremotos humanos de su historia. Ha pasado el tiempo y los tremendos augurios que vaticinaban el fracaso total de aquella rebelión nunca se cumplieron. Todos los que dimos un paso al frente para seguir a Paco hemos encontrado en la Cadena COPE todo lo que pedíamos cuando firmamos con ellos: libertad, cariño, medios y futuro.

A nivel personal, me ha quedado el resquemor de no haber podido despedirme de una audiencia que, durante 37 felices y largos años, siguió todas mis piruetas radiofónicas de la música a la información y de la información al deporte. Me habría gustado decirles adiós y darles las gracias por tantos años de felicidad compartida. No pudo ser. Y los culpables fueron tres directivos que, desde el día después del Mundial de fútbol que hizo a España reina del mundo, han quedado en mi memoria como personas sin escrúpulos y, sobre todo, sin palabra. Para mí la palabra será siempre el mejor testimonio de la grandeza e integridad de una persona. Y ellos faltaron a la verdad e hipotecaron la palabra dada, impidiendo que pudiera decir adiós, con lágrimas incluidas por supuesto, a mis compañeros de la SER y, en especial, a la audiencia fiel de 37 años. Para Raúl Rodríguez, Dani Anido y Augusto Delkáder, mi eterno desprecio para siempre jamás, amén.

41
El mejor Santiaguiño do Monte

El verano fue liberando nuestros nervios y todas nuestras dudas. Después del Mundial y tras haber comunicado a la SER mi decisión de acompañar a Paco, me dediqué a organizar la romería del Santiaguiño do Monte en Padrón. Mucho antes de que sucediese lo que sucedió en nuestras vidas, habíamos quedado en reunirnos toda la pandilla el 24 y 25 de julio en mi pueblo, para disfrutar a lo grande de mi tierra y de su gente. Desde marzo estaba todo planificado: los vuelos, la reserva de hoteles, los diferentes actos del programa festivo. A Paco le apetecía mucho olvidar el vértigo de los últimos días. Y nada mejor que un viaje en la compañía más querida.

Cuando se produjo la explosión mediática, Paco fue el primero en recordarme que nos veríamos en Padrón y que allí olvidaríamos todo lo ocurrido. Me dediqué en cuerpo y alma a la organización de la fiesta, para que se lo pasaran en grande y para que durante dos jornadas de jolgorio y diversión le dieran gracias a la vida por permitirles vivir una nueva aventura. Mi ahijado José Domingo y mi cuñado Ángel Rey saben de mi insistencia en todos los detalles de la romería. Cada día los llamaba para cambiar un horario, certificar reservas y planificar comidas y cenas. Miguel el Bombero se encargó de imprimir un programa muy atractivo, con el escudo del pueblo en color y detallando los horarios de cada uno de los actos y francachelas que íbamos a compartir.

El Santiaguiño do Monte es una de las mejores fiestas de mi tierra. Padrón se vuelca cada año con su romería y, aunque durante mucho tiempo estuvo bajo mínimos, entre todos los que sentimos muy adentro la fiesta y el terruño logramos recuperarla. Aún le falta mucho para ser lo que era en otras épocas, pero, poco a poco, vamos logrando que el ayuntamiento se involucre en su organización y nos ayude a mejorarla cada año un poco más. Una de las grandes «animadoras» de la fiesta es mi madre, Rosa. Nos hizo prometer a los doce hermanos que mantendríamos la romería cuando ella nos faltara. Quién me iba a decir a mí que aquella de 2010 iba a ser la última de su vida. Cuando llegaron al pueblo Paco y la pandilla, mi madre fue la mujer más feliz del mundo. Me veía a mí feliz, disfrutando con mi gente. Y eso para ella era lo más importante, la felicidad de los demás y, sobre todo, la de los suyos. Otro de los que tratan de que la fiesta no decaiga es mi amigo Rial, el de la pulpería más famosa de Galicia. Junto a su mujer, Lidia, y sus hijos, trabaja todo el año para que esos dos días de julio sean de auténtica fiesta. Allí nos reunimos siempre en la noche del 24 los invitados que vienen de Madrid y todos los componentes de mi amplia familia, en una cena que se prolonga siempre hasta altas horas de la madrugada, con un menú excelente y un trato exquisito por parte de la familia Rial. Ellos también están contribuyendo a revitalizar una romería necesitada de apoyo y de cariño.

Esos días el pueblo se entrega a los visitantes. Me comentaba Paco que no había visto en su vida un pueblo con esas ganas de juerga, sin importarles para nada la hora o el ruido. Ni una sola protesta de los vecinos. Todos saben que el Santiaguiño es para eso, para disfrutarlo a tope, y cada uno colabora como puede para que así sea. Las tascas del pueblo abren hasta que el cuerpo aguante y siempre hay una, A Lareira de Mercedes, que enlaza la noche con el día. Allí hay un póster mío de cuando cantaba, que en el año 1975 le regalé a los entonces propietarios del bar, entre los que estaban mis queridos Manolo y Paco Rodríguez Pazos, ya fallecidos. Y el gran «Peperete» —así es conocido en el pueblo mi amigo José Luis Baleirón, alma de todo lo que huela a fiesta—, que mantiene vivo el espíritu de aquella gente emprendedora. El póster tiene su historia, porque ha habido muchas personas empeñadas en comprarlo, pero la dueña siempre dice que no está en venta. Es un detalle que le agradezco y que me demuestra que me quieren. A Lareira es la primera visita obligada cada víspera de Santiaguiño, el día en el que se celebra la clásica carrera de burros, conocida como Gran Derby Asnal, que es el primer acto multitudinario del programa de festejos. Una vez que tomamos la primera en A Lareira, empieza la ruta de los bares. Las Camelias, el

Santiaguiño, el bar del casino, La Capilla, la de Nardo, La Esquina, El Patín son algunas de las «estaciones» de parada obligatoria antes de sentarnos a cenar en Rial, a donde llegamos siempre bastante perjudicados.

El día grande de la fiesta es el 25 de julio, el Día de Santiago. Desde muy temprano las gaitas, las bandas de música populares y las charangas recorren el pueblo como preludio de la Gran Procesión, que llevará la imagen del Santiago pequeño, el Santiaguiño, hasta el monte donde cuenta la leyenda que predicó el apóstol. Hay que subir más de doscientas escaleras para llegar a la ermita, donde se celebra una misa solemne y a continuación da comienzo la comida campestre. Allí se reúnen familias enteras, como la nuestra, para vivir una jornada al aire libre, compartiendo comida, bebida, baile y felicidad. Creo que mis amigos se lo pasaron en grande. Allí estuvieron, cantando y bailando como auténticos *galeguiños,* Paco González, Guillermo Valadés «Willy», Miguel el Bombero, Juan Carlos Montero, Javier Lalaguna «Lala», Jorge Armenteros, Joseba Larrañaga, Loreto Riñón, Raquel Costa, Quique «Jeringas», Sito Tejeiro, Emilio José, Manfredo Álvarez y muchos más. Les agradezco que me hayan acompañado en la fiesta que más quiero. Y que hayan cantado conmigo *De colores,* el himno de la peña que fundó mi madre y que seguirá, ya sin ella, haciendo del Santiaguiño do Monte uno de los días más alegres de mi pueblo y de mi gente. El programa editado por Miguel el Bombero en julio de 2010 refleja claramente el espíritu de aquellos días:

PROGRAMA «SANTIAGUIÑO DO MONTE»

SÁBADO 24 DE JULIO

18.00 horas. Llegada al Aeropuerto de Lavacolla (Santiago de Compostela) vuelo JK 6000. Las gaitas del grupo Brisas do Ulla recibirán a los visitantes en la Terminal de Lavacolla —sí, La-va-co-lla, con rima incluida— como se merecen. El traslado se hará en los vehículos oficiales de VIAJES CASTAÑO, JUERGA TODO EL AÑO, conducidos por Ángel Rey y José Domingo Méndez, cuñado y ahijado, respectivamente, del anfitrión.

19.00 horas. Distribución de habitaciones en los siguientes *resorts*...

Hostal Jardín

Sres. de Castaño. Presidentes Comisión de Festejos

Sres. de Álvarez. D. Manfredín y D.ª Estherina

Sres. Paco González / Juan Carlos Montero

Sres. Guillermo Valadés, «Willy» / Miguel Ángel Rodríguez, «Miguelín»

Sres. Javier Lalaguna, el gran «Lala» / Jorge Armenteros, «El Negro»

OJO: Se rumorea que esta última habitación tiene mucho peligro.

Hostal Chef Ribera

Sres. de López. Emilio José y Maite

Srta. Costa

Pazo de Lestrove

Sres. de Rascón. Pío y Maribel

Sres. Sito / Enrique Bustos, el «Jeringas».

20.00 horas. Asistencia de todo el personal a la Carrera de Burros, el famoso Derby Asnal en el paseo del Espolón. Hay burros suficientes para la carrera, pero no se descarta la participación de alguno de los componentes de la pandilla madrileña.

21.00 horas. Después de los primeros en la tasca A Lareira y el homenaje al póster del «padrino» Castaño, que está colgado en la tasca desde 1975, comenzará el recorrido alcohólico por los bares del pueblo. Se hará un fondo común, más que nada para lograr que «algunos» saquen las manos de los bolsillos, de una puñetera vez, y no miro a nadie, a la hora de apoquinar.

22.00 horas. Con las gaitas abriendo paso a la comitiva, subiremos a hombros al anfitrión en la plaza de Macías y de esa guisa nos desplazaremos hasta la Pulpería Rial, donde tendrá lugar la pantagruélica cena de bienvenida con el siguiente menú: empanada, pulpo, *xoubas* de Rianxo, pimientos de Padrón, calamares, carne *ó caldeiro,* vino Viña Mein, cafés, licores y aguardientes.

Después de la cena, comenzará la Gran Carallada, con la participación de gaitas, charangas, la familia Castaño al completo y los habitantes de Padrón, hasta que el cuerpo aguante. Los artistas invitados serán Quique Bustos «Jeringas», nuestro barítono de cabecera; Sito Tejeiro, que con su acordeón mágico nos romperá los tímpanos, y el gran cantante Emilio José, famoso por *Soledad* y otras coplillas. Aprovecharemos para ensayar *El huerfanito,* de Machín, que será el himno alcohólico de este año.

Luego, cada cual que haga con su cuerpo lo que quiera. Este día no hay recogida de *basura humana,* por lo que tendréis que llegar por vuestros propios medios a los hoteles, con la trompa a cuestas.

DOMINGO 25 DE JULIO

12.00 horas. Es hora de despertar, que ya está bien, *carallo,* de tanto dormir la mona.

13.00 horas. Reunión de *romeiros* en el bar Las Camelias.

Nota Importante. A la reunión habrá que asistir perfectamente uniformado: Pantalón vaquero, camisa o polo blanco y chaleco (regalo de la familia Castaño que encontraréis en las habitaciones de vuestro hotel).

14.00 horas. Comida campestre en el Monte Santiaguiño, en la monstruosa carpa móvil montada por Ángel Doce y familia como todos los años, con el siguiente y espléndido menú: empanada, pulpo, pimientos de Padrón, churrasco gallego, tarta *larpeira,* todo *«a fartar»,* o sea, hasta que os salga por los ojos. Cafés. Queimada (el *conxuro* lo oficiará Miguel «El Bombero poeta»).

Animarán la comida campestre, bajo los árboles del monte, las Gaitas de Finisterre, que interpretarán —las veces que haga falta, hasta que se lo aprendan— la conocida copla *De colores,* «de colores se visten los campos en la primavera...», que da nombre a la peña De colores, fundada por Mamá Rosa, madre de los Castaño, hace ya muchos Santiaguiños de Dios.

16.00 horas. Apertura bar alcohólico. Se abandona el vino y la cerveza y Ángel Rey abrirá el bar, para regocijo de todo el personal, sediento de cubatas. Para los lentos de bolsillo, se advierte que todas las consumiciones corren a cargo de VIAJES CASTAÑO, JUERGA TODO EL AÑO.

21.00 horas. Bajada del monte al pueblo. Como las escaleras ya son de bajada, haremos el descenso a pie, aún a costa de que alguno se la pegue en el trayecto. También está permitido bajar *a rolos.* Nota: mirad en el diccionario gallego lo que significa *a rolos.*

Cuando lleguemos al pueblo, cada cual elegirá el plan que prefiera, de acuerdo con su nivel etílico:

Plan «A», para valientes: a «Pulpería Rial».

Plan «B», para cagones: a dormir la mona al hotel, solo o con lo que se tercie.

LUNES 26 DE JULIO

14.00 horas. Ya está bien de *carallada.* Para descanso del pueblo de Padrón y de la familia Castaño, todos a casita.

Salida del Aeropuerto de Lavacolla —sí, La-va-co-lla, otra vez la rima, cachondos, que sois unos cachondos—, Santiago de Compostela, del vuelo JK 6001 MAD.

¡Joder, creí que no se iban nunca!

Adióóóóóóóóóóóóóóóóóóóóóós.

42
27 de agosto de 2010. ¡Hola, hola! ¡Comienza *Tiempo de juego*, Cadena COPE!

Y, por fin, llegó el gran día. Aquel viernes fue el más intenso de mi vida. Agosto resplandecía sobre un Madrid todavía veraniego. Unos días antes de aquel 27 de agosto de 2010, dejé la paz de Mera para respirar, otra vez, el aire nervioso de la capital. Traía las pilas cargadas después de un largo mes de aparente calma a la orilla de un mar inolvidable. Atrás quedaban mis noches de juerga gallega, acompañado siempre por mis hermanos Gabriel y Gonzalo, por sus mujeres Loreto y Pili, por mis queridos amigos coruñeses —Piliña, Pío, Maribel, Murciego, Capelán, Villar, Paula, Tito Berguer, Saavedra, Dolo— y los habituales del rincón más lindo de Mera, como digo yo siempre, «Mera que eres linda», parodiando la famosa canción de Machín. Agradezco a la familia Varela-Felucho, Jaime y Benjamín todo lo que pusieron de su parte para que el verano fuese inolvidable.

Necesitaba esas vacaciones para olvidarme del ruido mediático, de los mensajes interminables, de la tensión del adiós definitivo a mi casa de toda la vida, de las dudas y vacilaciones del equipo que estábamos formando. Aquellos días respirando otro aire, el aire limpio y fresquito de mi tierra, me ayudaron a crecer por dentro y a convencerme de que había tomado la decisión correcta, eligiendo a mi amigo Paco antes que a mi empresa hasta entonces, la Cadena SER. Mientras paseaba cada mañana por el flamante paseo marítimo del pueblo, eran muchas las personas que me saludaban y me deseaban lo mejor en la nueva etapa que estaba a punto de comenzar.

También recibí algunas críticas por mi decisión, sobre todo de aquellos que, por sus ideas políticas, preferían escuchar la SER y no entendían cómo un profesional como yo, después de más de cuarenta años hablando por el mismo micrófono, emprendía, a mi edad, una aventura nueva en una cadena tan distante ideológicamente de la anterior. Me consolaba de estas críticas pensando, en mi interior, que si durante mis largos años en la Cadena SER nunca me preocuparon sus intenciones políticas y nunca nadie me preguntó a qué partido había votado, todo sería igual en mi nuevo destino. Yo iba a hacer deportes, a hacer radio, a divertirme con el deporte, a hacer de los anuncios un aliciente para disfrutar los goles de los fines de semana. En el fondo me preocupaban los que no estaban de acuerdo con mi decisión, porque eran posibles oyentes que iba a perder con toda seguridad, pero me consolaba sabiendo que una gran mayoría estaba dispuesta a cambiar de dial para escucharnos.

Unos días antes de regresar a Madrid empezaron los nervios. Tere, que me conoce más que yo mismo, trataba de animarme insistiendo en que era un afortunado porque a mis años podría empezar de nuevo, con la carga de adrenalina que conlleva ese reto profesional. Ella sabe que me cuesta tomar decisiones, que me lo pienso demasiado, que me aterra mirar hacia delante, y su presencia a mi lado y sus palabras, y hasta sus silencios, contribuyeron a serenarme en los días previos a uno de los viajes más decisivos de mi vida radiofónica. Hablaba con Paco casi todos los días, eran continuos los mensajes con mis amigos de siempre, con Montero, con Willy, con Miguel, con Ribagorda, con Armenteros... La semana anterior a mi viaje a Madrid vino Iñaki Cano con su mujer, Toni Martínez, a compartir unos días en Mera con nosotros. Se lo agradecí mucho, porque con su presencia me convencieron de que estaba haciendo lo que debía y que el cambio iba a significar un nuevo impulso a mis ganas de vivir y disfrutar.

Recuerdo que una noche Iñaki recibió una misteriosa llamada, me hizo un signo de que era importante y una sorpresa para mí. Le estaba llamando José Ramón de la Morena, sabiendo que estaba conmigo en La Coruña, para ofrecerle un puesto a su lado. Me llevé una gran alegría, porque nosotros no le habíamos podido encontrar acomodo en nuestro equipo y esa llamada le iba a solucionar su futuro. Nos reímos mucho aquella noche. Aquella oferta nunca llegó a materializarse y se quedó para siempre en el aire fresco y cariñoso de una noche coruñesa de amistad y esperanza con una pareja a la que quiero y admiro.

Llegué a Madrid más nervioso que ilusionado. Podía más el miedo a lo nuevo que la emoción de empezar otra vez. Tras un día de descanso en mi casa de Aravaca, acostumbrándome al calor de un Madrid canicular, me reuní con la pandilla de siempre, con Paco a la cabeza, para bautizar con unos cubatas nuestra toma de contacto con la realidad. Brindamos hasta el amanecer como lo habíamos hecho cada año cuando regresábamos de las vacaciones y nos preparábamos para iniciar un nuevo *Carrusel.* En esta ocasión los brindis eran distintos. Sentía en cada uno de mis compañeros de radio y de vida unas ganas locas de empezar, de demostrar a todo el mundo que el paso que acabábamos de dar nos iba a conducir al triunfo. Supongo que el alcohol influyó demasiado en el optimismo desbordante de aquella primera madrugada en Madrid. Lo que sí puedo asegurar es que me ayudó a creer, me cargó un poco más las pilas y me hizo más llevaderas las vísperas de la gran verdad.

Los estudios de la COPE están en una de las mejores zonas de Madrid, en la calle Alfonso XI, a la vera de la Puerta de Alcalá. Cuando fui por primera vez me emocioné, porque Paco y compañía salieron a la recepción, hicieron un pasillo como los que hacen los clubes de fútbol para honrar a un campeón, y me recibieron con unos aplausos que nunca olvidaré. Los estudios me decepcionaron un poco aquella primera vez. Me aseguraron que durante el verano los iban a cambiar y eso me reconfortó, pero repito que mi primera impresión no fue muy agradable. En efecto, cuando llegué aquel 27 de agosto todo había cambiado. El estudio central parecía otro, estaba reluciente, dispuesto para nuestro bautismo de nervios. Me tranquilicé. En la redacción el aire se podía cortar. Había gente por todas partes, personas que no conocía, oyentes emocionados, los jefes que habían venido a darnos la bienvenida y a desearnos suerte, estaba la mujer de Paco, que me abrazó con una emoción indescriptible, estaban sus hijos, creo que esa tarde estaban todos allí.

Había escrito unas palabras para el comienzo del programa, pero no estaba muy seguro de que fueran las adecuadas. En un principio, me dejé llevar por mi carácter impulsivo y atacaba a la SER por habernos llamado individuos y haber menospreciado nuestra profesionalidad. Me acordé de Javier Hoyos y su mala baba, de las notas de prensa, y no pude reprimir mis sentimientos. Afortunadamente, modifiqué el texto, eliminé cualquier alusión a mi antigua cadena y me centré en lo que iba a ser nuestro trabajo, en la ilusión, en el equipo, en la fuerza moral de una decisión compartida por tanta gente, y creo que acerté. El texto final nunca lo leyó nadie, lo guardaba como mi gran secreto, quería que fuera una sorpresa, incluso para Paco. Debo decir que nunca me comentó nada sobre lo que tenía o no que decir en mi primera intervención. Fue todo un detalle de confianza, porque ese viernes de agosto nos jugábamos mucho.

Tiene gracia que el Atlético de Madrid haya sido el equipo que marcó un antes y un después en nuestras vidas. Primero, un miércoles de mayo, cuando explotó la bomba informativa de Paco. Jugaba la final de la Europa League con el Fulham, que luego ganó, y fue el primer *Carrusel* sin Paco en nuestra larga historia de radio juntos. Y el Atlético de Madrid volvía a aparecer en otro instante vital para nuestro futuro, el primer *Tiempo de juego* de los nuevos tiempos. Era la Supercopa de Europa, enfrente estaba el Inter de Milán. Y en medio, estábamos nosotros. Nos abrazamos una vez más. Jorge Armenteros temblaba. Paco parecía el más tranquilo de todos, aunque supongo que la procesión iba por dentro. Jorge Hevia era el más animoso del grupo, contagiándonos a todos su especialísima manera de entender la vida. Fernando Evangelio asistía, asombrado, a aquel despliegue de buenos deseos. Parrita intentaba ayudar en todo lo que podía. Pedrito Martín se reía, como siempre, consciente de que todo iba a salir bien. Willy era un torbellino de empuje y de ganas. Antonio Pérez del Chateau nos animaba a romper la tarde desde la primera palabra. Y Vitorio y Carlitos Sáez y Fouto y Santi Duque y Vanaclocha y todos los que estaban allí para no perderse nada de un acontecimiento irrepetible. Nuestros técnicos de cabecera, Javier, Bravo y Hernández, daba la impresión de que lo tenían todo atado y bien atado. Había sintonías nuevas, la mayoría de los anunciantes eran nuevos también, y no era nada fácil, en un primer programa, tener todo a punto, pero ellos eran carne de nuestra carne y radio de nuestra radio, y lo habían logrado.

Recuerdo perfectamente cómo iba vestido aquel viernes 27 de agosto de 2010. Mi pantalón vaquero de siempre y un polo azul celeste. Todos pensaban que lo había elegido para coincidir con la tonalidad de los micrófonos de la COPE, pero no fue así. Me sentía cómodo con él y, además, lo había elegido porque era de un tejido que disimula bastante el sudor, en previsión de que iba a ser una tarde noche muy caliente y sudorosa. Sentado en el estudio, a la izquierda de Paco y Armenteros, en el mismo lugar en que me había sentado durante más de veinte años en otro estudio y en otra cadena, miraba hacia la cabina de los técnicos, que estaba abarrotada de gente ansiosa de vivir aquel momento. El estudio estaba lleno, se palpaba la expectación. Intenté concentrarme antes de que sonaran las señales horarias que marcaban el comienzo de mis palabras iniciales. Repasé el texto por última vez, taché alguna palabra mal escrita. Miré hacia el suelo para no ver a nadie segundos antes de que se encendiera la luz roja. Juro por lo que más quiero que nunca, nunca, en mi larga trayectoria de nervios profesionales, pasé un momento tan tenso como aquel. Me temblaban las manos, el papel, el corazón, la radio entera. En ese momento, en mi voz estaban más de cincuenta compañeros de aventura que querían hablar en mis palabras. Era una gran responsabilidad. Y lo sabía. Y lo sentía. Por fin, sonaron las señales horarias, la luz roja se encendió. Eran las ocho de la tarde. Así sonó el primer día del primer *Tiempo de juego:*

Muy buenas tardes.

Para los individuos como nosotros, hoy es un día difícil, muy difícil, muy difícil y, a la vez, muy hermoso... Estamos nerviosos y emocionados hasta las trancas. Es el comienzo de una nueva etapa profesional para mí y para más de cincuenta locos de la radio, a los que ahora represento. Los estoy mirando con ojos de hermano mayor de todos ellos, miro a mi Paco, a mi Hevia, a mi Armenteros, a mi Rubén, a mi Evangelio, a mi Antonio, a mi Pedrito, a mi Willy, a mi Bravo, a mi Hernández, a mi Javi y a todos los que se subieron a este barco con nosotros, a los que ya estaban a bordo, y a los que se van a subir, que se subirán, que aún queda algún rezagado de última hora. ¿Míster X? También... Se subirá, seguro.

No voy a meterme con nadie, voy a dejar el pasado en donde debe estar, en el olvido. A los individuos como nosotros nos parece que el silencio es la mejor respuesta a la arrogancia. Hablo en nombre de todos ellos, porque creo que debo hacerlo, porque soy el mayor, porque se lo debo, porque me apetece y, también y sobre todo, porque me da la gana.

Y os prometo que lo vuestro nunca lo olvidaremos. Gracias a vosotros por ese apoyo constante en todos los rincones del Facebook, del Twitter, del Myspace, del Tuenti, de los confidenciales y de todos esos modernos sistemas de cariño que la vida pone a nuestra disposición para que la gente no se sienta sola. Nunca nos hemos sentido solos. Ni en los peores momentos, cuando nuestro Paco comenzaba su largo calvario personal. Vosotros sois los responsables de que estemos aquí, ahora, más unidos que nunca, dispuestos a empezar de nuevo. Por vosotros, la audiencia más hermosa de la radio, ha valido la pena este verano de incertidumbre. Solo os pido un trocito así de confianza, y de paciencia... Lo vamos a intentar con nuestras armas de siempre. Con la risa. Con la broma. Con los anuncios. Con las canciones. Con algún taco que otro, que Dios nos perdone. Con el cachondeo. Y, sobre todo, con el deporte.

Más de una vez nos confundiremos y en lugar de *Tiempo de juego* diremos *Carrusel,* y en lugar de la COPE diremos la SER. Seguro. Después de tantos años, algo nuestro se ha quedado por allí, aunque no lo parezca. Pero nuestra casa, a partir de ahora, es esta, y nada menos que esta, la Cadena COPE. Una cadena que nos ha recibido con los brazos abiertos. Gracias a todos los trabajadores de esta casa que nos han sonreído sin pedir nada a cambio. Gracias en nombre de la radio.

Si esperabais otro tipo de comienzo, lo siento. Cada uno es tan dueño de sus palabras como de su silencio. Y ahora mismo, cuando estamos a punto de bautismo —y nunca mejor dicho, estando donde estamos— solo me apetece mandar a paseo los malos pensamientos y empezar esto como siempre lo hemos hecho. Que nosotros desde aquí y vosotros desde vuestras casas, desde vuestros coches, desde vuestros barcos, desde vuestros trabajos, desde vuestras playas, desde vuestras montañas, desde vuestros bares, desde vuestros chiringuitos, desde vuestras camas, desde vuestros hoteles, desde vuestras bicicletas, desde vuestros hospitales, desde vuestros ordenadores, desde vuestras motos, desde vuestros Erasmus, pronunciemos juntos esas dos palabras mágicas que van a convertir *Tiempo de juego* en un excitante ejercicio radiofónico de deporte, de alegría y de amistad. ¡Hola, hola…!

Todo fue muy rápido. La careta de entrada se fue comiendo las lágrimas del estudio y las de todos los que en ese instante estaban sintonizando las emisoras de la COPE. No sé cómo salió aquel «¡Hola, hola!» ni lo que vino después. Solo sé que esa tarde acepté con orgullo el reto de representar a un equipo de radio que ponía en marcha su gran sueño. Creo que todos lloramos un poquito aquel día. Poco a poco, nos fuimos sacudiendo los nervios y las emociones y el programa recuperó su ritmo. Era el primero y se notó. Había que ir engrasando, con tiempo y dedicación, las distintas piezas de aquel hermoso rompecabezas. La voz de Rubén Martín entraba como un cañón desde Mónaco. Él también estaba feliz como narrador estrella de aquel invento. A su lado, Antoñito Ruiz, uno de los grandes artífices del cambio. El Atlético de Madrid fue campeón de la Supercopa. Nos habíamos comunicado la suerte mutuamente. Aquel miércoles de mayo, ya lejano, había desembocado en un viernes de agosto con idéntico grito rojiblanco de victoria. Paco y yo nos miramos después de mis palabras y su mirada aún anda por ahí, perdida entre mis mejores recuerdos, empujándome a seguir a su lado hasta que la ilusión aguante. Solo por aquel momento ha valido la pena darle un cambio tan brutal a mi existencia de hombre de radio. He vuelto a repasar aquel texto. Seguramente, si tuviera que leerlo de nuevo, no cambiaría ni una coma. Ha perdido la magia del instante, sin duda, pero marcó nuestro camino, nuestra filosofía de futuro, ser felices con lo que hacemos, respetar a la competencia, adorar a nuestros oyentes, agradecer a la COPE y a su gente la confianza, olvidar un pasado que ya no sirve para nada, y gritar «¡Hola, hola!» cada día como si fuera el primero y el más importante de nuestras vidas.

Aquel fin de semana caminará siempre conmigo. Tras el despegue del viernes, enlazamos sábado y domingo de *Tiempo de juego*, viviendo y disfrutando la primera jornada de liga. Teníamos completa la parrilla de anunciantes y estábamos eufóricos por el recibimiento apabullante en las redes sociales. Todos los nervios del verano desembocaron en la felicidad de aquel primer fin de semana a tope de adrenalina. Todo funcionó como esperábamos. Nos confundimos varias veces y, en lugar de *Tiempo de juego*, dijimos *Carrusel*, y en lugar de COPE, se nos escapó la SER, pero son pequeños deslices que acompañaron nuestro debut en una nueva casa y en un nuevo sonido.

Le había prometido a Alcalá y Joseba que recuperaría aquel comentario que durante diez años cerraba *El larguero*, cuando José Ramón de la Morena y yo creíamos en la amistad por encima de todo. Y tenía que cumplir mi promesa. Me comprometí a cerrar *El partido de las 12* con mis palabras de domingo a jueves, descansando viernes y sábado. Haríamos una excepción aquel viernes 27, porque en él se habían unido todos los buenos deseos de más de cincuenta enamorados de la radio para inaugurar un tiempo nuevo. Y eso había que celebrarlo. Aquel primer día temblaba pensando que iba a entrar de nuevo en la complicidad literaria de la madrugada, hablando del deporte de otra manera. Me senté frente al ordenador y las palabras fluyeron como si las hubiera aprendido de memoria. Era la felicidad que sentía la que empujaba mis dedos por las letras. Recuerdo perfectamente lo que escribí un viernes excepcional, 27 de agosto, con toda la radio para mí durante tres minutos:

> El Folio de Pepe. Viernes, 27 de agosto de 2010
> Ay, amigo mío, queridísimo Joseba, cae el viernes sobre el folio en blanco con sudores de 43 grados allá por donde Valencia es tierra de flores, de luz y de calor. Todavía tengo temblores de *Tiempo de juego* entre los dedos, mientras le doy a la tecla con aliento de noche primeriza. Lo de esta tarde en la COPE llega a la madrugada con vocación de recuerdo largo e intenso. Me recojo en la oscuridad para recuperar con palabras la delgadez subterránea de esos mineros de Chile que aprenden a vivir con aire viejo. Me preparo para empujar a Fernando Alonso por ese circuito de SPA que se escribe con mayúsculas de leyenda. Me subo a la moto de los nuestros y le meto gas a mis deseos para que Indianápolis le saque brillo al triple chunda chunda. Llego hasta Turquía en un verso de Espronceda —«y allá en el fondo, Estambul»—

y compruebo si las canastas están preparadas para el enceste de medallas en ese deporte tan alto como bello, que tanto le debe a España. Las carreteras del retorno a casa se meten en la radio, en zafarrancho de maletas llenas, sombrillas plegadas y radios calientes. Veo a mi amigo Julio Iglesias por el rabillo de la marcha nupcial, como si la luna de miel fuese la primera de una vida que ya no sigue igual. Hasta las bicicletas de la gran serpiente llegan al folio con promesa de faroles sevillanos. La Liga BBVA resopla como una ballena a punto de dar el gran salto del verano. Mañana será el no va más de la radio y del fútbol. Y el folio afina gargantas, para acompañar al Atlético de Mónaco a la gloria, mientras Neptuno aguarda para el martes apoteosis de doblete en rojo y blanco, ante el asombro de Europa. Así se marcha este viernes, el último de agosto, el que nos ha devuelto a esta esquina querida de la noche, después de tantos años, después de tantos silencios. Me alegro de volver, Joseba, aunque sea con la frente un poco más marchita y con más nieve del tiempo plateando mi sien. Buenas noches.

Aquella noche, Alcalá y Joseba, que habían compartido su primer *Partido de las 12,* me llamaron, emocionados, casi tanto como lo estaba yo. Por fin, después de más de cuatro años, entraba en la noche con mi extraña e irrespetuosa manera de contar la vida deportiva de una jornada. Estábamos dándole vida a un programa con el que teníamos la esperanza de conquistar las noches para la COPE y para nosotros, los individuos aventureros que se atrevieron a desafiar a la mayor empresa de comunicación de España. Pasaron el sábado y el domingo con zafarrancho total de *Tiempo de juego* y el lunes, ya más serenos todos, *El partido de las 12* iniciaba su andadura normal con Juan Antonio Alcalá y repetí felicidad acostando el lunes con el segundo folio de mis ya inolvidables madrugadas:

> El Folio de Pepe. Lunes, 30 de agosto de 2010
> Buenas noches, mi queridísimo Alcalá. Cómo pasa el tiempo... A estas horas tan limpias de la madrugada, me viene a la mente una canción que me enseñó mi hermano Jesús Javier en un Santiaguiño de mi pueblo: «Cómo han pasado los años, parece toda una vida», o algo así. Aquí estamos de nuevo, juntos, apretados, calientes de radio y de deporte, diciendo adiós a un lunes que te devuelve al lugar en el que siempre has querido estar. Me alegro de poder ayudarte a llevar los trastos de este partido que nos va a cambiar la vida. Y te llevo conmigo por los vericuetos del día al encuentro de Zapatero, que allá en Shanghái está intentado que los chinos digan España sin poner cara de susto. En la acera blanca de la noche, aparece Cristiano Ronaldo con el tobillo todavía humeante de noticia. Tres semanas son demasiado tiempo de letargo para un hombre que nació para soñar bicicletas. Miras las caras de la gente y compruebas que el primer día de trabajo va dejando las primeras muescas del regreso en el mapa del lunes. Busco a Guardiola en el este del fútbol y de la filosofía, exactamente el día en el que llega Mascherano para taponar la primera sangre seria de la era Rosell. A lo lejos, el sueco

de la nariz rumbosa y las piernas largas, sigue vomitando en Milán su año de azulgrana. En Las Palmas, los maltratados de El Aaiún se manifiestan en el folio pidiendo que los ojos del mundo no esquiven un desierto que fue nuestro. Siento mis palabras al lado de Valdano, para oír cómo fluye el fútbol de unos labios de libro. Recibo a Morientes con abrazo de goles y pichichis y nos invade nostalgia de otra roja y otros sueños. La tabla de multiplicar palabras certifica en el Calderón la teoría de la ubicuidad con foto de Rubén Martín, mientras el Atlético, bendecido por Europa, le canta a Neptuno vísperas de doblete con estribillo asturiano de *culos mollaos.* Y con la resaca lógica del día después de tanta radio, vuelo con el folio a Mallorca, donde ayer le propinaron a Mourinho la primera bofetada. El ejército blanco, cautivo y desarmado, ya debe de saber que este no es como Pellegrini, este no hace caso al Evangelio, este portugués de cana brillante, cuando le dan una bofetada, este no es san José Mourinho, este nunca pone la otra mejilla. Buenas noches.

Lo que vino después de aquellas fechas, grabadas a fuego en mis vivencias íntimas, la propia radio y hasta la vida lo irán convirtiendo en historia, la pequeña historia de un hombre cansado, como yo, que se olvidó de las canas y las esclavitudes sentimentales, para, como prometía en mi primera carta a los locos maravillosos de las redes sociales, entrar en un lugar donde oliera a libertad, donde oliera a cariño, donde oliera a amistad, donde oliera a radio, donde oliera a Paco.

Sabíamos que la aventura no iba a ser fácil. Que la SER iba a emplear todas sus armas, legales y mediáticas, para impedir la consolidación de nuestro proyecto. Aquellos intentos de frenar la sangría de nombres de la redacción de deportes hacia nuestro lado, ofreciéndoles cantidades astronómicas para que no se fueran, desembocaron en una guerra a muerte al comprobar que los rebeldes no dieron su brazo a torcer y se pasaron al enemigo, que éramos nosotros, con todas las consecuencias. La primera prueba evidente del inicio de aquella guerra anunciada fue el comunicado de la SER que recogieron todos los periódicos y medios digitales españoles el 18 de agosto de 2010:

«En la SER no se muerden la lengua».

«Indignación en la redacción de Deportes de la SER por la "injusta" nota hacia sus excompañeros».

«La SER emite un furibundo comunicado contra la COPE por la marcha de "20 individuos" al proyecto de Paco González: "Los obispos carecen de escrúpulos"».

«La Cadena SER ha emitido esta mañana un comunicado contra la COPE acusando a la emisora de la Conferencia Episcopal de intentar apropiarse de la redacción deportiva de la empresa con sede en la Gran Vía madrileña. La compañía de Prisa define esta maniobra como un "fracaso"».

Estas son algunas de las frases más destacadas de este comunicado de la SER:

—Es un despropósito que ha evidenciado prácticas de competencia desleal y comportamientos por parte de la radio de los obispos españoles, carentes de escrúpulos y las más mínimas referencias de ética empresarial.

—El objetivo de la radio de los obispos consistía en desmantelar la redacción de la Cadena SER compuesta por más de 600 profesionales, entre periodistas, productores y técnicos. Escasamente han logrado fichar a un reducido grupo de 20 individuos entre técnicos, productores, becarios y colaboradores, pertenecientes al programa *Carrusel deportivo.*

—Para ello han prometido contratos que multiplican por cuatro los salarios más elevados del mercado en el seno de una empresa como la Cadena COPE, en pérdidas, y sometida a un ERE para despedir a 200 trabajadores y una reducción lineal de los salarios del 15 %.

—Algunos de estos contratados ahora por la COPE dejan la Cadena SER no por voluntad propia, sino al no renovárseles el contrato que los ligaba con la empresa líder de la radio española. Otros tenían abiertos expedientes disciplinarios e iban a ser despedidos por la gravedad de los comportamientos objeto de sanción.

—Paralelamente, la dirección de la Cadena SER tenía decidido no renovar el equipo de *Carrusel deportivo* por el evidente agotamiento de algunos de sus integrantes y la necesidad de incorporar profesionales más preparados para la era digital. Esta operación hostil de la cadena de los obispos ha acelerado este proceso.

—Un portavoz de la radio de Prisa ha manifestado: «Cuando el adversario se equivoca no lo distraigas».

—La Cadena SER ha querido mantener una posición de tranquilidad ante la campaña de agresión, difamación y circulación de falsas noticias de que ha sido objeto por parte de la emisora de la Iglesia española, de cuyos despilfarros económicos tendrán que dar cuenta los obispos a los ciudadanos y fieles, ya que la institución recibe una cuantiosa subvención de los impuestos de los contribuyentes.

—En los próximos días la Cadena SER comunicará las acciones judiciales que emprenderá contra la Cadena COPE por violentar las leyes de la libre competencia, la reclamación judicial de las responsabilidades personales en que hayan incurrido los administradores de la radio de los obispos y los colaboradores e instigadores de esta agresión conspirativa contra la antena decana de la radiodifusión española.

A la SER solo le quedaba el cartucho de Manolo Lama, pero Paco y yo sabíamos que este no nos fallaría y que, en cuanto se solucionasen algunos detalles de la fusión de Cuatro con Telecinco, estaría a nuestro lado. Repito, creo que ya lo he reconocido en otro capítulo de este libro, que llegué a dudar en algún momento de la promesa de Lama, porque el tiempo pasaba y seguía siendo nuestra competencia directa cada fin de semana, algo que me ponía de muy mal humor. Tener a Lama en *Carrusel* era una puñalada para nosotros, pero la esperanza nos mantuvo firmes y, además, el descubrimiento de Rubén Martín como narrador fue uno de los pilares de nuestro sonido en los meses que vivimos sin Lama.

Las palabras del director general de la SER, Raúl Rodríguez, cuando le comuniqué mi deseo de abandonar *Carrusel* aquel inolvidable 12 de julio, hacían presagiar una dura batalla. Yo, inocente de mí, pensé que el hecho de ayudarles a sacar adelante el Mundial de Sudáfrica, en unas circunstancias anímica y profesionalmente difíciles, iba a influir en la decisión de no demandarme. Pero me equivoqué. No hay corazón ni buena voluntad cuando lo que manda es la venganza y el resquemor. Sin piedad de ninguna clase y demostrando que las palabras se las lleva el viento, a los pocos días recibí el aviso judicial de una demanda por incumplimiento de contrato. Antes, Paco también había sido demandado por todo lo ocurrido con la reclamación, por parte de la SER, de unas cantidades monstruosas, cuando habían sido ellos los causantes de todo y los que le habían prohibido la entrada a Paco en su lugar habitual de trabajo, en el número 32 de la Gran Vía madrileña.

Nuestros abogados nos transmitieron una gran sensación de seguridad. En mi caso se trataba de un tema laboral y no había lugar a demanda de ningún tipo. Incluso, me aseguraron que podíamos demandarlos nosotros por un tema relacionado con la Seguridad Social. Y respecto a lo de Paco, se presentó una demanda contra la SER por todo lo que había ocurrido. El asunto estaba totalmente diáfano y sus asesores legales confiaban en que el juez que dictaminase esa cuestión nos daría la razón.

Pero eso no era todo. A la SER le sentó tan mal nuestra marcha, cosa lógica por otra parte, que se negó a pagarme lo que me correspondía del mes de julio. El ingreso nunca llegó a mi banco. Y luego me enteré de que le habían hecho la misma faena a Poli Rincón y a algunos más. Me sentó francamente mal aquel incumplimiento, sobre todo por el esfuerzo que habíamos hecho con el Mundial. Creo que no me lo merecía. Demandamos a la SER por ese impago y cuando escribo estas líneas el tema sigue su curso en los juzgados, aunque confío en que la justicia esté de nuestra parte. No se puede dejar de pagar a un trabajador por un trabajo que ha hecho. En el burofax que les envié les decía que mi baja laboral empezaría el 1 de agosto, hasta ese día era trabajador de la SER a todos los efectos.

Fueron días complicados los de aquel verano de 2010. Además de los preparativos de los programas que empezaríamos a finales de agosto, teníamos estos líos legales a los que no estábamos habituados. Los abogados insistían en que mantuviéramos la calma y en que no iba a pasar nada. De pronto, una mañana aparece en todos los digitales una noticia inesperada. La SER, en el colmo de los despropósitos, anunciaba una demanda contra la COPE por un supuesto plagio de *Carrusel deportivo* por parte de *Tiempo de juego:*

> La SER demanda a la COPE por plagiar el formato del *Carrusel deportivo.*
>
> 1.La emisora pide la suspensión cautelar del espacio *Tiempo de juego,* encabezado ahora por los extitulares de su programa deportivo.
>
> La Cadena SER ha presentado una demanda judicial contra la COPE por infracción de derechos de propiedad

intelectual y por la comisión de actos de competencia desleal por «actuar de mala fe y aprovecharse indebidamente de la reputación obtenida por la SER con la legítima creación original del programa *Carrusel deportivo* durante más de 50 años», según informa la red de emisoras en su web. Varios de los integrantes del *Carrusel deportivo* abandonaron la emisora en verano, incluyendo dos de sus voces más conocidas, la del director, Paco González, y la del animador, Pepe Domingo Castaño.

En la demanda, presentada ayer ante el Juzgado de lo Mercantil de Madrid, se pide la suspensión o cesación provisional de la explotación del formato del programa radiofónico *Carrusel deportivo,* de titularidad de la Cadena SER, en el programa radiofónico *Tiempo de juego* de la COPE.

Asimismo, la SER reclama al Juzgado de lo Mercantil que, como medida cautelar, adopte la intervención y el depósito de los ingresos publicitarios obtenidos hasta el momento por la COPE por el programa *Tiempo de juego* en la temporada 2010/11.

En su demanda, la SER reclama a la COPE una indemnización por daños patrimoniales que deberá fijar una eventual sentencia como consecuencia de la vulneración de los derechos de propiedad intelectual de la SER y los actos desleales denunciados. Se reclama también otra indemnización por daños morales por valor de tres millones de euros.

La Cadena SER argumenta que el formato de *Carrusel deportivo* ha sido plagiado e imitado por los codemandados en el programa *Tiempo de juego,* en al menos doce elementos esenciales. Entre ellos las secciones fijas: «La ronda informativa», «El partido de la jornada», «La jugada con sabor» y la utilización del sonido morse como aviso de gol, entre otros efectos de sonido copiados.

La noticia fue como una patada en el estómago de cada uno de nosotros. Ya no se conformaban con desacreditarnos, sino que entraban a saco en la realización de nuestro *Tiempo de juego,* como si ellos fueran propietarios de nuestro sonido y de nuestra manera de hacer radio deportiva. Toda la profesión reaccionó de forma airada y se posicionó a nuestro lado. Argumentaban que todas las cadenas de radio emitían un programa similar, todos coincidían en los horarios, todos intercalaban la publicidad entre gol y gol, entre noticia y noticia de la misma manera, y el resultado final dependía, únicamente, de la personalidad del animador. Las rondas informativas, el partido de la jornada, los sonidos del gol se repetían en cada uno de los programas y ninguna emisora tenía los derechos sobre ellas.

En un principio, nos lo tomamos a risa, nos parecía una pataleta de mal perdedor. No podíamos ni siquiera imaginar que una cadena de categoría contrastada como la SER recurriese a una jugarreta legal de esta índole. En esta ocasión, fueron los abogados de la COPE los que intervinieron. Ya se sabe que cuando hay una demanda, aunque esta parezca inviable y pueril, tiene que intervenir la justicia para aceptarla a trámite o desestimarla. Teníamos a nuestro favor a todos los medios radiofónicos y periodísticos del país, que no podían entender esta acusación de plagio. La demanda siguió su curso en los juzgados. Y, afortunadamente, la justicia falló a nuestro favor a los pocos meses:

> Desestimada la demanda por plagio de la SER a Paco González.
> La Cadena SER presentó el pasado mes de noviembre una demanda contra la COPE por considerar que su espacio había sido plagiado y por competencia desleal, cuestión que según el juez «queda por examinar casi por completo», y reclamaba en esa demanda la suspensión cautelar de la explotación de ese formato.
>
> El Juzgado de lo Mercantil Número 8 de Madrid ha desestimado íntegramente la petición de medidas cautelares de la Cadena SER contra COPE, por presunto plagio del programa *Carrusel deportivo* en el nuevo *Tiempo de juego* presentado por Paco González y Pepe Domingo Castaño.
>
> «Un formato radiofónico difícilmente puede apropiarse en exclusiva del uso de un sonido como el del código morse», señala el juez en la sentencia, aunque admite que «todos los programas radiofónicos deportivos de fin de semana tienen cierta similitud». La única salvedad a esta norma, añade el magistrado, es que el producto concreto esté amparado «por un derecho de exclusiva reconocido en la ley», circunstancia que deberá aclararse a lo largo del procedimiento para averiguar si existe competencia desleal por parte de la COPE.

Un portavoz de la SER señaló que la lectura del auto hace pensar que el juez va a llegar hasta el final y recuerda que el pleito sigue su curso. La SER alegó en su petición de medidas cautelares que *Tiempo de juego* está infringiendo un «derecho de exclusiva» a favor de la primera cadena derivado de su derecho de propiedad intelectual sobre el formato utilizado, correspondiente a *Carrusel deportivo*.

El juez recuerda que la Ley de Competencia Desleal establece que «la ley de prestaciones e iniciativas empresariales o profesionales ajenas es libre», salvo que «estén amparadas por un derecho de exclusiva reconocido en la ley», y dice que la SER solo podría impedir a la COPE el uso del formato de *Carrusel* «si entiende que está protegido por tales derechos de propiedad intelectual».

Para gozar de esa protección, añade, la SER debería contar con un documento llamado popularmente «la biblia», en el que se detallaran «prácticamente todos los aspectos del desarrollo del programa, como sintonías, luces, colores de fondo, disposición del público, escenario, tipo de presentador…». «El formato invocado por la SER carece de tal documentación», dice el juez, que añade que «sin ser determinante en definitiva para predicar si existe o no propiedad intelectual (…) supone un cierto indicio, al no poderse comprobar que existiese un concreto acto de creación por un autor o grupo de ellos».

El auto añade que «de hecho, puede comprobarse que, sin llegar a la identidad, existe una cierta similitud y parecido entre todos los programas radiados, de distintas cadenas, destinados a dar cuenta de la jornada deportiva de la tarde del fin de semana (...). Esto es, la distintividad básica del programa para el público no está en su formato, sino en otros elementos, y el formato apenas puede tener alguna originalidad o creatividad sobre esa manera tipo de llevar a término la tarea de dar cuenta de la jornada futbolística, por lo que, de nuevo, difícilmente puede ser objeto de propiedad intelectual», concluye.

La resolución alude también a la manera en la que Pepe Domingo Castaño anuncia en directo determinados productos, «aprovechando algún hito informativo (un gol, un penalti...)». Así, dice que tampoco en este momento del procedimiento puede decirse que Castaño haga uso de un formato propiedad de la SER, «máxime cuando es notoriamente conocido el talante especialísimo, atribuible a su personalidad, a su subjetividad en la manera de hacer», con el que el locutor «ejecuta tales anuncios».

El primer asalto de aquel largo combate estaba ganado. La demanda siguió su curso y pronto sabríamos el final de la historia. Confiamos en la justicia plenamente. Sabíamos, y lo sabían todas las cadenas de radio que emiten programas similares, que la razón estaba de nuestra parte. Particularmente me hizo mucha ilusión que un juez, al que no tengo el gusto de conocer, haya incidido en la personalidad del animador refiriéndose a mí, a la hora de decidir la forma de incluir los anuncios en un programa deportivo. Se lo agradezco porque, en este mundo de la publicidad, se presta mucha atención a las grandes campañas de televisión, a las grandes cuñas de radio, pero en ocasiones se olvida a todos los que, cada fin de semana, intentamos hacer digeribles los anuncios, que, a fin de cuentas, son los que te permiten mantener en antena un programa de tal magnitud. Creo que el juez que dictaminó sobre las medidas cautelares nos ofreció una prueba evidente de lo que puede ocurrir con el fondo de la demanda por un plagio inexistente. Que así sea.

Nuestro primer gran objetivo al iniciar *Tiempo de juego* y *El partido de las 12* era llegar a diciembre de ese 2010, al primer Estudio General de Medios de la temporada, con posibilidades de empezar a sumar audiencia. No sería fácil dadas las pautas de medición del EGM, basadas en la proporcionalidad respecto a las audiencias anteriores de un mismo programa. Partíamos de una cifra baja en relación con nuestro gran competidor. Nos había beneficiado, todo hay que decirlo, la elección de Javier Hoyos como director de *Carrusel.* Antes de comenzar ya demostró una absoluta falta de ética al destrozarnos verbalmente, como si fuéramos delincuentes. Por cierto, así nos llamaba Augusto Delkáder cuando se refería a nosotros, individuos y delincuentes. Creo que con Javier Hoyos nos dieron unos metros de ventaja a la hora de competir. Respecto a Juanma Ortega, le había visto en Sevilla moverse entre el público y me pareció un buen animador, pero todos sabemos que no es fácil pasar de los musicales a la publicidad. Le tengo mucho respeto profesional y personal a Juanma. Y él lo sabe. Y le deseé todo lo mejor en esta lucha de competencia leal que mantuvimos en aquellos momentos.

Los días previos a la publicación de los datos del EGM están siempre repletos de nervios. Ya no estábamos en la SER, ya no estábamos en *Carrusel*. Lo habíamos dejado con más de dos millones de oyentes y no era una cifra fácil de remontar. Nuestro *Tiempo de juego* empezaba de cero y no sabíamos hasta qué punto, en solo tres meses, podían reflejar las encuestas el éxito o el fracaso de nuestro programa. La COPE había hecho una encuesta paralela al EGM y las cifras eran alentadoras, pero había que esperar a las cifras reales para aplaudir o para llorar. Una de las premisas básicas de este tipo de mediciones de audiencia es que nunca te van a certificar el subidón brutal de una cadena o de un programa. Entran en juego las cifras obtenidas en las oleadas anteriores y se hace una proporción justa con todos los datos. Nosotros partíamos de una audiencia muy baja respecto a *Carrusel* y eso podía perjudicarnos de cara a los resultados. La noche anterior me la pasé casi en blanco. No sé por qué estaba tan inquieto. Lo habíamos hecho bien, nos habíamos entregado como nunca, Internet era un clamor a nuestro favor, por la calle la gente se acercaba a nosotros para darnos ánimos, se percibía el apoyo y las ganas de que nuestra rebeldía tuviese premio. Suelo levantarme tarde las mañanas de EGM. Prefiero no enterarme de nada hasta que mi ahijado José Domingo, seguidor impagable de todo lo que hago, me envía desde Padrón, que es mi pueblo, un SMS con los datos que reflejaban todos los medios.

Esa mañana, con el teléfono en silencio, me levanté cansado y casi temblando. Tenía varios mensajes en el móvil y no sé cuántas llamadas perdidas. Me pareció una buena señal. Abrí el primer mensaje y mi ahijado me comunicaba las cifras espectaculares que habíamos logrado en solo tres meses de lucha. Luego, puse la COPE y estaban emitiendo los datos con una alegría inenarrable. La apuesta había dado resultado. Habíamos obtenido una subida de casi un 120 por ciento de oyentes en *Tiempo de juego* y un 47 por ciento en *El partido de las 12.* Ya sabíamos que no íbamos a ganar, solo esperábamos un buen arranque que nos diera la posibilidad de seguir soñando. Fuimos muy felices aquel 2 de diciembre de 2010, cuando todos los medios se hicieron eco de lo que habíamos logrado:

1. *Carrusel deportivo* sufre el «efecto Paco González» y se deja en un año 687 000 oyentes.

2. EGM-Deportes: La COPE se lleva el primer asalto en la «guerra» que mantiene con la SER.

3. Fuerte subida del 116,3 por ciento del nuevo *Tiempo de juego.*

4. González y Castaño pasan de los 398 000 oyentes a los 861 000.

Paco González y Pepe Domingo Castaño en La Sexta.

Espectacular subida de los deportes en la Cadena COPE. Periodista Digital ya adelantó que se notaría el «efecto Paco González», y vaya que si lo ha hecho. Así pues, *Tiempo de juego*, el programa de los fines de semana que dirige y presenta el periodista asturiano junto a Pepe Domingo Castaño crece un 116 por ciento para alcanzar los 861 000 oyentes (el espacio tenía 398 000 en la última oleada).

Su gran rival, el *Carrusel deportivo* de la Cadena SER (el programa que dirigió y presentó durante tantos años), que ha sufrido todas las bajas generadas tras la guerra entre una y otra emisora, se deja 366 000 oyentes, lo que supone una bajada del 18,9 por ciento. Estos datos tienen dos lecturas: una mala, porque en todo lo que va de año (contabilizando los datos desde el EGM de diciembre de 2009) *Carrusel* se habría dejado un total de 687 000 oyentes, y otra «buena», que mantiene el liderazgo del fin de semana deportivo, con más de un millón y medio de oyentes. El tercero en discordia será, en esta ocasión, el *Radioestadio* de Onda Cero, que suma 607 000 oyentes.

En cuanto a las noches deportivas, *El larguero* de José Ramón de la Morena seguirá líder..., pero un poco menos. El programa de la radio de Prisa pierde 228 000 oyentes para sumar 1 035 000 oyentes (en la anterior oleada tuvo 1 363 000 oyentes). Su gran rival, *El partido de las 12* en COPE, presentado por Juan Antonio Alcalá y Joseba Larrañaga, experimenta una subida muy estimable del 47 por ciento (y pasa de 299 000 oyentes, los que tenía Abellán, a 439 000). Quien también puede estar de enhorabuena es Ángel Rodríguez, al frente de *Al primer toque* en Onda Cero. Si bien en el EGM de julio contábamos que había retrocedido en 99 000 oyentes, la última oleada prácticamente se los recupera (suma 100 000 nuevos oyentes), deja su marca en 360 000 y consigue uno de los mejores resultados de su historia.

Paco González y su equipo fue una de las grandes apuestas de Giménez Barriocanal. Los deportes de la cadena ayudan a la COPE a subir un 1,9 por ciento y desbancar a RNE en la tercera plaza. La SER, que entre otras cosas sufrió el éxodo de su redacción de deportes (como se puede observar tras las bajadas de *Carrusel* y *El larguero)* pierde un total de 400 000 oyentes en el cómputo de la cadena, pero no ve peligrar su liderazgo. Onda Cero sube un 0,6 por ciento y continúa segundo. Punto Radio se deja alrededor de un 7 por ciento.

La Cadena COPE anuncia «un notable incremento de sus anunciantes»

Una vez conocidos los datos de la última oleada del EGM, el departamento de comunicación de la COPE ha anunciado lo siguiente: «Desde el mes de agosto pasado, en el que se anunciaron los nuevos fichajes de cara a esta temporada, se ha registrado un notable incremento de anunciantes que han depositado su confianza en esta nueva programación, lo que ha supuesto que este último cuatrimestre del año se haya obtenido un 20 por ciento más de lo presupuestado».

La llamada de Paco fue el colofón a mi hermoso despertar. Estaba eufórico y no era para menos. El primer paso ya estaba dado. A partir de ese momento, había que luchar para seguir subiendo. Lo difícil era lograr que la gente entendiese nuestro mensaje. Eso parecía claro tras conocer los datos. Nos quedaba, todavía, el comodín de Lama para potenciar el crecimiento en la nueva oleada que vendría en abril. Desde hace años en cada EGM, sea favorable o no, le envío un mensaje a cada uno de nuestros compañeros de trabajo, agradeciéndoles su esfuerzo y convirtiéndoles en parte importante del éxito alcanzado. Hablé con Alcalá y Joseba, responsables de otro de nuestros grandes objetivos en aquel EGM, *El partido de las 12.* No había sido una subida tan espectacular como la nuestra, pero ellos tenían enfrente a un competidor más fuerte que nosotros. *El larguero,* a pesar de su tendencia a la baja en cada oleada, seguía siendo un programa de culto para mucha gente, y competir con él iba a ser una batalla muy larga y muy dura. Se me pasó el día en un abrir y cerrar el teléfono. Me llamaban de todas partes, de Padrón, de Mera... Llegué a la noche con el hermoso cansancio de las buenas nuevas. A la hora de cerrar *El partido de las 12,* puse en el folio de aquel jueves 2 de diciembre todo mi aliento de radio:

> El Folio de Pepe. 2 de diciembre de 2010
> Y llegó el jueves, mi querido Alcalá, llegó ese extraño jueves de diciembre en el que iban a quedar claras muchas cosas. Esta misma tarde, nuestro Isaac Fouto convertía la COPE en capital de la exclusiva y, con antelación de vidente,

escribía el nombre de Rusia en el caramelo del 2018. Allí estuvieron casi todos los que tenían que estar tratando de llevar la nieve suiza a nuestro territorio, pero la flor se marchitó antes de nacer y un sentimiento de frustración recorre la noche peninsular por lo que pudo haber sido y no fue. En la otra esquinita del jueves, estaba un EGM madrugador que iba a poner en su sitio los diales. Dudábamos de que en solo dos meses hubiera la mínima posibilidad de hacerle cosquillas a la audiencia. Estas cosas necesitan tiempo para convertirse en alternativa, no es fácil ganar un trozo de territorio nuevo cuando llegas prácticamente con lo puesto. Por eso, el que más y el que menos se pasó la noche con las ovejitas alteradas y despertó en perfecto estado de ansiedad. Las cifras sacudieron la mañana con estrépito de deporte y demostraron que la radio no tiene secretos. Si haces un buen trabajo en equipo, si lo das todo en cada minuto, si crees en lo que estás haciendo, si cuando terminas tienes ganas de volver a empezar otra vez, si miras a un compañero y te devuelve una sonrisa, si tratas de hacer cada día el mejor programa de tu vida, si te vas a tu casa con los ojos llenos de luz y los labios calientes, es posible que hasta el EGM te haga un primer guiño de complicidad como el de hoy, señal inequívoca de que vamos por buen camino. Seguro que cuando vuelvan las oscuras golondrinas y las aguas mil, nos darán un trocito mayor de primavera. Estamos ahí, mi querido Alcalá, estamos ahí, y no descansaremos hasta que se nos queme la voz de tanto amar la radio. Buenas noches.

Aquella noche hablé con mi madre, que estaba ingresada en un hospital de Santiago. Noté en sus palabras lánguidas el dolor de la enfermedad y, al mismo tiempo, la alegría por los datos del EGM. Ella, a sus noventa y cuatro años, no entendía demasiado de cifras y porcentajes, pero intuía que todo iba bien. Pero la vida es imprevisible. Quién me iba a decir a mí que el día siguiente de nuestro primer gran triunfo, iba a recibir el mayor mazazo familiar de mi vida. En aquel hospital santiagués, junto a mis hermanos, sonriendo siempre a la vida, bendiciendo los años vividos y creyendo que más allá de todo esto hay un mundo mejor, mi madre se me iba para siempre. En el instante en que mis manos teclean el ordenador recordando aquello, se me llenan los ojos de lágrimas por aquella mujer impagable, irrepetible, que con su esfuerzo, su vitalidad y sus tremendas ganas de vivir, sobreponiéndose a la muerte de mi padre, Antonio, en el año 1968, fue capaz de sacar adelante dignamente a doce hijos como doce soles, que aquel viernes de diciembre se quedaron sin «Mamá Rosa».

Tere estaba destrozada, como yo. Sacó fuerzas de no sé dónde y organizó el viaje a Padrón con mis dos hijos, Hugo y Óscar, que tanto querían a su abuela. No fue un viaje fácil. Los recuerdos vienen con voracidad a comerte el alma. Seiscientos kilómetros dan para mucho llanto, para mucha nostalgia, para mucho dolor. Me llamaron todos emocionados. Aún recordaban la romería del Santiaguiño el pasado 25 de julio, cuando Padrón era una fiesta total. Allí estaba Mamá Rosa, siempre con una sonrisa grande en los labios, preocupada de que mis amigos fueran felices.

Ninguno de nosotros sabía que aquel Santiaguiño era el último de su vida. Camino de mi pueblo iba rememorando todo aquello, mientras el teléfono no dejaba de sonar. Me alegró saber que la querían casi tanto como yo. No quiero detenerme más en un tiempo tan doloroso para mí y para mi gente. Sé que ella estará con Dios, si realmente existe y es tan justo como tiene que ser. La noche entraba por el cementerio de Padrón a lomos de una lluvia loca y un viento desenfrenado. «Todo pasa y todo queda, pero lo nuestro es pasar», que decía Machado. Ella pasó por la vida sin un reproche a nada ni a nadie. Y se fue de ella con la misma calma y el mismo coraje con que vivió. Quiero recuperar las palabras con las que agradecí las lágrimas y el consuelo de todos cuantos me ayudaron en aquellos momentos, en los que se me fue lo que más quería, una madre:

> Aquí me tenéis, sentado frente al ordenador, intentando estar a vuestra altura. Llevo muchos años en esto y nunca, nunca he sentido tan cercano el cariño de la gente. Estoy abrumado. Han sido miles de mensajes escritos con una sinceridad escalofriante. Cada uno de ellos lo guardaré en ese lugar de la mente donde se guarda lo inolvidable.
>
> Seguro que mi madre estaría orgullosa de todos vosotros, que, sin conocerla, la habéis convertido en la Mamá Rosa de todos. En su nombre, escribo este GRACIAS con mayúsculas, de verdad.
>
> Es la primera vez que abandono un programa de radio por un dolor cercano. Y espero que sea la última. Allá en Padrón, que es mi pueblo, mientras despedía a una mujer

excepcional, os sentía latiendo conmigo, llorando conmigo, sintiendo conmigo a través de todas esas redes sociales que, a veces, sirven para algo tan hermoso como compartir sentimientos y despedidas.

Allí estaba la representación de *Tiempo de juego* y *El partido de las 12.* Allí estaban Alcalá, y Armenteros, y Germán Dobarro y Marco Antonio Sande, y Willy, y mis queridos Miguel, Montero, Sito, Jeringas. Ellos representaban a mi familia de la radio y a mi gente de la juerga. Y, por encima de todo, representaban a mi panda de Facebook, a mi panda de Twitter, a mi panda de MySpace, a los que hoy declaro amigos para siempre.

Seguro que todas las madres van al cielo, si es que de verdad hay un cielo al final de todo esto. Si es así, desde allá arriba, una madre de doce hijos, con noventa y cuatro años de vida y sonrisas, una madre cantarina y juerguista como la que más, os estará dando las gracias en cada palabra mía, por ser como sois y por decirle a su hijo Pepe cosas tan hermosas.

Ayer Paquito —qué grande, Paquito, qué sábado más grande— despedía *Tiempo de juego* con una canción que siempre cantábamos juntos mi madre y yo, y que la nostalgia ya está convirtiendo en himno. Que el «Cuando se quiere de veras, como te quiero yo a ti...» sea la mejor manera de daros las gracias y de deciros que nunca os olvidaré por todas las madres de las madres.

Pepe Domingo Castaño, el hijo de Rosa.
Diciembre de 2010

43
Infarto. Año 2013

Una de las características de nuestro equipo deportivo era la solidaridad a todos los niveles, incluido el festivo. Desde nuestros tiempos de la SER habíamos declarado el jueves como el día del disfrute total. Todo comenzaba en el Txistu, o en De María, o en el Asador Donostiarra, o en Casa Juan, o en cualquier otro restaurante recomendado por algún miembro del equipo, en el que nos hicieran precio especial y nos permitiesen alargar las cenas a golpe de pelotazos hasta la hora de cambiar restaurante por discoteca o bar de copas. Eran los mejores momentos de la semana. Hablábamos de todo menos de radio y esta era la mejor manera de liberarnos de las tensiones de una radio vivida intensamente por cada uno de nosotros. Las cenas de los jueves se convirtieron en históricas con el paso de los años y aún hoy seguimos manteniendo esa buena costumbre de brindar por la vida en un derroche semanal de cariño y de amistad a prueba de tedio.

Esa noche estábamos en Casa Juan, dispuestos, como siempre, a dar buena cuenta del excelente menú que nos preparaba nuestro buen amigo Juan González, un excelente profesional de la hostelería, que había abandonado a don Pedro Abrego, el dueño del Donostiarra y del Txistu, para montar su propio negocio en la misma calle con un éxito arrollador. Todo el mundo del deporte y de la farándula pasaba por Casa Juan alguna vez, y nosotros estábamos allí esa noche dispuestos a comernos el mundo, como cada jueves. Debo reconocer que yo no me encontraba en mi mejor momento. Desde hacía unos días estaba notando unas pequeñas molestias en la respiración cuando tenía que hacer un esfuerzo prolongado. Me faltaba el aire y me fatigaba en exceso. Lo atribuí a los nervios y no le di demasiada importancia. Nunca había tenido problemas de corazón como para preocuparme y seguí haciendo mi vida habitual, no del todo recomendable en aquellos tiempos. Bebíamos demasiado, trasnochábamos con frecuencia, nuestra alimentación no era la más adecuada, el desorden presidía nuestras vidas y no era nada extraño que el cuerpo nos enviase uno de esos avisos a los que casi nunca prestábamos la debida atención.

Había pedido una cerveza fría para comenzar bien la noche. Noté, al instante de beberla, que mi cuerpo no la había recibido muy allá. No hice demasiado caso a aquel primer rechazo y continuamos cenando hasta que llegó el momento de los cubatas. De pronto, un agobio doloroso en el pecho y en la garganta me hicieron palidecer.

—¿Qué te pasa, Pepe, que tienes muy mala cara, te pasa algo?

—No, tranquilos, es solo un pequeño sofoco, debe de ser el calor...

Y de repente, el agobio se hizo más profundo, mi pecho estaba a punto de explotar, la garganta me quemaba, era una sensación extraña que nunca había sentido. La verdad es que nunca pensé que fuera algo grave, porque, a pesar del problema, estaba manteniendo la calma.

—Creo que mejor me voy a ir a casa, no me encuentro demasiado bien y no quiero fastidiaros la noche.

—Vamos contigo. Te llevamos nosotros a casa.

—No, no, no hace falta. Yo pido un taxi y vosotros seguid cenando. No pasa nada.

Me costó trabajo que aceptaran que me fuera solo, pero al final lo conseguí. Ya en el taxi, mis dolores fueron desapareciendo y aunque no lo hicieron del todo, pude llegar a mi casa en buen estado y sin demasiadas preocupaciones. Nunca pensé en un ataque al corazón ni nada por el estilo. Nunca había tenido ningún problema vascular y me fui a dormir con la seguridad de que todo había sido un pequeño susto producto de mi vida desordenada y anárquica. La noche la pasé a medio dormir, porque, de cuando en cuando, regresaban las molestias y los agobios. El viernes todo mejoró y solo sentía un enorme cansancio cuando subía las escaleras para ir al dormitorio; cada peldaño era un martirio, pero lo achaqué a mi baja forma física por la falta de ejercicio. El sábado acudí a la radio, como siempre. Del garaje al estudio hay unas veinte escaleras que habitualmente subía sin esfuerzo, pero que esa tarde fueron para mí como un pequeño Everest. Me costó mucho llegar arriba y tuve que pararme antes de entrar en la redacción porque no podía respirar. Lo que no puedo entender todavía, ahora que sé todo lo que estaba pasando, es cómo pude terminar todo el programa, estar ocho horas al ritmo endiablado de *Tiempo de juego* con un infarto en el corazón. Pero, claro, de eso me enteré el sábado siguiente. Solo fui a mi médico de cabecera, obligado por mi mujer, para que me diera un volante de análisis de sangre y orina con carácter de urgencia. O sea, que estuve siete días con el corazón tocado, aguantando un cuerpo que cada vez protestaba más y sin tomar la decisión de acudir a un hospital para que me dijesen la verdad de lo que estaba pasando. Ese sábado fatídico, a punto ya para marcharme a la radio, sonó el teléfono fijo de mi casa.

—¿Diga?

—¿Don José Domingo Castaño?

—Sí, soy yo.

—¿Se encuentra usted bien?

—¿Por qué me lo pregunta?

—Soy la doctora encargada de revisar los análisis. Tiene que venir urgentemente a la clínica de la Zarzuela, porque su análisis indica que está sufriendo un infarto. Venga urgentemente, por favor.

Se me vino el mundo encima. Se confirmó el peor de los presagios. El corazón, cansado de tanta mala vida, había escenificado su protesta y el infarto era el causante de mi tremendo cansancio y de mi extraña debilidad. Ya no pude ir a la radio. Nos fuimos a la Zarzuela, me ingresaron en urgencias, me sometieron a todo tipo de pruebas, certificaron el diagnóstico y no llegaron a entender nunca, ni yo tampoco, cómo pude estar siete días trabajando con un infarto en el corazón. Seguramente, si hubiera prestado atención a los síntomas, los destrozos arteriales habrían sido menores, pero uno nunca piensa en la gravedad cuando el cuerpo lanza los primeros avisos. Me llevaron a la Unidad de Cuidados Intensivos, me hicieron todas las operaciones que se suelen hacer en esos casos y solo entonces asumí que había estado jugando con mi vida al borde mismo del precipicio. Estuve varios días en la UCI, ya sin dolores, pero con una enorme preocupación por mí y, sobre todo, por mi familia, que estuvo a mi lado desde el primer momento. Cuando ocurren este tipo de desgracias es cuando te das cuenta de lo importante que es no estar solo y tener a tu lado a una mujer como Tere y a unos hijos como Hugo y Óscar, pendientes de que no te falte de nada y deseosos de echarte una mano para subir esa cuesta que te pone delante la vida.

Recuerdo esos momentos como los peores de mi larga historia de vividor empedernido. Cuando me quedaba solo, me imaginaba un futuro sin radio, con el corazón tocado, con menos ganas de vivir, con las secuelas lógicas de una dolencia de este tipo, y me entraban unas tremendas ganas de llorar. Todo era oscuro para mí. Y dejar la radio, dejar de hacer lo que más me gustaba y por lo que había luchado toda mi vida, me rompía el alma por dentro. Yo creo que, en algún momento de mis elucubraciones solitarias, llegué a desear que todo terminase de una vez, convencido de que era mejor desaparecer para siempre que continuar a medio vivir el resto de mis días. Los compañeros se volcaron conmigo en cuanto se confirmó la noticia. Todos querían venir a verme, pero preferí que no lo hicieran, porque no me apetecía que me vieran en aquel estado. Sé que ellos también lo pasaron mal y que, durante el mes largo que estuvieron sin mí, llamaron al cielo para pedir por su amigo del alma. Pasé de la UCI a planta en unos días y todo comenzó a estabilizarse. Siguieron las pruebas a diario. Y tuve la suerte de que el doctor Santiago de Dios estuviese de guardia cuando acudí a la Zarzuela, porque, gracias a él y a los cuidados de todo su equipo, hoy puedo manejar estos recuerdos sin que me tiemble el pulso y con todo el futuro abierto.

El día que salí del hospital no me respondían las piernas; cada paso que daba me producía un cansancio brutal. Me miré al espejo y no me reconocí. Estaba pálido, ojeroso, muy delgado. Iba a necesitar tiempo para recuperar mis constantes vitales y profesionales. Con la ayuda de mi familia, me fui haciendo a la idea de que todo iba a cambiar y de que en poco tiempo estaría a pleno rendimiento. Empecé a caminar por la cinta unos minutos cada día. Al principio me cansaba enormemente, pero, poco a poco, fui aumentando el tiempo de la caminata y mi cuerpo respondió con firmeza. Lo que más me preocupaba era la voz, que no me sonaba como antes, y la posibilidad de un futuro sin radio ensombrecía mi recuperación. Acudí a un especialista que me recomendó mi querido Manolo Lama, pero no fue capaz de devolverme la voz perdida. Pensé que lo mejor era tomar mis propias decisiones y recuperar los ejercicios habituales que solía hacer cuando tenía un problema de ese tipo. Hay que ir acostumbrando la voz poco a poco, hablando en distintos tonos, alternando los graves y los agudos, y repitiendo esos ejercicios vocales varias veces al día hasta empezar a notar que va volviendo la tonalidad habitual. Hay que tener mucha paciencia, pero a mí me sobraba, empeñado como estaba en volver a la radio cuanto antes. Al cabo de unos días mi garganta empezó a responder y mi voz ya estaba pidiendo micrófono de COPE a gritos.

El día que volví a la radio, tras un largo mes de dudas y de lucha contra demasiados fantasmas, no lo podré olvidar nunca. Todos mis compañeros se pusieron en pie, comenzaron a aplaudir, me abrazaron con el cariño de los abrazos sentidos. A todos se les iluminaron los ojos cuando me vieron, un poco más delgado, un poco más viejo quizás, pero con toda la ilusión del mundo presidiendo la tarde del regreso. Tenía miedo a gritar el «¡Hola, hola!» habitual, miedo a no llegar, miedo a que la voz se rompiese, miedo a fallar y venirme abajo, pero la imagen de todo el equipo sonriente y feliz por tenerme otra vez entre ellos fue el mejor acicate para lanzarme al vacío. Afortunadamente, todo salió bien, mi voz estaba en forma y, con las vacilaciones lógicas del momento, fue creciendo a lo largo del programa hasta llegar al final en toda su plenitud. Otra prueba superada, seguramente la más dura y complicada de mi vida y de mi radio. Había llegado a pensar que nunca volvería a disfrutar de mi gente haciendo lo que más me gusta, y allí estaba otra vez, con un poco menos de corazón sano, con el empuje de mi familia y con la emoción de aquellos chavales de *Tiempo de juego,* sin los cuales casi todos mis sueños hubieran carecido de sentido.

44
Mi deporte, mi Flavia, mi Depor. A veces la vida se vuelve blanca y azul

El deporte siempre ha estado presente en mi vida. En la película feliz de mis años juveniles aparece el Flavia, el equipo de mi pueblo, que se movía en las categorías inferiores del fútbol gallego y que incluso estuvo varias temporadas en la Tercera División, todo un honor para un equipo humilde como aquel. Y por cierto, en esta división militó un año el Deportivo de La Coruña cuando atravesó una zona de tormenta total parecida a la que está transitando ahora. Siempre quise ser portero y no lo hacía mal del todo; llegué a jugar en el Flavia juvenil, pero tuve que dejarlo porque Pepe Patitas, que era el portero titular del equipo grande, me tachó de excesivamente «palomitero»; eso me dolió y decidí colgar los guantes para siempre. A pesar de la desilusión que me produjeron sus palabras, seguí apoyando al equipo y me gustaba acompañarlo cuando jugaba fuera de Padrón. La verdad es que aquel equipo nunca fue gran cosa y yo, como portero, tampoco. Hoy el Flavia sigue debatiéndose en la parte baja del fútbol gallego sin demasiadas pretensiones, y lejos del calor popular que tenía en aquellos años en los que representaba a Padrón por toda Galicia. El campo del Souto, por el que han pasado tantos años de triunfos y derrotas y en el que llegaron a jugar Depor y Celta en el trofeo de las fiestas de la Pascua, empezó a construirse cuando yo era un niño que aún no sabía que quería ser portero. Los chavales de entonces íbamos a las obras del campo a organizar la «lucha de terrones» con los pedazos de tierra que removían las máquinas. Vimos cómo crecía el campo poco a poco, cómo se colocaron las paredes de granito que aún hoy siguen estando en pie, cómo plantaron la hierba del terreno de juego y cómo delimitaron el campo con una barandilla corrida para los espectadores. Hace algunos años, gracias a la tenacidad de algunos directivos enamorados del Flavia, se construyó una grada que le dio al viejo campo del Souto categoría de estadio. Ser socio de honor del club de mi pueblo, de mi querido Flavia, es un honor del que seguiré presumiendo toda mi vida.

Cuando ya dejé de ser niño, los directivos del Flavia se pusieron en contacto conmigo para organizar la publicidad que se emitía por los altavoces del campo antes de los partidos y en el descanso. Eran siempre empresas y establecimientos padroneses que, de esa manera, ayudaban al equipo invirtiendo en anuncios y aprovechando la oportunidad de un partido de fútbol para promocionarse.

Como todo el pueblo sabía de mis ilusiones radiofónicas, decidieron que yo me ocupase de escribir los guiones de los distintos anunciantes y, después, de leerlos por los altavoces del campo. Aquella fue la primera vez que me sentí locutor de verdad y procuraba siempre darle mi toque personal a cada mensaje publicitario, aunque los clientes que pagaban religiosamente los anuncios no siempre estaban de acuerdo con mi estilo personal a la hora de interpretarlos. Me sentía un hombre importante haciendo aquello, y creo que mis vecinos me miraban de otra manera desde que era el locutor del Flavia, nada más y nada menos. Quién me iba a decir a mí que muchas ilusiones después, cuando el año 1988 caminaba hacia mi cumpleaños número 46, entraría a formar parte de un *Carrusel deportivo* que me iba a cambiar la vida para siempre. Ahí aprendí a amar el deporte por encima de todo lo demás. El *Carrusel* me ayudó a creer que la radio podía servir para algo más que para gritar gol o animar a un equipo. La radio y el deporte se metieron en mi sangre de tal manera que ya no pude escabullirme de su embrujo hasta hoy.

El ciclismo forma parte también de mis deportes fetiche. Las carreras que organizaban en Padrón los amigos del Club Ciclista Bernárdez primero, y luego el Club Ciclista Padronés, fueron mis primeras experiencias en ese deporte duro y empinado. Todo culminó con las Vueltas a España formando parte del equipo de la SER comandado por José Ramón de la Morena. Recorríamos España de etapa en etapa viviendo toda la carrera, desde que se ponía en marcha hasta que finalizaba. Eran tiempos felices para el ciclismo; las marcas comerciales, conscientes de la importancia que iban adquiriendo las bicicletas de la Vuelta, comenzaron a entrar en las retransmisiones, y allí estaba yo, haciendo juegos malabares junto a Javier Ares y José Antonio González Linares, un binomio de lujo para vivir este deporte a ritmo de vértigo. También andaba por allí Manolo Lama, narrando batallas épicas, y Perico Delgado, ejerciendo de campeón en los momentos álgidos de la etapa, y la moto de Alcalá culebreando entre los ciclistas para estar cerca del sudor y del esfuerzo. La filosofía popular del Botas, nuestro conductor, nos hacía más llevaderas las palizas de kilómetros que recorríamos cada día. Y todo eso, el sudor, los kilómetros, las cuestas, los esprints, las bajadas, los abanicos, las pájaras y los maillots de campeón los convertíamos en radio, pura radio, porque ese era nuestro único objetivo.

Espoleados por el éxito de la Vuelta a España, nos atrevimos con el Tour y vivimos con idéntico equipo triunfal todas los Tours estratosféricos de Miguel Indurain, peinando Francia con nuestros micrófonos y viviendo con la España del ciclismo una de las epopeyas deportivas más hermosas de la historia. Mi último Tour, cuando Indurain empezaba a sentir más pesadas las piernas y las bicicletas, fue el de la vergüenza. La carrera se puso en pie de guerra contra las drogas y varios equipos se vieron involucrados en una investigación que rompió en pedazos la aureola del ciclismo como el deporte donde la calidad individual y la fuerza física distinguían a los campeones. A partir de aquel mes de julio, la imagen de este deporte tan bello y tan atractivo se hundió durante bastantes años. Y nosotros lo vivimos en directo porque la radio siempre está ahí donde surge la noticia y donde se generan los escándalos y los triunfos. Las Vueltas a España y los Tours de Francia que figuran en el libro de ruta de mis andanzas deportivas son momentos mágicos que contribuyeron a amar un poco más a la radio. Mi único objetivo durante todos estos años ha sido darle a la gente alegría, felicidad y ganas de vivir y de disfrutar de la vida. Eso he pretendido y sigo pretendiendo cuando ya las canas abarrotan mi calendario vital y ya me queda menos por delante para seguir manteniendo en pie mi sueño de vivir el deporte con una mezcla personal de sonrisas, verdad y sentimiento. Y que, cuando el oyente de la radio escuche a un viejo loco de Padrón gritar «¡Hola, hola!» en medio de la tarde de un fin de semana, sepa que lo único que me interesa de verdad es que ese oyente me quiera casi tanto como yo le quiero a él.

Por encima de todo lo que sonaba a deporte estaba el fútbol y mi amor eterno se lo he jurado al Depor. Se me encienden todas las luces del alma cuando el calendario se detiene en las fechas míticas en las que subimos al cielo de los grandes. Aquel 13 de mayo de 1994 se ha convertido en martillo pilón de mi nostalgia y de mi deportivismo. Era un momento mágico. El Deportivo de La Coruña, un equipo hasta entonces insulso y mediocre, que se arrastraba por la primera división del futbol español y viajaba permanentemente de primera a segunda y viceversa, en una resurrección milagrosa, estaba al borde de la apoteosis. Riazor, el viejo estadio playero que había visto triunfar a la orquesta Canaro —Corcuera, Oswaldo, Rafael Franco, Moll y Tino—, a Luis Suárez, a Amancio, a Acuña, a Veloso y a tantos otros futbolistas coruñeses con vitola de grandes figuras, era una apoteosis sonora de banderas y bufandas. El Depor, diminutivo triunfal de la nueva etapa del primer equipo coruñés, se enfrentaba al Valencia con el campeonato de liga en juego. Solo se necesitaba una victoria, solo eso, pero en fútbol las victorias y las derrotas siempre son imprevisibles.

Arsenio Iglesias, el viejo zorro de Arteixo, que había comandado el viaje del Depor por aquel campeonato, nunca estuvo seguro del final feliz porque, como buen gallego, era fatalista y desconfiado. En los últimos partidos, entre el temblor que genera en los jugadores estar tan cerca de la gloria y su propensión a querer amarrar los partidos desde la defensa, el Depor había dilapidado parte del botín conseguido a lo largo de la temporada. Aquel era un gran equipo. Estaba Liaño, el Zamora eterno que lo paraba todo; estaba Mauro Silva, el baluarte mastodóntico del centro del campo; estaba Donato, eternamente joven y con mando en plaza; estaba Bebeto, un brasileño pequeño y bailón que marcaba goles casi sin querer; estaba, sobre todo, Fran, al que Arsenio llamaba cariñosamente *«o neno»* y que representaba la potencia y el estilo del fútbol de una ciudad con patente de calidad; y aparte de Nando, de Claudio, de López Rekarte, de Manjarín, de Voro, de Ribera, estaba Djukic, un defensa largo y elegante que aquella noche fatídica sumió a La Coruña en una desolación inenarrable. Al frente de aquel equipo de nombres nacidos para ganar estaba uno de esos hombres que a veces aparecen excepcionalmente en el fútbol, humilde, íntegro, filosófico, auténtico, un trotamundos del balón entre césped y banquillo, Arsenio Iglesias, que de jugador a entrenador siempre tuvo el alma blanca y azul. Como cabeza visible de una ejecutoria inaudita en el futbol moderno estaba Augusto César Lendoiro, un presidente taimado y valiente, gallego hasta la médula, que hizo posible —y todavía nos estamos preguntando cómo— que aquel equipo, al que llamaban ascensor porque estaba siempre subiendo o bajando, estuviese al borde mismo de una epopeya histórica.

En la radio sonaba *Carrusel deportivo* con la fuerza imparable de una última jornada. Todo estaba en juego. Con la camiseta del Depor como amuleto, se nos fue yendo la tarde a toda velocidad entre goles y anuncios hasta que llegó la hora fatídica que marcaba taquicardia en Riazor. Todo el mundo daba por hecho que el Depor sería campeón de aquella liga porque había sido la revelación, el que mejor futbol había desplegado y, además, su gesta le convirtió en favorito de millones de españoles que veían en él al nuevo animador de una nueva liga, en la que los grandes nombres tenían por fin un enemigo. El empate a cero se mantenía por encima de los nervios y los relojes. El Valencia, espoleado por los millones de las primas prometidas desde Barcelona, era un hueso demasiado difícil de roer para un Depor tembloroso que no acababa de creerse su propio milagro. De pronto, el árbitro pita penalti en una incursión de Nando en el área valenciana. En el estudio pegamos un brinco de alegría y el estadio era el clamor de una afición demasiado acostumbrada a sufrir y que aquella noche estaba a punto de culminar un gran sueño. La historia no se podía escribir mejor. Un penalti en los minutos finales era el mejor argumento para poner el fin en una película de suspense como aquella.

Cuando Djukic colocó el balón en el punto de penalti se nos rompió el corazón. Todos creíamos que sería Bebeto, o quizás Donato, más especialistas en este tipo de lanzamientos, los que se atreviesen a lanzar un penalti que tenía como gran premio una liga. No fue así. El elegido era Djukic, un gran defensa, pero un jugador poco acostumbrado a vivir situaciones de tanta responsabilidad. En la portería estaba un tal González, que, aupado por el poderoso caballero, haría todo lo posible para pararlo y para dejar al Depor muerto en la mismísima orilla. Y eso fue lo que ocurrió. Cuando el portero se hizo con el balón, matando la ilusión de media España, que soñaba el mismo sueño que La Coruña, lo celebró saltando y brincando como si hubiera hecho la parada de su vida. Creo que nunca se lo perdonaré. Siempre he creído en la verdad y en la integridad del fútbol, comprendo que un portero lo que desea es parar todos los balones, penas máximas incluidas, aunque estuviera en juego el premio de toda una temporada, pero celebrarlo como lo hizo el tal González en Riazor una triste noche de mayo acrecentó todavía más, si cabe, el desencanto de una afición que no podía creerse lo que estaba pasando. La algarabía del estudio de *Carrusel* se vino abajo de golpe. Las lágrimas de impotencia me mojaron el último aliento de ilusión. Llorar era el único

Con Paco Vázquez, alcalde de La Coruña, el día de mi pregón en agosto de 1996.

consuelo que nos quedaba tras aquel desenlace inesperado y doloroso. Riazor se quedó en silencio, ese silencio espeso e insondable que suele acompañar a las grandes decepciones. La ciudad entera sintió el estoconazo del penalti fallado y lo que había sido un día de fiesta total en todos los rincones de una ciudad alegre y festiva como es La Coruña se transformó, por culpa de once metros de angustia, en la antesala del fracaso.

En el final del *Larguero* de aquella noche, mi folio, escrito a mano todavía entre temblores de decepción, reflejó la imagen de una niña que lloraba, sola, extrañamente sola, en la enorme grada de Riazor, vacía ya después de la gran batalla perdida. Las lágrimas de aquella niña reflejaban lo que sentía toda una ciudad, toda una comunidad, todo un país que había seguido con expectación el camino del Depor hacia lo que iba a ser una gran hazaña. Me queda el consuelo de saber que, con el paso de los años sobre aquel penalti maldito, la afición no se vino abajo y, curtida en sinsabores trágicos, pronunció la palabra clave de un nuevo intento de gloria: «¡¡¡Volveremos!!!».

El fútbol había adquirido una deuda con el Depor después de aquello. Nos aferramos a esa deuda y a los enormes intereses que había generado, y cinco años después, otra vez en mayo, otra vez en Riazor, otra vez en el último suspiro de una liga, la 1999/2000, se reprodujo el intento de milagro, pero esta vez el agua sí se convirtió en vino del bueno. Todo el equipo de *Carrusel* nos desplazamos a La Coruña para ser testigos de lo que podía lograr un equipo humilde cuando empieza a pensar en grande y es capaz de levantarse por encima de los monstruos sagrados de un deporte que se juega con los pies y, sobre todo, con el alma. Nos llevamos como ayuda psicológica al gran Tomás Guasch, periquito desde la cuna, para que intercediese mentalmente ante el R. C. D. Espanyol, nuestro contrincante en la gran final, para que esta vez se fueran para siempre los malos augurios de las meigas y el fútbol pagase, por fin, la deuda que mantenía con el Depor.

Arsenio se había ido por la misma puerta que entró, la de la humildad, la de la bondad, la de la mítica brujería coruñesa y *cascarilleira.* Su vacío, que entonces nos pareció enorme e insalvable, vino a llenarlo Jabo Irureta, un vasco sencillo y de perfil no muy alto, que supo entender lo que quería Lendoiro y manejó con mano un tanto permisiva a aquella colección de nombres que, partido a partido, terminaron las temporadas siguientes al desastre de Djukic siempre en la parte alta de unas ligas que solo miraban con ojos de campeón a los grandes de siempre. Irureta siempre vivió en el hotel María Pita, un establecimiento con hechuras de barco frente al mar bravo del Orzán. Y al bueno de Irureta hay que situarlo en el lado bueno de la vida del Depor en aquellos largos años de espera, abriendo Europa a los sueños coruñeses y demostrando que Lendoiro tenía razón.

Era viernes. Era un 19 de mayo del año 2000, ese año que iba a cambiar el mundo. Las hormigoneras que habían salido a la calle vestidas de azul y blanco en el otro mayo fatídico, volvieron a desfilar por los aledaños de Riazor, inaugurando una explosión imparable de banderas que ondeaban al viento primaveral de La Coruña en bares, restaurantes, establecimientos comerciales, mercados, edificios públicos y casas particulares, proclamando la llegada de la gran noche. Nos fuimos con Tomás Guasch al hotel María Pita, donde se alojaba el Espanyol en espera tranquila del gran momento.

—Tranquilo, Pepiño, me he fijado en las caras de los jugadores y he visto buenos presagios. Vais a ganar. La liga ya es vuestra. ¡Forza, Depor!

Los augurios de Guasch se cumplieron. En un Riazor espléndido, lleno hasta las mismísimas banderas de la torre de Maratón, el Depor salió aquella noche con la rabia acumulada durante los años de espera y se comió al Espanyol con hambre de grandeza. Primero Donato y luego Makaay certificaron la victoria y el grito de campeones se mezcló con el canto del *miudiño* elevando hasta lo alto de la torre de Hércules el fervor de una afición que, por fin, podía llamarle campeón al equipo de su ciudad, al equipo de su tierra. Y yo, que estaba aturdido por tanto estruendo y sin digerir del todo aquel desmadre sonoro, sentí que algo dentro de mí se derrumbaba, como si de pronto me hubiera quedado vacío por dentro. Alguien dijo una vez que lo mejor de la felicidad es el camino hacia ella, porque, cuando la consigues, dejas de sentir esa emoción incontenible que produce el tenerla cerca y rozarla con la punta de los deseos. Eso debió de pasarme a mí, porque me levanté de golpe, salí del estadio, dejando solos a mis compañeros de *Carrusel,* y me fui directamente a la playa, que estaba preciosa a aquellas horas de la noche, con el mar reflejando un cielo lleno de estrellas, y la ciudad encendida a lo lejos conformando una postal inolvidable. Empecé a llorar, con esa especie de lágrimas que te mojan los ojos del cuerpo y los recovecos íntimos del alma, y así estuve deambulando por la arena de mis soles playeros del verano hasta que la voz de mi amigo Crispi, propietario de restaurante El Manjar, en el que Lendoiro aguardaba las madrugadas a golpe de champán y retranca, retumbó en la soledad de Riazor.

—Pepe, te están esperando tus compañeros en el Playa Club para celebrarlo. Me han dicho que vayas al especial que han montado, que quieren que estés tú.

El resto de la noche lo tengo guardado en esa esquinita de la nostalgia donde duermen los sueños que uno no quiere olvidar nunca. La apoteosis del Depor por las calles de la ciudad, la alegría de Lendoiro con el que Juan Antonio Alcalá me obligó a cantar la canción que presidía todas mis juergas:

Vivir na Coruña, qué bonito é
Andar de baranda e dormir de pé.

José Ramón de la Morena hizo un *Larguero* memorable desde el Playa Club, reflejando toda la locura que estaba viviendo la ciudad coruñesa. A mí me correspondía cerrarlo con mi comentario habitual. Me costó mucho escribirlo. Me faltaban las palabras y no encontraba la manera de empezar a llenar el folio de sentimientos. Mi memoria deportivista recuperó de pronto la imagen de aquella niña que lloraba en la grada de Riazor, cuando un penalti nos rompió la ilusión, y su recuerdo tierno y doliente me ayudó a terminar el folio. Recuerdo que aquella noche, en el programa especial dedicado al campeón de liga, mi Deportivo del alma, nos acompañaban Vitín y Ringo, un dúo muy conocido en los ambientes musicales de la ciudad. Terminé el folio cantando con ellos, emocionado hasta la sangre, una canción que acostumbro a cantar cuando la morriña me entra por los ojos y me sacude los recuerdos:

Yo tuve un gran amor en La Coruña
Bajo su cielo azul un día yo besé
Los labios de una linda coruñesa.

Adiós, yo ya me voy hacia otras tierras.
Adiós, calle Real.
Adiós, Cantón Mayor,
Playa de Riazor, Santa Cristina.

—Pepe Domingo, soy Enrique Ortego. Te llamo de parte de Gerardo González, el secretario general de la Federación Española de Futbol. Quiere hablar contigo. ¿Le puedo dar tu teléfono?

—Pues claro, Enrique, que me llame.

Lo que quería Gerardo era contratarme para ser el presentador de la fiesta previa que iban a organizar en la final de Copa del Rey para entretener al público unas horas antes del choque. Por supuesto, acepté encantado porque uno de los protagonistas de aquella final era el equipo de mi vida, mi Deportivo.

Y así fue. Dos horas antes, en el estadio solo estaban los hinchas del Depor, que habían llegado de todos los rincones de España, dispuestos a ser testigos de un nuevo milagro. Los del Madrid seguían desperdigados por los bares de los aledaños del estadio celebrando anticipadamente la copa del centenario. Por el césped del Bernabéu pasaron Cruz y Raya, que estaban en pleno apogeo de popularidad y eran los reyes del humor a todos los niveles, y todo el elenco de Operación Triunfo, con Bisbal, Bustamante, Chenoa y el resto de voces que llegaron a la cumbre en el mejor programa musical de aquel año. Era un buen espectáculo y me lo pasé en grande presentándolo, pero sigo pensando que el fútbol no necesita de este tipo de exhibiciones ajenas al juego. La gente va a ver un partido y le importa muy poco lo que pueda pasar en el verde fuera de los goles y la emoción de una final. Por cierto, Enrique me prometió que la federación me haría un buen regalo por ese trabajo y aún estoy esperándolo.

Aquel 6 de marzo del 2002 está marcado con mayúsculas de proeza en el historial de la Copa del Rey. Llegaban a esa final el Deportivo de Jabo Irureta y el Real Madrid de Vicente del Bosque. La federación, siempre muy obsequiosa con los grandes, fijó la fecha de la final atendiendo a una petición de los blancos para la celebración de su centenario. Todo el mundo se imaginaba que la final iba a ser un paseo triunfal para el Madrid, porque lo tenía todo a su favor: campo, público, federación, onomástica, estadísticas, apuestas, opinión de los comentaristas deportivos…, pero el fútbol es una enorme caja de bombones, que diría Forrest Gump, y esa fecha quedará escrita en los anales de la copa como la del «Centenariazo», que así fue como se denominó por parte de todo el mundo la hazaña de un equipo blanco y azul que llegó como un corderito al matadero y regresó a La Coruña como lo que era, un equipo Súper con ganas de comerse el mundo. Los goles de Sergio y Diego Tristán dejaron el Bernabéu atónito. Los hinchas del Madrid no se creían que nada pudiera aguarles su centenario mojándoles la oreja en su propia casa. Y, además, me llevé el jamón de Guijuelo que regalábamos en *Carrusel* al ganador de la porra. Nadie apostó por el Depor; yo creí, una vez más, en mis chicos, y tuve doble satisfacción, el triunfo del Depor y el jamón. Eran los años de Molina, el portero que siguió la estela de Liaño; del gran Naybet, un central largo y perfecto; de Sergio, autor de un gol y pieza indispensable en la sala de máquinas de Irureta; de Valerón, el faro sobre el que pivotaba toda la luz de aquel equipo; de Diego Tristán, al que puse verde tantas veces, seguramente porque lo merecía, y quien una noche me lo perdonó con un cubata en la mano; seguía Mauro Silva robando todo lo robable, y Fran, la zurda más coruñesa de todas las zurdas míticas del fútbol. Y estaba, también, Jabo Irureta, el solitario habitante del hotel María Pita, a quien durante un tiempo machaqué con alevosía en mis versos finales de *Carrusel,* rimando su nombre con «amarreta». Le pedí perdón una tarde a la orilla del mar de La Coruña y aquel hombre bueno, sencillo, sincero y paternal cantó conmigo la noche del 4-0 al Milan el *«Vivir na Coruña qué bonito é»* que compartimos los deportivistas cuando la vida se vuelve blanca y azul.

No quiero olvidarme de Augusto César Lendoiro, con el que viví intensamente aquella noche y gracias a quien el Depor pudo salir de la penuria y colocar una bandera gallega y coruñesa en la cima del fútbol de aquellos años locos de gloria y desenfreno. Coincidiendo con el «Centenariazo», publiqué en la prensa local un artículo titulado «San Lendoiro», en el que le daba las gracias por haber logrado una hazaña en la que nadie creía. Por aquel entonces era notorio el enfrentamiento entre Lendoiro, presidente del Depor, y Santiago Rey, propietario y editor de *La Voz de Galicia,* un periódico que durante los años de gloria del Depor se dedicó a despotricar contra Lendoiro tratando de restar méritos a su triunfal trayectoria. La publicación de mi artículo en *El Correo Gallego* fue el detonante del veto a mi persona en el que era entonces, y sigue siendo ahora, el periódico más vendido de mi tierra, *La Voz de Galicia.* Creo que el veto todavía sigue en pie. Nunca pude entender el motivo. Desde aquel triunfo del Depor en Madrid nunca publicaron nada que tuviese relación conmigo. Nunca jamás. En su día escribí una carta al director, creo que era Xosé Luis Vilela, preguntándole por qué me seguían vetando después de tantos años, y nunca recibí contestación. Pero el dolor de ese veto se compensa con la felicidad que sentí cuando el Depor se hizo grande con la bendición de San Lendoiro.

45

Aquel viernes de marzo de 2020. El gran susto que nos llenó de oscuridad

El cabrito de La Portada del Mediodía, en Torrecaballeros, cerca de Segovia, estaba buenísimo. Los vividores de la pandilla «Cabritos hasta la muerte» acabábamos de celebrar nuestra cuchipanda mensual. Llegamos a Madrid, bastante perjudicados, cuando la tarde se desplomaba sobre un jueves que iba a resultar fatídico. Aún tuvimos arrestos para brindar, en nuestro reducto habitual de Valdemarín, por un futuro que se ponía cada vez más negro. Estábamos viviendo, sin saberlo, la víspera de una de las peores pesadillas de la historia del mundo. Aquella fue nuestra última juerga compartida antes de la gran reclusión.

Al día siguiente, un viernes de marzo de 2020, se emitió la orden de confinamiento total por la llegada del coronavirus a un país que no se lo tomó en serio hasta que las cifras le hicieron reaccionar. Comenzaba una lucha sin cuartel contra un virus mortal e imprevisible. Encerrados en casa, veíamos pasar la vida como si no fuera nuestra, como si estuviéramos fuera de la circulación. Todo estaba cerrado. Todo estaba como muerto. Y cada uno de nosotros solo pensaba en el tiempo que necesitarían las autoridades para derrotar al coronavirus que nos llegaba desde China. Los primeros días fueron fáciles, como unas vacaciones de reclusión obligada, sin demasiada severidad emocional. Hasta que empecé a notar algo raro en mi cuerpo. Primero fue un tremendo dolor de cabeza que me estaba volviendo loco. No lo podía resistir, era continuo, pertinaz, me machacaba de día y de noche. Me recomendaron paracetamol para calmarlo, pero no me hizo nada. Más tarde experimenté una extraña sensación como de estar perdiendo vida a borbotones, como si me la estuviesen robando. Al mismo tiempo empezaron los dolores de estómago, las diarreas, la falta de apetito, el hundimiento total. Ir a la cama por las noches era un suplicio. No podía dormir una hora seguida. Me despertaba con ganas de que todo terminase de una vez. No probaba bocado, no me apetecía nada, me arrebujaba en el sofá y ni siquiera mis series favoritas conseguían sacarme de mi hundimiento. No estaba seguro de si era el virus el que estaba acabando conmigo hasta que llegó la fiebre. Esa noche, con 38,4 °C en el termómetro, me entró pánico, porque cada vez era mayor el cansancio total, la sensación de no estar en el mundo que me recorría el cuerpo. Y llamé al teléfono de emergencias. Me dijeron que no me preocupara, que todo era normal dentro del comportamiento del virus y que, si seguían apareciendo síntomas, acudiese a un centro médico para comprobar si estaba infectado. Me entraron escalofríos de terror solo con pensar en salir de casa, ir a un hospital y quizás tener que quedarme allí, en la UCI, solo y desamparado, sin más ayuda que la de Dios. Preferí esperar en casa junto a mi Tere, que se desvivía por mí, y, ahora que todo ha pasado, creo que fue la mejor decisión. No sé si estaría escribiendo estos recuerdos de haber decidido ir a un hospital en aquellas condiciones. Fueron cinco días horribles, sin probar bocado, casi sin dormir, con molestias en todo el cuerpo, con la cabeza loca de tanto dolor, con la percepción, cada vez más clara, de que aquello era definitivo, de que me estaba yendo poco a poco, de que la vida se me iba sin poder hacer nada. En esos momentos nunca sabes cómo vas a reaccionar. Y llegas a dejarte ir, a pensar que es algo inevitable y que te ha tocado a ti como pudo haberle tocado a tu vecino. Y no tienes ganas de hacer nada para evitarlo, porque estás sin fuerzas. Mover una silla, subir una escalera, preparar un café o pelar una manzana te produce un cansancio terrible. Yo nunca me había encontrado tan mal. Y, para colmo de males, mi garganta estaba destrozada y mi voz completamente rota.

Una noche, harto ya del paracetamol que no lograba calmarme, tomé la decisión de probar algo distinto, estaba desesperado y pensé que un antiinflamatorio como el ibuprofeno podía ayudarme a salir de la pesadilla de cinco días fuera del mundo y hecho un guiñapo. Y mira por dónde, esa noche pude dormir por primera vez casi de un tirón unas seis horas y, al despertar, empecé a notar que mi cuerpo ya no era el mismo, el cansancio era menor, la cabeza ya no me explotaba, aunque seguía el dolor, y hasta tenía ganas de desayunar. No sé si fue el ibuprofeno, mis ganas de vivir o simplemente la capacidad de reacción de mi cuerpo lo que provocó el cambio, pero fue la primera vez en dos semanas que me miré al espejo de la mañana y di gracias a la vida por seguir respirando. Seguía sin saber si era el coronavirus el causante de todo lo que me había pasado, pero me imaginé que sí y recobré de golpe las ganas de vivir. Poco a poco fueron desapareciendo los síntomas malignos de aquel enemigo invisible, recuperé el apetito, desaparecieron las diarreas, pasó a mejor vida aquella tremenda sensación de estar fuera del mundo y los días recobraron color y motivación.

Al cabo de unos días, mi querido amigo Rubén Martín me recomendó hacerme el test del coronavirus en la clínica Senda, de un amigo suyo, y se confirmó lo que todos pensábamos, que había tenido el virus, que lo había vencido y que a partir de ahora solo debería preocuparme de reconquistar la vida y ganar el futuro. Me llamó Paco González una tarde en *Tiempo de juego* y casi no pude hablar. El virus me había dejado sin voz y el cariño de los oyentes y de todo el equipo del programa pudo conmigo y con mi habitual entereza ante la adversidad. Mis lágrimas solo eran las lágrimas de un hombre que se estaba dando cuenta de que el cariño de la gente era la mejor medicina para seguir siendo un enamorado eterno de la radio y de la vida.

El coronavirus llegaba a España en el peor momento político de los últimos tiempos. Un presidente vacilante y mentiroso, nacido de una extraña moción de censura condenada en principio al fracaso y que luego fructificó con el apoyo de las fuerzas extremistas, fue incapaz de prever lo que iba a pasar y la pandemia dinamitó todos los esfuerzos que se habían hecho para salir a flote de la última crisis. Pedro Sánchez, en una aberrante exhibición de ansia de poder, se fue al País Vasco a pactar con Bildu y a Cataluña a hacerlo con ERC, demostrando que solo le interesaba mantenerse en La Moncloa a costa de lo que fuese. La historia no le va a perdonar y este país tampoco. La mentira se convirtió en el pan nuestro de cada día, y cada aparición de Pedro Sánchez en la televisión de la vergüenza era una tomadura de pelo a millones de españoles que se confinaban en su casa durante muchas semanas atizándole un golpe mortal a la economía.

Mientras el Gobierno mentía y mentía y los españoles aguantaban y aguantaban, los chicos de *Tiempo de juego* le daban un vuelco de imaginación a la radio y, en ausencia del fútbol en directo, pusieron en marcha el mejor programa de la historia reciente. Por allí pasaron todos los temas, todos los protagonistas, todas las músicas, todos los pormenores de lo que en ese momento era la noticia mundial, el coronavirus. Paco González y toda esa buena gente de mi querido *Tiempo de juego* dieron una lección de valentía y de fe cada fin de semana, inventando una nueva manera de hacer radio deportiva en directo pero sin deporte. El talento de Paco y todo el equipo hizo que el *Tiempo de juego* del confinamiento fuera un éxito total.

El premio Ondas, concedido al alimón a *Tiempo de juego* y *Carrusel deportivo,* vino a confirmar la excelencia de su trabajo durante la pandemia. Creo, sin embargo, que la SER, promotora de los premios Ondas, no se atrevió a darle el Ondas solo a Paco González, quien lo merecía porque fue el padre de la iniciativa. Y prefirieron el compadreo a la justicia y premiaron a los dos programas deportivos líderes del fin de semana para que la Cadena COPE no se llevase en solitario todo el mérito. Este Ondas a *Tiempo de juego* es un Ondas de Paco. Y él lo sabe. Su demostración de radio pura y dura durante esas semanas es una de esas hermosas lecciones de vida que se recordarán por los siglos de los siglos. Amén.

46
¡Gracias, maestros!

La voz redonda y metálica de Luis del Olmo salía del móvil con cariño. Era una llamada inesperada, que rompió la monotonía de aquel lunes de lluvia en un Madrid ya otoñal.

—Mi querido Pepe Domingo, he visto tu nombre en el teléfono y se me ha ocurrido llamarte para ver cómo estabas, porque sé que has estado malito por culpa de este dichoso bicho.

Me sorprendió aquel repentino detalle de un hombre al que siempre he admirado, pero con quien no tenía una relación muy intensa. Luis, uno de los grandes de la radio de toda la vida, formaba parte de la nómina triunfal de locutores que hicieron posible el gran cambio en la radio española. Un hombre curtido en mil batallas, que, primero en Radio Nacional con *De costa a costa* y después en casi todas las cadenas con *Protagonistas,* convirtió la radio en el auténtico sonido de la vida. Tengo que reconocer que no he sido amigo de Luis; solo nos hemos visto en algunas ocasiones esporádicas y siempre me pareció un hombre lejano, distante y poco comunicativo en el cara a cara. Recuerdo una cena en Ponferrada con ocasión de la entrega de los Micrófonos de Oro, en la que me costó Dios y ayuda romper esa distancia que establecía siempre entre él y los demás. O, al menos, eso me pareció a mí aquella noche, la primera vez que lo tenía tan cerca. Y no olvidaré nunca una intervención del impresentable Jesús Mariñas en su programa, poniéndome de vuelta y media por mi supuesta expulsión de la televisión gallega, una de las muchas mentiras que el tal Mariñas empleaba para machacar a quienes no le caían bien.

—Luis, soy Pepe Domingo. Por favor, te ruego que le digas a Mariñas que se entere bien de las cosas, que no me han echado de la tele gallega, que me he ido yo porque ya no podía más con tanto viaje y tanto ajetreo. Llama, por favor, al director general de la TVG que te confirmará lo que digo.

Tras esta llamada, Luis me prometió que rectificaría y me ofreció su micrófono para intervenir. Solo le puse como condición para entrar en su programa que no estuviese Mariñas, que no entrásemos en disputa, porque era para mí un tipo despreciable que vivía de las miserias de los demás. Y si no había miserias, se las inventaba. Quedamos de acuerdo en esa condición, entré en su programa y, cuando menos lo esperaba, apareció Mariñas en antena. Eso me enfureció, reconozco que perdí los papeles y me metí en una refriega verbal con este tipo hasta que ya no pude más con tanta maldad y colgué el teléfono. Fue una mala jugada de Luis y tardé en perdonársela. Para lo único que sirvió fue para dejar bien claro que fui yo el que dejé el programa de la tele gallega y que Mariñas era un mentiroso. A partir de aquel desagradable incidente, Luis del Olmo siguió siendo para mí un profesional de cuerpo entero, pero del que prefería mantenerme alejado.

Ahora, con el paso del tiempo sobre esta historia y otras muchas, sigo creyendo que Luis es uno de esos dioses que nacen de cuando en cuando en el mundo de la radio y del que he aprendido muchas cosas. Uno se va haciendo con los años y personajes como Luis del Olmo te ayudan a encontrar tu camino en un mundillo de competencias brutales. Mi madre me decía siempre que procurase trabajar con gente mejor que yo, porque al final algo de ellos se me pegaría y sería mejor profesional y mejor persona.

Mi primer gran maestro, sin que él lo supiera, fue Bobby Deglané, que vino de Chile junto a Raúl Matas para darle un revolcón total a la radio española de entonces. Bobby enterró una radio que solo vivía de anuncios interminables y concursos facilones, y la elevó a la categoría de espectáculo. Era una radio viva, divertida, simpática, con una fuerza increíble, un espectáculo total de información y vitalidad que marcó el camino que debíamos seguir todos los que vinimos después. Aquellas *Cabalgatas del fin de semana* siguen siendo inolvidables en mis recuerdos, un despliegue de radio total con la personalidad desbordante del genio chileno. A su lado, Raúl Matas abría nuevos caminos a la música con su *Discomanía,* una radio de susurro y calidad que dio a conocer, de otra manera, las canciones que sonaban en el mundo.

Después de Bobby Deglané llegó Joaquín Prat, de quien hablo maravillas en otros capítulos de mis vivencias; porque él fue otro de los que se metieron en mi alma para siempre y me empujaron a querer a la radio por encima de todos los sueños. Joaquín tenía mucho de Bobby en la forma de dirigirse a la audiencia, siempre con una sonrisa, siempre con un chascarrillo, siempre con esa sinceridad que los oyentes saben agradecer. Yo me quedaba embobado escuchándole horas y horas en aquel ejercicio diario de vida y de entretenimiento que compartía con Carmen Pérez de Lama, un binomio irrepetible en la historia de la radio. Todo lo hacía bien, la información, la publicidad, el deporte, la música, las retransmisiones... Joaquín fue durante aquellos maravillosos años el gran maestro de ceremonias de la nueva radio de la que yo quería formar parte. Con él viví tardes irrepetibles de *Los 40 Principales* en la discoteca Long-Play de nuestros pecados veniales. Nunca le voy a olvidar, y su voz, su figura, su amistad, su vitalidad estarán acompañándome mientras viva como garantía de que estoy haciendo lo que a él le gustaría que hiciera. Unos días antes de que se nos fuese para siempre, recibí una llamada suya, quería hablar conmigo, nunca supe para qué. Con su muerte se murió mi mejor maestro y uno de mis mejores ejemplos de radio y de vida. Cuando me acerqué al hospital en el que había fallecido, no me atreví a entrar a testimoniarle toda mi admiración y mi cariño eterno porque su familia había montado un espectáculo mediático con su fallecimiento y preferí guardarme el dolor en lugar de participar en aquella especie de farsa.

Otro de los profesionales que han influido en todo lo que vino después es Iñaki Gabilondo, otro genio de los que nacen pocos. Nadie como él ha sabido llevar la información por los caminos adecuados para que el público la digiera con total normalidad. Parece que lo tiene todo organizado en la mente para decir en cada momento la palabra justa, la frase perfecta. Siempre he sentido admiración por esa enorme capacidad de Iñaki de ponerse delante de un micrófono y dar la impresión de que todo cuanto dice lo estuviera leyendo; no hay fallos, no hay silencios, no hay rupturas, no hay vacilaciones, no hay problemas en la construcción de las frases... Ya he comentado en un capítulo anterior mi experiencia compartiendo micrófono con él y mi añorado Joaquín Prat. En aquellos momentos me dolió abandonar el programa que compartíamos, sobre todo porque no pude aportar nada durante el tiempo que estuve. Eso sí, me queda la satisfacción de haber estado al lado de Iñaki Gabilondo en el inicio de lo que le convertiría en una de las grandes estrellas de la historia de la radio española.

Y quiero continuar este viaje por los nombres que me han marcado profesionalmente recordando a José Ramón de la Morena, con quien viví temporadas mágicas en esta bendita profesión. Aquel *Larguero* de las palabras nuevas, aquellas noches de radio verdad, aquellos finales de programa cosiendo el sentimiento a las noticias del día, permanecerán siempre en mi nostalgia. José Ramón también tiene mucho que ver en la evolución de la información deportiva y en la búsqueda constante de nuevas sensaciones en las grandes noches de una radio nueva que no va a morir nunca gracias a él.

Y con grandes letras doradas escribo el nombre de Paco González, aunque debería decir de «mi» Paco González, porque llevo viviendo a su lado desde 1992. Ha sido un tiempo suficiente para valorar la calidad humana y profesional de este asturiano a quien, nada más conocerle y tratarle, no puedes dejar de querer. Paco es la radio con todas las mayúsculas de admiración, nadie como él ha sido capaz de situar el deporte del fin de semana en el cielo con el que soñaban todas las cadenas de radio. Y el mérito es haberlo hecho sin levantar la voz, sin cortar cabezas, sin amenazas, sin insultos, solo con una sonrisa y una humildad que lo han convertido en otro de mis grandes maestros. Por él y solo por él, más de cincuenta locos de atar se pusieron la radio por montera y protagonizaron la estampida mediática más increíble, abandonando la SER por la COPE, en uno de los ejercicios de libertad que se recordará toda la vida. Y aquí seguimos, aprendiendo de Paco a ser, sobre todo, personas. Casi nada.

No quiero olvidarme de uno de los responsables de aquel 2010, cuando nos volvimos locos de repente y le dimos un giro inesperado a nuestras vidas. El gran Manolo Lama, el señor de los gritos y de los susurros, el rey de las narraciones, la voz que ha marcado el devenir del deporte en los últimos 35 años. Manolo ha sido otro de esos espejos imprescindibles en los que acostumbro a mirarme para aprender a ser mejor. Nadie como él ha sido capaz de hablar y dirigir al mismo tiempo, de tener miles de ideas en la cabeza y no volverse loco. Escuchar a Manolo es sentir el deporte en lo más profundo. El Bicho, el Camero, el Bichito y tantos otros inventos dan fe de que estamos ante un fenómeno capaz de convertir un partido de fútbol en una hermosa lección de radio.

Desde aquellos viejos tiempos de Radio Galicia, he seguido los consejos de mi madre, he ido aprendiendo algo de todos aquellos con los que he trabajado. Y ha sido precisamente allí, en mi querido Santiago de la piedra, de la lluvia y de la juerga, donde se me apareció el primer maestro de la palabra. Se llamaba Ángel de la Peña y con él aprendí algo muy importante: al micrófono hay que quererlo, sí, pero sobre todo hay que respetarlo. Con Ángel, con mi añorado Santiago Dávila y con la María Teresa Navaza de mis comienzos, empezó casi todo. Ellos me ayudaron a crecer y a creer. Y aquí continúo, con las canas nerviosas y el corazón tocado, hasta que me echen o hasta que consiga hacer algún día el mejor programa de mi vida.

47
Mirando atrás con agradecimiento

Acabo de cumplir 78 años y ya empiezo a notar el peso del calendario en el cuerpo y en el alma. Trato de disimular esta carga de aniversarios aparentando una vitalidad que no tengo. Cada vez me cuesta más mirar hacia adelante en lugar de hacerlo hacia atrás. Es lo que suele ocurrir cuando has vivido más que lo que te queda por vivir. La radio, mi eterna confidente en los momentos más difíciles del día a día, me está ayudando a no cerrar la puerta demasiado pronto. Compartir estudio y juerga con el equipo joven e ilusionado de *Tiempo de juego* me mantiene en ebullición anímica y contribuye a que por dentro siga creyendo que vale la pena estar ahí, lleno de canas y de cansancios, respirando radio por todos los poros de mi cuerpo. Estoy escribiendo este rosario de sentimientos cuando la Navidad del 2020 está explotando en las calles y en las gentes. Ya están encendidas las luces de Madrid y el coronavirus sigue acechando con cifras de dolor y de muerte. Es la peor

Navidad de mi larga vida, peor incluso que aquella que viví lejos de los míos en un Madrid que me quemaba los recuerdos. Seguirán sonando los villancicos, los de *Tiempo de juego* haremos el nuestro, como todos los años, pero sin el maravilloso alboroto de un estudio burbujeante de amistad y jolgorio. Y seguro que, cuando los años pasen sobre el calendario de esta Navidad, recordaremos con más pena que gloria un 2020 que nadie desearía volver a vivir.

Acaba de darse a conocer el Estudio General de Medios de diciembre y vuelve a repetirse la misma historia, somos líderes el sábado y *Carrusel* lo es los domingos. No hay manera de que se pongan de acuerdo los encuestadores y nos concedan, por fin, el liderazgo los dos días. De todas maneras, es una satisfacción enorme que, después de diez años de lucha encarnizada, sigamos ahí en todo lo alto a pesar de la pandemia y de los tejemanejes de la SER en la elaboración del EGM. Cuando dimos el salto a la COPE estábamos llenos de dudas sobre nuestro futuro en las audiencias, porque no es nada fácil cambiar de cadena y lograr que te sigan los oyentes al hacerlo. Es un honor que sean muchos los que le hayan dado un vuelco al dial y se hayan querido sumar a nuestra lucha. Les estaremos agradecidos toda la vida. Este último EGM ha venido a demostrar que la ilusión sigue intacta y que el futuro continúa siendo el que guía nuestros pasos y nuestras voces.

A mi edad, la familia y los amigos son lo único de verdad que me va quedando. No me cansaré de dar gracias a la vida por todo lo que me ha dado y me sigue dando. Tengo una mujer, mi novia eterna Tere, que no ha dejado nunca de

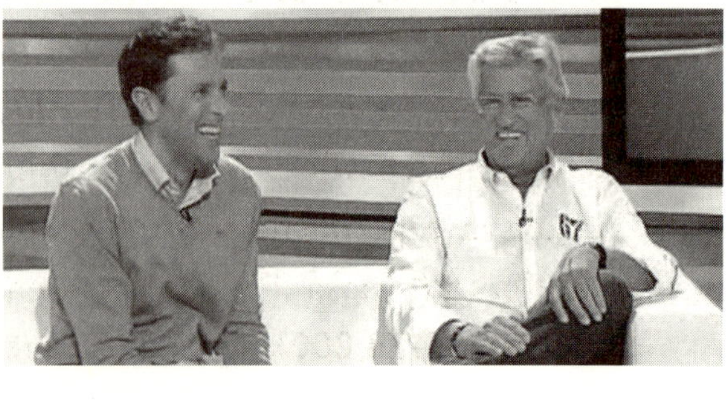

quererme y me lo demuestra cada mañana cuando se abren las ventanas de un nuevo amanecer y nuestros labios se encuentran en el primer beso de la jornada. Tere ha sido el gran motivo por el que ha valido la pena luchar como un loco por no perder el rumbo. Desde que la conocí aquel 23 de febrero de 1976 han pasado 44 años, inolvidables casi todos ellos. Todavía se me escapa del alma un poema cada vez que se repite la fecha en lo más profundo de mi amor por ella.

Ya son 44 calendarios
los que nacen un día de febrero,
cuando los dos juntamos los «te quiero»
y se volvieron locas las estrellas.

Ya son 44 los inviernos
que se han hecho mayores con el tiempo.
Hay bullicio de besos en Sextante
que buscan en Long-Play el primer beso.

Ya son 44 los febreros
que hacen del 23 un amuleto,
mientras todas las horas del domingo
convierten los relojes en recuerdos.

Ya son 44 calendarios
los que buscan con ansia Arturo Soria
para inventar, de nuevo, aquella noche
como si fuese ayer eternamente.

Todos los años, cuando llega febrero enamorado a mi libro de sueños, aparecen los versos como tributo emocional a aquella fecha con la que Dios quiso darme permiso para creer en el amor para toda una vida.

Mis hijos son otro gran soporte para no perder las ganas de seguir caminando. El mayor, Hugo, es comandante de aviación y sabe lo que es luchar por conseguir lo que se sueña. No ha sido fácil llegar a donde ha llegado, pero haber sufrido es el mejor acicate para no dejar nunca de luchar. Creo que es feliz o eso parece. Es lo único que le pido a la vida para él, que sea feliz y que disfrute cada día como si fuera el último. Tener a Hugo a mi lado es tener a alguien que nunca te va a fallar, que te comprende, que te perdona, que te quiere y que te anima a mantenerte siempre en posición de esperanza.

El pequeño, Óscar, es muy parecido a mí en casi todo; tiene mi genio, mi carácter, mi timidez y, por encima de todo, patente de buena gente. Podía haberse dedicado a la radio, ya que estudió Ciencias de la Comunicación y tiene una estupenda voz de locutor, bastante mejor que la mía, pero ha preferido la realización televisiva y sus compañeros dicen que lo hace muy bien. Es mi ayuda constante en mi lucha diaria con la informática y poco a poco me está convirtiendo en un experto. Su mujer, Bea, es un encanto total. Y se nota que se quieren de verdad y que han acertado uniendo sus vidas para traer al mundo a mis dos nietos, María y Alfonso, que se han convertido en el gran desafío de mis años de abuelo. Gracias a ellos he recuperado aquel amor de padre que con los años se va perdiendo, y me levanto cada mañana con la imagen de sus dos caritas hermosas en el espejo de mis querencias.

En estos instantes nerviosos, en los que uno está un poco más cerca de las emociones y los temblores, pienso que sin mi familia no habría recorrido este largo camino con la misma ilusión con la que lo he hecho. Mi madre, Rosa, tiene mucho que ver en que nunca se me hayan agotado las ganas de luchar; ella fue todo un ejemplo de supervivencia en un mundo no hecho para cobardes. Mi padre, Antonio, siempre será el eterno sacrificado por una familia que nunca dejaba de crecer y que cada año estrenaba una boca nueva. De mis abuelos solo recuerdo a la abuela María, una mujer alta y doliente que en sus últimos años hizo dulce nuestra infancia. Mis hermanos, fuimos doce en total, han sido portadores de cariño en cada uno de los momentos en los que la vida los tuvo cerca de mí. Antonio se fue de entre nosotros con su piano, su hondura y su verdad. Chicha también nos dejó sin terminar del todo su aventura vital. Los demás —Carlos, Susé, Fernando, Pilita, Gonzalo, Matías, Guapecha, Gabriel y Teresa María— saben que están entre mis querencias más íntimas en los buenos y en los malos tiempos. Gracias a ellos por la seguridad que me han dado cuando se me atravesaban los sueños y necesitaba algo querido a mi lado. Junto a mi Tere, a mis hijos, Hugo y Óscar, a mis nietos, María y Alfonso, y a todos los compañeros que estuvieron cerca de mí y de mis luchas durante tantas vidas, forman parte de todo lo bueno que me ha tocado vivir. Y esto aún no ha terminado. Quiero que sigan ahí un poco más, aunque

Última foto de mi madre con todos mis hermanos.

todo esté menos claro y las fuerzas no sean las mismas. Es por ellos por lo que me levanto cada mañana con ojos de futuro, poco o mucho, pero futuro al fin.

En las entrevistas que me hacen últimamente siempre me preguntan lo mismo, cuándo lo dejas. Lo cierto es que, a mi edad, debería estar pensando más en una jubilación dorada que en seguir inventando anuncios en la radio, pero me va a costar mucho abandonar a mi equipo, desenchufar el micrófono y retirarme a mis asuntos de viejo hasta que el cuerpo diga basta. Siempre estoy amenazando con que «este año lo dejo de verdad», pero en el fondo esa amenaza solo es una especie de palanca anímica que me obliga a continuar un año más. No sé hasta cuándo voy a aguantar este ritmo de trabajo y de vida. Seguramente, en un año estaré haciendo las maletas de jubilado y se acabarán las tardes de bullicio y de goles, los anuncios locos cantando imposibles, las bromas y chanzas de un equipo de gente que nunca ha dejado de quererme. Y entonces me quedaré con los ojos en blanco y la garganta dormida mirando de frente un futuro que no quiero mirar. Tendré tiempo para pensar qué ha sido de aquel niño de Padrón que se lio la manta a la cabeza y se enfrentó con el mundo en una lucha desigual por materializar un sueño. Y en ese resumen de sentimientos, batallas e ilusiones, estará la radio en el alfa y omega de todos los intentos. Ni la tele ni la canción, esporádicas incursiones sin peso específico en mi alma, entrarán en la sala de trofeos de mi nostalgia. Solo estarán los amigos de verdad, la familia, los maestros que me ayudaron a hablar y a vivir, y la radio, esa especie de divinidad sonora a la que he adorado y seguiré adorando hasta que se me acaben las palabras.